中國現代性的黎明

楊儒賓　著

序言

中國近世和西方碰觸，很不愉快，常聽到的時代主旋律是割地賠款，喪權辱國。此次的中西碰觸之深廣，影響之深遠，用李鴻章的話講，可說是「數千年未有之變局」。晚清以來，遂有自強運動、變法立憲、武裝革命的救亡圖存之舉，古老的中國面臨文化轉型的巨大考驗。時序進入二十世紀後，危機持續加深，救亡圖存的壓力未曾稍減，一九一一年的辛亥革命、一九一九年的五四新文化運動、一九四九年的共產主義革命可視為這樁轉型工程三個極重要的地標。中國一百多年來政治局勢的演變大抵越走越趨激烈，脫離中國原有的道路越來越遠，暴力的成分越來越濃。一九四九年的中國共產黨革命是二十世紀世界性的共產主義革命的一環，也是民國以來反傳統路線發展的高峰。

民國時期的三大革命事件的歷史意義前後相續，左派人物論一九四九共產主義革命的性質時，常將此次的革命視為一九一一辛亥革命及一九一九五四新文化運動的完成者，甚至視為一八四〇年鴉片戰爭後中國歷史發展的目的，這是一種解讀。他們的解讀甚至可將時間往前延伸，直至晚明時期。即使一九四九年共產主義革命是在馬列主義引導下的徹底反傳統的革命，途徑是那麼地顯著，但它仍須尋求中國社會脈絡的支持。

這種歷史目的論的解讀在文化傳統主義者的身上也可以看到，但他們將視角轉到自己腳踏的文化大地上，詮釋學的前見（prejudice）是思考問題的起點。如果二十世紀中國的三大革命的意義前後相承的話，它們或許都可視為作為母體的華夏文化在現代化轉型運動中生起的三個環節，環節的轉換或如理或不如理，但前提總有傳統文化作為反應的背景。文化傳統主義者往往將二十世紀新文化轉型工程的源頭溯源至王陽明之後的晚明及明清之際，也就是十六及十七兩個世紀，他們也相信明末清初與清末民初兩個時段的思潮，前後遙遙相應，民國新文化運動中有中國傳統的基因。文化傳統主義者的解釋自然只是眾說之一，但以中國文明的體量之大及傳承之久，任何新理念要在中國社會生根發展，它需作新舊社會階段的接榫工作，這樣的設想應當是合理的。筆者認為文化傳統主義者銜接現代性與儒家傳統的設想有史實的依據，也有理論的支持，值得嚴肅考慮。

筆者接受中國現代性的晚明源頭說，但也認為近代中國所面臨的一些問題來自西歐文明引發的現代化的變革，它的格局超出傳統中國文明的視野，需要新的藥方，病情才能見效。本書持的是混合現代性的觀點，也認為清末民初的時代風雲兒梁啟超、孫中山等人也是主張中西現代性的銜接說。但因為作者專業所限，本書會將焦點聚集在王陽明以下儒家思想的發展，主體概念的變遷是本書敘述的一個潛臺詞。本書因為有中國現代性的關懷，所以內容雖以十六、十七兩世紀的思潮演變為核心，卻不能沒有當代的關懷作為支柱。本書實質上採取的是流動性的雙焦點，一強一弱，一明一暗，強焦點在晚明清初，弱焦點在晚清民初，關懷面在學術也在政治。

本書無疑地涉入了儒家現代性方案的解讀，所以有較明確的價值定位，但內容不能局限於儒者哲學思想的析辨，多少要將隱藏的歷史影響的因素帶進論述當中。而在論述思想的發端與作用時，也不能不對一些可敬的大儒指指點點，佛頭著糞，同時呈現他們的思想之特色與不足，以顯現後來者思想的繼承與批判的軌跡。圓滿的人格與圓滿的思想是理型世界的事，現實世界是有個性與歷史的場域，共性要自我坎陷於個性，圓滿要透過缺陷而顯現，就像永恆需要變化的補足一樣。本書的敘述方式和一般的儒學史的呈現方式不一樣，關懷不同故也。

本書的論點基本上延續港臺新儒家及日本戰後「中國近代思維說」的日本學者的觀點而來。「近代思維」或作「近世思維」，中日文翻譯及使用方法不同的緣故，本書沒有強求統一。作者於求學期間，頗受益於港臺新儒家學者的著作，也多有機會向他們執卷請益，但當時對於他們在現實與理念之間所作的哲學整合工作之意義，了解仍不夠深。上世紀末，筆者也有機會拜晤島田虔次與溝口雄三先生，溝口先生在新竹清華大學客座時，筆者更有較多的機會接觸其人其學。溝口先生左派儒學的取徑和剛解嚴時期風起雲湧的臺灣社會運動，有種奇特的呼應關係，溝口先生當時對臺灣學界的儒學同行應該是有些期待的。但在二十世紀，筆者一點微不足道的現實關懷與同樣青澀的學術專業，兩者不太連得上關係。經過多年的探索，個人的生命發生了較大的變化，時代的氛圍也大不同於解嚴前的臺灣社會，本書嘗試作一點儒學與當代社會連結的工作。本書雖是學術專書，但在心境上，毋寧更該視作一篇遲交的報告，也是對可敬的中日儒學前輩學者的禮敬。

本書的篇章在不同的學術會議場合報告過，也多已分篇發表。二〇一八年冬承蒙政治大學華人文化主體性研究中心的雅意，筆者應邀擔任該中心首場講座，講座共五講，名稱為「儒家與當代中國」，較密集地探討了儒家與中國現代轉型的議題，議題從晚明到當代。此次出書，筆者在以往的學術業績以及講座的基礎上，一分為二，出了兩部書。一探討民國思潮，一探討晚明以降的儒學思潮。兩部書是對中國現代性的儒家方案的解讀，兩書內容前後呼應。筆者將包含兩岸關係在內的中國現代性議題放在此在（Dasein）的詮釋學基礎上定位，這是種築基於歷史過程及文化風土上的共在性地緣政治學，它與以權力博奕為核心的脫內在關係的地緣政治學著眼不同。地緣的「緣」可以放在兩集團交鋒處的「邊緣」來理解，也可以從各種歷史與文化因素交集的「緣會」來理解，前者是平面空間性的權力布局之緣，後者是立體時空的相互主體性之緣。一個「緣」字，兩種理解。本書從共在性地緣政治學出發，將焦點集中在華人政治版圖尚未明顯分化的晚明階段，嘗試理清中國現代化轉型的來龍去脈。

從共在性地緣政治學考量，本書收入明鄭的反抗意義的專章，既將它視作明儒道統論運動的尾閭，也將它視作臺灣反抗運動的原型，這是從關係界定本質的一種視角。明鄭是個複雜的概念，鄭成功的歷史形象也有各種折射。但鄭成功的抗爭意圖應該是清清楚楚的，從與鄭成功同代的抗清同志張煌言、黃宗羲眼中看來，明鄭的抗爭主軸當放在傳統所謂的春秋大義下看待，可視為繼承東林、復社反抗運動的一環，而且反抗到天涯海角，山窮水盡，極反抗精神之極致。魯王、寧靖王、鄭成功、陳永華在臺灣、澎湖、金門的奮鬥雖然難挽虞淵之落日，但精爽不滅，不必以成敗論英雄。

感謝政治大學華人文化主體性研究中心林遠澤主任及中心同仁的邀請與督促，他們多次提供了場所，讓筆者有機會將書中論點攤在不同關懷者的交鋒下，試煉，補強，存活。也感謝香港中文大學哲學系鄭宗義教授讓我有機會在該系先後主辦的學術會議及香港新亞儒學講座上報告此書的內容，在擔任新亞儒學講座前後一週的時間，竟然湊巧地在現場目睹了幾次「反送中」運動的悲壯與挫折。感謝《東亞文明研究集刊》、《清華中文學報》、《中國哲學與文化》、《中正漢學研究》、《現象學與人文科學》、《文與哲》等期刊允許我收錄刊於該期刊上的文章，由於期刊文章的體制與專書的要求不同，本書對這些文章的內容作了詳略不等的修正。但仍難免重疊冗雜，不夠潔淨。最後更要感謝蔡岳璋博後以及蔡錦香助理耐心地幫忙校稿工作及行政事宜，筆者當然要負最後一切的責任。

二〇二三年元旦初稿，二〇二四年元旦定稿

目次

導論

龍場一悟——良知學的登場

一、前言：晚明、明末清初與清末民初

如果說王陽明是五百年來影響近代中國最重要的一位儒家學者，這個判斷縱然無法得到學者普遍的同意，但至少王陽明獲選的機會極大，這樣的判斷很可能是可以被接受的。王陽明活在十五世紀末期至十六世紀早期之間，頭尾的年分各占一半，他的後半生穿越了以舉止荒唐著名的明武宗正德十六個年分，又進入了以專斷剛愎著名的明世宗嘉靖的前七年。這段時間並不是對思想友善的歲月，但王陽明的思想因他本人的功業及門生的努力推廣，當然更重要的還是他的思想的解釋力道，竟深刻地衝擊了晚明的帝國。

王陽明的學問以良知學的名義著稱於世，他的影響不僅止於儒學的範圍，良知學的因素還滲透到晚明的社會及文化上去，並引發明末清初的另類儒學的反動。[1]他的影響也還不僅見於晚明，兩百多年後，良知學

1 本書所說的「晚明」及「明末清初」的歷史階段是連續的，約為十六、十七兩世紀。本書所以要將這段連續的歷史時期切出「晚明」與「明末清初」兩個階段，乃因後面這個階段的儒學型態很特別，它與前代的程朱理學與陸王心學都有繼承與背離。「晚明」大抵指從王陽明良知學的建立至崇禎皇帝自盡的時段。「明末清初」這個歷史詞彙沒有明確的時間斷點，本文大抵指的是崇禎皇帝自盡的一六四四年至康熙皇帝在位的一七〇〇年之間的半世紀。這段期間，明朝最後的反抗武力集團明鄭於一六八三年覆滅，有原創性的大儒如黃宗羲（一六一〇—一六九五）、方以智（一六一一—一六七一）、顧炎武（一六一三—一六八二）、王夫之（一六一九—一六九二）等人也都在新世紀開始前逝世了，十七世紀下半葉是中國學術史上的另一段黃金歲月。

在清末民初又是一支重要的思想力量，同時，明末清初思潮也曾活躍於清末民初。「良知學之於晚明思潮」、「晚明及明末清初思潮之於清末民初文化」的現象很明顯，不太需要強調。如果我們關心中國現代化的問題，我們對「晚明及明末清初思潮在清末民初」這股隔代影響的現象再下一轉語，可以說即是「良知學與中國現代性」的關係如何理解的問題。

本書認為晚明及明末清初的重要文化議題在清末民初再度顯現，也就是在密切的中西文化交流的脈絡下返魂重現，關鍵的時間點在甲午（一八九四）、乙未（一八九五）年間。但之前的十九世紀下半葉，也就是鴉片戰爭以後，大清王朝已不能不浸漬在歐風美雨的侵襲下，十九世紀下半葉的大清王朝大不同於秦漢以後的歷代王朝者，在於代表現代西方文明的歐美政治勢力已及於中國。如何同時回應來自歐亞大陸的帝俄勢力以及海上的歐美資本主義帝國的挑戰，這個新因素已是大清王朝必須面對的政治困局。到了日清甲午戰爭大清大敗，乙未訂立馬關條約大清大輸，大清王朝朝野上下才徹底地翻轉過來，死心塌地地想到變法革新，救亡圖存，刮骨入髓的現代化工程於焉展開。這個新時代帶來重要的新議題，其衝擊之大可以說是秦漢後僅見，中國現代化轉型的議題不能不推出並擺在歷史的議事臺上。

然而，正是搖搖欲墜的大清王朝向歐美敞開大門之際，它同時也向被它滅亡的勝國思潮招手呼喚，清末民初的新議題和再度流行的晚明及明清之際的文化議題交涉重疊，合流競馳，王學及明末清初的儒學思潮事實上介入民國新文化的建構裡面。學界談中國現代化的議題時，不論是新儒家的良知坎陷說模式，或是日本漢學家的中國近代思維模式，遂有將中國現代性上推至王陽明啟動的晚明思潮的論述。這樣的解釋再稍加推衍其內涵，也可以說它意味著中國現代化工程的解釋應該採混和的現代性的提法，亦即十六、十七兩世紀的中國原生現代性碰上清末傳進來的西洋現代性，兩相混合，衍化出現代中國的格局。雖然在混合變遷的過程中，混合現代性的路途並不平坦，對新議題的認識並不清楚，初步的結果也不一定可欲。但工程仍在進行中，排難解紛，批卻導款，現代化的工程總不會一步到位的。演變至今，我們依然可以看到兩種現代性銜接的模子。

從混合現代性的角度著眼，良知學的出現不可能不是關鍵性的因素，而王陽明於正德三年（一五〇八）在龍場的那場著名的一悟，則是良知學正式成立的標誌。良知學絕不會只是理學史的概念，它是中國現代化轉型重要的一環，釐清過去，正是為了正視現在，並看清未來。我們如果釐清王陽明於正德三年那晚在那麼窮困荒蠻的地區發生的精神轉化事件，了解這個事件到底啟發了何等顛覆現實的機制，我們對良知學與中國現代性的關係，或許可以有另類的想法。

二、新格致說的出現

《王陽明年譜》於正德三年戊辰條下，記載王陽明經過曲折的心理掙扎過程後，於當年春天到達了貴州的龍場。龍場當時在萬山叢棘中，「蛇虺魍魎，蠱毒瘴癘與居，夷人鴂舌難語。」這是個活像《山海經》的《大荒經》的世界，也像屈原〈招魂〉裡的異類空間。年譜接著記載對人生命運已有相當了悟的王陽明之心情與行事如下：

> 自計得失榮辱皆能超脫，惟生死一念尚覺未化，乃為石墎自誓曰：「吾惟俟命而已！」日夜端居澄默，以求靜一；久之，胸中灑灑。而從者皆病，自析薪取水作糜飼之；又恐其懷抑鬱，則與歌詩；又不悅，復調越曲，雜以詼笑，始能忘其為疾病夷狄患難也。因念：「聖人處此，更有何道？」忽中夜大悟格物致知之旨，寤寐中若有人語之者，不覺呼躍，從者皆驚。始知聖人之道，吾性自足，向之求理於事物者誤也。

乃以默記《五經》之言證之，莫不吻合，因著《五經臆說》。[2]

《五經臆說》今已散佚，王陽明所以作此書，意在表示他所悟的內容並沒有離經叛道，反而與儒典是相合的。年譜是王陽明的弟子錢德洪等人在王陽明逝世三十五年後初步編成的，其時已是嘉靖四十二年（癸亥）。年譜所以有上引這段話，潛臺詞當是當時頗有人認為王陽明體悟的《大學》格致說是新說，未必符合聖人本意。所以王陽明要以《五經》之言印證自己的體證，以示所悟格致新說雖是臆說，卻與聖人本懷若合符契。

龍場一悟帶給王陽明極大的自信，良知學正式成立。年譜記載他隔年即開始暢論「知行合一」的旨趣，而且席山、徐愛、冀元亨、蔣信等著名門生已圍繞著他，開始研習良知學的真諦。王陽明的講學生涯一啟動，即不可遏止，縱然他以後公務倥傯，戎事雲集，而且在惡劣的政治文化氛圍下，無意間即捲入糾纏不清的政治鬥爭中。但他從來不廢講學，良知學隨著他的足跡散布到江南、西南，甚至大明江山各地。他晚年居越，其時隨他學習的門生多到甚至居不能容。錢德洪記載嘉靖二年之後，「環先生之室而居，如天妃、光相、能仁諸僧舍，每一室常合食者數十人，夜無臥所，更番就席，歌聲徹昏旦。南鎮、禹穴、陽明洞諸山，遠近古剎，徙足所到，無非同志遊寓之地。先生每臨席，諸生前後左右環坐而聽，常不下數百人；送往迎來，月無虛日，至有在侍更歲，不能遍記其姓字者」。[3]環繞在旁的門生已來了一年多了，姓名竟然還記不全。教學時，王陽明甚至要他的一些及門弟子等人分擔工作，擔任良知學的講師。講會的規模真是不小了，五十而知天命以後的王陽明親眼目睹了良知學流行的榮景。

上述所說，只是越中一地的盛況。良知學之特殊者，在於其學並沒有人亡政息。相反地，王陽明逝世以後，類似的講會還會繼續在各地，尤其是王陽明過化之地，如野草蔓延般地散開。一場講會，甚至可聚集聽眾達四、五萬人。[4]講會之盛，遠邁宋元，開儒學史上未有之新局。萬曆早期，張居正執政，他對書院、講會特多禁忌，不是沒有原因的。一位以嚴厲整肅天下秩序自許的大政治人物，在沒有學術自由理念的背景下，他怎能容忍最有動盪社會潛能的良知學的講會呢？我們如不了解良知學，毫無懸念地，我們即無法了解晚明的社會文化。

關鍵還是要回到正德三年龍場的那個夜晚，王陽明「大悟」，所悟的內容為何？為何窮鄉深夜發生的一場私人性的事件竟能攪動寧靜的大明天下。據年譜所說，其內容當是「格物致知」的道理，但「格物致知」的議題自從經過程伊川與朱子的轉手的解釋，它的解釋變得有名地複雜，成了一潭難以澄清的濁水。哪家的「格物致知」說的提問因此不能不出現，龍場大悟，到底這場和「格物致知」有關的悟覺事件該如何解釋？

王陽明的龍場之悟所悟者是「格物致知」的道理，此事見之於年譜所記，得到他的幾位著名門生的印可，而且其語很可能出自王陽明自己所說，事無可疑。如果我們要追究王陽明所悟的內容是哪家的「格物致知」？答案只能是王陽明自家體證的新格物致知說，他的新格物致知說就是《大學》原本的「致知在格物」一句而已。但什麼叫「致知在格物」呢？他的「格」字意指感而正之。用他自己的說法，這個新說的命題如

2 王守仁撰，吳光等編校，《王陽明全集》（上海：上海古籍出版社，二〇一一），冊下，卷三三，頁一三五四。

3 錢德洪，〈刻文錄敘說〉，收入吳光等編校，《王陽明全集》，冊下，卷四一，頁一七四八。

4 羅近溪在雲南騰越時，有次集會，演講〈聖諭〉與鄉約，來的群眾不下四、五萬人，遍塞場中，「步履縱橫，聲氣雜沓，跪拜宣揚，雖講生八九人據高臺同誦，亦咫尺莫聞也。」八、九位講生像是羅近溪的擴音器，一起複誦羅近溪的話語，但人多聲雜，還是傳不了多遠。後來藉著音樂引導，與詩歌引導，同聲齊氣，乃克萬象拱肅，而又太和洋洋，羅近溪才開始講話，據說效果奇佳。見〈騰越州鄉約訓語〉，收入方祖猷等編校整理，《羅汝芳集》（南京：鳳凰出版社，二〇〇七），冊下，頁七五八—七六〇。羅近溪這場講會比較像布道大會，而不是切磋學問的講會。但隨著而來的隔日之演武場講會及明倫堂講會，學問切磋的意思就很濃了，但人數仍甚可觀。參見前引書，頁七六〇—七六三。

下：「致吾心之良知於事事物物也。吾心之良知，即所謂天理也。致吾心良知之天理於事事物物，則事事物物皆得其理矣。」[5]致知（推拓良知）是格物窮理的前提，良知推拓出去了，物得其理，物得其理是後得的效應。主體的良知是實踐的起點，主體所對的客觀世界（社會與自然界）的意義是有待良知賦予的，它處於受納端的位置。但為什麼良知會賦予意向之物「理」的性質？為什麼物的價值地位可以由良知決定？顯然，王陽明的良知具有特殊的規定。我們後文還會提到，他的良知是儒道性命之學中的「本體」之另稱，它不只是道德主體的涵義。

我們還是回到「格物致知」一詞的物—知關係看，王陽明的新說是有針對對象的，此事絕無可疑。王陽明的格物致知說針對朱子的經典說法而來，朱子論格物致知：「欲致吾之知，在即物而窮其理也。蓋人心之靈莫不有知，而天下之物莫不有理。惟於理有未窮，故其知有不盡也」。[6]致知（體得心知）是窮理的後續效應，客觀世界的理被朗現後，主體的理才同步呈現。雖然理的體現沒有先後內外之分，但主體所面對的客觀世界的理有實踐秩序上的優位性。

比較兩說，兩者的實踐程序正好顛倒，王陽明的新格致說對朱子的舊說作了哥白尼式的迴轉，兩說對衝開來。朱子的舊說是王陽明在追求成聖路途上最大的障礙，難以攻克的鐵關。他年輕在京時，為求格物之義，日夜格庭前之竹，結果竟格出一場重病來，這是椿有名的故事。[7]他還曾一度因為此挫折，而自認此生已和聖賢之學絕緣。如果不是他解開了纏繞多年的謎團，王陽明不會在龍場那個夜晚，因大悟而「不覺呼躍」。

王陽明以新格致說取代舊格致說，此一思想的轉折所以會帶來震撼社會的效果，關鍵在於王陽明的新格致說切斷了主體與外在世界的連結。他的致知即是致良知，也就是推拓良知往外作用；格物即是事物獲得良知所賦予之理，每一事物因而各得其正。一切的判斷當下由主體出發，主體獲得空前的自由，良知教是徹底的頓教。相對地，在朱子的格致論中，雖然說格物所得的物理也是心中之理，所以朱子學不接受「義外」的批判。但在實踐的過程中，以我心之知去格對象的物之理，物理明後心知之理也跟著明，這樣的向外一彎的曲折過程是不可繞過的環節。所以只要是朱子學，一定是漸教。行動的主軸一定是以心知格外物—物之理引動心之理—內外相合後，才有後續的動作。在朱子格物的過程中，物是泛存在論的事事物物，物本身的理是物在其自體的理。朱子的客觀世界的物理有詮釋學的優位性，「物理」包含聖賢的經典、社會的風俗禮儀、家族的倫理位階等等，它們都享有先於主體運作的權威，它事實上主導了格物者心靈的方向。在朱子學的世界中，我們很難想像可以看到王陽明所說的「舜不告而娶，武王不葬而興師」這類顛倒傳統儒家價值體系的說詞，[8]這種不顧禮儀規範而純任良知作主宰的主張乃陽明家風。

朱子的儒學常被稱為理學，王陽明的儒學則被稱作心學，理學／心學的稱呼相當籠統，是大寫意的筆法。但大寫意突顯了整體的風貌，未嘗沒有超乎形似外的神肖。朱子的理學確實以求得外內相合的理為核心要義，他的思想結構必然是漸教的、歷程的，過程的主客對立與終局的主客合掌同時成立。就歷史的經驗考察，朱子學容易導致保守的主張，有利於社會的穩定。相對地，王學瓦解了主體以外的任何權威，事物的理原則上不是內在於事物本身，而是主體賦予（致）事物，事事物物才能得到自己存在的正當性（各得其理）。行動的主軸在良知，良知不接受任何外在的軌約，只對自己負責。良知學本質上即和經典的傳統、社

5　王陽明，〈答顧東橋書〉，《傳習錄．中》，收入吳光等編校，《王陽明全集》，冊上，卷二，頁五一。

6　朱熹，〈格致補傳〉，《四書章句集注．大學章句》（北京：中華書局，一九八三），頁六—七。

7　《王陽明年譜》將此事繫在弘治五年（一四九二），但也說「始侍龍山公于京師」時，也就是十三歲以後的事，具體時間不明。

8　這兩句話是王陽明答覆顧東橋的信中的話語，意在突顯良知不受外在權威——包括名教的拘束，自作主宰。參見王陽明，〈答顧東橋書〉，《傳習錄．中》，收入吳光等編校，《王陽明全集》，冊上，卷二，頁四六—六四。

會的風俗、朝廷的體制有結構上的矛盾，良知永遠處於最上階的位置，良知學對社會的衝擊力道的根源即在良知概念本身。

三、撒手懸崖，生死一搏

龍場之悟所悟者是格物致知之理，龍場之悟和新格致說的興起有密切的關係，此事有文獻的佐證，這也是良知學在晚明掀起狂飆烈火的原因。然而，王陽明的良知會提升到存有秩序的最高位置，它是價值意識的源頭，甚至是存在的依據，它的權威在帝王、經典甚至是周、孔聖人的地位之上，這樣的性質極特殊。龍場一夜，王陽明徹悟良知，他的後半生以及晚明社會從此改觀。顯然，王陽明的良知之內涵仍有深層的因素待解讀。

理學的格致說是一種工夫論的主張，也是一種道德知識的主張。學者在道德實踐的過程中，解行有交錯複雜的關係，不同的認知圖像會導致不同的實踐路途，這是常見的事。王陽明如果因對朱子的格致說蓄疑已久，他經日夜苦思，因尋得理論的出路，思路翻轉，心靈遂引發了一種強烈的激盪效應，不能自已。所以才會「不覺呼躍，從者皆驚」，這樣的知識導向的理解是合理的。但合理的解釋未必是充分的解釋，面對王陽明這麼獨特的生命，以及良知概念這麼大的動能，我們預期偉大的動力需要生命更深層的捲入，才能觸摸到存在的秘密。我們需要找出另外的生命動能，才能解開龍場之悟之謎。

年譜記載王陽明當時在龍場日夜「端居澄默，以求靜一」。「端居澄默」應該就是日夜靜坐之意。他所以如此作，乃因他當時「生死一念，尚覺未化」，極想突破。未知生，焉知死！三代以後的儒者通常不言生死靈魂之事，儒家有很強的現實世界的關懷。但超越生死關在王陽明及陽明後學中卻都是極重要的人生戰役，不能逃避。如果說格致說是道德領域的事，生死說則是宗教領域的事。佛教徒為了死生事大，因而發心出家的事，更是屢見不鮮。理學人物甚為熟悉的六祖惠能的一首偈句：「菩提本無樹，明鏡亦非臺，本來無一物，何處惹塵埃。」即是惠能為回答五祖弘忍：「世人生死事大，汝等終日只求福田，不求出離生死苦海」的訓示而作的。惠能此偈與神秀的偈句「身是菩提樹，心如明鏡臺，時時勤拂拭，勿使惹塵埃」的競爭，事關禪宗的衣缽傳承，乃是禪宗史上的一大公案，[9]此公案其實和破生死謎團的情懷有關。理學家批判佛教，多以佛教「只是以生死恐動人」為由。[10]儒者因道德而發心，佛子因生死而發心，這組對照在理學家的闢佛論中時常見到。

生死之事固然是佛教主要的關心議題，但這個議題不應該只是個別教派的問題，它當是普遍性的議題，不因學者發不發心處理即會消失不見。理學家的批判是有前提的，不能那麼不辯自明。生死議題就存在於人的生命結構本身，明儒即多此議題。王龍溪著作中，即常論之。[11]李卓吾也以王陽明為「得道真人不

---

9 以上引文參見《六祖壇經．行由品第一》，收入惠能著，釋法海箋註，《六祖壇經箋註》（臺北：臺灣佛學書局，出版年不詳），頁一二、五—六、九。

10 參見程顥、程頤，《河南程氏遺書》，收入王孝魚點校，《二程集》（北京：中華書局，一九八一），卷一，頁三。牟宗三先生將此段話歸為程明道語，但北宋理學家的闢佛理據大體相似，引文很難分別是程明道或程伊川所說，視為二先生的通說，應當可以成立。類似的語言在理學家的批佛論中反覆出現。

11 如王龍溪曾引古語言：「平時明定，臨期自無散亂」（〈答劉抑亭〉）。〈與耿楚侗〉以及〈與吳中淮〉也說「生死如晝夜，人所不免，此謂物化」。又曾開示道：「人之有生死輪迴，念與識為之祟也。念有往來，念者二心之用……便是輪迴種子。識有分別，識者發智之神……便是生死根因……夫念根於心，至人無心則念息，自無輪迴。識變為知，至人無知則識空，自無生死。」（〈新安斗山書院會語〉）。以上諸語參見吳震編校整理，《王畿集》（南京：鳳凰出版社，二〇〇七），卷一一，頁二九八；卷一〇，頁二四一；卷一二，頁三一〇；卷七，頁一六五。

死」。[12]袁宏道說：「茫茫眾生，誰不有死。墜地之時，死案已成。」[13]此說可說是現象學描述下的人生實相，顛仆不破。人是邁向死亡的存有被海德格視為人的基本存在，[14]良有以也。王陽明的龍場之悟和生死一念有關，我們其實不須看年譜那麼坦白的言語才知道。我們只要看青年王陽明的傳記，即可了解他對人的超越面向及死生的根本疑惑之關心，由來已久。他年輕時常出入佛老，靜坐養氣，甚至有了他心通或前知的ESP（extrasensory perception）能力，[15]可見其投入身心轉化的工程有多深。但大修行者的疑端總是特別深，與生命一起帶來。面對生死謎團，他已作了長久的準備，投入了巨量的心力，他自然知道佛道的覺悟與生死謎團的解消有根本的關聯。事實上，我們從更普世的修行傳統考察，即可了解冥契經驗與生死謎團的解消有相當密切的關係，解決生死謎團可視為冥契經驗的核心關懷以及核心貢獻之一。[16]

從突破生死情執、進入玄妙的本體界、領略宇宙性的玄竅，這條路線可視為王陽明三十七歲前即不斷摸索如何進入聖人境界的途徑，也是他在龍場之悟後，隨時會發揮的議題。從體證本體、解脫生死之謎著眼，我們對朱、王兩人的格致說可以有另一層面的了解。朱子的格致說固然是源於道德工夫的關懷所致，但理學家的天人總是有緊密的連結，沒有純粹的人世間的道德這個項目。程明道說「只此便是天地之化」，當然是更圓融的法語，但善加理解的話，未嘗不可視為理學各家各派的共法。[17]朱子的工夫論不重視「只此便是」、「即」、「頓」字這樣的一步到位的迅捷的語言，他要求累積、過程、醞釀。但他一樣重視每一物都有形上面，學者經過對「物理」的不斷深入、轉化、超越，最後可以從形下之形而入形而上之理，物的內容全幅展現。但很獨特地，物的內容全幅展現也就意味著主體的內容全幅展現，這就是所謂的「眾物之表裏精粗無不到，而吾心之全體大用無不明」之境界。而此境界來臨時，參與格致活動的學者的意識會發生一場激烈的轉變，這就是朱子所說的「豁然貫通」。朱子的「豁然貫通」境界是另一種類型的悟之境界，它也會進入典型的萬物一體、超越生死的先天層次，雖然朱子不喜歡說及「超越生死」或「無死生」這類的語言。朱子的格致活動起於認知，而終於玄冥，此義在理學家的修行傳統中，應該有相當高的共識。[18]

王陽明的龍場之悟的性質不是知識的解悟，此事也是可以確定的。高攀龍說王陽明「後歸陽明洞習靜，導引，自謂有前知之異，其心已靜而明。及謫龍場，萬里孤遊，深山夷境，靜專澄默，功倍尋常。故胸中益灑灑，而一旦恍然有悟，是其舊學之益精，非於致知之有悟也。」[19]高攀龍解釋王陽明的龍場之悟，認為其性質在於心體的朗悟，而不在格致論知識的獲得。高攀龍一生多有冥契太極的體驗，他是過來人，面對冥契這麼特殊的意識經驗，過來人說及當日的過來事，其證詞自然有相當的可靠性。[20]王陽明的幾位著名弟子如錢德洪、王龍溪、王心齋、鄒東廓、羅洪先、聶雙江等人都理解王陽明的良知具有宇宙真機的性質，他們對

---

12 李卓吾曾自言：「年逋四十……告我龍溪王先生語，示我陽明先生書，乃知得道真人不死，實與真佛、真仙同，雖倔強，不得不信之矣。」李贄，〈陽明先生年譜後語〉，收入吳光等編校，《王陽明全集》，冊下，卷四一，頁一七八〇。

13 袁宏道著，〈廣莊〉，收入錢伯城箋校，《袁宏道集箋注》（上海：上海古籍出版社，二〇〇八），冊中，卷二三，頁八一〇。

14 海德格爾（Martin Heidegger）著，陳嘉映、王慶節合譯，熊偉校，陳嘉映修訂，《存在與時間》（北京：商務印書館，二〇一八），節四九—五三，頁三〇七—三三二。

15 王陽明年譜於「弘治十五年，先生三十一歲」條下，記載「遂告病歸越，築室陽明洞中，行導引術。久之，遂先知。一日坐洞中，友人王思輿等四人來訪，方出五雲門，先生即命僕迎之，且歷語其來跡。僕遇諸途，與語良合。眾驚異，以為得道。」參見錢德洪等編，〈年譜〉，收入吳光等編校，《王陽明全集》，冊下，卷三三，頁一三五一。

16 布克（R. M. Bucke）在一本冥契經驗名著中即認為超越生死之感是冥契經驗的七項特質中的一項，參見R. M. Bucke, *Cosmic Consciousness: A Study in the Evolution of the Human Mind*（New York: E.P. Dutton & Company, 1931）, pp. 72-73, 79。

17 程顥、程頤，《河南程氏遺書卷第二上》，收入王孝魚點校，《二程集》，頁一八。

18 參見拙作，〈朱子的格物補傳所衍生的問題〉，《史學評論》，五期（一九八三．〇一），頁一三三—一七二。

19 高攀龍，〈三時記〉，《高子遺書》（臺北：臺灣商務印書館，一九八三，景印文淵閣四庫全書），卷一〇，頁二六。

20 高攀龍的證詞仍有漏洞，更恰當的說法當是龍場之悟是心體朗現之證悟，但觸發此悟的現實機緣以及證悟後的詮釋問題仍和「格物致知」真義的知識追求分不開。

此有極高的共識，他們也都曾經經歷過那種轉動生命深層結構的天人合一的獨特經驗。在那種獨特的生命經驗中，萬物一體之感、超越生死之感大概都有機會碰觸得到。良知雖然說是當下即有，但所謂的當下仍有幽隱精微的深度，良知的隱密處正是宇宙真機的氤氳處，它需要學者以生命證成。對於良知本體的體證成了他們一生追求的事業，也構成了陽明後學極重要的精神動力。

陽明後學追求良知本體的體證，其狂熱和佛教徒追求頓悟，超脫生死輪迴；或和耶教徒奉獻一己，光耀上帝的狂熱沒有兩樣。王龍溪時常使用「撒手懸崖」這樣的意象來表示良知本體之追求的險峻，絕斷，需要大死一番。嚴格說來，如果沒有與良知本體的睹面相照，其學即不到家。我們如果忽略了陽明後學對那神秘的良知本體之證悟，而只從道德主體性的角度解釋良知學，恐怕無法理解陽明後學的行為動力是如何來的。

王陽明的龍場之悟是可以解消生死之謎或取消生死謎團的特殊心性經驗，類似於宗教所說的頓悟，當無可疑。他的一些著名弟子也都經歷了類似的身心突破經驗，我們也有相關文獻足以支持此說。王陽明的良知是建立在這種悟覺經驗上的主體概念，它是「本體」這個玄秘的概念在主體上的顯現，反過來說，陽明學的良知是參與到本體的心理機制，良知主體扎根於乾坤的本體上。雖然良知落在個體上來，它與本體的連結就不可能不更複雜而辯證，不能視為同義複詞，陽明後學有關「現成良知」的反覆爭辯即在此處。至於廣大的良知學的受眾是否都曾有超然一悟、直入性海的經驗，同樣很難說。然而，當王陽明及其弟子高懸可以解開宇宙及人生之謎的良知教義，形成學子追求的方向時，良知學就是時代精神的表現，良知學就是那個時代集體心靈的表象。這個集體的現象指出了良知的追求是高於富貴、功業、科舉之上的價值，這種求道的狂熱會在良知的追求者的胸懷中反覆引燃。

王陽明的龍場之悟不論是從他自小關懷的生死之念談起，或是從他也是自小熟悉的朱子格致論的關懷談起，它們會匯聚一處，最後都在龍場某夜的剎那解開了謎底。但他因佛老議題及朱子議題而發心，當他一夜大悟，他大悟後的心境不能不和平生心事連結起來。也就是悟的剎那雖然為非知識的心體朗現事件，但非知識性質的心體朗現會影響體證者對知識的理解，心體朗現的意義不能沒有體證者關懷的道德知識的議題。王陽明的新格致說遂不能沒有和佛老及朱子學對話的用意，晚明的思想波瀾由此而起，因為佛老及朱子學正是晚明時期當令的重要思潮。

四、氣湧情熱的良知

龍場一悟的性質是學者碰觸到本體的一種獨特的身心經驗，它突破了個體的限制；但龍場一悟的性質也帶有翻轉主客關係的道德知識的性質。在那一場極私密的心靈變形經驗中，王陽明體證了心物雙方同登先天的不可思議境界，非主體的自然界與人文界對主體再也沒有任何的限制。王陽明正德三年的龍場一夜的悟覺經驗帶來的訊息已經夠複雜了，但故事還沒有結束，相對於以往的儒家學派，良知學的動能特別充沛，陽明學者的情感頗熱，意志頗強，他與世界的勾連也就相對地緊密，良知學的氣湧情熱的性格特別明顯。比如王陽明的良知學和朱子性理學的「良知」與「性理」同樣是心性學的概念，都預設了某種的主體哲學的立場，但良知學明顯地更具情感導向及行動導向的因素。

就歷史的影響來看，陽明學者帶有明顯的意志主義和情感主義的色彩，而且表現在不同的區域與不同的族群中。在日本陽明學者的傳承中，我們固然可以看到從大鹽平八郎到吉田松陰的實踐；在晚明的時段中，泰州學派中人抱萬物一體之感，悍然以實踐天下一家為己任的儒者也絕不少見。至於晚明文學、藝術的情教思潮多可溯因至良知學的開啟，這條線索也是清楚的。

道德情感與道德意志是今日學界的表達方式，這種提法是在意識的情、意、知三分的架構下鋪陳的，如果放在理學的敘述中，它是在「心統性情」及「理氣」架構下呈現的。「心統性情」是心性論的提法，理氣二分是存有論的提法。在理學的思維中，心性論的內涵和存有論的內涵高度相關，性情的向度通向存有的向度，情氣相連，情感與意志都可視為主體之氣的展現。

在良知學的構造中，情與氣獲得空前的自由，它從宋儒立下的框架中游離出來，此義和我們前文提到的兩種格致的理論有關。在朱子學的格致論中，情、氣是要受性、理的統轄的。作為生命深層構造的情、氣要在意識的凝聚與警覺中，所謂的「主敬」工夫中，受到規範，接受引導，等到性其情後，生命才可以如理表達。朱子學中人，很少聽到不守禮法，逾越規矩之事。陽明學者當中，破壞禮法，逾越規矩的指控則不時可以聽到。

良知學當然不是要逾越禮法，破壞規矩的，因為良知即是禮法之源，即是規矩本身，它對世界提供了禮法、規矩的依據。在良知學的良知之構造中，理、氣是同一的。本質上，氣即理，情即性。雖然現實上，理氣一定有分，性情一定有別，良知再如何現成總也要面對現成的意識內涵一定有非良知的因素。但對碰觸到本體的良知學者而言，他常會從本質的（也就是本體的）高度，看待良知的流行。一旦氣脫離了理的監督，而且即氣即理；情脫離了性的管控，而且即情即性，也就是脫離了朱子學的主體構造。學者的行動的模式即由冷靜的對待格局中脫身，變為知行合一、理氣合一、性情合一的當下哲學的實踐者。

在陽明學者當中，最能顯現強烈的道德意志及道德情感者，應該就是王陽明本人。王陽明的論學手札中，不時可見到一股掩抑不住的道德情感躍出紙上。我們且以《傳習錄》所收的第一封信〈答顧東橋書〉為例，在此封信中，王陽明宣揚聖人學問簡潔易行，而且血脈貫通，毫無人我之隔。易知易行，返身可得。但千年來，功利之毒淪浹於人之心髓，習以性成，大家反而遺忘了最珍貴而且眼前可得的寶藏。手札最後，王陽明發出了如下的感慨：

嗚呼，士生斯世，而尚何以求聖人之學乎？尚何以論聖人之學乎？士生斯世，而欲以為學者，不亦勞苦而繁難乎？不亦拘滯而險艱乎？嗚呼！可悲也已！所幸天理之在人心，終有所不可泯，而良知之明，萬古一日，則其聞吾「拔本塞源」之論，必有惻然而悲、戚然而痛、憤然而起，沛然若決江河而有所不可禦者矣。非夫豪傑之士，無所待而興起者，吾誰與望乎？[21]

從「聞吾拔本塞源之論」之下，幾乎無法斷句，純是一片悲情流行。論辯絕而興懷見，人心窮而道心通。本封手札既是論學書，也是抒情書。這類的語言在王陽明的言論中雖然不能說觸目皆是，但確實是他的典型風格。我們在歷代儒者的論學作品中，甚至一般的交誼作品中，很少看到這樣的文字。程朱學者不會有的，康德大概也不喜歡這樣的文字。換言之，王陽明及良知學者的道德熱情，甚至到了狂熱的程度，恐怕和良知學的性格是有關的。

儒家和佛老的一大差別也在於對情的重視，學界殊無異言。就此而言，王陽明帶有濃厚的道德情感，不能說太特殊。但我們現在看到既站在貫通天人的性命之學的基礎上，又特別彰顯情感價值的學說者，非良知學莫屬。年譜於弘治十五年王陽明三十一歲條下，記載他當年求仙問道，頗有小成，但始終忘不了祖母及父親之事。他不能不懷疑是否這種思念乃根於種性？如果此念可去，人是否還可稱作人？此年的年譜也記載了他在西湖虎跑寺對已坐禪三年不言不語的禪僧大喝，因而有了對話，禪僧承認思母之念「不能不起」之事。王陽明於弘治十五年此時尚未達到良知學的成熟期，但在理念上，已將道德情感視為良知的基本屬性。由王陽明的傳記和文集中所見，可看出他一生的行事都帶有很濃的道德情感主義的色澤。

21　王陽明，〈答顧東橋書〉，《傳習錄．中》，收入吳光等編校，《王陽明全集．語錄二》，冊上，卷二，頁四六—六四。

除了道德情感外，良知學帶有強烈的道德意志的色彩，這項特色也是其他學派少見的。良知學學者的一個公共形象是知行合一，行動導向，意志力特別充沛強韌。儒家由於重視在世界上的實踐，而不是僅止於對世界的解釋，因此，會重視立志，並因立志以行道，這是共相。但良知學學者相較於其他的儒學學派，它的意志導向帶有更狂熱的性質，日本陽明學者固然如此，我們在泰州學派王心齋及其後學徐波石、何心隱、顏山農等人身上，一樣可以看到帶著熱情的道德意志主義的色澤。但在陽明學者當中，最能將道德意志主義發揮得淋漓盡致者，恐怕還是王陽明本人。王陽明一生的功業大半在戰場上，戰場正是鍛鍊意志最好的場域。我們不會忘了晚明的抗倭名將戚繼光、俞大猷，或晚明的骨鯁忠臣海瑞等人都是在良知學的明光照引下，發揮抗爭作用的。

王陽明重當下，重熱情，反習俗慣例之言之行，不時可見。他的一生是跌宕起伏的一生，此事自然和他個人的個性有關。但他跨過中年，而且已經公開提出良知之教的主張後，如果還是常有不守故常，直任良知之舉，顯然就不只是個性的問題，而是學術性格的問題了。王陽明一生功業彪炳，但死後是非不斷，政敵明槍暗箭雲集，不能說事出無因。比如他臨終前的大事是奉命平定思田之亂，戰役一稍安定，王陽明自認為既然已經掃蕩魔氛，平定亂事，他應當完結一生更重要的承諾。他當時的身體狀況極差，在幾次申請班師回朝，皆未獲得回音的情況下，他即自行開拔返鄉。從他個人的價值意識考量，一位生命瀕臨末期的良知學將領，返鄉完成最後的責任，其價值位階當然高於一時的軍功。但自公家體制而言，恐怕還是得依公家的程序走完全程。

王陽明未得允准即先行開拔返鄉，此事之於王陽明不是特例，而是慣例。良知的慣例在於它不守慣例，它自頒命令。我們且再以王龍溪和他的好友唐順之的一段對話，申述其義。嘉靖三十七年（一五五八），中國東南的倭寇為患甚烈，久蟄鄉居的唐順之因保鄉一念，在政府當局多方邀請下，毅然離山出仕禦敵。而且劍及履及，開府維揚。他的老友王龍溪和他在維揚見了面，因而有以下的故事。

王龍溪拜會他時，觀看老友命將遣帥，為海防計，極費心思。公事告一段落，兩人對談，唐順之自以為得王陽明良知實踐之效，有用道學也。但王龍溪卻認為唐順之所行，不是良知，而是將各種非良知的因素攪和進去，其機反而不圓，如「適在堂遣將時，諸將校有所稟呈，辭意未盡，即與攔截，發揮自己方略，令其依從，此是攙入意見，心便不虛，非真良知也。」[22]唐順之的毛病還不只這些，依王龍溪當日所見，唐順之的任何行動或參雜了意氣、或參雜了地位、或參雜了文獻知識，都拖泥帶水，怎麼做都不對。據王龍溪說，真致良知，乃是「虛心應物，使人人各得盡其情，能剛能柔，觸機而應，迎刃而解，更無些子攙入。譬之明鏡當臺，妍媸自辨，方是經綸手段。」[23]良知的作用永遠在當下，之前不可測，之後無遺跡。它的判斷所以會比理智、意志或各種世間的考量來得準確而穩當，因為它預設了在直接性的判斷中已綜合了各種的考量，它的當下其實就是所有可能的判斷中最好的判斷。朱子學是漸教，陽明學是頓教，這個判斷不只是哲學意義的，我們看到他們在行事的風格上即是如此。

在人的生命構造中，比起理智，血氣情感擁有更基源的位置。清乾隆年間，戴震反朱子學的超越哲學時，提出「血氣心知」之論，其意在破除超越因素對自然生命的干擾。就破除一種脫離自然生命以外的超越因素之干擾，陽明學和戴震站在同一條線上，兩者同樣反朱子學。但陽明學之反，並沒有解消掉超越性因素，恰恰好相反，他將自然生命與超越理念結合，情性一致，理氣一如，人欲即天理，血氣心知有「太極」、「本體」、「天命」這些向度作支撐。「飢來吃飯倦來眠，只此修行玄更玄」，類似之語乃是陽明學

22　王畿，〈維揚晤語〉，收入吳震編校整理，《王畿集》，卷一，頁七。

23　同上注，頁八。

的常態。但他們的吃飯、睡覺卻總有存有的奧秘，吃飯睡覺變成形上學的事件，因而即有平凡的不平凡。

情感與意志在良知學的體系中取得獨立的地位，它們不受管轄，因為它們都是作為本體的良知之化身，所以本質上即要管轄主體以外的世界。或者說，因為萬物一體，所以它要管的不是主體以外的世界，而是世界都是主體的轄區，內外之分在良知學的運作中是無意義的。當作為意識結構核心的知已無主客對立的認知義，而是有本體作支柱的道德判斷；作為意識結構核心的情意已不是自然生命的功能，而是帶有本體意義的感通且實踐的驅力時。此後，良知的知情意合一，氣感先行，而且不斷外顯，我們可以想像爾後的世界不太可能平靜了。

五、結語：畸人的歷史效應

龍場之悟是一場引發攪動主流價值體系顛簸不定的冥契經驗，它帶有很強的宗教性的奉獻情感，也有很強的顛覆朱子學「內外相待符應」的認知構造與「逐次深入，彼此轉化」的辯證的行為模式。但這場悟覺經驗如果發生在其他人物身上，而不是王陽明，可以確定地，一定不會引發後世那麼強烈的反應。王陽明不是一般意義的哲學家，他是賦予自己將終極性的道傳布到人間的天之鐸聲，他的良知教的歷史效應和他一身帶有強烈的神秘性格有關。

大凡非凡人物，他們的身上總有些神秘的因素，常有些「畸於人而侔於天」的成分，即使以理性清明著稱的儒家也不例外。孔子從出生到臨終，即多神秘的事蹟。[24]但在儒家傳統上，神秘事蹟多到王陽明所經歷者，真不多見。不論此經歷是真實事件或是傳聞，但至少在王陽明之後的明代社會，甚至早在王陽明生前，這些神秘的事蹟是被視為真實的。而且，其事很可能得到王陽明的證實，至少，其傳播得到了他的允許。王陽明出身與人不同，他的行為也跨越了一般哲人的尺度，他似乎帶有神秘的目的來到人世。

王陽明一生特多非常奇異可怪之行，他常有靈驗的奇夢，也常遇到方外的奇人異事，而且這些奇夢、奇人多見於他的門人共同編定的年譜中，並非稗官野史之言。關於異人的故事，本書另有文章呈現。[25]我們僅再舉一則和龍場之悟時間很近的一則傳聞，略加說明，以示他的思想的影響力和他身上的神秘性特有的連結。這則傳聞即是發生於他被貶放到龍場驛途中，於杭州灣發生的投海傳聞。這則故事傳聞極廣，在王陽明諸多奇事中，此則傳聞傳得特別響亮，他的朋友、門生、政敵多聽過此事。而且可以確定的是此傳聞早在王陽明生前即已廣為傳播，而且很可能消息來源即是王陽明本人，至少這則神秘詭異的傳聞是得到他的首肯的。

這場投海不死的奇事發生於正德二年，錢德洪的《王陽明年譜》記載其事，鄒東廓的《王陽明先生圖譜》也記載其事。鄒東廓和錢德洪都是王陽明的著名弟子，都以平實慎重見長，他們都記載了此事，只是文氣較平順而已。《王陽明出身靖亂錄》亦記載其事，故事內容則極離奇之能事，內容有王陽明投海不死，被引至龍宮，受龍王酒食相待，龍王並遣使送王陽明出江之事。《王陽明出身靖亂錄》的記載容有渲染之處，但骨幹的情節不會是馮夢龍編造的，它的內容很可能出自王陽明的〈遊海詩〉，此詩稿曾有王陽明的手書墨跡本傳世。王陽明的門生季本曾在此手卷後題記曰：

此陽明先生記遊海時所作也。正德丁卯，先生以言事謫官龍場，病於杭之勝果寺，云有二青衣者至，欲

---

24 孔子是父母在神秘的山嶺「野合」所生，他臨終前七日作前兆之夢，他的《春秋》絕筆於獲麟，這些都是非常奇異可怪之言。即使在平實的《論語》一書中，他即曾道及河圖、洛書之言，時有天命在予之感，且有鳳鳥不至之嘆等等的記載皆頗神異。

25 請參閱本書第四章〈三教別裁——王學學者的「異人」經驗〉。

> 擒之。沉於江，飄於海。海神曰：「吳君高者救之。」得生，於是入建陽，游武夷，歷廣信，而復歸於杭。往來數千里之間，距其初行，纔七日耳。所至之地，必有題詠；所遇之人，必有唱酬。篇章累積，不可勝紀。既畢之暇，則手書一卷，以授其徒孫君允輝，允輝以授余。[26]

引文後尚有些較不相干的文字，茲不贅錄。〈遊海詩〉今已佚，但多人見過，季本不但見過，而且寫了上述的跋語。王陽明曾寫此詩，無可疑。王陽明投海不死事傳聞甚廣，各方的記載雖然詳略有別，但其原始內容既牽涉到龍宮，也牽涉到鐵柱宮道士，既有前知的內容，也有縮地疾行的神通。王陽明的朋友、門生多知道此事，也都疑信參半，湛甘泉說此傳聞乃王陽明「佯狂避世」之舉。[27]實情或許如此，至少湛若水說他後來得到王陽明的口頭證實。但這件傳聞後來還是傳開了，並成了政敵鬥爭他的藉口。王陽明逝世後的隔年，吏部會議王陽明功過，有官員批判王陽明言不稱師，立異為名，並批評王陽明的門生還多方為其師辯解，「至謂杖之不死，投之江不死」，將他神格化了。吏部對王陽明的議決相當負面，等於是批鬥會。明世宗見到吏部庭議，大表贊成，並下令禁止王陽明的「壞人心術」之「邪說」，[28]不准流傳，歿後卹典一切從缺。

一樁匪夷所思的神奇事件會傳聞到朝廷上，皇帝與吏部共怒，這樁事就不會只是傳聞的意義而已。我們觀看圍繞王陽明身上的奇事、奇夢，不難看出他的一生和宗教人物應世救劫的情節幾乎沒有兩樣，王陽明參與這些奇聞神蹟的傳播或生產到什麼程度，不好講。王陽明顯然不乏製造奇聞、奇事的能力與前例，[29]但如果他身上沒有些奇異的因素，我們很難相信他的門生會埋單，我們不要忘了他的門生中包含思想精湛的鄒東廓、聶雙江、王龍溪、王心齋等人在內，都是大智者。一言以蔽之，王陽明具有神秘性的奇里斯瑪（charisma）人格，他顯然知道，也顯然充分利用了流傳於中國社會的佛道因素，轉化成自己嚮往的形象，並與之合一，他成了與眾不同的聖顯人物。我們在佛圖澄、聖方濟、王重陽等宗教大師身上，多少可以看到類似的神秘因素，但他們帶來的歷史旋風似乎不如王陽明的大。

一位奇里斯瑪的天挺英豪帶來了探究人生與宇宙終極真實的訊息，這則訊息引燃了他許多門生的生命火苗，並引導他們拋棄了世間的價值，從事高超的宇宙性情懷的追求。但由於王陽明的良知含攝了從宇宙性根源的靈知到現實的道德判斷，含攝了氣化感通及情、意、智的屬性，既方內也方外。良知主體的內容不免包山包海，籠乾坤於一瞬，所以也可以說其發展出來的方向有可能相當不同，他的門生的思想路線因而也就呈現了各種的光譜。王陽明的良知學衝擊了晚明社會，也衝擊了主流的朱子學模式，陽明過世後的晚明思想界就緣著良知學的傳播路徑而展開。從嘉靖年間到崇禎帝自盡，皇明覆滅，良知學的殊勝與不足都展現得相當充分，我們可說此時期是後王陽明年代。

歷史有興衰起伏，學說也有興衰起伏，良知學發展到十七世紀中葉後的明清之際，我們會看到一組校正良知心學的學問從華夏大地升起，我們可稱作第三系理學。良知學和第三系理學在兩百年後的清末民初，透過相殺相生的關係，並和傾瀉東來的西洋思潮相混合，產生了更複雜的歷史效應。在那個關鍵的時刻，我們會看到盧梭、孟德斯鳩、華盛頓、杜威、馬克思、列寧和王陽明、李卓吾、黃宗羲、王夫之在異時空的清末

---

26 引自束景南，《王陽明年譜長編》（上海：上海古籍出版社，二〇一七），冊一，頁四二一。

27 湛若水，〈陽明先生墓誌銘〉，收入吳光等編校，《王陽明全集》，冊下，卷三八，頁一五三九。

28 參見《明思宗實錄》，卷九八。引自束景南，《王陽明年譜長編》，冊四，頁二〇五八—二〇五九。

29 王陽明平定宸濠之亂後，寫了一首夜夢郭璞向他投訴王導不忠，與王敦內外勾結的事，此詩名為〈記夢〉。詩前有序，詩後還附上郭璞在夢中向他呈現的一首詩，顯示郭璞本人的忠憤不平之意。郭璞這首詩在郭璞的集子中一定找不到，只見之於《王陽明全集》。王陽明〈記夢〉這首詩一定是有寄託的，王敦當指宸濠，王導則指向朝廷裡官職極高的官員。王陽明不便言其人之名，更不便言其人涉及勾結宸濠事，以免風波鬧大，無法收拾。所以就夢話連篇，以鬼話代正史了。

民初相會，現代化的行程加速進行。在這股日益全球化的思潮中，雖然西風狂飆，但我們仍可看到由十六、十七兩世紀的儒學引發的歷史潮流追波逐浪，洄瀾激盪，在火熱的政治社會議題中，發揮它幽微而深沉的影響。

歷史從來沒有過去，開門即是閉門人，[30]歷史的王陽明只是良知學在特定的時空點上的映現。人人心中有良知，良知聖顯為王陽明，王陽明化身千萬，他似乎沒有離開過中國現代化行程的現場。但良知學的故事要在巨星殞落於青龍舖後才大規模地展開，那是嘉靖七年農曆十一月二十九日以後的事了。

30　「開門即是閉門人」的故事牽涉到王陽明臨終那一年的傳聞，神秘中帶有哲思，本書第四章〈三教別裁——王學學者的「異人」經驗〉，稍有論之。

第一章

當代中國的黎明——晚明儒學的解讀

一、前言：「晚明儒學」概念的出現

本文探討晚明儒學的定位問題，但背景放在儒學與當代中國的關係下看待。當代學者探討中國現代性的議題時，往往追溯到晚明，但論點頗駁雜參差。在五四運動百年之際，我們反思晚明這個特定的歷史階段的文化問題，學術問題遂得深化，它不只具有歷史的興趣，它與當代中國的文化定向有特別的連結。

論及中國的現代性，我們很容易想到一個與它相關聯的概念「近世」。「近世」這個歷史性的概念指向「北宋」這個時間的斷點，北宋之前是五代唐朝，五代時間短，可視為唐宋兩代之間的過渡地帶，宋代文化的特色乃是在與唐代文化對照下產生的，唐宋文化的對照之解釋模式最著名者當是內藤湖南在一世紀前提出的「唐宋變革論」。內藤湖南在二十世紀初期提出的唐宋變革說影響甚大，在一九二二年的〈概括的唐宋時代觀〉一文中，他提出「人民」的理念、科舉普及化、黨爭政見之爭的性質、君王專制完善化、貨幣流通、學術自由化、文學與藝術更具特色云云，以突顯宋代文化的特色。[1] 後來他的學生宮崎市定繼起，踵事發揮，[2]「宋」作為一種中國近世的起源，遂成了有力的假說。

「唐宋變革說」是一個大的歷史命題，此命題有相當豐富的內涵，它在學界引發的影響也相當的大，[3] 筆者受益於這個假說匪淺。一個與「宋代」的時間性斷點可以相對照的是中國近世性質源頭的晚明說，晚明說成立的條件是放在陽明後學下論述的，陽明後學主要的思想自然是繼承王陽明而來，陽明之學事實上又是理學的一支，陽明學者問問題的方式以及提供的答案都還是帶有兩宋的理學之風的。本文聚焦晚明最重要的理由當然是這個提問乃是學術史的事實，它是傳播頗廣、影響頗大的公共論述。晚近在日本、中國、海外學界，學者提倡中國的現代性議題時，往往追溯到晚明，筆者稱之為「中國現代性的晚明起源說」。我們順藤摸瓜，容易突顯出焦點。

中國現代性的晚明起源說的提出者不只一個來源，首要者當是二十世紀中國馬克思主義者從經濟史觀提出的觀點，他們探詢中國社會的性質時，發現晚明是轉變的關鍵期。在儒學史或思想史界，此一論述或可溯源至嵇文甫的《左派王學》，其結論最後集結於侯外廬、范文瀾的「資本主義萌芽說」。由於馬克思主義對二十世紀中國的影響極大，回應馬克思史觀的「資本主義萌芽說」的聲勢自然也相當可觀。另一種晚明說則是順著理學的脈絡下來的，這種晚明說強調陽明學本身具足了轉化人生也轉化文化的動力，梁漱溟的論點可為代表。一九四九以後，港臺新儒家提出更完整的觀點，筆者稱之為「良知學轉出說」的模式。「良知學轉出說」是「良知坎陷說」的修正版，它是一種歷史的敘述，而不僅是哲學依據的解釋。這種晚明說強調現代性的內涵在晚明已出現，但其時儒者的理論資源不足，沒辦法在制度上完成儒學的內在要求。港臺新儒家學者追溯中國現代性的起頭可追溯到宋儒，但焦點集中在明末三儒：顧炎武、黃宗羲、王夫之身上。此外，日本儒者島田虔次、溝口雄三也都提過晚明儒學與中國現代性的關係，筆者稱之為「近代思維」的模式。島田與溝口兩人的觀點頗有異同，雙方辯論甚為精緻，這條路線無疑地可上溯至內藤湖南提供的「唐宋變革說」，其說與丸山真男約在同一時期發表的巨著《日本近世政治思想史》雖然定位相當不同，但也有交涉。他們的論點與中國學者的晚明說頗可相互發揮，本文雖以「資本主義萌芽說」及「良知學轉出說」作為論述的主軸，但「近代思維說」的論點也將是本文重要的參考架構。

1　內藤湖南，〈概括的唐宋時代觀〉，收入劉俊文主編，黃約瑟譯，《日本學者研究中國史論著選譯》（北京：中華書局，一九九二），卷一，頁一〇一—一八。

2　參見宮崎市定，〈東洋的近世〉，同前注引書，卷一，頁一五三—二四二。

3　參見張廣達詳盡解說的一篇文章，〈內藤湖南的唐宋變革說及其影響〉，《唐研究》，一一期（二〇〇五），頁五—七一。收入張廣達，《史家、史學與現代學術》（桂林：廣西師範大學出版社，二〇〇八），頁五七—一三三。

二、從「左派王學」到「資本主義萌芽說」

論及中國現代性的問題，不能不提王陽明所扮演的角色，近代中國思想的演變與陽明學有密切的關係。陽明學在有清一代，除了明末清初這個階段仍保留晚明的餘暉以外，基本上處於隱伏的狀態。清廷政權穩固以後，基本上以朱子學作為官方的意識型態，清朝的朱子學就像任何成為官方意識型態的思想的命運一樣，都不免在過度保護下，生機斲喪，逐漸枯萎。到了晚清時期，風雲際會，乃有陽明學復興之勢。晚清維新大將康有為、梁啟超都是陽明學的提倡者，同時期的劉師培與康梁學風不同，但同樣宣揚王學不遺餘力。康有為注意陽明學或許與其師朱九江有關，但筆者懷疑與其時日本陽明學的復興可能關係更大。眾所共知，康有為登上中國思想舞臺一個重要的歷史契機乃是一八九四年的甲午戰爭清廷戰敗，隔年，清日簽訂極羞辱的馬關條約。消息傳來，康有為約在京舉人，公車上書，終於引發震動一時的百日維新。甲午戰爭提供的教訓非常深刻，康梁維新，孫黃革命，嚴復以譯事宣揚新的文明理念，可以說都是受到此場戰爭的刺激。清日兩國在十九世紀中葉後，同樣受到帝國主義的侵略，同樣展開過救亡圖存的學習過程，何以日本區區一島國，最後竟能戰勝老大的大清帝國？這是那個時代知識人關心的焦點。日勝清敗，其中一條線索被認為很可能和王學有關——雖然這條線索存不存在或者怎樣的存在？不一定容易講得清楚。

陽明學傳到日本後，在東瀛三島的流傳呈跳島狀，藕斷絲連，不像朱子學那般有較明確的傳承的線索。然而幕末時期，維新志士多受陽明學影響，從佐藤一齋、大鹽平八郎到吉田松蔭，陽明學在他們思想中都占有一定地位。明治維新的功臣當中，頗有受陽明學甚深影響者，如東鄉平八郎，這也是事實。已故日本小說家三島由紀夫論及當代士風之不振時，即特別標舉明治維新時期日本陽明學的作用，他最後也以自己認定的良知學之義理走上淒美悲愴的櫻花萎絕之路。有關明治時期日本陽明學與維新的關係，以及日本的陽明學是否或是透過了什麼樣的管道反過來影響了清末的陽明學復興思潮，此事有待學者更進一步的研究。但甲午戰爭清廷戰敗，此事是十九世紀末影響中國極深遠的一件事，此事多少刺激了陽明學在中國的研究之興起，這似乎是條可以接受的理論線索。

筆者所以舉出甲午戰爭和中日陽明學的關係，意指陽明學在近世晚期中國的復興原本就和中國的現代化的工程分隔不開，甲午戰爭乃是仿效近代西方科技的兩大東亞國家的直接對抗，但就象徵而言，也可視為西方現代性的代理人戰爭，這場戰爭直可視為檢驗中日兩國近代化工程成績很好的測試劑。陽明學在當代中國是被歷史逼出來的，它是學術論述，也是政治論述，它在近世遂不能不與「現代化」這個歷史工程綑綁在一起，兩者的內涵息息相關。

然而，陽明學之所以會在當代形成一樁與現代性有關的假說，亦即資本主義萌芽說，其關鍵人物當是嵇文甫與侯外廬對晚明思潮重新解釋的成果。其中嵇文甫的出生與撰文日期都比侯外廬早，他的「左派王學論」在當代的晚明思潮論域中，更居有開風氣之先的地位。左派王學之說不是傳統的學派分類的用語，嵇文甫對此一用語的脈絡沒有解說。此詞語或許取自黑格爾左派、右派之分，黑格爾右派有加布勒（A. Gabler）、欣里希斯（H. Hinrichs）、羅生克蘭茲（K. Rosenkranz）等人，這一批國人不太熟悉他們思想的黑格爾後學，常被歸類為保守派，他們的思想深潛於宗教哲學的土壤中。黑格爾左派哲學家如施特勞斯（D. F. Strauss）、鮑威爾（B. Bauer）、費爾巴哈（L. A. Feuerbach）這些相對年輕的黑格爾後學則重感性，重物質，在政治思想及行動上通常也較具反封建的精神。由於馬克思和左派黑格爾的思想關係匪淺，因此，嵇文甫受到黑格爾學派發展的影響，因而有左右派之分，此事是相當可能的。嵇文甫的用語也可能受到王學「江右學派」一詞的暗示，因為嵇文甫所列出的左派王學，主要的對話對象正好是陽明後學的江右學派中人。江右學派的特色注重良知的致虛內斂，體證心體。學者平日用功所在，對內當收斂精神，對外當恪守倫理，聶雙江、羅念菴、王塘南等等江右學者的學說大體近似。嵇文甫所說的王學左派中人則注重良知的情感與意志的作用，並落實於人倫日用，在紅塵是非中行道。陽明後學的這兩種思想趨勢和黑格爾後學的左、右派對分，倒有幾分近似之處。以彼喻此，作為論述的工具，「左派王學」之說不失為一種有效的理論設準。[4]

嵇文甫「左派王學」說雖然明顯地是馬克思主義的底子，但嵇文甫此書特別突顯泰州學派中一向不受到傳統學者重視的顏山農、何心隱以及李卓吾的思想特色。顏、何、李這些泰州後學在《明儒學案》中遠不如王心齋、羅近溪等人受到的青睞，更不要說和江右學派學者相比了。嵇文甫引介這些人之後，讀者對黃宗羲加予此學派的按語「赤手搏龍蛇」之語，才有較清晰的圖像。嵇文甫此書帶有五四運動思想啟蒙的色彩，人道主義的關懷較濃，階級意識的性質較淡，好像晚明思潮的演變是由王學的一支左派學者引發似的。侯外廬後來提出「資本主義萌芽說」，此說的意識型態更強，與當時政治局勢結合的能量也更大，兩說基本上可以合流看待。資本主義萌芽說是以社會經濟的變革作為引發近世的中國歷史走向的動力，這種詮釋的焦點後來因為接上了一九四九的共產主義革命，因而在學界取得了極大的發言權。嵇文甫生於一八九五，恰好是馬關條約簽訂之年，臺灣乙未抗日之時，也可說掀開「新中國第一章」的發軔年，[5]時間可謂巧合。

嵇文甫《左派王學》一書出版於一九三四年，書末尚附有〈十七世紀中國思想變動的由來〉。此書比起清末民初的陽明學思潮，特別突顯泰州學派的思想解放功能，他將泰州學派這一系的王學稱作「左派王學」。觀「左派」一詞，我們也可理解此書是依馬克思史觀撰筆的，事實確也如此。嵇文甫在此書中，特別強調思想是生活的反映，各時代的思想變動，都取決於當時社會生活的變動，尤其是經濟生活。他論晚明思想的背景時說道：

> 由商業資本擴大而深入的結果，……一方面形成南方都市的繁榮，另一方面形成農村剝削的加劇。社會繁榮則眼界廣而思想開放，剝削加劇則衝突烈而人心動搖。於是一方面不斷的發生農民變亂，一方面演成思想革新的潮流。所有當時的政治運動，社會運動，思想運動，都是那種僨張躍動的時代心理所形成；而這種時代心理卻是由那外繁榮而內紛亂的社會生活刺激起來的。我們從白沙、陽明，尤其是王學左派諸子的言論行動上，很容易感到一種僨張躍動的氣息，而他們的言論行動恰成為時代的脈搏。從思想上診斷當時的社會，從整個社會生活上觀察當時的思想，這種研究法是很可推廣應用的。[6]

在此書附錄〈十七世紀中國思想變動的由來〉一文中，他更從貨幣經濟、海外貿易、土地兼併、民眾暴動四個方面介入，解釋左派王學興起的原因。

嵇文甫的著作像是啟蒙時期的著作，作者以勾勒圖像見長，不以細節論證取勝。在以往的明代思想或王學的研究著作中，泰州學派常被冷淡處理，這種詮釋方向和明末清初學者反省有明一代學術時，側重王陽明—江右學派—劉宗周一脈相承的學風有關。但時值晚清民國的變局擴大之際，嵇文甫從泰州學派的資料中

4　依據荻生茂博的研究，關於左派王學、右派王學的分法，在嵇文甫之前，日本已有小柳司氣太〈明末の三教關係〉，對等看待王陽明後學的「左派」、「右派」，並將二者區分為「新陽明派」、「正統陽明派」。「左派」、「右派」這一語彙也用於後藤基巳，〈清初政治思想の成立過程〉。參見荻生茂博著，陳俐君譯，〈幕末、明治陽明學與明清思想史〉，《中國文哲研究通訊》，二八卷二期（二〇一八．〇六），頁一七三—二二〇。

5　梁啟超視康有為引導的戊戌變法是「新中國的第一章」，戊戌變法是日清戰爭、馬關條約的直接後果。梁啟超言「先生在今日，誠為舉國之所嫉視；若夫他日有著二十世紀新中國史者，吾知其開卷第一頁，必稱述先生之精神事業，以為社會原動力之所自始。」梁啟超，《南海康先生傳》，收入張品興編，《梁啟超全集》（北京：北京出版社，一九九九），冊一，頁四八二。

6　嵇文甫，《左派王學．序》（上海：生活．讀書．新知三聯書店，二〇一四），頁二—三。

看出了巨大的學術潛力，他撰寫晚明這些思想家時，筆鋒常帶感情，書中主角個性相當靈活鮮明。但他筆下的陽明後學的思想乃是商業資本發達時期底下的哲學，嵇文甫雖然沒有使用資本主義萌芽期的說法，其意則是。他撰寫《左派王學》的三〇年代，馬克思主義在中國已成野火燎原之勢，文學革命已走向了革命文學，嵇文甫本人即深受此波思潮影響。透過了馬克思主義的眼鏡，他看出了在晚明這個變動的時期，一群由陽明後學組成的隊伍順應時代的潮流，發出了拆除封建主義門牆的聲音。在下層結構決定上層結構的思維模式底下，左派王學的思想可以說是他們那個時代社會生活的反映。

大約與嵇文甫出版《左派王學》同時，史學家如鄧拓、呂振羽等人已指出了明末出現資本主義手工業的雛形。由於馬克思主義其時是世界的顯學，在中日兩國，它的勢頭仍方興未艾。在中日八年戰爭前，日本國內的左派已發起了日本資本主義性質及應付對策的大辯論，當時主張兩階段論的講座派與主張一階段的勞農派，各有擁護者，日本著名的左派學者，紛紛捲入辯論中。一九三二年，由野呂榮太郎編成的《日本資本主義發達史學講座》七卷出版了，此套叢書全面性地探索了日本資本主義的問題，農業土地的性質的問題，由此展開對日本近代的特質的研究。以中日之一衣帶水，這股思潮很難不波及到中國來，「日本資本主義性質論」與「資本主義萌芽說」兩者的問題意識顯然是相近的。在一九四九共產主義革命勝利前，一種在中國本土境內尋找資本主義前身的論述應當已經相當成熟。一九四九年中共建國之後，毛澤東即宣稱：「中國封建社會內的商品經濟的發展，已經孕育著資本主義的萌芽，如果沒有外國資本主義的影響，中國也將緩慢地發展到資本主義社會。」[7]共產黨人持的是普世性的人類史的發展史觀，歷史發展五階段論是官方的標準說法，資本主義階段是歷史仍在發展中的一站。毛的話語帶有總結的味道，資本主義萌芽說是帶有強烈時代訊息的理論。

資本主義萌芽說如果限於經濟史的解釋，它的衝擊力道即會圈在特定的領域內，但它如溢出經濟範圍，效果即大不相同。資本主義萌芽說真正的完成者當是侯外廬，侯外廬的著作通常以密集的社會經濟史料見長，但也帶有很強的哲學內涵。他對晚明思潮相當看重，認為這個時期的思想可以和戰國時期比美，是中國史上第二個黃金時代。在他的《中國思想通史》、《宋明理學史》以及單篇的相關論文中，如〈十六七世紀中國進步哲學概述〉、〈論明清之際的社會階級關係與啟蒙思潮的特點〉等著作中，他的論點交相論述，形成堅強的互文性構造。他的著作建立在馬克思主義的前提、社會經濟的史料以及較密集的思想家文獻，還有他鮮明的政治立場之上，這些因素梭織成特色鮮明的侯氏史學的文風。讀過他的著作，我們會看到在胡適、馮友蘭、唐君毅、牟宗三，甚至徐復觀著作中都看不到的大量的思想家的社會史背景資料，經驗性格極濃，論證似乎也較容易落實。他在思想與社會經濟背景所作的連結，提供了我們另一種呈現思想的樣式。

在侯外廬上述的著作中，我們看到晚明時期的城市手工業逐漸的擴展，土地私有化的趨勢日漸顯著，農產業商品化的情形已經出現，貨幣經濟、貿易形式也有了突出的表現，新的社會經濟的發展帶來了新的矛盾。所以這個時期出現了不少具有社會史意義反抗運動，如反對礦官的抗爭、城市工人與手工業和官方的鬥爭，還有農民暴動這個核心的因素，儒家史上著名的書院講學的意義（如爭講學自由、言論自由）也是被侯外廬放在整體的社會矛盾底下興起的反對運動中的一環看待的。

依侯外廬的分析，晚明時期重要的思潮可分成四類：第一種是地主階級出身的啟蒙先驅者的反道學的哲學思想，這組思想以王廷相、呂坤為代表。他們代表資本主義萌芽期的萌芽思想，雖進步卻又被舊的理學思想絆住，因此相當脆弱。第二種進步思潮是泰州學派的反封建的「異端」思想，以王心齋、何心隱和李贄為代表。他們出身下層階級，思想尖銳犀利，很能代表這段時期的思想特色。可惜受到王陽明思想的束縛，綁

7　毛澤東，《中國革命和中國共產黨》，《毛澤東選集》（北京：人民出版社，一九六九），卷二，頁六二六。

手綁腳。第三種進步思潮是長江流域以無錫為中心的東林黨人的社會政治思想與人道主義，東林黨人批判現實，爭取講學自由，對商人有一定的同情，這是進步的。但思想過度陳腐，仍在理學圈子中打轉。第四種進步思潮是一些傑出的科學家比如方以智，他們在中西交流的背景下，提出與自然科學相連結的唯物主義哲學思想。

侯外廬的歸納充滿了理論的趣味，這四組思想家都可視為儒者，如果我們從儒學史的觀點下考量，第一組的成員可視為反理學思潮的氣論學者，他們反對無限心的人性論。第二組的成員屬於泰州學派，泰州是陽明學派底下一支強調良知的自然義與庶民義的學派。第三組的東林學派是調和朱王兩派、力主性善說並以關心現實政治著名的學派。第四組則是中西交流頻繁的晚明興起的早期科技派學者，方以智的身分在此。這四組學者如何擺在一起討論，令人好奇。我們如果籠統地將他們放在儒學的視角下解釋，或許可以說得通，因為他們都是儒學中人。但這種視角顯然不是侯外廬採取的，侯外廬沒有儒學視角的興趣，他只有馬克思主義視角的關懷，這四組思潮之所以有限制在於它們沒有擺脫理學的拘束。

這四組思想關心的主題不一樣，所處的時代位置（比如第一組與第四組）也不一樣，但依侯外廬的看法，他們大體都有市民階級異端思想的色彩，他們一般都要求從醉醺醺的思辨哲學的氣氛裡解放出來，對於自然和歷史勇敢地嘗試著各式各樣的新探求。他們的探求，他們的異端，針對的對象主要是「正宗的道學」，他們鬥爭的方向大體是依循著「唯物主義對唯心主義」的路線展開。而他所說的「唯物主義」指的主要還不是形上學主張的世界的本質的問題，這種形上學的主張也可以說成是知識論的主張，侯外廬的興趣不在此。他說的「唯物主義」乃馬克思主義的模式：是經濟生產方式決定了社會的分配，產生了階級的區分，決定了社會型態的發展。侯外廬所說的「唯物主義」的實質內涵指向了「階級意識」，是經濟社會學的用法，形上學的意識較淡，雖然侯外廬應該也贊成物質是事物最終的本質的提法。侯外廬眼中這些代表進步意義的晚明思想家基本上屬於市民階層的儒者，他們處於封建社會解體、新興的資本主義社會尚未到來的階段，他們的思想都帶有黎明的曙光，但卻拖著漫長的舊社會黑暗的尾巴，此之謂「資本主義萌芽期」。

在嵇文甫、侯外廬筆下的晚明社會呈現了一個和「中國停滯論」大不相同的時代面貌，我們看到在某種現代社會（侯外廬稱作資本主義萌芽期的社會）才可見到的新的社會樣態，我們看到商人、農人、手工業工人與官府的鬥爭，我們看到「自由」的概念被運用到講學與出版的領域，我們在泰州學派的何心隱、李卓吾處看到「平等」的追求，我們也看到一種早期的人道主義的精神。無疑地，這些現象被嵇文甫、侯外廬視為一個新時代的上層反映，它們面貌各殊，但反映了一種共同的時代精神。資本主義萌芽說的詮釋焦點和傳統的儒學史的觀點大不相同，它呈現的思想樣貌大可補充《明儒學案》、《理學宗傳》等書中缺少的板塊，或許兩方論述的焦點本來就不一樣，無所謂補不補充的問題。但至少他們的論述顯示了一個活潑的、流動的中國社會圖像，多少可以校正影響中國形象甚大的黑格爾式的停滯中國的刻板印象。

「資本主義萌芽說」是馬克思主義傳入中國，中國馬克思主義學者尋找馬克思主義與中國傳統的接榫點時，很自然地出現的論述。作為一種經濟史或社會史的學說，探詢資本主義萌芽說的學者提供了以往人文學者不太注意到的材料。像晚明江南紡織業發達，萬曆廿九年間織工葛賢引導民變，打殺燒毀民怨的土豪劣紳後，對居民則「不挾寸刃，不掠一物，預告鄰同里，防其沿燒，毆殺，竊取之人。」[8]或者像金壇削鼻班運動時，奴僕所提：「國步既改，諸勛戚與國休者，咸已休廢。若我輩奴籍不脫，奴將與天地同休乎？」「主有不肯破券均齒者，眾共滅其家」。[9]資料中的人物顯現的言行，確實呈現了一般文人文集中不會出現的面

8　黃彰健校勘，《明實錄．明神宗實錄》（京都：中文出版社，一九八四），冊一二，卷三六一，頁五。

9　引自傅衣凌，〈明末南方的「佃變」、「奴變」〉，《明清社會經濟史論文集》（北京：中華書局，二〇〇八），頁三九九。

向。這些資料或出於實錄或文人文集中，典籍不算冷僻，葛賢與削鼻班的資料在當代的晚明研究中，比較常被注意到。[10]就經濟史或社會史而言，裡面的內容是有相當價值的，但以往的哲學史或思想史的研究者很少觸及到。

至於更冷僻的典籍，就更受忽視了。如明清鼎革之際，永新地區農民打出「鏟平王」口號，主張「鏟主僕、貴賤、貧富而平之也」；顛倒主僕關係，並對原先的地主呼籲：「均人也，奈何以奴呼我，今而後得反之也。」寶山縣地區農僕造反，「千百成群，焚廬劫契」，他們同樣顛倒主僕關係，奴變為了主。這些記載的「平等」的內涵相當強。但這些材料因為收於地方志中，傳統學者不太注意到，其意義通常也就埋沒了。廣大的農民起義的材料，由於與共產黨政權的聯繫性極強，受到的重視更不待言，但以往的史家同樣不夠正視這些材料的內涵。文獻材料重不重要，多少和閱讀者的選擇有關。但即使從儒學史的觀點立論，如果我們接受四民異業而同道的主張，「士」以外的階層的史料被大量突顯，當然是極有意義的，「儒學」不能不對農、工、商及奴僕階層開放。「資本主義萌芽說」的視野是以往研究者缺乏的，這樣的學術轉向的意義是值得觀察的。

農民起義、民變、奴變、資本主義萌芽等等這些現象早蘊藏於晚明的史料中，但很少出現在二十世紀之前的文人視野裡。這些材料的出現，很快地相互連接並形構了一個新的歷史時代的到臨。這樣新的歷史時代恰好不是「停滯的中國」的形象，而是充滿了土地的併吞，資本的集中，階級的鬥爭，欲望的解放。這是「動盪的中國」，它為一個規模更大、意義更深遠的時代作準備，這樣的時代在一九四九之後將會出現在歷史的舞臺。資本主義出現在西歐，但它的影響卻是全面性的也是全球性的，如果說資本主義的幽靈用它無堅不摧的魔力打造了屬於它自己的世界，資本主義是體，資本主義社會是用，十九世紀的歐洲交相閃耀著資本主義精神的千萬姿影。無獨有偶，我們可以說馬克思主義也發揮了同樣的作用，馬克思主義是體，馬克思主義的歷史是用。而且它一旦完整出現，即發揮了比堅船利砲更大的擴散力量，迅速傳播到全球各地。馬克思主義的歷史觀運用到中國的歷史上，即有資本主義萌芽期這個歷史階段的出現。這個歷史階段插進去我們以往以朝代斷代史為區分的歷史階段演變史，變成以經濟的生產模式為準的斷代史。原先在「明史」、「清史」視角下被忽略的史料，借著「資本主義萌芽說」的眼鏡，工人、農人、奴變、民變的圖像開始清晰了起來，一一走上了歷史的舞臺。而且居於舞臺的中央，資本主義萌芽期的視角帶來了新的歷史形貌。

資本主義萌芽說如果是經濟史的一種解釋，它只解釋一種在中國近世歷史上出現的一種經濟現象，這個經濟現象牽涉到生產方式的改變、生產規模的擴大、獨立的手工業工人階級隱然成形、某種意義的勞資關係業已產生云云，其說能否成立，事屬專門，筆者無能伸贊一詞，但不排除它可能是種值得探討的假說。至於這些初期資本主義的現象是否引發了從王心齋以下，顏山農、何心隱以至李卓吾的異議思潮？這些資本主義萌芽期的現象到底與這個時期的思想家仍不忘情於心性論、形上學的思維又有何關係？侯外廬「資本主義萌芽說」所提的那四組學者都有很強的心性論—形上學的關懷，即使最像社會運動家的泰州學派中人也有天道性命的關懷，比如上世紀晚期才公開流傳的泰州學派要角顏山農的著作，即有很濃厚的修行論述。資本主義萌芽期的經濟社會學論述與左派王學的心性論形上學論述，兩者如何連結？這個問題是無從逃避的，但侯外廬的解釋顯然相當脆弱而且不足，事實上是一無解釋。

更重要地，明清之際出現的《明夷待訪錄》、《潛書》等強烈批判專制政權性質的異端之書，它們提供的那些政治焦點的論述究竟如何從生產模式的轉變引申而來？也是個謎。侯外廬並沒有忽略黃宗羲《明夷待訪錄》的重要性，他事實上也有解釋。但恰好在「資本主義萌芽說」的脈絡下，也恰好在「宋明理學」的脈

10　如謝國楨，〈關於「削鼻班」和「烏龍會」〉，《明清史談叢》（瀋陽：遼寧教育出版社，二〇〇〇），頁一一—一六。

絡下，黃宗羲期待「待訪」的專制政權批判說並沒有被拿出來好好討論。如果「資本主義萌芽說」要在中國史的脈絡中，尋找與馬克斯史觀相連的史實，則作為二十世紀中國思想核心概念的「民主」，它在「資本主義萌芽說」的架構中，到底有何等的地位？至於思想與經濟生產模式是否上下建築的隱喻可以解釋的？或是反映的隱喻可以解釋到什麼程度？問題當然更複雜了。

三、近代思維說

相對於「資本主義萌芽說」特別著重經濟在歷史轉型時期的重大作用，本文所提到的兩支相關學說，亦即日本學界的「近代思維」以及港臺新儒家的「良知學轉出說」，它們卻將歷史轉型的重點放在儒學思維的自行轉化，而儒學的自行轉化落實下來講，即是良知的自我發展。雖然不論是「近代思維說」或「良知學轉出說」，這兩種解釋都沒有否認理念與外界的互動關係，但所謂的「外界」所起的作用並不是它即是決定性的，這些理念所碰觸的「外界」事物毋寧更像是引燃的觸媒，它將原已隱藏在內的理念引爆開來。這種從儒學內部著眼的理論，在日本可以島田虔次的《中國近代思維的挫折》作為代表，在港臺新儒家，則可以牟宗三先生的「良知坎陷說」作為主要的典範。兩說是彼此獨立發展出來的，論述的風格也很不一樣，但他們都看到良知學在歷史演變中扮演的重要角色。

島田虔次的《中國近代思維的挫折》一書在戰後日本的中國學研究居有獨特的位置，用狹間直樹的話來說，可謂「一部里程碑式的作品」，[11]爾後日本出版明清儒學的研究很難不參考島田虔次此部經典作。此書出版在一九四九年，一個獨特的年代，這個出版的年代似乎回應了榮格的共時性原理，它彷彿有意回應此年十月一日中華人民共和國成立此一歷史事件，此書對中國學界的意義並不比對日本學界的作用來得小。島田虔次此書的內容相當豐富複雜，解釋也深刻，就題材而言，可探討者不少。但筆者以為進入此書者既方便也具理論意義的途徑，乃是推動他寫此這本書的心理狀態。島田虔次後來在此書再版的〈後記〉反省他寫作此書的心境，或者說反省他自始至終對於儒家價值的心境。島田虔次毫不掩抑地說道他對「孟子、王陽明、黃宗羲等熱烈的儒教徒們懷著滿腔的共鳴」：

> 我抹不掉對中國文明、儒教文化以及它那具有深厚根基的文化之深深的敬畏之念，這也依然是事實。魯迅對儒教文化、士大夫文化的憤怒，和他的所有中國的古典都不要讀的幾近於竭盡全力的吶喊，我不是不感動，但是，最終沒有能與之同調。或者是因為異邦人的漫不經心，或者是由於對人民痛苦反應遲鈍的階級立場所規定，或者是被不識時務的文化主義者所「腐蝕」毒害，總之如果說我是不徹底的話，那麼的確是不徹底；我對儒教採取了那樣「曖昧」的態度，這在當時是反動的，或者說即便在今日也是反動的。[12]

引文稍長，但絕不冗長，這段充滿熱情、反諷語句的引文很能顯示島田虔次對整體陽明學——從王陽明、李卓吾到黃宗羲——的激烈共鳴。他自嘲說的「反動」、「不徹底」之語，明顯地是左派人物的常用語，此語暗中指涉的當是當時帶有左派意識立場的日本學者。[13]但我們如果認為這段話也可以視作回應中國左派學者

11　島田虔次，《中國思想史の研究．解說》（京都：京都大學學術出版會，二〇〇二），頁六五〇。引自吳震，〈十六世紀中國儒學思想的近代意涵：以日本學者島田虔次、溝口雄三的相關討論為中心〉，《臺灣東亞文明研究學刊》，一卷二期（二〇〇四．一二），頁二一三。

12　島田虔次著，甘萬萍譯，《中國近代思維的挫折》（南京：江蘇人民出版社，二〇〇八），頁二一〇—二一一。

13　依據〈後記〉所述，守本順一郎與岩間一雄應該就是持此種立場的學者。

的立場的話，似乎也說得過去。學術觀點往往從更深層的學術關懷導出，革命年代的中國左派學者對宋明理學的整體印象通常是相當負面的。相對於中國左派主流意識型態支持的「資本主義萌芽說」，島田虔次則是從陽明學的內部尋得近世思想的精神，更具體的講，也就是從良知學的立場立論。

島田虔次這本著作充滿了無可掩抑的熱情，充分地實踐了錢穆所說的「同情的理解」。但他的熱情不僅是心態而已，而是他在陽明後學身上看到一種普世性的精神，他很明確地將歐洲近世的文化展現作為普世精神的「自由」、「平等」的展現，他同樣將陽明以後思想的發展，當作自由、平等這種理念在中國的發展。島田虔次無疑是普世主義的想法，此書所引發的諸多爭議大概也集中在此點上面，至少是主要的焦點。[14]但他的普世主義是否沒有脈絡化的普世主義，或許也未必，他相信我們當代的思考已不可能不帶有歐洲近世思維的元素，我們已是在滲透著歐洲思維的基礎上思考問題。但在這樣的基礎上思考問題，不見得就是問題是被製造出來的，更恰當的說法，或許它是被突顯出來或照耀出來的，其基質已潛存在原先的架構中。所以我們可在中國晚明的脈絡，也發現到類似的精神在躍動。如果我們借用今日的語彙表達，筆者認為島田虔次的立場是多元現代性的立場，但他的多元現代性有平行的理念的發展。

他的多元而平行的現代性的立場還可作更明確的規定，在這一部花費多年的著作中，島田虔次是按下列的順序鋪陳開他的近世的思維的，全書由四章組成，第一章〈王陽明：作為人的自然的聖人〉；第二章〈泰州學派：從大丈夫到「吾」〉；第三章〈李卓吾：童心——新的「人倫物理」之發現〉；第四章〈一般的考察：近世士大夫的生活和意識〉。在這四章中，中國的近世精神是依王陽明—泰州學派—李卓吾的時間順序展開的，王陽明和李卓吾占有顯著的地位，分別占有一章。島田虔次將王陽明的出現於中國歷史舞臺，視為宋學發展的一個巔峰，他代表一種新的「人的概念的形成」，也就是一種新的主體觀的形成，這是一種「個人理性的獨立性、自律化」，這種新的主體觀發生的歷史時刻在正德三年（一五〇八），王陽明三七歲時於龍場驛悟道的那一剎那。他說王陽明當時「可以說是被置於魯賓孫之境地的人，是克服並脫離了榮辱得失等所有的社會性，從生死一念的極限抽象出來的人——『身心』。明代的精神在不停頓地追求著；而明學，作為它的基礎、出發點，需要把握確立的，實際上就是處在這種極限狀態中『吾性自足』的人。而且就是這種人之形象才正是宋代以來中國近代精神所摸索的、作為前提的人之形象的理想型。」[15]一個擺脫人的社會性質、徹底以自我的良知作為人的本質的形象即如此形成。依據這種新的人觀，王陽明的良知之學蘊含了（一）人的欲望的肯定；（二）不依賴世俗的權威而是以自己的良知作為判斷的基準；（三）對不同知識、才能、情意的人都可以平等肯定；（四）四民異業而同道，人人平等。[16]

島田虔次所列出的陽明學良知教的四點理論效果，第三、四點可以視為平等論，第二點則可視為自由論，第一點則為欲望肯定論，第一點姑且不論，第二、三、四點顯示王陽明思想中一種建立在獨特生命體驗、與萬物為一體基礎上的自由、平等論，這種自由、平等論與一九四九之後在海外政治領域頗流行的脫主體性的自由主義者之民主清單說之自由、平等大不相同；與「資本主義萌芽說」著重的階級鬥爭史觀所顯現的翻身式的自由、平等，內涵也不一樣。從一種獨特的精神體驗出發所呈現的新的人學乃是陽明學的特色，也是島田虔次此書最根本的立場。

14　島田虔次在近世歐洲與近世中國之間尋找平行的發展關係，但近世歐洲發展出來的理念無形中成了比較的基準，他的立場受到溝口雄三強烈的質疑。溝口雄三一向強調作中國學，要有由中國內部引發出來的問題意識，要有「中國的中國學」的意識，歐洲架構不能作為論述的參考架構。有關溝口雄三與島田虔次的爭辯的意義，吳震已有詳細的解說，參見〈十六世紀中國儒學思想的近代意涵：以日本學者島田虔次、溝口雄三的相關討論為中心〉，《臺灣東亞文明研究學刊》，頁一九九—二二八。島田、溝口之爭的內涵猶可作進一步的解釋，此處擱置不論。

15　島田虔次著，甘萬萍譯，《中國近代思維的挫折》，頁一四。

16　同前引書，頁四二—四三。有些用語已經經歷過筆者的改譯，讀者不妨參看原書。

如果陽明學的特色在於樹立一種「直接參入宇宙之中的一種浪漫的熱情」，這是種離開了所有的中介物，直接觸及到生生不窮的獨特型態的熱情。[17]李卓吾的良知則是直接起了衝撞「外界」的作用，李卓吾的學問就像他的名字一樣，卓吾，「我」是以作為社會的對立面出現的挺立的主體。挺立的主體被他命名為「童心」，李卓吾的「童心說」被島田虔次視為是陽明良知說的完成。「童心說」無疑地繼承了中國自老子、孟子以下的「純粹之心」的表達傳統，它不可能脫離性命之學所蘊含的玄秘性格，但此說最大的特色洽好不是心性學傳統中一種原初的本心之謂。童心是一種對立原則，一種否定原則，它不只自立，它還要發現「外」，並否定「外」，以前被確立的、外在的、權威的東西現在都被視為僭越，需被批判。李卓吾在晚明所以引發那麼大的爭議，重要的原因之一是他將所有外界的權威標準一一檢證，也一一否定。島田虔次將李卓吾視為陽明學的完成者，而不是劉宗周、黃宗羲等人認定的背叛者，他的定位應該承自江戶以來的日本學界的傳統。李卓吾在近世日本思想史上，一直居有獨特的位置，[18]「李卓吾在日本」的脈絡和「李卓吾在中國」的脈絡大不相同，它在兩地影響的層面也不一樣。

島田虔次身為史學家，他沒有義務界定「自由」、「平等」何義，筆者認為他在歷史中尋找「自由」的精神，或者說自由的自我實現，這是黑格爾式的提法。在一個適宜的時機，一個重要的理念加上一種具足動能的主體，它是有可能產生推動歷史的力量的。島田虔次在當代漢學家中，是少數特別注重理念在歷史作用的一位哲人，[19]比起同代的荒木見悟、岡田武彥這兩位陽明學名家，島田虔次更注重超越理念的歷史作用；比起山下龍二、甚至丸山真男這些名家來，[20]島田虔次更強調理性的超越性格的意義，它具有翻動人格的充沛動力。他眼中的王陽明、李卓吾即是推出新理念，催化「時代精神」的新英雄，「時代精神」一詞是他的用語。[21]島田虔次所以撰寫這部書，他很坦然地承認他在當中發現新的人學，新的人學也可以說是一種新的主體範式。類似的寫作動能，也就是新的人觀的提倡，在他稍前梁啟超與周作人的著作中，我們也可以看得到。他們都相信新的人之理念與新的文明之間的緊密關係，只是比起梁啟超、周作人這兩位帶著啟蒙思潮精神的學者而言，島田虔次的「新人」的超越性更強，一種切入歷史深層的存在的動力不但推動著陽明後學的精神持續前進，事實上，也推動島田虔次本人的寫作。在島田的著作中，我們看到他以王學式的主體精神處理布滿王學式的主體精神的文獻，心情上桴鼓相應，他的著作中不太看得到經濟社會史的資料。[22]

島田虔次的著作壁立千刃，直接從王學的內在面切入。他從王陽明到黃宗羲、顧炎武的思想脈絡中，發現到馬丁路德、洛克、盧梭式的思想因素。中西學術兩者間的關係當然是片斷、錯綜、變形的，但不是不相

17　同前引書，頁三〇。

18　比如影響日本明治維新的關鍵人物吉田松陰（一八三〇—一八五九）即深受李卓吾影響，他從李卓吾的著作中得到一種突破現實的精神自由的訊息。參見吉田松陰，《已未存稿》，收入廈門大學歷史系編，《李贄研究參考資料》（福州：福建人民出版社，一九七五），輯二，頁二二〇—二二一。

19　比如他是極早注意熊十力思想價值的日本漢學家，島田虔次著有《新儒家哲学について：熊十力の哲學》，收入《五四運動の研究》（京都：同朋舍，一九八七），第四函第十二分冊；中譯本為徐水生譯，《熊十力與新儒家哲學》（臺北：明文書局，一九九二）。他也是少數追溯過理學家「體用」的語義史的日本學者，參見本文注三二。

20　丸山真男的《日本政治思想史研究》是研究江戶思想史的經典作，此書出版於一九五二年，時間和《中國近代思維的挫折》差不了多久，兩本書同為東洋史學名著。但丸山真男此書界定日本近代思潮的演變是從朱子學思維方式的崩潰著眼，朱子學被視為歷史演變需要克服的目標，「近代」概念的形成即朱子學的超克。丸山真男晚年弟子新潟國際情報大學的區建英教授在臺灣學界作的一場演講中說道：丸山真男後來對此書的論述作了極大的修正，修正的重點在於他賦予朱子學的超越理念更多正面的力量，丸山真男的修正很值得作進一步的探討。

21　島田虔次著，甘萬萍譯，《中國近代思維的挫折》，頁九—一〇。

22　溝口雄三的著作和島田虔次的著作呈現強烈的對比，溝口雄三對所謂的左派王學也是充滿出自生命的同情共感。但他的左派學風頗濃，其著作多帶有經濟社會學的材料。溝口雄三的著作《中国前近代思想の屈折と展開》（東京：東京大学出版会，一九八〇），可以說是對衝著島田假說而來。

應的體系。[23]由於普世價值的定位，而且無可避免地使用了西歐體系的參考架構，此書出版後，引發了溝口雄三等學者的批判，他們彼此之間爭辯的內涵頗豐富，理論價值很大。但筆者認為從更同情島田虔次的立場出發，我們也許可以給島田虔次的「近代思維」的假說另外一種位置。筆者所說的另外一種解讀即為「批判近代思維以完成近代思維」的立場。

島田虔次極讚美王學的「近代思維」的價值，但他讚美「近代思維」，正顯示王學的「近代思維」並沒有開花結果，此「近代思維」之所以為「挫折」。此書實際上是以李卓吾在獄中自刎作為全書的結局，它是「中國近世最終沒有形成市民性近代社會之命運的一個確切的象徵。」[24]李卓吾的死象徵「近代思維」歷史過程的結束，在此書的第三章結束處，島田虔次讚美李卓吾將倫理從政治，歷史從倫理，文學從其他領域獨立出來，士大夫固守的整體世界從此分解得零零碎碎。相對地，一個「疾之已甚」且與「社會」對峙而不相容的「個體」則卓然獨立於世。依島田虔次的解釋，我們可以代島田虔次下一斷語：李卓吾事實上是唯一完成「近代思維」的儒者，但他是歷史大潮流中的孤鳥，孤鳥高飛，後無跟者。中國宋代以後的社會一直沒有衝垮士大夫文化的精神，即使泰州學派起來了，李卓吾起來了，整體社會仍活在士大夫文化的固有模式中，東林學派的興起就是極好的指標。東林學派是以反廣義的「左派王學」的面目出現的，它要退回心學興起前的年代，將社會挽到一個重工夫細密、重聖賢成法的整體精神的氛圍。結果，李卓吾之後再也沒有李卓吾，李卓吾既像高空孤鳥，也像江中孤島一樣，孤孑的立於歷史潮流之中。

島田虔次此書以「李卓吾」和「東林學派」的衝突作為全書的結尾，這是一個很有意義的設計。東林學派的思想特色是站在儒學的立場，注重世風，所以此派與泰州學派（含李卓吾）的爭議可以說是儒學內部的爭議。但泰州學派和東林學派從政權的觀點看，同樣是危險的學派，所以同樣受到嚴厲的打壓，一個也不比另一個少。正因兩者同樣是王陽明之後儒學內部發展出來的學派，兩者同樣要冒政治打壓的風險，也就是兩者的求道的真誠性是不必懷疑的，島田虔次以「士大夫—整體精神」對照著「市民—個體精神」的結構，解釋東林學派—李卓吾這組象徵的意義。他也以兩者到底誰要為明亡此一歷史負責，表示懷疑，以後來歷史發展衍生出的疑問代替解答，這個伏筆提供了很有意義的線索。

島田虔次的「士大夫—整體精神」及「市民—個體精神」的對照是組很有意義的理論工具，島田虔次在中國發現和歐洲精神相似的中國精神，他拋棄了黑格爾式的中國史觀，也拋棄了魯迅式的中國史觀。這組對照性的理論工具在戰後的西順藏的《中國思想論集》一書中，[25]它們以另一種模式，也是另一種結論出現，西順藏反省近代中國歷史的發展，它主張近代中國在帝國主義的壓迫下，雖然以「中體西用」的思維模式，不斷回覆步步進逼的歷史危機。但「中體」的「體」越來越小，越來越退縮，它由皮退到肉，由肉退到骨，再由骨退到髓。中國先後拋棄了器具的優越、制度的優越、語言文字的優越，它退無可退，最後只有退到社會最底層的農民此一底層。一九四九的革命即是以社會底層所代表的以「全體的人」為主體的無產階級農民對於以「個人」為代表的近代西方精神的反撲，這是內在於中國歷史脈絡，對於中國革命意義的解釋。

西順藏的解釋和中國左派的「資本主義萌芽說」的意圖頗近似，兩者到底都依馬克思主義的史觀立論，他們和島田虔次觀察到的現象以及解讀的文獻其實沒差多少，但採取了大不相同的立場。然而，讀者如果能夠轉從更具批判性的混合現代性的立場看待島田「近代思維」假說，它確實解放了陽明學在學界的漢學式的、文獻學式的解讀之桎梏，而釋出了具有當代意義的學術價值。但同時它也受限於「近代思維」的框架，

23 島田虔次著，甘萬萍譯，《中國近代思維的挫折》，頁一八〇。

24 同前引書，頁一七三。

25 西順藏，《中國思想論集》（東京：筑摩書房，一九六九）。島田虔次對西順藏此書的解釋，雖未特別指名，當可以〈これからの儒教及び中国思想〉及〈哲学の運命について——中国の場合〉兩文為代表，此書頁四七四—五一三。

沒有完成此說的轉型。如果我們依溝口雄三的要求：「依中國內部的觀點，中國與西歐要相互相對化」的視野，那麼，理論上講，論者或許不只是在中國內部找到和歐洲相似的精神。因為既然內在於中國的歷史脈絡，原則上應當有超出西歐文明的因素，它可以提供對現代性另類的想像。我們如果能擴大觀察的範圍，或許可以發現島田虔次假說並不是那麼孤孑，也不是不能擴充，筆者認為問題意識和解釋策略較能與島田假說相呼應的，當是一九四九年流亡海外的港臺新儒家。

四、良知學轉出說

新儒家學者也將中國的現代性的問題聚焦於明末，他們也特別注重歷史進行中的超越性的主體之力量。但新儒家學者更注重中國現代性過程中理的規範力量的連續性，或許該說是斷裂中的連續性，也可以說是辯證的連續性，所以良知學不是引發了現代性的行程後即告退江湖，它還以曲折的方式介入歷史的演變。島田虔次視李卓吾的否定性思維是陽明學更深一層的發展，新儒家學者則重視良知學隱藏的政治建構功能的潛力。一九四九以後的港臺新儒家和梁漱溟關心的重點不太一樣，他們誠然不太注意到整體泰州學派的社會衝擊力道，但良知學被他們認定可以承擔更重大的使命。港臺新儒家學者與日本學者彼此側重的重點不一樣，新儒家學者關心的是明亡後顧炎武、黃宗羲、王夫之三大儒對中國的政治之反思，島田虔次毋寧更重視新的人觀對社會解放的意義。港臺新儒家思想的特色在「天道性命說」，但他們同樣重視「良知」這個概念蘊含的政治的創造性能量，新儒家一直將民主建國視為他們要承擔的歷史使命。新的政治的秘密就在良知本身，他們的政治解讀的傾向並不比「資本主義萌芽說」來得少。

本文所說的新儒家主要指的是一九四九流亡海外的港臺新儒家，基本上以張君勱、唐君毅、牟宗三、徐復觀四人，也就是在一九五八年聯合發表〈為中國文化敬告世界人士宣言〉的四位儒者為代表。這四位新儒家在外王領域的觀點也有出入，徐復觀對性命之學的外王論述一直保持距離，就是顯明的例子。但大體說來，在中國歷史傳統中尋找現代性的源頭，以及從規範性的角度界定現代性的意義，並且從人的主體性尋得其立論之依據，這些當是港臺新儒家明顯的學派特徵。

重視傳承一向是儒家學者思考的特色，凡儒者很難沒有「返本」的承擔；但他們的「返本」「開新」一向聯用，連接與斷層一向也是同時進行。《易經》所說的「易」兼「變易」與「不易」，其義略同。港臺新儒家學者論及現代性的問題時，他們一樣也是從「返本開新」的角度立言。「返本開新」可視為一種思維的方式，這種思維的方式自然也可以視為一種信仰的態度，但它的內容應當不僅止於信仰。我們如果從中華文明是一個有連續幾千年未曾斷滅的巨大傳統考量，我們有理由相信這個巨大傳統累積了巨大的能量，因此，學者論及現代性的轉型問題時，他如果立在現實的基礎上，溯源以開新，而不是全面翻倒、全新開始，這種定位毋寧是很合理的選擇。中華文明的發展不可能沒有理性的因素，理性既要發展成現實，但發展的種子也內在於源頭。

中國的現代性議題是歷史逼出來的，它是在特定的歷史點因外界因素的介入所引致。但從港臺新儒家的觀點看來，這個在特定歷史點出現的時代的要求卻是內在於中國歷史發展的方向。牟宗三說：「儒家的『內在目的』就要發出這個東西，要求這個東西，所以儒家之於現代化，不能看成是『適應』的問題，而應看成是『實現』的問題。」[26]唐君毅說：「中國今後之民主制度之建立，則係於直接由中國過去之重整全之人文

26　牟宗三，〈新版序〉，《政道與治道》，收入《牟宗三先生全集》（新北：聯經出版事業公司，二〇〇三），冊一〇，頁六。

修養之精神……此一方是融攝西方民主制度於中國政治，一方亦即中國文化政治自身當有之一發展。」[27]徐復觀也說：「欲融通中西文化，首先必須從中國已經內蘊而未能發出的處所將其迎接出來，以與西方文化相融通，這是敞開東西融通的一條可走之路。」[28]三人的說法如出一口。他們都同意在現實上發生的政治活動不可能不是現實的，但在中國文化這個大架構中，一個有意義的理念的現實就是實現。從港臺新儒家的觀點看，重要的理念出現於中國的歷史舞臺，它需要有銜接風土傳統的規範的指導力量，才能生根茁壯，這個規範的理念來自儒家的傳統。從「實現」而不是「適應」的角度解釋中國現代性的發展，他們既不接受「挑戰與回應說」，更不接受左派學者對馬克思主義「投降說」的回應模式。

港臺新儒家的理念就像理學家的理一樣，不可能是抽象的共相，它有引發氣的動能，理總是要實現的，「返本開新」之說是新儒家學者一向的堅持。但此說的「本」可以是心性論意義的，也可以是文化史意義的。就身為儒家教義的奉行者，「返本」的「本」要從「理念」或從「主體的依據」來看，相對地，一切文化現象都要依賴一個能發出此現象的本體而來。至於何時發出？這只是時機應不應時的問題，牟宗三的「良知坎陷說」由此而立。然而，「返本開新」不只是主體依據的議題，它也可以是文化史的議題。就出現於中國歷史一個特殊的文化現象——中國的現代性來說，學者欲究其源，自然不能不於歷史階段中求之，「良知學轉出說」即從此點立說。中國現代性的起源為何是晚明，即使是從歷史現象解釋，這個議題也不能不出現。[29]

晚明說確實是追溯出來的，他們之所以選擇「晚明」，一個很清楚卻又不太受到注意的現象，乃是他們都是站在五四新文化運動的基礎上，往前尋找此運動的國史脈絡，這是一種不言自明的選擇。他們都接受民主與科學是中國現代化的兩項主要的價值，是儒家在第三期該有的發展，民主與科學是需要嚴肅面對的時代課題。在他們四人的著作中，都含有大量的對民主與科學或者其變形的概念如「格物」云云的相關論述。就此而言，港臺新儒家也是五四之子，他們的思想即使再承擔如何濃厚的心性論或形上學的因素，背後仍都響應時代的呼喚。他們都有儒學現代化轉型的要求，而他們的儒學現代化的方案是在五四新文化運動風潮下成長出來的，只是他們所接受或所了解的五四新文化運動，不見得與其他學派的學者一樣而已。

一個五四，兩條路線。當他們由民國仰望，追溯現代化使命的工程時，他們首先面對的即是一個特殊的歷史點，他們需要跨越歷史的斷層。本文所說的「歷史的斷層」意指港臺新儒家學者對明清學術的性質有個極突顯的圖像，他們持的是清代學術否定論。他們眼中所說的清代學術，主要指的是考據學，但也包含清代學者中較有哲學思考能力的戴震等人的學術。「清代學術否定論」自然不是新說，在清代以來的三百年學術史中，「漢宋之爭」是重要的議題，漢宋之爭中堅持宋方立場的儒者持的常是清代學術否定論的立場，也就是在義理與考據的價值高低的爭議點上，所謂的宋方都是站在理學家的立場上，支持義理不排斥考據，甚至大有功於考據，但義理擁有更高的價值位階。相對之下，考據學不能有太高的位置。

港臺新儒家學者之所以反清學，和他們反民國以來當令的學風有關，箇中的義理是非，姑且不論。但他們的反有一個重要的學術理由，此即他們相信作為中國現代化內容的民主與科學的價值不能僅在現實世界的民主與科學的架構中去定位，民主清單的內涵沒有錯，需堅持，但不足。民主與科學的價值要放在整體性的存有論的架構中定位，才能確立它的意義，包含它的不可缺少以及它的限制。文化價值的超越源頭一向是理

27　唐君毅，《人文精神之重建》，收入《唐君毅全集》（臺北：臺灣學生書局，一九八八），卷五，頁一二。

28　徐復觀，〈為生民立命〉，《（新版）學術與政治之間》（臺北：臺灣學生書局，一九八〇），頁二八一。

29　如果「本」是指歷史上出現的教派的依據，聖人是道的體現，他們的溯源理當溯至孔子，由孔子的教義推衍出新興的「現代性」的內容。在某個層面上，事實確實也是如此，港臺新儒家學者後來所作的任何的理論設計，都自認為是承續孔子的精神而來。然而，「源出孔子」是經學的敘述，不是歷史的敘述，歷史的敘述需要落實在具體的時空點，尋找儒家價值在那個時空點爆發的契機。

學家與民國新儒家的堅持，這種整體性的存有論架構的省思不能在清學的框架下找到相應的構造，如要找，只能往宋明理學的源頭去尋覓，新儒家的思考基本上是承自宋儒以下的體用論的思考。在民國以來的學術論域中，一直有將考據學與科學連結的聲音，胡適即是一位重要的代表，梁啟超多少也有這樣的色彩。但新儒家斷然切斷了中間的連結，他們認為考據學離具有理性價值的認知精神相去太遠。

在港臺新儒家的思想體系中，認知精神是被視為一種作為理性精神的分支而出現的，認知精神要建立在理性的基礎上，這種蘊含了「體／用」的思考方式才是如法的。他們對「民主」的思考也大體類似，民主的主體也是依循更根源的理性精神而來，新儒家學者斷然拒絕承認清學與民主的連結。總之，在新儒家眼中，有清近三百年的學術史往上和作為大本大宗的儒學斷了線，往下與作為中國現代性具體內容的「民主」、「科學」又不相干，所以這段近三百年的歲月竟是意義的空白，「儒學之根本精神完全喪失」。[30]要論中國現代性的議題，不能不跳脫清朝，這個不太有哲學反省力的時代。

跳脫清朝，跳至何方？關鍵在於哪個時代的思想的特色既已碰到民主的根本問題，但又主張一種具有文化精神的理性主義？它能給當代的民主機制一個恰當的位置，既支持它的運作但又知道它的限制，這樣的思想在哪個時代才有？此時港臺新儒家學者作了一個極大的肯定，此即他們相信中國現代性的議題要內在於宋明理學的脈絡下才可理解，更具體地講，則是溯源至陽明學，陽明學蘊含的現代性內容在明清之際已分明出現。明清之際是討論中國現代性的各派學者不約而同的歷史交會點，持此義者猶不僅為港臺新儒家，而是包括嵇文甫、侯外廬、島田虔次、甚至溝口雄三等人都有相當共識的假說。但港臺新儒家對於陽明學與中國現代性的關係，持之尤力，唐君毅、牟宗三的觀點最明顯。新儒家的觀點聚焦在王陽明良知義，他們在理學命題的「良知」與當代中國現代性追求的「自由」、「民主」間找到聯繫點。

「自由」這個概念是中國思想固有的語彙，在古代文獻中，我們看到「欲採蘋花不自由」云云的文句。

此處引言中的「自由」大抵指的不能由自己的意念去作之事，但這些語彙和作為意志依據的主體的關係較薄弱，和與「主體」此概念緊密相關的「本體」之間的關係也不容易有牽連。筆者這裡所說的「主體」、「本體」須放在儒學史的脈絡下理解，「主體」一詞由「心之本體」之意轉化而來，也就是由「心體」轉化而來。「心體」意指人內在地自我判斷的依據，也指向作為行為事件的人的意識的總稱，它被視為奠基於先天的向度，此詞語限定在「人」此特殊的生物。「本體」一詞是「心體」此類主體家族語彙的擴大，它可指向作為萬物存在或萬事存在的超越的依據。當此詞彙脫離個人性的範圍時，它可以用在自然界，也可以用在歷史世界，並轉化成「道體」的概念。

上述所說「自由」、「心體」、「道體」云云，雖語意不同，但都預設了在現象世界或現實世界之後的「本體」的概念，[31]如果沒有本體作支柱，現實世界的存在的基礎都會被掏空，此存有論虛無化的危機尤甚於意義失落的危機。當「心體」通向「道體」的過程完成後，這個意識轉化的成果即可稱為「全體大用」，就作用的主體而言，即是「明體達用」。[32]「明體達用」的意義如放在「全體大用」的格局下思考，即有「文化」由「心體」轉化之說，「轉化」一詞自然意指文化的呈現原則需要從人的主體朗現而成。牟宗三先生的良知坎陷說，唐君毅先生的道德主體為政治主體之本說，都可從此點立論。

30　這是牟宗三先生的判斷，參見〈理想主義的實踐之函義〉，《道德的理想主義》，收入《牟宗三先生全集》，冊九，頁一四。

31　「本體」這個概念雖然可以遍布所有法界，但就這個概念成立的基礎來說，它最切近的發生點當是作為主體基礎的心體概念。因為透過意識的集中、經營，因而產生意識的轉型變化，因而體認在現實的「我」之外另有更大的我，這種類似冥契經驗的轉型意識是許多文明都出現過的主張。而在轉型過後的意識會產生主客合一，因而主體經驗的敘述會擴大到自然世界，也就是「心體」會躍向「道體」，這種神秘過程遂也可以理解。

32　參見島田虔次，〈体用の歴史に寄せて〉，收入塚本博士頌寿記念会編，《仏教史學論集：塚本博士頌寿記念》（京都：塚本博士頌寿記念会，一九六一），頁四一六—四三〇。

港臺新儒家的思考方式極具學派特色，但嚴格而論，這種「文化主體建立在本體的基礎上，陽明學可作為中國現代性源頭」之說可視為民國以來所有新儒家學者共同的立場。比如在第一代新儒家學者梁漱溟身上，我們已看到王學和中西文化結合的論述。作為五四運動傳統主義這一側翼的重要成員，梁漱溟思想的特色在於特別重視文化背後的精神，或者用他的話講，是意欲，而他當時所謂的意欲和陽明學的良知，其實大有重疊。[33]梁漱溟將「良知」與中西文化的問題連結而觀，其思維方式和港臺新儒家的思維頗有接近之處，港臺新儒家學者和梁漱溟也都有親疏不等的聯繫。梁漱溟相當注重陽明後學中的泰州學派，這種關注當然和他的鄉村建設的旨趣高度相容，梁漱溟和所謂左派王學以及二十世紀社會主義思潮的關係相當親密，其關係頗堪注意。以他為代表的第一代新儒家與第二代的港臺新儒家無疑屬於同一個精神團體，兩者的思考雖然頗有異同，但他們同樣相信理學與中國現代性的本質性連結。擴大來看，日本漢學的「近代思維說」與新儒家的「良知學轉出說」同樣是從新的主體觀的角度解釋中國近世的歷史行程。

中日儒者兩說之間的差異當然也是很明顯的，島田虔次是從解釋歷史現象的觀點著眼，所以他重視泰州學派解放的價值。新儒家，尤其是港臺新儒家更重視規範的意義，所以他們雖然也重視泰州學派與王龍溪的思想，但重視的層面不一樣，而且對李卓吾在晚明扮演的角色幾乎都存而不論。更重要的差別，在於民國新儒家的承擔使命極重，他們要為二十世紀以降的中國命運把脈，所以他們重視明清三大儒與民國文化的連結，尤其不能不想到「民主」要如何在中國社會生根。這種關懷的差異使得新儒家的考量不能只是歷史的「近代思維」的層次，他們毋寧更重視「民主建國」的大業如何可能的問題。觀其異同，我們對新儒家如何理解理學與當代中國的關聯，光譜可以更為完整。

五、歷史的動力：資本萌芽？良知學轉向？

上述所說「資本主義萌芽說」與「良知學轉出說」都是後設的反省，都是當代學者站在今日的局勢反省現代性這個世紀工程時所反思出來的。反思意味著溯源，兩說可以說都是要為中國的現代性工程尋找中國本土的理論資源。「中國現代性」的「現代性」或「現代化」這個詞語通常指向發生於歐洲啟蒙時期後一段歷史發展出來的新文明的行程，這個詞語無疑是外來的。但以中國文明的體量之大，在中國討論中國文明的發展問題，即使這個發展的主因是外發所引致的，它要能得到有效的解釋，幾乎不可能不涉及中國歷史的背景。我們今日使用「現代性」這個詞語並冠上「中國」這兩個字的前置詞，意指「現代性」這樣的現象在中國文明地區發生不能不帶有中國文明的因素，更明確地說，這兩種解釋其實都意味著混合的現代性的前提。

「資本主義萌芽說」與「良知學轉出說」的理論都是逆溯出來的，王陽明及陽明後學對他們自己的理論會帶來什麼樣的歷史效應，他們自己未必能夠那麼清楚。本文所提的這兩種假說所下的歷史判斷是在歷史脈絡中形成的，也可以說是在我們當代所產生的問題意識，筆者這裡所用的「當代」一詞有特定的指意，借用殷海光先生生前喜歡用的一個詞語即是「後五四時代」，兩說的意識可以說都是帶著五四新文化運動後的問題意識。後五四新文化運動以後的文化運動是對五四新文化運動的反思與回饋，它的內容當然也是複雜的，「資本主義萌芽說」無疑地是承接當時引進的馬克思主義所發展出的一套以經濟生產模式為考量的理論；「良知學轉出說」則明顯地承繼儒家傳統面對時代要求有所回應的一套解釋系統。兩說所指涉的時代重疊，

33　「意欲」之說參見梁漱溟，《東西文化及其哲學》（臺北：里仁書局，一九八三）。梁漱溟的「意欲」帶有濃厚的佛教解脫色彩，他撰寫此書時，雖然已站在孔門的立場上立論，但仍浸潤在佛教的解脫氛圍中。

所見不同。但如果五四新文化運動所提的「民主」口號乃是二十世紀任何政治主張都難以迴避的問題，「資本主義萌芽說」與「良知學轉出說」同樣地不能免。即使我們現在所運用的民主理念是來自於十八世紀啟蒙時代的產物，它是源於歐洲經驗而擴散成世界性意義的重要理念。但中華文明有極長久而廣泛的政治實踐的經驗，民主理念進入中國不是進入撒哈拉沙漠，它很難沒有經歷在地化的經驗。簡言之，「資本主義萌芽說」與「良知學轉出說」討論中國現代性的源頭或性質的問題，無法迴避當代的、中西匯合的視角。

本文預設的「當代的、中西匯合」的背景，可說是當代討論中國現代性問題幾個主要論述共同的預設，「資本主義萌芽說」有二十世紀共產主義當道這個世界性歷史事件為依靠，資本主義與共產主義是同源而生的孿生兄弟；「良知學轉出說」有中國及東亞這個強而有力的儒教文明的歷史積澱作支柱，但也需要在新的時代中消化新的因素而轉出；日本的「中國近代思維」假說有東亞儒教與近代西歐理性精神混合的背景。這些假說雖然都討論發生於十六世紀至十七世紀晚期的中國思想，但它們都不可能不牽連到對當代中國政治世界的理解、詮釋與判斷。事實上，提出這三支理論的學者都有很深的現實政治的關懷，晚明的歷史固然可以視為當代歷史的「萌芽」，但如果我們將四百多年來的中國視為一個意義密切相關的單一時間單位來判斷，萌芽期的問題也是當代的問題，筆者自認為這種判斷應該也說得過去。至於「良知學轉出說」，筆者認為從儒家思想史的發展來看，從王學成立到當代新儒家的五百多年之間，我們可以找到緊密相連的線索——至於清代三百年的思想該如何判斷，日本當代儒者所說的「挫折」或民國新儒家對它的一筆抹殺論是否可以成立，則另當別論。

在當代學者的晚明論述中，嵇文甫的《左派王學》是在五四新文學運動的潮流中，「預流」的一本著作。[34]誠如他在序言中說的：五四後，經周作人、俞平伯等人的提倡，晚明文學顯現的「自由解放、反抗傳統思想的精神」才受到世人的重視，晚明文學的精神因而連結到民國新文學運動，前後相映。嵇文甫宣稱晚明時期具解放精神者何止公安、竟陵等晚明文學鉅子，他認為明代中葉以後的心學，尤其左派王學，也發揮了類似的功能，因為「道學界的王學左派，和文學界的公安派竟陵派，是同一時代精神的表現。」[35]嵇文甫將晚明的文學思潮與哲學思潮連結起來，視為同一種自由精神的兩面，這種判斷當然是正確的，因為晚明的文壇鉅子徐渭、袁中郎、湯顯祖、馮夢龍等人可以說都是祖述二王（王陽明、王心齋），憲章二溪（王龍溪、羅近溪）、師友卓吾，沒有左派王學即沒有晚明文學。理學與文學的雙面向的連結提供了我們一個較完整的晚明圖像。

晚明理學與晚明文學都帶有之前的文學與理學未有的自由精神，這個判斷能否成立，當然要看「自由」如何界定。如果從江右學派以至當代新儒家的觀點來看，凡是不能兼顧到「心即理」宗旨的活動義（心）與本體規範義（理）的主張即不可稱作自由，自由與必然性共在。依此標準，從二王（王陽明、王心齋）到二溪（王龍溪、羅近溪）的思想發現可謂是自由精神的發揚，但李卓吾以下，包含受王學影響甚深的那些文人，他們的著作所表達的那些悖風違俗的行徑是否可稱作自由，則需要大受檢證。上述這種承體起用式的自由觀是一種理學的解讀，與自由主義者的用法不同。如果嵇文甫說的自由意指現代社會依「人權清單」所列出的個體性的自由，這種預設人人平等的個體不受階級、性別、習俗的拘束，他在法律的框架下可以提出任何政治主張，以顯現個人的意志，這是另一種意義的自由。在以往重要的學案體著述，如黃宗羲的《明儒學案》、孫奇逢的《理學宗傳》、周海門的《聖學宗傳》諸書中，牽動晚明社會風氣極盛的何心隱、李卓吾等人不會有任何的地位。但我們從今日現代化社會反觀，卻不難發現何心隱的和和堂的實踐或李卓吾的平等論

34　嵇文甫的《左派王學》出版於一九三四年，之前，梁漱溟論文化問題時，對陽明學與泰州學派已多有著墨。以梁漱溟在五四運動以後的影響力，嵇文甫似乎不太有機會不知其學，但《左派王學》以專書的形式出版，論點集中，它發揮的作用更顯著。

35　嵇文甫，《左派王學．序》，頁三。

述具有何等重要的意義。《左派王學》一書在五四風潮之後，突顯了以往不太受到正統儒學肯定的哲人的思想，它的意義是該肯定的。

然而，「自由」、「個性」這些概念不是自明的，作為五四文化運動核心的概念，它的意義當然要承繼來自翻譯源頭的西方資本主義社會的用法的影響。在啟蒙運動下的「個性」與「自由」反映了個體性的政治主體的概念，也就是反映了所謂的「消極的自由」。然而，當「自由」這樣的概念也被文化傳統主義的儒家學者接受，正視它為儒家核心的要義時，此舊名新義的詞彙其實也接上了理學的本體概念的能動性的內涵。民國來陽明學之所以復興，相當大的程度即和「良知」的能動性被大肆彰揚有關。《左派王學》一書所說的「自由」、「個性」的內涵是不確定的，自由主義、新儒家、馬克思主義各有其自由觀與個性觀。但當嵇文甫堅持「思想是生活的反映，各時代思想互動，實決定於當時社會生活的變動」時，他持的已不是五四新文化運動自由主義者的用法，當然也不是理學家的用法，他接近的反而是左派的「反映論」的立場。嵇文甫就像當時許多知識人一樣，受到馬克思學說的影響，他的「左派王學」說所應用的「左」、「右」概念，我們可以看到從黑格爾到馬克思的思潮流變的痕跡。但《左派王學》一書論及陽明學相關的論述時，經濟決定論的色澤並不濃厚。只有當「左派王學」的敘述向政治現實靠攏時，在馬克思主義日漸取得政治領導權後，其論點才很容易併入「資本主義萌芽說」。

「資本主義萌芽說」涉及的晚明思潮相當複雜，即使我們僅就侯外廬所列的四組人馬來看，彼此間的差異即相當大，在其他的哲學史或思想史的著作裡，我們不太容易看到它們可以擺在一起，加以討論。這麼複雜甚至矛盾的內容會被擺在一起，顯然經過統一的原理加以處理過。無疑地，統一的原理乃是馬克思的社會史觀，晚明的資本主義萌芽期性質以及市民社會的性質構成了侯外廬論述的思想主軸。晚明時期所有思想資料都要經由這條主軸加以篩選，前後調整，以成體系。至於這些文獻是否還有其他更重要的內涵？或者被整編的文獻是否真可依馬克思主義範式加以解釋？應該大有爭議的空間。面對可能起發的爭議，侯外廬使用了「詮釋者可能比作者更了解作者」，或者「作者不一定了解其創作品」的詮釋策略。侯外廬認為這些晚明思想家彼此齟齬不等的思想不能僅依表面的語言去理解，他們的用語有徹底面，也有不徹底面；有進步面，也有反動面，這些矛盾正是啟蒙時期的思想特色。但他們在政治、經濟、文學、哲學上各種別開生面的主張，都指向批判舊時代、迎接新時代的特色，用侯外廬自己的語言講，也就是他們想傳達的內容「不僅是反理學運動的量變，而是按他們自己的方式表現出對資本主義世界的絕對的要求。」這條綱領是不變的，他們表現出來的種種差異只是表相：「他們的這種要求都是裝潢在理論形式的返原（如人性論、泛神論、進化觀點、勞動與財產觀點等等）上面」。[36]

「資本主義萌芽說」背後有馬克思主義作立論的支柱，其論述題材則是中國歷史上出現的現象，記載晚明時期出現的現象的敘述不論有多複雜，光怪陸離，千奇百怪，但都不可能動搖解釋它的系統。雖然此說的意識型態偏執極為顯著，我們還是得給「資本主義萌芽說」起碼的肯定，它的架構不論完不完善，多少還是反映在今日中國這個具有古老文明傳統的國度，任何有意義的人文領域的假說論述傳統學問，不太容易沒有「中西混雜」的角度。

但此說確實帶來嚴重的理論後果，因為當侯外廬以馬克思史觀作為詮釋晚明思潮的特點時，他連帶地也把馬克思主義的社會進化史觀帶到了詮釋的架構中。當晚明這些思想家被嵌鑲在「資本主義萌芽期」這個歷史階段時，這些曾一度被視為進步的思想家著作基本上就只有過渡的價值，它要躍向那即將到來的資本主義

36　侯外廬，〈論明清之際的社會階級關係與啟蒙思潮的特點〉，收入中國社會科學院歷史研究所中國思想史研究室編，《侯外廬史學論文選集》（北京：人民出版社，一九八七），冊下，頁八五。

社會，以及更進一步的共產主義社會的時代，並被取代。江山代有英雄出，當歷史走向更遙遠但卻更確定的共產主義社會時，才達到目的。歷史抵達不同的社會階段時，自然會湧現相應的思想，社會的經濟型態決定了上層的思想方式。該退位的就退位，死魂不能纏住活人的生靈。侯外廬說這四組成員代表進步的一方，他們同樣是反對「正統的道學」。「正統的道學」是被視為過往歷史的渣質看待的，但當日所謂的進步的思想有一天也會過去的，它們縱然不被視為歷史的渣質，但總會被視為只是呼應特定歷史時期的意識型態而已。

在馬克思主義史觀的範疇下，也可以說是在這般意識型態的嚴刑拷掠下，晚明這些進步的思想的自我否定性是本質性的，因為它們本來只是反映一個歷史階段的「絕對要求」，所以王陽明的思想不論多輝煌，不論他引發後續的異色的晚明思想的貢獻有多大，他一旦進入馬克思的歷史階段史觀的框架下，就被框住了。晚明這個時期之前的思想只有擁有被「資本主義萌芽期」思想批判並弱化的資格，王陽明亦不能免。嵇文甫的「左派王學」一詞被侯外廬拋棄了，左派王學那些學者在資本主義萌芽期的光譜中，也不能占據核心地位。因為晚明思想的特色不能在王學，王學是過去式，資本主義萌芽期的思想當在王陽明過世之後的十六世紀中到十七世紀中之間，它的價值宜在後王學的框架裡定位。

「資本主義萌芽說」的中國現代性基本上只是馬克思史觀的一個案例，侯外廬的著作有相當豐富的史料，卻有極為單調枯燥的原則。它的內容是具體的，形式是抽象的，而且抽象的形式與具體內容的結合也是抽象的。我們看到這麼多豐富的材料，但不了解這些經濟的繁榮、土地的兼併到底和王廷相的氣論有什麼關係？和東林黨特別反「無善無惡」之說有什麼關係？和王心齋的以修身為本的淮南格物說有什麼關係？和方以智的天均哲學又有何關聯？依據他們的假說，形式與內容是很難結合的，後來能夠將之整合甚至形成今日的官方意識型態的力量，大概只有訴諸外在的革命暴力一途。馬克思主義是認定「武器的批判」比「批判的武器」更有力的，知識的意義在於知識的自我轉化，它要與物質結合，發揮改造世界——而不只是了解世界——的解放效果。

馬克思主義學者用馬克思主義原理打造了一個馬克思形貌的十六、十七世紀的中國，這個新的歷史圖像逼得我們不得不面對現代早期中國一些布滿灰塵的角落，但這個被灰塵覆蓋住的角落被洗淨，並被帶到新強光照耀下後，它呈顯的新歷史圖像如何解釋陽明學的興起？作為「資本主義萌芽說」的代表性思想史家，侯外廬連結晚明社會史料與思想關係的業績是相當可觀的，他的著作通常有豐富的社會史資料。但面對理學核心思想與這些具有階級鬥爭內容的材料，兩者之間怎麼過渡得來，侯外廬的解釋總嫌牽強。作為其間思想鉅子的核心命題，如王陽明龍場驛之悟後形成的良知說，王龍溪建立在體證經驗上的四無說，羅近溪在體道過程中的幾次證悟經驗與其家族隱喻的仁說，或者被當代學者一再宣揚的李卓吾的童心說，我們在侯外廬的資本主義萌芽期的論述中，都碰觸不到這些令明代那些當事者死生以之的情感的溫度，說白了，就是侯外廬假說碰觸不到那種切進人性的真實與宇宙的真實所引致的爆發式的熱情。同樣地，如果十六、十七世紀的陽明後學與晚明社會的變化有直接的關聯的話，資本主義萌芽說也不易解釋作為晚明重要外王理論來源的顧炎武、黃宗羲、王夫之等人的著作，其經濟的關懷總是較邊緣的，其核心論點反而與理學的傳統更加密切。此說又該如何解釋被馬克思主義者高度重視的晚明重要文學家如湯顯祖、馮夢龍等人與陽明學的密切連結，他們可以說都是文學界的陽明後學。

筆者閱讀中國左派學者論晚明的思潮，他們勾連晚明的哲學、文學思潮與資本主義萌芽現象的關係時，通常不能不讚美他們真是帶來新的視野，發掘了新材料。但更大的遺憾也不能不由此而生，他們的著作通常也會買櫝還珠。他們遺漏掉的最大的珠就是不能正視帶動晚明思潮演變核心概念的「良知」內涵，良知的根本義是建立在心體上的道德情感，但也兼含道德意志與道德認知的機能。這種來自於人性論層次的概念不能以政治經濟學的方式加以解消掉，「資本主義萌芽說」應該要求的乃是「良知」這樣的主體概念在晚明社會如何呈現，而不是粗暴地介入心性學的紛爭，一舉瓦解它的依據。正因「資本主義萌芽說」不能正視「良知」扎根於人性構造的特性，所以此說對於良知學具有的超越於現實秩序上的批判性的動能嚴重的低估。作為有明一代學術核心概念之一的「良知」不但與晚明社會的變遷有複雜的關聯，它作為意義的提供者的角色更不可被抹殺，江右學派與所謂的左派王學的大宗的泰州學派在這點上是一致的。筆者相信即使在當今世界，它作為綰結文化傳統與民主社會該有的民主主體的功能，還是極重要的。

「資本主義萌芽說」遺漏掉的第二顆珠是此說對於明清之際儒者討論政權的議題不夠重視，此議題的重要性讓位於經濟、階級的議題。資本主義萌芽說之所以沒有給明清之際的政治理論足夠的位置，當然和馬克思主義傳統中，經濟、階級的問題占有核心的地位，政治問題基本上是政治經濟學的變形而已。侯外廬提「資本主義萌芽說」時，作為五四運動核心概念的「民主」似乎已讓位給「中國社會性質」或「革命文學」的問題，「民主」的概念如果還發揮作用，當是它已轉成以階級史觀為核心的「新民主主義」。然而，「新民主主義」之性質恰好在於它跳出了「民主」的框架，「階級」取代了「民主」。它粗暴地在「資本主義的歷史階段」、「階級對立的社會現實」與「賦予政權正當性基礎的民主制度」劃上等號，「新民主主義」避過了政權如何產生也如何和平轉移的正當性的問題。但儒家無法迴避這個問題，政治問題在儒家的體系中，占有突顯的地位，君臣一倫是五倫中的重要一倫。政權正當性的問題沒解決即是政治問題沒解決，政治問題沒解決，儒家的外王理論，甚至是儒家的理論即不算完美。「資本主義萌芽說」受限於階級史觀的框架，對於「民主」這個在五四運動扮演核心的概念正視不足，這也使得此說回應當代中國的問題時，頓顯蒼白。

「資本主義萌芽說」之不足正是「良知學轉出說」之所長。面對晚明思潮與當代中國政治走向的關係，筆者更同情「良知學轉出說」，而乖離「資本主義萌芽說」，筆者的選擇並非意指晚明的外王論述即由先前的陽明或朱子的思想直接導出，彷彿顧、黃、王的外王思想是朱、王之學的分析命題一般。筆者也不是主張儒學轉出說即不需歷史的機緣，時間的「新」意乃事件的本質，事件總在時間中獲得原來的事件沒有的性質的，時間是歷史發展的增上緣。筆者同樣也不認為資本主義萌芽說沒有提供儒家發展說可供參考的訊息，侯外廬提出伴隨晚明這段歷史所顯現的社會現象無疑是不能忽略的。但上述的問題雖然相干，卻非關鍵性的，筆者所以沒有採「資本主義萌芽說」，關鍵在於這套理論與作為晚明核心概念的「良知」的性質之不相干，也在於這套帶有強烈政治訊息的理論的非政治性性質，它沒有面對黃宗羲、唐甄等儒者提出的傳統中國政治無法解決的政權的合法性問題，並思求在制度上加以解決，至少我們看不出當代主政者的「民主集中制」的精神如何在現實上落實為有正當性的政治制度。它也沒有提供中國現代性的價值根源，至少筆者不認為倫理學的問題可以化約為政治經濟學的問題。溯源不只是歷史的追憶，源頭很可能即轉化於後續的事件之中，它與當代同在，上述的問題是無從迴避的。

我們回到明清之際這幾位大儒對政治的新解釋，筆者所以更同情新儒家學者提出的良知學轉出說，主要的依據還是來自明清之際這幾位大儒的自我定位。大儒的自我定位當然不能當成唯一的理據，這些大儒或許有可能是出於信仰的維護，他們的自我定位需要經由善巧的解構，才能獲得真意。也有可能是作者對自己的意圖不夠清楚，後來的詮釋者比原作者更了解作者的原意。然而，當事者的自我表白總有當事者親身敘說的優越性，面對明清之際這些具有突破精神的哲人，我們更有理由仔細聆聽他們的聲音。黃宗羲、唐甄明顯地是陽明學的立場，他們之所以反對包含明代在內的專制政治體制，乃因他們認為依良知教，一種視天下為私產的政治理念是不合法的。顧炎武的哲思立場不強，但他偏好朱子學，這種傾向是夠明顯了，他的「亡國、亡天下之別」的「天下說」可解釋為建立在朱子關心的禮樂教化秩序之上的一種理念，可視為對道統論的再次肯定。王夫之不是王學學者，但他卻是不折不扣的理學學者。他從源於張載、周敦頤之學的天均之學的高度俯視世間歷史的行程，辨析其間理勢夾雜的構造，道統與君王之統的起伏，析論特精，他的道學立場也是夠清楚了。

筆者所以認為「良知學轉出說」比「資本主義萌芽說」更具解釋力，也是更好的解釋，除了「良知學轉出說」符合晚明儒者的自我定位外，更在於這個理論提供的外王理論更圓滿，也更符合今日的政治要求。在「良知學轉出說」的架構內，良知學孕育了政治主體與良知的緊密關係，政治主體建立在「良知」上。新儒家學者不論是梁漱溟的中國文化的意欲向前說或牟宗三的「良知坎陷說」，都是在這個脈絡下展現出來的新理論。以權力界定政治主體，這是我們當今民主政制運作的常態。但晚明「良知學轉出說」將政治主體建立在良知上，這種奠基一方面意味著一種根源意義的平等，人人皆有良知，作為價值之源與人性依據的良知提供了每人道德實踐平等的機會。這種人格的平等確實不能取代今日所說的經濟平等、職業平等、男女平等諸義，但卻是各種平等表現的基盤，它是平等這個理念的存有論的基礎。

「良知」之於人格理念就像「道統」之於政治秩序一樣，它因一種超越性（先天性）因素介入造成的撕裂，劃破了專制秩序下虛假的一元性秩序，反而達成了真實的平等。這種良知的政治主體說運用於政治的實踐領域時，它也意味著政權是對任何人開放的，也應該是對任何族群的人開放的，「舜為東夷之人，文王為西夷之人，曾何損於聖德乎？」[37]雍正皇帝為反對呂留良、曾靜的夷夏之辨說，曾引用這段話呼應《孟子》類似的觀點，證明政權沒有理由不能開放給血統上的蠻夷。雍正皇帝一代梟雄，他與曾靜的「對話」當然是極不平等的，但他的《大義覺迷錄》一書的一些論點或許在今日卻還有參考價值。[38]藉著他的種族之別亦如籍貫之別之說，我們同樣也沒有理由不將政權賦予具有良知的每一個人。雖然從每一個人的良知到如何在制度上落實為民主政治主體，中間不知要經過多少轉折的程序。但良知作為民主政治運作的人性依據，它不但使得政治的實踐帶有人格自我完成的內涵，它同時也賦予政治這個領域一種價值的意義。

「良知學轉出說」的長處更在於它有文化風土上的優勢位置，它既解釋了與當代政治發展的連續面，但也照顧了斷裂面。就連續面而言，它建立在「道統」論的基礎上，「良知」與「道統」是同一思想體系中的兩面。在政統之外另立道統義，這是理學的一大貢獻。在今日，何人可以代表嚴格意義的道統，固然難論。朱子與王陽明，何人是洙泗嫡傳？何人是別子為宗？正統非正統的標準總是浮動的。[39]但「道統」論的另一個重要內涵主要指向構成社會內涵之文化生活，此義是可以說的。在良知學的脈絡下，「政治」這個領域不能獨大，它與道統並行，而且就價值等第說，它還要受道統的制衡。道統與政統的分立應該是八百年來中國政治理論對分權概念所作的最重要的一次區分，這個區分的根源義大於當代政治結構的行政、立法、司法權力的三分。「道統」的「道」字在理學的用法中指向遍布一切的秩序的原理，道統／政統的劃分乃是宗教的聖／俗劃分之儒家版。落實到政治領域講，它至少指向了文化傳統此義的優位性。它包含了《明夷待訪錄》〈學校篇〉所說的代表監督力量的規諫傳統，也包含了《日知錄》所重視的禮義教化的力量，還有聖人的象徵意義。儒家的政治很難不包括教化的功能在內，但教化之權一旦掌握在天子手裡，往往即刻造成教化的異化。朱子提出道統論的一大意義即在世間的政治秩序外，列出一種非歷史意義的真實的統緒，它指向了價值的超越的依據。晚明以下儒者繼承理學精神，突顯了道統獨立的意義。

從斷裂面來看，「良知學轉出說」不認為現實的民主制度從良知學中產生，也找不到從良知的運作直接

37　參見胤禛，《大義覺迷錄》，收入《四庫禁毀書叢刊》編纂委員會編，《四庫禁燬書叢刊》（北京：北京出版社，一九九七），史部，冊二二，卷一，頁二—三。

38　《大義覺迷錄》透過皇帝與階下囚曾靜之間奇特的書信（實質上當是庭訊）往返，雍正皇帝將他個人獲得天子之位的正當性與政治理念表達出來。關於曾靜案的破獲、《大義覺迷錄》刊行等事蹟，參見史景遷（Jonathan Dermot Spence）著，溫洽溢、吳家恆譯，《雍正王朝之大義覺迷》（桂林：廣西師範大學出版社，二〇一一）。

39　參見荒木見悟著，吳震譯，〈道統論的衰退與新儒林傳的展開〉，收入吳震、吾妻重二主編，《思想與文獻：日本學者宋明儒學研究》（上海：華東師範大學出版社，二〇一〇），頁一—四三。

開出民主的完整理論。文明的特色就是文明的邊界，文明中人的思考方式往往受限於文明的特色本身。雖然就史實而言，晚明政治的變遷與政治的反思和奉行良知教的儒者有相當緊密的關係，但良知學與政治的運作只能維持一種非直接性的關聯，只能「轉出」，卻不是直接開出。「良知學轉出說」是文化傳統主義者支持的理論，此說不迴避民主政治沒有在中國出現的事實，此說也很誠懇地承認在儒家原有的框架內，君權的問題幾乎無從解決。民國新儒家學者不論是早期的梁漱溟、熊十力或渡海一代的儒者，他們對來自於西方的民主制度幾乎都竭誠歡迎，視之為儒家文明之所欲。誠如牟宗三所說的：

> 民主政治的切實內容，如思想、言論、集會、結社、宗教、信仰等之自由，及其依憲法而施行的制度基礎（此制度基礎保障那些自由），卻為普遍而永久的真理。這個真理，在儒家的理想主義之實踐上，必然要肯定。[40]

新儒家學者對於源自歐美的政治制度伸手歡迎，誠心誠意，在特定的歷史階段出現的理念可以是普世意義的，也可以是中國本土的相關理念的盟友，他們沒有民族主義情感干擾的困惑。

不同的思想模式反映了不同的歷史圖像，我們從當代中國學界兩種不同的中國現代性源頭的想像，看出了兩種不同的歷史，也看出了兩種不同的中國的未來。資本主義萌芽說建立在馬克思主義的史觀上面，這個史觀雖然替爾後滾滾向前奔流的歷史巨河點了「晚明思想」這一盞燈，但燈火搖晃，照不了多遠。因為它找到了一盞更光輝明亮甚至刺人眼目的明燈，它照向了一個必將到來的烏托邦。依照這種史觀，晚明的思想基本上是要過去的，它們只能有過渡性的價值。

相對地，「良知學轉出說」雖然不符合後來歷史的「勢」的發展，馬克思主義經由中國共產黨之手終於在一九四九年之後取得政權，馬克思主義在中國的勝利似乎沒有得到良知學多大的幫助。但就理論的觀點看，「良知學轉出說」有很強的優勢，它符合晚明思想家的自我定位。而且它也貢獻了一種與今日格局不同定位的政治圖像，這是「政治」與文化傳統並立，但同受「道」的規範性之引導。它指向了人人皆為政治主體，政治主體是作為人的本質的良知之轉化所致，政治的實踐也是道德的實踐的構想。而且，「良知學轉出說」承認明清之際的儒者反思中國政治的困局已到了理學框架內的極致，他們對如何在制度上設計出脫困之道，沒有提出根源性解決的對策。所以偉大的良知主體也要期待歷史的發展，它等待歷史的良機。「外來」的設計如果是「內在」之所需，也就沒有內外之分。「良知學轉出說」不見得會美化歷史，也不是把良知與政治的關係當成套套邏輯式的分析問題。它是築基於傳統文化上的一種主張，但可能更開放，更具批判性，也提供了一種更充沛的實踐功能。

六、結語：納銜接於開出

「晚明思想」成為戰後華人學界探討的重點，其理論的聚焦有二，一是「資本主義萌芽說」，一是新儒家學者所說的「良知學轉出說」，這兩說都和一九四九年社會主義革命成功這樁歷史事件有關。「資本主義萌芽說」是站立在馬克思主義政權將成立或已成立的事實上，依馬克思主義的史觀，追溯這場革命的中國源頭。「良知學轉出說」則是站在馬克思主義的對立面，反思作為政治理念的民主中國的存有論依據及歷史依據為何。如前所述，新儒家學者常追溯到「良知」的超越依據，其結果即有牟宗三的「良知坎陷說」的問

40　牟宗三，〈理想主義的實踐之函義〉，《道德的理想主義》，收入《牟宗三先生全集》，冊九，頁六二。

世。但他們重視良知學，不僅是哲學的理由，他們也有哲學史的依據。明清三大儒的顧炎武、黃宗羲、王夫之三大儒是他們常歸宗的前賢，顧、黃、王三賢的「外王」論是他們對現實世界的反思所作的總結，所以筆者以「良知學轉出說」涵蓋新儒家解釋「晚明思想」的內在理路及歷史影響兩個面向。「資本主義萌芽說」與「良知學轉出說」的提出顯然不是學院裡出現的純學術課題，而是帶著強烈的時代訊息，帶著「以前何所是？以後何所往？」的強烈心理驅力而出現的題目。

「資本主義萌芽說」與「良知學轉出說」都帶有強烈的當代政治的關懷，日本的「近世思維」說亦然。不論島田虔次的《中國近代思維的挫折》、溝口雄三的《中國前近世思想的曲折與展開》，甚至丸山真男的《日本政治思想史》，他們追求中國或日本近世的起源，都帶有強烈的對當代現實的承諾，也都有在歷史內部尋找歷史演變的內因，而非外因。[41]即使以溝口雄三那麼同情左派思想的學者，他的著作雖然頗注意社會經濟史的材料，但他的論述仍注重晚明思想與當代的連續性——甚至於更重視。日本學者的「近世思維說」與「資本主義萌芽說」及「良知學轉出說」所處理的議題大體相當，但或許日本自幕末明治以還，東西文化的交流與互動同樣的複雜，而風土背景大不相同，日本學界也有來自於不同脈絡的論述傳統，他們的討論往往顯得更為精緻。本文因為重點所限，對於日本學界的「近世思維說」只能提出來作為論述的重要背景，但此說與新儒家學者的「良知學轉出說」顯然有相當多的交集。

在上述三種中、日現代學界興起的晚明論述都有在中國思想內部尋找歷史內因說的機制，但上述三種說法毫無例外地，也都是站在業已受到西方思想影響而且相當程度也已內在化的基礎上立論，也就是這些說法都已帶有成分不等的混合現代性的立場。現代性的方案不只一種，至少就百年來學術的演變來看，自由主義與馬克思主義所提供的現代化方案即不相同。如果自由主義者所提供的現代化方案是所謂的正宗的話——筆者並不支持此種立場，馬克思主義至少提供了另類的現代性方案。所以即使是「混合現代性」的視野，其類型也不見得一樣。

「現代性的晚明起源說」顯示了現代性的提法不是只有一種，但任何提法其實都是比重不等的混合現代性的方案。本文認為港臺新儒家的立場比起其他學派更接近於此種論點。一九四九年之後，自由主義者張佛泉、殷海光與港臺新儒家之間有較長的爭議，關鍵的一點在於張佛泉、殷海光等人持自由即權利之說，自由是依民主清單而立。二次大戰後，強權國家的人權外交，大概也是依普世的民主理念作為檢核其他國家合格不合格的標準。民主作為一種普世的價值理念，確實有足以自立之處。民主清單的設計簡單明瞭，也是許多仍陷在各種桎梏中的人民自求解放時不能不參考的架構。張佛泉、殷海光並不否認道德或傳統文化對民主可能有間接的幫助，但本質上沒影響。港臺新儒家學者則認為民主不可能沒有落實的問題，一個沒有在生活世界中生根的理念幾乎可以確定是無法長久的。何況，憲政制度如果接榫儒家傳統，因為有廣大的背景知識的支持，它有可能獲得更豐盈的意義。在張佛泉、殷海光與港臺新儒家的爭辯中，自由主義者的論點清晰明瞭，他們顯然相信民主的普世性價值，它與在地風土的接榫並不是那麼關鍵。[42]

同樣地，「資本主義萌芽說」也是站立在馬克思主義的基礎上，而在晚明的文化現象與生產結構中，尋得秘響旁通。此說將晚明的文學與文化視為生產結構的反映，晚明的文化表面縱有歧異，根柢仍是築基於生產技術上的階級結構，種種的文化現象都反映初期資本主義萌芽時的精神，這是反映論的立場。晚明所代表的萌芽的資本主義文化在本質上，即要被更先進的無產階級文化所取代，無產階級文化才是現代性的目標。

41　子安宣邦對此現象有所解釋，參見子安宣邦著，朱秋而譯，〈作為事件的徂徠學——思想史方法的再思考〉，《臺大歷史學報》，二九期（二〇〇二．〇六），頁一八一—一八七。

42　關於一九四九之後海外新儒家與自由主義者的爭論，參見李明輝，〈性善說與民主政治〉，《儒家視野下的政治思想》（臺北：國立臺灣大學出版中心，二〇〇五），頁三三—六九。

資本主義萌芽說是馬克思主義的中國革命論述中的一環，馬克思主義是強勢的意識型態，它的另類現代性其實也就是唯一的現代性。馬克思主義在現代中國的實踐中，自由主義者所代表的現代性方案是要被取代的，馬克思主義者相信有另一類更進步的現代性的方案。當中國共產黨創始人的陳獨秀晚年主張自由主義所說的自由、民主有獨立於階級之外的意義時，他之所以受到極嚴厲的批判，正因馬克思主義已經採取了另類的現代性方案。

相對於自由主義者與馬克思主義者的現代性方案，港臺新儒家學者明顯地採取了更平衡地混合現代性的立場，他們相信在歷史的演變中，儒家與西方民主思想的碰觸，意義非常重大。因為儒家從近世開始的宋代，直至專制批判達到歷史高峰的明清之際，真正的儒者在求道的熱情的鼓舞下，不斷衝擊到專制體制，並付出了極大的代價。但他們的犧牲並沒有找到解決問題的出口，因為他們找不到制度的設計，一舉解決人治所帶來的政治窘境。反過來說，當他們主張吸收民主制度時，他們更賦予民主制度儒家精神的意義，他們不認為民主制度入中國後不需要消化轉接的過程。近代的民主制度源於西方，沒有西方近世的階級分化，即沒有建立在分權之上的民主制度的安排。但港臺新儒家學者相信「民主」在中國有另外的脈絡，它不一定要掛鉤在個體主義或階級意識的立場上，它也可築基於良知學。民主制度到中國之後，即可銜接中國固有的性善論傳統，並由此接上醞釀久遠的民主工程。從梁漱溟、張君勱以至牟宗三、徐復觀，甚至可上溯至梁啟超，民國新儒家始終是憲政的堅守者，但也是文化傳統的傳遞者，這是混合現代性的提法。他們在晚明這個歷史階段中看到中國民主政治的黎明，也看到困境，晚明儒者始終沒有提出有效性的憲政之理，缺乏新時代該有的政治秩序原理。前賢不足，後賢補之，明清之際的儒者已經清楚意識到傳統中國政治制度的缺陷，也認識到良知學在外王領域的不足。民國新儒家及港臺新儒家在二十世紀崛起，他們的思考則是面對儒家傳統結構性缺陷的處境，再進一步發展出來的。

第二章

良知的良能與不能——王陽明的實踐檔案

一、前言：紛歧的良知學

王陽明良知學的出現是近世東亞的一大事件，在朱子辭世之後，王陽明出現之前，中國的思想界雖有楊慈湖、陳白沙這樣獨特造詣的心學家憑空崛起，也有反理學的異色思想家如葉適、王廷相等學者顯現於世，朱、王之間三百年的江山並非清一色。但大體說來，這段時期的主流思潮還是很明顯，可說是朱子學的天下。黃宗羲評論明代理學開山祖吳與弼之學時說道：「一稟宋人成說」，評論另一位同樣有明代理學開山祖資格的薛瑄之學則說：「恪守宋人矩矱」，[1]黃宗羲所說的「宋人」自然是以朱子為大宗。明代早期儒者認為自朱子應運出現以後，儒學大倡，後學「無煩著作，直須躬行」。[2]這種絕對的信賴感反映到陽明之前的思想界，除了陳白沙等很少數的儒者外，其時學者的著作基本上乃「此亦一述朱，彼亦一述朱」。[3]從體制安定的觀點著想，這三百多年的思想大一統的年代是學術樂園的時期，真理已明，異端不作，朝野上下活在共同體的氛圍中，一切皆屬自然。但如依康德有名的啟蒙理論，陽明之前的學者不能依理性自作主宰，未免活在前啟蒙的氛圍中，缺少鮮活的思想。

陽明出現之後，整個局勢翻轉過來。劉宗周讚美王學出現的意義，說道：「可謂震霆啟寐，烈耀破迷，自孔孟以來，未有若此深切著明者也。」[4]劉宗周是宋明理學的殿軍，他的造道之深與學識之豐，遠邁前賢，他對陽明之學的判斷，不論就理論深度或就實際影響而論，都很確切。王陽明天挺英豪，極具人格魅力，加上傳奇的事業，不世出的軍功，他給明中葉以後的世界帶來極大的影響，真可謂發聾振聵。他的影響力還不僅止於中土，他的良知學隨後還東傳日、韓。在他生前，良知學已在朝鮮半島引起了騷動，[5]李退溪所以費了如許大的力氣批判王陽明，顯示良知學已是需要嚴肅對待的學說。繼朝鮮之後，陽明學更跨海進入日本，給江戶時期的日本學界帶來鮮活的刺激，甚至被認為影響了日本現代化的行程。王陽明成為繼朱子之後，第二位具有跨國影響力的理學家。

在理學千年的傳承中，朱子的性理學與王陽明的良知學當是影響中國社會最重要的兩支思潮。就今日學界一般的印象說來，朱子的性理學的影響偏於社會秩序的建立與維護，王陽明的良知學的影響則偏於社會秩序的衝撞。籠統說來，這樣的印象自然有足以成立的依據，朱子的性理學的理是「性即理」的理，在心性不一，性體獨立於心體的背景，且客觀的「性即理」的「理」與現實世界的「禮」又高度相容的情況下，朱子學偏於現實社會秩序的改善與維持；而「心即理」說的陽明學則有較強的能動性，因為「理」由心提供，判斷的標準內收到雲深不知處的主體依據，此學會引發良知與社會禮法的衝突，也可想而知。就歷史的發展來看，兩者的影響確實不太一樣。這個問題自然牽涉到思想與政治社會的複雜互動過程，很難純粹依學說內在的因素推衍出來。但朱子學與陽明學的風格大不相同，這樣的差異是很明顯的。

陽明學對明中葉以後的社會影響很大，我們如果抽離掉陽明學的因素，大概即無法了解明中葉以後的學

---

1 黃宗羲，《明儒學案．河東學案》，收入沈善洪主編，夏瑰琦、洪波校點，《黃宗羲全集》（杭州：浙江古籍出版社，一九九二），冊七，卷七，頁一一七。

2 張廷玉等撰，楊家駱主編，《明史．列傳一百七十．儒林一》（臺北：鼎文書局，一九八〇），卷二八二，頁七二二九。

3 黃宗羲，《明儒學案．姚江學案》，收入沈善洪主編，夏瑰琦、洪波校點，《黃宗羲全集》，冊七，卷一〇，頁一九七。即使陳白沙被視為陽明學前驅，但他的自我定位仍是朱子學的闡釋者，所謂「吾道有宗主，千秋朱紫陽」。

4 劉宗周，〈明儒學案師說〉，收入戴璉璋、吳光主編，《劉宗周全集》（臺北：中央研究院中國文哲研究所籌備處，一九九六），冊四，頁六〇九—六一〇。

5 王陽明傳入朝鮮的時間，學界有各種說法，但依據朴祥的《訥齋集》和金世弼《十清軒集》的記載，可推斷朝鮮中宗十六年（一五二一）已傳入，其時，陽明仍在世。朴、金兩人皆已提及《傳習錄》此書，而《傳習錄》在中國初刻（一五一八）的時間才過三年，可見傳播之速。參見崔在穆，〈韓國陽明學研究序論的考察——傳來時期を手掛かりとした研究視角の再考〉，筑波大學倫理學原論研究室編，《倫理學》，五號（一九八七），頁一三九—一四八。

術、文學甚至藝術。王陽明對後世儒學的影響無庸再論，陽明之後的明儒不論是王學中人或反王學者，都難以避免良知學的議題。即使儒門外的佛、道方外之士，如憨山、藕益、林兆恩等人，他們的玄論都不能不含有與良知學對話的內涵；湯顯祖、三袁（袁宗道、袁宏道、袁中道）、馮夢龍這些第一流的文人的著作中都閃爍著良知學的光輝；祝世祿、陳洪綬這些重要書畫家的作品也蘊釀著良知主體的精粹；徐階、張居正、海瑞、戚繼光等重要的政治人物也都依良知的發用而施政；若此種種，真是舉不勝舉，族繁難以備載。我們如果說王陽明對明中葉以後的宗教、文壇、藝壇、政壇的影響超過明代其他的思想家，這樣籠統的印象或許距離事實不會太遠。然而，陽明學的強大影響到底是什麼樣的影響？其影響的價值判斷該怎麼下？這個問題卻有極大的爭議。

良知學的解釋之紛歧是個極顯著的文化現象，王陽明逝世後，他的門人對良知學的詮釋即告分化，其中的泰州學派、浙中學派（以王龍溪為代表）及江右學派之間的詮釋差異頗顯著。到十九世紀末、二十世紀以後，對陽明良知學的詮釋也呈現了極大的紛歧，我們可以說有左派、右派陽明學或白色、赤色陽明學之分，[6]而且在中、日兩國都出現過。[7]這種影響紛歧、解釋紛歧的現象雖然在域外一些思想家身上，比如黑格爾、馬克思，也出現過，但在儒學史上較為罕見。良知學在陽明後學以及近代東亞的紛歧，線索很多，相關的研究已累積到了一定的程度，但仍待解釋的問題依然不少。本文是以「中國近世說」的論域作為背景，追究所謂「近世」或「早期現代性」的良知學因素，但焦點將放在王陽明的思想本身。

良知學在陽明後學處的分化，以及在二十世紀紛歧的解釋，可以說都源於對王陽明本人思想的解釋。此點應該很清楚，但王陽明本人生前是否已意識到解釋分化的可能？還是他對自己的學說的理解也有盲點？本文嘗試指出王陽明的良知學本身即是糾紛的起源，它既提供了學者行動的爆發力，也提供了對良知適用範圍的解釋之紛紛擾擾的來源。良知學對晚明的情教思想以及政治思想都有重要影響，這兩個層面的影響在兩百年後還會影響二十世紀中國思想的行程，但它們對現代中國的影響恐怕解放舊禮教束縛的意義大於建構新規範的意義。筆者將以王陽明本人的傳記資料為例，探討他如何面對家庭問題與政治問題，借以突顯他的良知的良能與限制，以及何以他的良知學解放力十足而建構力不足。

二、震霆烈曜：良知的體悟

王陽明思想對晚明社會的衝撞力道源於他的良知概念，而良知學出現的關鍵時刻是王陽明三十七歲時在龍場驛的一悟，此事在王陽明本人、陽明後學以及今日的研究者之間，有極高的共識。

王陽明的參悟良知是樁艱難的精神探索之旅。他生於明朝中葉一個儒學家庭，童蒙時期接受的是科舉的教育，他的父親王華是成化十七年（一四八一）的科舉狀元，王陽明身為家中嫡長子，可想見的，他會和當時的士人家庭一樣，承受家族極大的期待，其中重要的期待就是中舉出仕。但王陽明就像許多聖哲的人格模式一樣，他的生命有自己成長的軌跡，他對聖人的學問特感興趣。在三十七歲之前，他摸索聖人之道已經多年，但直到龍場驛一悟，學問才定型下來。爾後學問縱有發展，其發展乃在體系內部的發展，並沒有改變良知學的本質。王陽明辭世之後，王學產生了學派的分化，但其學派分化的發展並沒有導出重要的體系分裂的異學，各分化的學派仍被歸屬在王學的名目下。王陽明龍場驛之悟是爾後各種不同釋義的良知學的拱心石，

6 參見溝口雄三，〈二つの陽明学〉，《李卓吾：正道を歩む異端》，收入《中国の人と思想》（東京：集英社，一九八五），冊一〇，頁二二一—二三九。小島毅，〈白い陽明学と赤い陽明学〉，《近代日本の陽明学》（東京：講談社，二〇〇六），頁一二一—一三二。

7 最明顯的，侯外廬等人倡議的資本主義萌芽說與牟宗三提的良知學坎陷說，定位懸殊，但兩者都與陽明學相關。

此點應該是可以確定的。

龍場在今天的貴州省修文縣，在明代，它是隸屬貴州的驛站。明正德三年（一五〇八），王陽明時年三十七歲，之前，他在上了一通不合時宜的奏摺後，被廷杖，並被貶至貴州偏僻的龍場驛去當一名小官驛承，其官職或許如今日的郵局局長。《王陽明年譜》記載其地「在貴州西北萬山叢棘中，蛇虺魍魎，蠱毒瘴癘。」[8]可見其地之荒涼野蠻，迥非人境。他當時在追求聖人的途中已走過漫漫時光，依據〈年譜〉的記載，他是十八歲那年立下志願的——但可以確定的，時間應當是更早——結果聖人之途關鍵的第一站居然是蠱毒瘴癘瀰漫的蠻區。

王陽明在通往聖人境界上二十年的追索累積了極大的精神能量，以他倔強不馴的個性，二十年的追尋所蘊積的能量可想而知。〈年譜〉記載他中斷京都的官宦生涯，被貶到蛇虺魍魎之地，與當地土人言語不通，可相通者，只有一些居住此地的亡命之徒。連他的隨從都病倒了，王陽明乃自己析薪取水，煮稀飯餵食他們。又擔心他們精神鬱悶，所以不時唱歌同樂，甚至於「復調越曲，雜以詼笑，始能忘其為疾病夷狄患難也。因念：『聖人處此，更有何道？』」[9]這是他的自我拷問，拷問的議題是以「聖人處此」作為發想的核心。王陽明著作中的一篇名文〈瘞旅文〉即作於此時期，面對著同是淪落天涯卻又客死於荒蠻山區的三位陌生人，王陽明發出了無限的感嘆，最後並奠之以歌，歌中有言：

> 與爾皆鄉土之離兮，蠻之人言語不相知兮。性命不可期，吾苟死於茲兮，率爾子僕來從予兮。吾與爾遨以嬉兮，驂紫彪而乘文螭兮，登望故鄉而噓唏兮！[10]

此文是存在的迴響，王陽明將自己的命運和這三位不明不白死於異鄉的陌生人勾連在一起了，歌中充滿了屈原貶謫瀟湘時的情境。〈瘞旅文〉無關於良知學，但反映了一位求道者盤旋於聖人之門前的心事，是我們了解貴州時期的王陽明的珍貴文獻。他連自己有可能像這三位天涯旅客般地死得不明不白，都想到了，還想到死後神遊太虛的光景。王陽明因忠諫被貶，其坎壈不平之感可想而知，此文可視為良知學興起的重要背景資料。

忠諫受讒，遠貶異鄉，這是中國文學的重要主題，屈原以下，史不絕書。王陽明異於前代同一命運的忠臣者，在於他當時有很強烈的求道意識，他是以「聖人」的標準自我拷問，如果聖人處在同樣的情境，他會如何自處。理學從北宋開始正式登上中國思想的舞臺，其核心動力即是求為聖人一念。周敦頤的「聖可學而至」之說，程明道的「尋孔顏樂處」之說，都是此一追求聖人之道的意識之反應。「聖人」是儒家人格世界中最高的人格等第，儒者要求為聖人，此事或不足異。然儒學進入宋代後，性格有極大的突破，理學的性格乃全體大用、明體達用之學，此處的「體」意指本體，本體意指可作為人及世界終極的真實，這種超越性的境界被視為與聖人的內涵，字詞上雖有無限與個體之別，但卻是同等第的指涉。理學所論述的「聖人」概念乃深入存在的奧秘的體道者，其人的知識即含有對生死問題的解釋或解決，所謂「不死」、「超生死」的學問。[11]王陽明在龍場驛之悟前，即被「生死」這個宗教性情感所纏繞，不能自己。〈瘞旅文〉所以寫到如此

8　參見錢德洪等編，《王陽明年譜》，「正德三年，三十七歲」條，收入吳光等編校，《王陽明全集》，冊下，卷三二，頁一三五四。以下引〈年譜〉即指錢編《王陽明年譜》。

9　同前注。

10　王陽明，〈瘞旅文〉，收入吳光等編校，《王陽明全集》，冊中，卷二五，頁一〇四九。

11　陽明後學言及良知學是「不死」的學問者頗多，李卓吾即時見此義。言及「超生死」之說者也常可見到，如劉陽：「須向太初超生死」。參見劉陽，〈游箕峰酌會仙石遂憩古壇〉，《劉三吾集》（臺北：花木蘭出版社，二〇一六），頁一三六。王龍溪從「先天」義詮釋良知之超乎變化，此義尤常見，如「一點靈明與太虛同體，萬劫常存」之類的說詞，見王畿，〈華陽明倫堂會語〉，收

情深意切，因為它恰好觸及到王陽明當時最焦慮的生死存亡的議題。他過而立之年時，對佛老修煉之學的興趣很高，其修行甚至可以達到類似他心通或超感官知覺（ESP）的層級，[12]用宗教的語言講，也就是有「神通」的能力。王陽明的修行動力很可能與死亡的焦慮有關，至少死亡的焦慮是核心的一環。

用王陽明的話講，在大悟之前，他自認人間的得失榮辱皆已看開，只有生死一念，還沒突破，因此乃自為石墎，「日夜端居澄默，以求靜一。」這種話指的應該就是靜坐，靜坐悟道是三教常用的工夫模式。有明一代，白沙之學特別宣揚此風，以期靜中養出端倪。往上，還可溯源至程明道—楊龜山的道南一脈。再往上，則至周、程。[13]「日夜端居澄默」很可能是王陽明在貴州的生活常態，很典型的三教求道者的生活儀軌。我們不難想像他將自己逼到山窮水盡，不容轉身的緊張狀態，這種置之死地而後生的截斷，果然引致了理學史上一件極傳奇的效果：「忽中夜大悟格物致知之旨，寤寐中若有人語之者，不覺呼躍，從者皆驚。始知聖人之道，吾性自足。」[14]王陽明在正德三年那一夜的「寤寐」不知是否上床入睡或是不倒單式的假寐，但其時的意識總是處於朦朧的狀態。王陽明這場「寤寐悟道」和阿基米德發現阿基米德原理的傳聞，似乎可以相互發揮，差別在於後者的「悟」是知識融通以後一種長期追求的緊張狀態的釋放所致；王陽明的龍場之悟則含有宗教型的冥契太極的內涵，這是以生命為賭注的精神冒險，它帶來的作用甚至被認為解開了生死一念這麼深的我執之性。

在三代以後的儒者的傳記中，類似王陽明龍場之悟這種追求超越體證的文獻較少見，但如果我們相信儒學，尤其是理學的核心因素在於超越的性命境界的追求，這種安身立命的焦慮感是不可能不在他們的生命中出現的。王陽明龍場之悟重要的思想史意義在於他將這場個人的體驗帶到理學的論述中，私人的經驗化為良知學的敘述，學術的議題再介入重要的人間事務，良知學成為重要的公共議題。王陽明是將龍場之悟放在儒家原有的「民胞物與」的「萬物一體之仁」的框架下理解的，當對世界全體的關懷被視為本體不容切割的成分，而「本體」這個概念又已充分的良知化時，也就是充分的主體化時，我們可以理解它會帶來多大的衝擊社會的效果。

關鍵點在正德三年他三十七歲時的那場「大悟格物致知」的經驗，如果用今日的學術語言表達，該如何理解？當悟之事突然降臨時，當事者如何將發生於生命內在的重要事件分節化，形成可論述的議題，通常很難做到。證悟者當時處在強烈的生命波湧中，感官交融，人在悟中，悟之經驗的整體情景不見得可以看清。但不論怎麼說，王陽明的龍場之悟是他一生學問的轉折，此義是陽明研究學者所共許的，他的龍場之悟是一場掀翻生命方向的特殊心性經驗，此義亦不難了解。然而，對這一場生命的探險引發的特殊經驗之理解，仍

入吳震編校整理，《王畿集》，頁一六〇。最早將「不死」一語與心性主體連結者，理學家當中當始於胡宏《知言》：「有而不能無者，性之謂歟！宰物而不死者，心之謂歟！」參見胡宏，《知言・一氣》，《胡宏集》（北京：中華書局，一九八七），頁二八。李卓吾後來亦言良知的「不死」學問之義。理學家常批判佛教因生死而發心，但理學家對生死問題其實同樣關心，陽明學者尤其如此。他們批判佛教的生死觀，主要是指方外之士容易因生死而發心，卻忘掉世間倫理的責任。

12 弘治十五年，王陽明三十一歲，告病自京都返越，〈年譜〉有如下的記載：「築室陽明洞中，行導引術。久之，遂先知。一日坐洞中，友人王思輿等四人來訪，方出五雲門，先生即命僕迎之，且歷語其來迹。僕遇諸途，與語良合。眾驚異，以為得道」。參見吳光等編校，《王陽明全集》，冊下，卷三二，頁一三五一。

13 張詡〈白沙先生行狀〉：「其學則初本乎周子主靜，程子靜坐之說，以立其基」。張詡，〈白沙先生行狀〉，收入孫通海點校，《陳獻章集》（北京：中華書局，一九八七），冊下，頁八八〇。陳獻章〈與羅一峰〉言：「伊川先生每見人靜坐，便嘆其善學。此一靜字，自濂溪先生主靜發源，後來程門諸公遞相傳授，至於豫章、延平二先生，尤專提此教人，學者亦以此得力。晦庵恐人差入禪去，故少說靜，只說敬，如伊川晚年之訓。此是防微慮遠之道，然在學者須自量度何如，若不至為禪所誘，仍多靜方有入處。若平生忙者，此尤為對症藥也。」陳獻章，〈與羅一峰〉，收入孫通海點校，《陳獻章集》，冊上，頁一五七。陳獻章雖然一生宗仰程、朱，但其學風其實不近晚年程頤或立中和新說以後的朱子，而是從程顥到李侗的道南之傳。

14 參見錢德洪等編，《王陽明年譜》，「正德三年，三十七歲」條，收入吳光等編校，《王陽明全集》，冊下，卷三二，頁一三五四。

有爭議。筆者認為對龍場之悟的性質應該還可以再稍加著墨，略為解釋，以便為後來的王學內部的著名辯論，留下理解的線索。比如陽明後學的「至善」與「無善無惡」之辯，或者如當代中國哲學史學家勞思光與牟宗三對良知的「主體性」意義詮釋上之出入，筆者認為都與此場特殊的心性經驗之理解有關。

王陽明的龍場之悟是他追求聖人之途上的重要突破點，回到這場特殊的心性經驗的前提，他當時是被「成聖」的問題日夜纏繞的。理學家對「聖人」此概念有明確的規定，聖人不只是盡倫盡制，更重要的，他是能體現「本體」的最高人格，「本體」則被視為是精神甚或世界的本質，所謂性體或道體。理學的聖人已不拘於個體性的人，他是「希聖希天」之人，是打破一切經驗性因素束縛的天人。這種「打破」即是突破了個體限制、進入無分別境界的悟覺，如果用宗教語言講，即是種冥契經驗。在冥契經驗的各種性質中，萬物一體、乍然呈顯、超越生死、不可言說、客觀真實、至樂無樂、神聖之感等等，都是常見的描述。[15]王陽明的龍場之悟大概都有這些內容。由於冥契經驗所呈現的境界被視為更高的實在，因此也就具有超越於世間一切價值之上的價值。我們可以想像如果這樣的經驗結合了在人間證道的哲學理念，它有什麼內涵。

王陽明的龍場之悟乃因「格物致知」的議題而起，此事需再略加解釋。「格物致知」是理學的重要議題，解釋極紛歧，「龍場之悟」因和「格物致知」的關懷綁在一起，其性質的解釋遂也不免紛歧。但我們可以快刀斬亂麻地說，不論朱子學脈絡中的「格物致知」是個什麼類型的知識命題，王陽明是將此問題和「生死一念」的關懷連結在一起的。王陽明在事後，賦予它多重的經典詮釋學的意義，但可以確定的，這場經驗中很核心的成分是宗教性的悟覺經驗。王陽明一生和佛道兩教頗有交涉，其綰結的因素和傳統所說的性命之學的追求有關，而且可以確定，在龍場之悟前，他曾經歷過極類似冥契的經驗，弘治十五年（一五〇二），王陽明回到紹興，曾築室陽明洞，行導引術。王龍溪說王陽明當時對佛老的「見性」、「獨一」之旨，已深入骨髓，「嘗於靜中，闞照形軀如水晶宮，忘己忘物，忘天忘地，與虛空同體，光耀神奇，恍惚變幻似欲言而忘其所以言，乃真境象也。」[16]王龍溪體道極深，是此學中人，而且其言親聞於王陽明，是相當可靠的證詞。

如果說王龍溪的證詞沒有直接涉及龍場之悟，我們看一段出自王學大修行人蔣信從冀元亨處聽來的王陽明的夫子自道：「一日在龍場靜坐，到寂處形骸全忘了，偶因家人開門驚覺，香汗遍體。」[17]此處的「龍場靜坐」時日不知在中夜大悟之前或之後，但可以確定地，兩場經驗有類似性。王陽明龍場之悟牽涉到隱密玄妙的獨特經驗，我們還是要尊重此學中人的理解。誠如高攀龍說的：「余觀文成之學，蓋有所從得，其初從鐵柱宮道士得養生之說，又聞地藏洞異人言周濂溪、程明道是儒家兩個好秀才，及婁一齋與言格物之學，求之不得其說，乃因一草一木之言，格及官舍之竹而致病，旋即棄去。則其格致之旨，未嘗求之……而一旦恍然有悟，是其舊學之益精，非於致知之有悟也。」[18]胡直也言：「（陽明）及至龍場處困，動忍刮磨，已乃豁然悟道。原本不在外物，而在吾心，始與紫陽傳註稍異。」[19]高攀龍對王陽明相當尊重，對儒、佛之分也相當看重，他認為王陽明的龍場之悟是受到鐵柱宮道士及地藏洞異人等方外修煉之術的啟發，其起因和《大學》的「格物」宗旨原本不相干。胡直也認為王陽明的龍場之悟無涉於「外物」性格的格致之學，而是心學事件。蔣信、高攀龍、胡直都是此道中人，都有明確的悟覺體驗，當事人說及與當事人自家性命相關之事的

15 參見史泰司（W. T. Stace）著，拙譯，《冥契主義與哲學》（臺北：正中書局，一九九八），頁九〇、一三一—一三二。

16 王畿，〈滁陽會語〉，收入吳震編校整理，《王畿集》，卷二，頁三三。

17 蔣信，〈蔣道林先生桃岡日錄〉，收入美國哈佛大學哈佛燕京圖書館編，《美國哈佛大學哈佛燕京圖書館藏中文善本彙刊》（北京：商務印書館；桂林：廣西師範大學出版社，二〇〇三），冊一七，頁一一—一二。

18 高攀龍，《高子遺書》，冊一二九二，卷一〇，頁三六—三七，總頁六一八。

19 胡直，〈與唐仁卿書〉，收入張昭煒編校，《胡直集》（上海：上海古籍出版社，二〇一五），冊下，頁八七〇。

意旨時，特別親切有味，他們的解釋需要嚴肅看待。觀陽明一生行事，我們有理由相信蔣、高、胡三人之說有據。

王陽明的龍場之悟正是冥契經驗加上在人間證道或人間行道的類型，它固然是種特殊的宗教體驗，無涉於原初的格物之學的宗旨，但我們不會忘了他對此經驗的解釋卻又是放在格物論的架構下呈現的。在理學的系統中，「物」不只是自然之物，它一方面指向意識所及的心、意、知、身、家、國、天下，也就是意識所及的天下的事物，一方面指向實行此「物」的行為，所以可稱行為為物。格物即是格心、意、知、身、家、國、天下，而且見之於行為，也就是使身修，使家齊，使國治，使天下平之意，格一切物使它上軌道即為物格。由於「物」泛指天下萬物，聖學又和格物的活動緊密相關，所以理學家的格物之學的範圍可說是遍布天地萬物，但實踐處則常落於人際倫理。良知學由於重視良知的主體能動性，所以他顯現出來的追求世界秩序化，也就是「萬物一體」的精神尤其強烈，落實於社會時，衝撞的力道也就非比尋常。

良知學的解放力道是很明顯的。而良知學所以有如是的威力，和良知學主張的主體意識是一種宇宙意識的性質有關，這種宇宙意識既具備當下判斷的直接性，又具備感通天地萬物的普遍性。良知學的成立首先就衝擊了當時思想主流的程朱學派，我們如比較程朱的格物窮理說與陽明學的致良知說，即可了解其社會影響之差異。在程朱學的世界中，學者的行動是依據「格物致知」的前提而成立的，程朱的格物學主張道德判斷的依據在於對於物之理的不斷窮格，逐層深入。隨著知識適用領域的不斷擴大，到了一個臨界點時，尚需有意識層突然的翻轉，前後撕裂，以進入形上之境，程朱學的話語稱作「物格」、「知至」的層次。也就是由「格物」到「物格」，由「致知」到「知至」，由知識起點入而以形上體驗終，這是程朱學的一大特色。如果論者質問這樁事件如何可能？也就是如何由知識入而達到非知識所及的不可思議境界？事實上，王陽明就這樣追問過。他學問有成時，仍然如此追問，可見這是他一生的困惑。王陽明很尊敬朱子，希望朱子學能夠提供合理的答案，但顯然他沒有獲得，所以才另闢途徑。

王陽明的疑問或許不是那麼難以回答的，代程朱答，關鍵在他們的格物致知活動是伴隨「主敬」的日常工夫而來的，「主敬」是一種心靈隨時保持凝聚專一的操練術，靜坐即是常見的一種工夫。翻轉意識的動力應當直接來自主敬，而不是認知意義的格物致知。學者一旦「格物致知」有成，其實是實踐主敬工夫有成，達到「物格」、「知至」的終點站時，他會發現物理與心理的終極同一，格物並非是格心外之物，因為格物之理同時也就是朗現心之理，理既在內也在外。但這是體系的解釋，也可以說是果位反省時的體證所得。如就工夫過程的途徑而言，程朱學的格物的範圍雖然不分內外，意識的活動也可以考察，但主軸的活動必然是向外的，它的向外一彎再返內心的途徑是理論的必然。由於理無內外，所以格物的活動不能說是義外，但格物的現實運作卻不能沒有歷程過程中的義外之義，也不能不是漸教的。在程朱的世界中，道德衝動的事例不易發生。因為程朱所認定的物之理與心之理雖然是共構的，其相卻是重層的，朗現道德事件的終極的同一之本質，這個結果需要建立在長期的心物調整的過程上。不能滿心而發，充塞宇宙，它只能是漸教式的長期累積的心靈效果。

即使程朱學的格致之學的「物格」、「知至」的結果可以解釋得通，王陽明也不會接受，因為他認為有更簡截的道路。良知學在理學史出現的重要意義首先在於王陽明切斷了「主體」與「外物」間的糾葛，並直接連接了「主體」與「本體」的同一性。道德判斷的依據乃是良知自己提供的，心即理，而且心即情即意，道德意識會帶來情意的滿足。不但如此，良知即氣，良知充斥在個體生命的每一角落，良知的發動也是形氣主體（身體主體）的彰顯。由良知的情、意、氣的底層構造更進一步，王陽明還將人的良知與作為世界本質的本體的概念連接在一起，良知因此不僅是人間事，它也是宇宙間事，良知不僅是道德判斷的依據，它也是萬物存在的依據。[20]後來陽明的學生王畿（字汝中，號龍溪）即稱呼良知為乾知，乾知也就是一種宇宙性意識的靈知。陽明這種良知—乾知的結構不但提供了學者直接的道德判斷動力，它還提供了一種宗教情感的滿足，因為良知判斷的根源不僅來自於人的意識，它更來自深不可測的宇宙意識。它的動力無限深，而範圍無邊大。

如果說龍場之悟是場宗教型的冥契經驗事件，良知是宇宙性的靈知，這樣的主體模式帶有很強的三教共法的內涵；那麼，王陽明本人呈現良知學的理論時，其論述帶有很強的情意性格，我們可以說這種含情帶意的良知是他學說的一大特色。王陽明曾引《大學》：「如好好色，如惡惡臭」，以示真知行之意。他說：「見好色屬知，好好色屬行。只見那好色時已自好了，不是見了後又立個心去好。聞惡臭屬知，惡惡臭屬行。只聞那惡臭時已自惡了，不是聞了後別立個心去惡。」[21]王陽明以此論知行合一。王陽明的「知行合一」說的重點不在認知與行為，而是更基礎的認知與心行的關係，更細分其實即是情、意、知的問題。「知道色」屬知，「好色」屬情，「好好色」屬意。「見到花而知花」屬認知，「見到花而領會花之美」屬情感，「見到花而喜歡好花」屬意志，「認知—情感—意志」三種心理事件同根而發，它們是同一事件的不同側面的描述。王陽明的知行合一說帶有很強的行動主義的色彩，但他事實上是將行動建立在更基礎的道德行動的本心之基礎上，此本心發動的內涵顯現了知、情、意合一的構造。他的知行合一論，或許該說是知行同一論，乃是針對朱子學的知行並重論而發。[22]

知、情、意合一的構造解消了理智獨大的主宰作用，情、意遂得盡暢其蘊。《傳習錄》所錄的王陽明書信，封封都跳動著這一代儒門豪傑的熱情，他在〈答聶文蔚〉書中言及他窺得良知之妙後，想與天下人共登聖人之域的狂熱。他每一念及斯民之陷溺，即思求有以拯救之，雖頗感不自量力，萬萬還是不能自已。他說：

天下之人見其若是，遂相與非笑而詆斥之，以為是病狂喪心之人耳。嗚呼！是奚足恤哉？吾方疾痛之切體，而暇計人之非笑乎！人固有見其父子兄弟之墜溺於深淵者，呼號匍匐，裸跣顛頓，扳懸崖壁而下拯之。士之見者方相與揖讓談笑於其傍，以為是棄其禮貌衣冠而呼號顛頓若此，是病狂喪心者也。故夫揖讓談笑於溺人之傍而不知救，此惟行路之人，無親戚骨肉之情者能之，然已謂之無惻隱之心，非人矣。若夫在父子兄弟之愛者，則固未有不痛心疾首，狂奔盡氣，匍匐而拯之。彼將陷溺之禍有不顧，而況於病狂喪心之譏乎？而又況於蘄人信與不信乎？嗚呼！今之人雖謂僕為病狂喪心之人，亦無不可矣。[23]

這樣的語言真是情溢乎辭，在中國歷代思想家中，我們很少看到如此熱血怒潮般的文字。程朱學者的著作中看不到；陸象山的著作明白痛快，但沒有這麼濃厚的道德情感的內涵；熱情湧溢卻是王陽明與門人論及良知的手札中常出現的風格。比如他的〈答顧東橋書〉言及功利之毒，淪浹於人之心，習以性成時，憂世之情也是壓抑不住地賁裂出來，「記誦之廣，適以長其敖也；知識之多，適以行其惡也；聞見之博，適以肆其辨也；辭章之富，適以飾其偽也。」還好天理終不可泯，「而良知之明，萬古一日，則其聞吾『拔本塞源』之論，必有惻然而悲，戚然而痛，憤然而起，沛然若決江河而有所不可禦者矣！」[24]這樣的語言同樣承載著個

20　王陽明〈詠良知四首示諸生〉云：「無聲無臭獨知時，此是乾坤萬有基」，所說即是此義。王陽明，〈詠良知四首示諸生〉，收入吳光等編校，《王陽明全集》，冊中，卷二〇，頁八七〇。
21　王陽明，《傳習錄．上》，收入吳光等編校，《王陽明全集》，冊上，卷一，頁四。
22　關於朱子的知行論，參見錢穆，〈朱子論知與行〉，《朱子新學案》（臺北：三民書局，一九八二），冊二，頁三七九—四〇六。
23　王陽明，〈答聶文蔚〉，《傳習錄．中》，收入吳光等編校，《王陽明全集》，冊上，卷二，頁九〇—九一。
24　王陽明，〈答顧東橋書〉，《傳習錄．中》，收入吳光等編校，《王陽明全集》，冊上，卷二，頁六四。

人掩抑不住的道德熱情，王陽明的風格再度顯現出來。

道德熱情被康德視為不健康的哲學表述，程朱學也較為慎重，卻是儒家心學一系儒者的明顯語言表徵，從孟子、陸象山到王陽明，我們看到類似的旋律反覆升起，至陽明處達到了高峰。因為從這些儒門豪傑的觀點看，道德法則不只是認知性的道德規律，道德法則是連著作為世界依據的良知，連著它的主體性的情與涉身涉世的氣一併顯現的，理—情—氣合一的構造是陽明學良知論述的特色，這種特色深深地影響了後世陽明學的發展，比如泰州學派或日本陽明學。良知學的爆發力以及它對世界的衝擊力道的秘密就在良知本身。

三、「義外」的意義：兩種格致論的爭議

王陽明的龍場之悟是中國三教傳統中常見到的一種觸及到性天相通的心性經驗，我們可視之為一種冥契的經驗，此事當無可疑。王陽明經過正德三年某天晚上類似「神啟」（寤寐中若有人語之者）的經驗後，對聖人之學才有決定性的信心，「聖」的資格和洞見良知的經驗緊密相關，這也是可以確定的。但王陽明的龍場之悟乃因「格物致知」問題而起，同樣是確定無疑的。「格物致知」是程朱學的關鍵議題，它也構成了王陽明一生學問的關鍵，我們既說良知學是他的學問的關鍵，也說格致學是他的學說的關鍵，乃因王陽明經龍場之悟後，這兩個問題變成同一個問題。他翻轉了朱子對格致學的解釋，自標新義。經此新義一標，王陽明對世間倫常的衝擊遂不可免。

格致論是王陽明龍場之悟之前的理論焦慮，根據〈年譜〉所說，他的成聖之念即始於對格致論的探索。弘治元年（一四八八），王陽明十七歲，他奉父親之命到江西迎娶妻子諸夫人。隔年，他帶著新婚妻子返浙，歸途中經過廣信，拜謁大儒婁諒，聽聞了「宋儒格物之學」的旨趣，大受感動，因而立下了成聖之志。

他和婁諒之會應該是個關鍵性的事件，所以才會被〈年譜〉記上一筆，而且說：「是年先生始慕聖學」。[25]如果我們知道他二十年後在龍場驛那關鍵性的一悟，所悟正是「格致」的道理，可知婁諒這一席話一定有重要的意義。但以王陽明的家世及時代背景，王陽明接觸到聖賢的知識當然會更早，至少從啟蒙教育的觀點看，他有意於聖學的年紀恐怕要早很多。即使從他十八歲開始算，他在這條路上摸索，也已經歷二十年了，這二十年中，「格物致知」的內涵始終糾纏著他求聖的意志。

由於王陽明成長的年代，朱子學已是官方及儒林都認定的聖學，他的父親王華很可能也是程朱學者。[26]王陽明碰觸到「格物致知」的問題應該極早，而以王陽明狂熱的求道性格，「格物致知」不能不是困擾王陽明前半生的一個核心議題。有一則流傳甚廣的故事可說明此事，〈年譜〉記載他隨父親在京城時，曾相信「格物窮理」可達到聖人境界的妙用，王陽明因而與友人面對官廳之竹，日夜格之，結果格出一場大病。因自覺與聖人無緣，乃宣告放棄。[27]放棄既指放棄他所認定的程朱的格致理論，放棄更意指他放棄程朱在格致之學與成為聖人之間所設定的邏輯關係。但王陽明到底活在與今日世俗文化大不同的超越哲學的文化氛圍中，那種碰觸到天人合一的實踐熱情在他的身心底層裡始終攪動著，在沒有覓得更可靠的途徑前，他的放棄不可能徹底。一兩年後，聽到當時聲望極高的大儒婁諒的一席開導言論，經「格致以趨聖人」的工夫論想法

25　參見錢德洪等編，〈年譜〉，「孝宗弘治二年，先生十八歲」條，收入吳光等編校，《王陽明全集》，冊下，頁一三四八。

26　王華為成化十七年（一四八一）狀元，但流傳下來的文字不多，也沒有文集傳世，此亦怪事。依據〈成化十七年進士登科錄〉所錄廷試文字，王華所言純是程朱學通義。王華的廷試文字參見束景南，《王陽明年譜長編》，冊一，頁三〇—三六。

27　〈年譜〉將此事記在弘治五年，其時王陽明二十一歲。然錢德洪列格竹之事於此年，乃追憶之事，不是事情發生之年。依鄧永春，《皇明三儒言行要錄》，王陽明「十五、六時，便有志聖人之道」，格竹之事發生在此時，此斷代可能更合理，束景南因此將此事列在成化廿二年（一四八六）。參見束景南，《王陽明年譜長編》，冊一，頁五七—五八。

又復活了。不論程朱或任何時期的王陽明，他們所理解的格物窮理之學都和「聖人」的境界的追求有關。王陽明十八歲從婁諒那邊得到的啟示和他三十七歲那場改變生命的覺悟事件，都是如此詮釋「格物致知」的意義的。

王陽明的龍場之悟和「格物致知」有關，這是他自己承認的，〈年譜〉也如此記載。「格物致知」是理學的重要理論，而這個來自於《大學》一書的概念所以變得這麼重要，顯然和程朱，尤其是朱子的大力表彰有關。朱子在建構性理學的重要理論系統中，《大學》的「格物致知」說占有相當重要的位置，眾所共知，《大學》一書對這個概念的說明是相當簡單的，甚至於可能有缺文，所以後世不斷有人對此書的「格致」部分加以改編移補，[28]朱子正是主要的增字改編者，事實上可以說是最有權威的一位。朱子的《四書章句集注》在他身後不久即取得極大的發言權，元皇慶二年（公元一三一三年）以後更成為科舉的要籍，此後，朱子版的格物致知論即成為士子必讀的文獻。王陽明當時所讀的格物致知論，以及他面對的格物致知的難題，可以確定都是來自朱子版的格致論。

問題是「格物致知」如何解？如果我們取明清實學人士所理解的「格物」以理解之，比如「賽因斯」（science）傳進中國，被譯為「格致之學」，科學叢書被編譯為「格致叢書」，「格致」為「格物致知」之簡稱，它所蘊含的「格物」意指理智面對「對象之物」的理智活動，「格物致知」所窮之理只能是認知的理，所致之知也只能是經驗性的知。但「格物致知」的理論出自《大學》，而《大學》的格物致知之說成為重要的理學理論則是程朱學派的推衍所致，我們要了解「格物致知」的內涵還是需要回到宋儒的場域，看他們如何解釋。由於程朱學派一再強調凡人之靈莫不有知，而世界之物莫不有理，學者為學，首重因物之理以窮究之，程朱的語言很容易令人聯想成「格物致知」是認知的活動，胡適的理解即是如此。但胡適也注意到朱子留下「豁然貫通」的尾巴，這種玄秘因素在胡適看來當然是相當負面的。[29]

我們還是得重看影響中國八百年來思想的這篇篇幅極精簡的一段文字，到底傳達了什麼內容，全文如下：

所謂致知在格物者，言欲致吾之知，在即物而窮其理也。蓋人心之靈莫不有知，而天下之物莫不有理，惟於理有未窮，故其知有不盡也。是以大學始教，必使學者即凡天下之物，莫不因其已知之理而益窮之，以求至乎其極。至於用力之久，而一旦豁然貫通焉，則眾物之表裏精粗無不到，而吾心之全體大用無不明矣。此謂物格，此謂知之至也。[30]

這麼精簡的文字卻凝聚著不少重要的義理在內，因為言簡義繁，未鋪展開來的內容大有事在，所以可想而知，不同的詮釋觀點後來會不斷出現。由於相關的討論已多，筆者會將重點放在「眾物之表裏精粗無不到，而吾心之全體大用無不明」這組聯語的解釋上面，這組連結涉及的心物關係和本文主題特別相關。為什麼朱子要併用聯語？這組聯語所傳達的語義到底是知識貫通的經驗或是宗教性的冥契經驗？

首先，我們可以確定的，「格物致知」為的是通向「物格」、「知至」，前者是工夫論的語言，後者是境界論的語言。「物格」是物已格，「物」達到了它該到的目標；「知至」是知已至，也就是作為心靈主要內容的「知」達到了它的潛能已充分實現的層次。但上述「物格」、「知至」只是形式意義的表達，作為工

28　參見李紀祥，《兩宋以來大學改本之研究》（臺北：臺灣學生書局，一九八八）。

29　參見胡適，《戴東原的哲學》，收入季羨林主編，《胡適全集》（合肥：安徽教育出版社，二〇〇三），卷六，頁三八四、三九六、四七一。

30　朱熹，《四書章句集注．大學章句》，頁六—七。

夫論的終點站的境界，它是有特定的內涵的。按照三教工夫論的常規，我們通常可以將工夫境界安置在某種冥契意義的心境上去。在〈格致補傳〉中，朱子說到「豁然貫通」一詞，即是此義。朱子文獻中，只要用到「豁然」一詞，通常指的即是悟覺的經驗，只因朱子不喜歡禪悟之學，儘量迴避「悟」字，所以他將此詞運用到儒家洞見萬物一體的經驗時，會改用「豁然貫通」的表達方式。[31]「豁然貫通」一詞可以確定不是知識論的語言，而是工夫論的語言，它指向類似宗教修行者所說的「悟」之層次。

「悟」是三教工夫論重要的理論，它的內容通常指向「萬物一體」的經驗，在一體的經驗當中，「萬物」自然沒有潛存與存在之分，而體現一體經驗的心靈也不會是具有主客對列架構的心靈。但「萬物一體」的「萬物」與「一體」似乎還可再細分成兩種型態，一種是純粹的太一，沒有任何的區別可言，這種純粹太一、無法言說的境界在三教的文獻中不時可見。但「萬物一體」也可以是「一」在眾多的萬物中又可感受到彼此同一的狀態，這種雜多／純一、詭譎為一的統合敘述似是詭詞，無法運用於日常經驗，但在冥契者的報導中，卻不時可見。如果我們對冥契主義的理論不太陌生的話，筆者上述所言其實即指向了內向型的冥契主義與外向型的冥契主義之別，[32]朱子的〈格致補傳〉顯然近於外向型的冥契主義。一言以蔽之，「物格知至」的內容就是「眾物之表裏精粗無不到，而吾心之全體大用無不明」，物的本性與人的本性，其實也就是世界的本性，剎那之間，同體開顯。

朱子不喜「悟」字，厭惡任何一步到位的主張，這是事實。但他的格致論以悟覺為重要關卡，以一種玄妙的外向型的體證經驗為旨歸，也是事實。就此而言，他和王陽明的格致論的要求似乎沒有兩樣。但王陽明對朱子的格致論批判得很嚴厲，不會是無的放矢。王陽明主要的批評點有二，一是朱子的格致論即使可以達到物格知至的層次，仍是笨拙，「已費轉手」。[33]二是朱子的格致學和孔門的義理不相干，因他的格致學是求理於外物，患了「義外」的謬誤。就第一點而言，王陽明的批判自有理路，因為如果「格物致知」的目標在於「復性」或朱子所說的「復其初」，亦即工夫最後要走向超越的原點，也就是人性的原點，那麼，最有效的工夫論傳統可說沿著逆覺復性，也就是「為道日損」的方向邁進的，最常見的簡易工夫就是打坐。這種直接在意識上作轉化的工夫收效快，也切題。但朱子卻批判這種進路是以心使心，極不可靠。在王陽明之前，其實理學家都有「復性」的主張，其為學也都涵逆覺體證一路，但只有程朱學明確使用心／物對峙的格物致知工夫。王陽明質疑朱子的格致工夫能否達到性天相通之境，縱使可以，不知要窮到何年何月，終費轉手。如果有更有效的途徑可以達到性天相通之境，為何要捨簡易以就艱難？

王陽明的質疑建立在對朱子「向外求理」的工夫途徑上，這種外向求取的工夫如用孟子的語言講，即是「義外」，所以上述的兩個問題還是同一個問題。我們看朱子學的格致論，他確實不主張直接在心上作工夫，精神要外轉，在事（物即事）上下工夫。而且「格物」的範圍極廣，時間極長，此心似乎要長期被外物

---

31 如〈答陳膚仲〉云：「非欲其兀然無作，以冀於一旦豁然大悟也」。見陳俊民校編，《朱子文集》（臺北：德富文教基金會，二〇〇〇），冊五，卷四九，頁二二三五；〈答吳斗南〉云：「聖門所謂聞道……非有玄妙奇特，不可測知，如釋氏所云豁然大悟，通身汗出之說也。」同前引書，冊六，卷五九，頁二八九二。〈訓門人二〉云：「看來所謂豁然頓悟者，乃是當時略有所見」云云。黎靖德編，王星賢點校，《朱子語類》（北京：中華書局，一九八六），冊七，卷一一四，頁二七六三。此處用的「豁然」因和禪佛之悟連結在一起，負面的意義較明顯。但如與「貫通」之類的語言聯繫，則是正面之語。如〈大學五．或問下〉云：「到得豁然處，是非人力勉強而至者也。」黎靖德編，王星賢點校，《朱子語類》，冊二，卷一八，頁三九四。〈論語九〉云：「聖人知曾子許多道理都理會得，便以一貫語之，教它知許多道理只是一箇道理。曾子……一旦豁然知此是一箇道理，遂應曰：唯。」黎靖德編，王星賢點校，《朱子語類》，冊二，卷二七，頁八七九。〈張子之書一〉云：「橫渠有時自要恁地說（按：即『大其心，則能體天下之物』），似乎只是懸空想像而心自然大，這般處，元只是格物多後，自然豁然有箇貫通處，這便是『下學而上達』」云云。參見黎靖德編，王星賢點校，《朱子語類》，冊七，卷九八，頁二五一八。

32 參見史泰司著，拙譯，《冥契主義與哲學》，頁四〇—一七一。

33 參見黃宗羲，〈文成王陽明先生守仁傳〉，收入吳光等編校，《王陽明全集》，冊下，卷四〇，頁一七一二。

拖著走。朱子引程伊川的話語道：

> 格物亦非一端，如或讀書，講明道義；或論古今人物，而別其是非；或應接事物，而處其當否，皆窮理也。
>
> 自一身之中以至萬物之理，理會得多，自當豁然有箇覺處。
>
> 格物非欲盡窮天下之物，但於一物窮盡，其他可以類推。至於言孝，則當求其所以為孝者如何。若一事上窮不得，且別窮一事，或先其易者，或先其難者，各隨人淺深。譬如千蹊萬徑，皆可以適國，但得一道而入，則可以通其餘矣。萬物各具一理，萬理共出一源，此所以可推而無不通也。
>
> 物必有理，皆所當窮。若天地之所以高深，鬼神之所以幽顯是也。若曰天吾知其高而已矣，地吾知其深而已矣，鬼神吾知其幽且顯而已矣。則是已然之辭，又何理之可窮哉！[34]

以上所引四條，語義相貫，類似之語仍多。依程朱的話語，萬物之理「共出一源」，條條道路通羅馬。順著程朱的格致論的語言行事，「格致論」的工夫範圍簡直是無邊無際，無物無事不格，學者很容易久假而不歸，理學家變成博物學者。程朱自然也了解學者會有這種批評，所以他們也會退一步，加上但書，比如一事上窮不得，不妨先行窮另一物。他們也承認格物的項目不能沒有輕重緩急，仍當選擇切身者，以免「如大軍之遊騎」，[35]外出太遠而回不了營。但自始至終，「物」這一關繞不過，而且「物」是總稱，「物」即天下之物之意。這種求理於外的活動顯示朱子是將理置於對象上去，因此，如有論者批評說這是「義外」，似亦可通。

然而，就程朱學而言，理（太極）在外亦在內，理遍寰宇塵埃，雖有多相，但理之為理卻是同一的。而且心統性情，心也統理氣，心也是呈現理氣結構的宇宙心。不論就心或就物而言，「義外」的標籤和程朱學的基本立場是矛盾的。程朱在理的絕對性上和周敦頤、張載等人以《易經》證學，太極遍於萬物之說是一致的。如果我們對「神」的解釋採用《易經》「神也者，妙萬物而為言也」之說，周、張、程、朱之學的性理學可說即是種泛神論。泛神論的上帝無所不在，從任何的一草一木入，都可見到上帝，程朱的太極（理）亦然。「格物致知」的結構乃是物理一明，此心之理也同時朗現，理沒有在內在外的問題。如果按照程朱學的理論反向質疑良知學道：窮理如只放在主體的良知上立論，這種重內遺外的主張反而撕裂了主客，嚴重地背離了孟子學的立場。羅整菴和王陽明的著名辯論，重點即在理的在內在外問題，羅整菴批判王陽明反而才犯了「義外」的病痛。

朱子不但拒絕接受「義外」的批判，上述程伊川引文還有另一條一貫的理路，此即格物窮理久了以後，自然可以「豁然有個覺處」。如果用朱子的用語，也就是可以「豁然貫通」。如何有個覺處？如何豁然貫通？程朱一般不太道及箇中細節，以免躐等。但我們只要玩索程朱語言，從「主敬」這個概念入手，不難得其解。主一之謂敬，主敬乃是此心自我內聚的作用，悟覺的前提通常要預設心靈的凝聚專一，以期達到純一的狀態，莊子所謂「通於一而萬事畢」，[36]所說亦為是理。可知會通的力量，也就是「豁然貫通」的力量，來自「主敬」的工夫。程朱重主敬、格物的雙管齊下，敬貫動靜，敬貫靜坐與窮理，主敬工夫在胸中發揮「捱來捱去」的成效，久而久之，心靜理明，終有全體突破之期。只是此時期何時會來，事先不可知。程朱只是很確定地告訴學者：自然會到。

34　上述四條伊川文字引自趙順孫編纂，《四書纂疏．大學纂疏》（臺北：新興書局，一九七二），頁四七—四九。

35　引自趙順孫編纂，《四書纂疏．大學纂疏》，頁五〇。

36　語出《莊子．天地》。郭慶藩，《莊子集釋》（臺北：河洛圖書公司，一九七四），頁四〇四。

我們如果整理程朱學的格致理論，可以放心地說「眾物之表裏精粗無不到，而吾心之全體大用無不明」的冥契境界是建立在長期的心物互動的基礎上的，程朱工夫論的特色預設了心體的完整朗現（所謂「復其初」或「復性」）需要不斷與世界互動、對話、消化，也就是心靈不斷地世界化，同時也往超越境界邁進。廣度與高度，也可以說是廣度與深度，同時進行。同時，世界也在心靈的格物過程中，本質（物之性）日漸彰顯，對象性日漸薄弱，終至於物的本質與存在貫通，表裡精粗統一。但「格物致知」是主客不斷辯證的運動，了解物之理也就同時了解心之理，人性的完成預設了人性與物性的辯證的統一，人性的徹底完成與物性的完整朗現同步完成。所以程朱格致論最後證成的理境是有經驗內容的，來自於社會與自然的理和此心的靜一的本性融合，形成一多相容的理境。

程朱學的格物的範圍是汎格物的，從自然世界到內心世界的事項皆可包括在內，但主要領域無疑在家國天下的社會領域。在社會此公共領域中，學者格物所要格的「物」實即一切事項的倫理規範，傳統的語言即稱之禮。換言之，格物窮理的「理」之大宗即是「禮」。程朱學對「禮」特別重視，朱子一生中，寫過的祠堂、族譜、儀禮項目的文章不知凡幾，他的《儀禮經傳通釋》可視為《儀禮》一經的集大成之作。後世凡言及「禮教」一詞，不論是正面敘述或是反面批判，可以確定他們所用的詞彙的源頭應當來自程朱學。

相對之下，王陽明的「格物致知」缺少心—物對揚的過程，心的內容也就缺乏主動攝取來自社會或自然的經驗之理的內涵。「格物致知」乃是「致吾心之天理於事事物物，則事事物物皆得其理矣。」[37]良知是判斷的主宰，良知的權威是自己提供的，良知自惻隱，自是非，自羞惡，自謙讓。良知與外物有神秘的氣化感通的連結，但良知不需要經由外物以認識自己，良知的判斷也不要求相關領域的知識，王陽明詩云：「良知即是獨知時，此知之外更無知」。[38]王陽明的良知是無待於外的神明，獨坐大雄峰。王陽明的格物是無待於物且須正物的致良知的活動，因為「意之所在為物」，「物」已徹底地良知化了。所以格物的關鍵在主體本身，作為主體的「良知」如果純正，萬物即格。就程朱學的立場言，王陽明的格物可說是無物可格，格物沒有獨立的工夫，事實確實如此。良知學的真正內涵是誠意，是謹獨，物沒有補充知的功能。

良知乃本體，良知的作用即本體的起用，這是陽明學特殊的規定。王陽明對良知本體的定義不要說不見於康德、海德格的哲學傳統，即使建立在宇宙心基礎上的東方宗教，一般也不會將帶有功用語意的「知」作為本體，[39]它們會用「心」或「性」代之。相對於程朱格物論漸教式的特色，良知學這種良知—乾知的冥契論構造提供了價值位階的翻轉，宇宙性的同體之情的價值超越了世間禮法的規範。加上它的反對外向型的格物窮理說，還有強烈的對世界「萬物一體之仁」的承諾，它與原有的社會規範之間的關係就不能不緊張。在朱子學的世界中，理（太極）遍布一切，無先後可言。但就工夫而言，主體之外的自然之理或社會之禮都先於主體存在，主體對之，需有認識、轉化並擴大主體內涵的過程，而且過程原則上是無限延長的。主體與生活世界就作為本質的理（太極）而言，是一體的；但就現實存在言，兩者常是相待而且互相轉化的。相對之下，良知無待於外，也不須過程，它與物相遇，不需要先了解物，反而要先正物。王陽明的新格物說帶來的衝擊主要不是在知識領域，而是在倫理領域。

在有名的〈答顧東橋書〉中，王陽明提到良知的自作主宰時，引儒家兩位聖人的行事為例：「舜之不告而娶，武之不葬而興師」。[40]舜與周武王這兩位聖人是儒家道統論上的大人物，他們是倫理的表率，但他們

37　參見錢德洪等編，〈年譜〉，「嘉靖四年九月，先生五十四歲」條，收入吳光等編校，《王陽明全集》，冊下，頁一四二九。

38　王陽明，〈答人問良知二首〉，收入吳光等編校，《王陽明全集》，冊中，卷二〇，頁八七一。

39　禪宗固然也有「知之一字，眾妙之門」之說，而且不無可能啟發了王陽明的良知論，但兩種知的社會功能不大一樣，佛教也不易容納本體論的語言，茲不贅述。

40　王陽明，〈答顧東橋書〉，《傳習錄．中》，收入吳光等編校，《王陽明全集》，冊上，卷二，頁五五。

都在重要的倫理關係上，違背了世俗的規範，舜娶妻之前不稟告父親，武王沒有好好處理父親的喪事即興師伐紂。就世俗的眼光來看，舜可謂不孝，武王不但不孝，還可說是不忠，但孟子卻大肆張揚他們的行為。忠、孝是傳統儒家極重要的德目，它們分別牽連到君臣與父子這兩項重要的人倫場域，王陽明卻偏偏在這兩個人倫領域提出不同的行動標準。在朱子學的系統中，窮理的「理」雖然在內亦在外，但在過程中，「理」總是在外，對「理」的理解有實踐的優先性。就人倫而言，倫理之理實質上即是社會所建構或依之建構而成的禮法。理與禮在朱子學的架構中特別緊密，雖然只要理的超越義不喪失，理、禮之間永遠有複雜的共生而矛盾的結構。但就現實的人之存在而言，此心永遠需要聆聽生活世界的禮法的聲音。這種傾聽禮法的態度不見於良知學的世界，對王陽明而言，理、禮的關係不再是重要的議題，因為心即理，作為判斷原則的良知提供了規範性的標準。良知學將不計世俗之是非毀譽，掀江倒海，「千聖皆過影，良知乃吾師」，[41]帝舜依良知判斷，何有於娶妻稟告父母；武王依良知起兵，何有於守喪種種的規矩。王陽明一代大哲，他如娶妻、起兵，應當也是依自己的良知行事，更何有於有前例的帝舜以及一切的孝子，何有於有前例的武王及一切失怙失恃的臣子。面對著複雜的晚明社會，解放後的良知會擺脫禮法與物理的羈絆，以巨大的身影走過後王陽明的時代。

王陽明舉舜不告而娶妻這則家庭事件與武王不葬興師這則政治事件為例，以證明良知無待於外，自行提供行為的正當性。舜的家庭原來很不美滿，據說是「父頑、母嚚、弟傲」，五倫缺了一半，這樣的家庭對良知的運作是個最大的考驗。王陽明舉的例子很值得體玩，他舉帝舜的事例尤其頻繁，不會沒有原因的。由於良知學在晚明影響到情教與政治的思想，動搖到社會的政教體系，這個社會效果甚至被歸咎為明亡的原因。王陽明對良知作為一切道德行為的來源以及一切道德判斷的標準，有很強的信心，王學中人通常也有同樣的信心，他們自然不會接受世人安置於他們頭上的罪名。底下，我們不妨即以王陽明自己的家庭經驗與政治經驗為例，檢證良知是否真有不待於外的道德判斷之理的屬性。

四、在纏良知的陽明家事

王陽明認為良知是定盤針，「萬化根源總在心」，[42]舜與武王因心發用，不循俗套，終成大事。但世間事此亦一是非，彼亦一是非，就功效而言，良知學者引發了標準不明、私心自用的情況並非罕見。晚明時期良知學的流行到底是起了促進社會交感的作用，還是起了瓦解的作用，也是極大的爭議。這些動搖社會秩序的事例到底是人病？是法病？或可爭議。但就現象而言，良知學帶來了正負兩極的評價，應是事實。

論及良知學的實踐，最恰當也最有說服力的解釋，就是王陽明本人的實踐經驗，如果王陽明本人在個人處境極困難的情況下，能夠運用良知，妥善處理爭端，那麼，良知學的說服力會更強。由於王陽明的良知學對晚明的情教思想影響甚大，戲曲、小說中的情教主張，直接、間接都可溯源於王陽明，王陽明本人對音樂、戲劇也很重視，其重視情況在儒林人物當中少見。如果我們將情的範圍稍微擴大，由男女之情擴大至家庭，樣本或許更有代表性，因家庭一向為儒家所重視，家庭的關係不能脫離情而存在，但往往更為敏感，因密而疏，因親而仇的情況並非沒有。即使在明代，作為明學主要開創者的吳與弼即因其弟私賣祭田，而鬧上衙門。雖然對錯分明，但總是令人感到遺憾。[43]王陽明共感能力強，道德意識強，善處變化莫測的處境，也

41　王陽明，〈長生〉，收入吳光等編校，《王陽明全集》，冊中，卷二〇，頁八七六。

42　王陽明，〈詠良知四首示諸生〉，收入吳光等編校，《王陽明全集》，冊中，卷二〇，頁八七〇。

43　關於吳與弼訟弟事，及劉宗周、黃宗羲對此事的解釋，參見黃宗羲，《明儒學案．崇仁學案一》，收入沈善洪主編，夏瑰琦、洪波校點，《黃宗羲全集》，冊七，卷一，頁五。

重視家庭倫理，這都是可以肯定的。但問題恰恰在於重視家庭倫理是一回事，能否妥當處理又是一回事。

後人讀王陽明的文集與傳記，很令人難以捉摸的是他的家庭關係該如何理解，他的門生雖然不欲宣揚其事，甚至有可能想要隱晦其事，但隨著王學研究的深入，王陽明的家庭問題還是不斷透過各種遮掩不住的隙縫漏了出來。王陽明家族史最令深信良知學的後學難堪者，莫過於王陽明過世後，他的孫子輩即無所不用其極，為爭取繼承王陽明新建伯爵位，長期纏鬥，相持不下。這個因王陽明平定叛亂之功而後裔得以襲封的爵位應當利益甚大，才會引來了王陽明的後裔不顧祖先顏面地爭取。由於爵位的繼承要求血緣的確定，嫡庶的排位等等，這種家族內部的問題一鬧開來，往往糾結纏繞，剪不斷，理還亂。爭議的過程極瑣碎繁雜，歹戲拖棚，可說直與明朝國脈共存亡，競爭出線者最後也沒有勝利可言。即使專門研究王學者，如要理清其間的過程都不容易。此事發生在陽明過世之後，固可說與良知學無關。然而，以王陽明這麼重視家庭教育，其後裔竟然只隔了一代，即鬧得不可開交，成了明末廣受朝野矚目的案子，真令人不勝唏噓。王陽明一代天人，但他的後裔卻頗平庸，也看不出有實踐良知學的能力與意願，這也是不能不令人感慨之事。

但令人感慨的事還不用推到王陽明過世之後隔代的後裔上去，在他剛過世，他的家庭問題即爆發出來。〈年譜〉於「嘉靖」十年條記載其時年方四歲的王陽明親生子正億及他更早時認養的繼子正憲的情況如下：

> 師殯在堂，有忌者行譖於朝，革錫典世爵。有司默承風旨媒孽其家，鄉之惡少遂相煽，欲以魚肉其子弟。胤子正億方四齡，與繼子正憲離仳竄逐，蕩析厥居。[44]

這條的記載比較像政治鬥爭之事，禍源來自家族外部。王陽明生於政治文化頗惡劣的明朝，他的政治生涯主要和兩位皇帝相關聯，一是極荒唐無比的正德皇帝，一是極剛愎自用的嘉靖皇帝。嘉靖七年王陽明辭世，王陽明一走，朝廷的政敵、地方的「有司」以及家鄉的惡少即分頭清算其家。王陽明晚年平定思田之亂，這場戰役功高無賞，連胤子與繼子都無法安居在家，離仳流竄。隔年，也就是嘉靖十一年，〈年譜〉又記載王陽明胤子的惡劣處境，此次的禍源來自家族內部，其事如下：

> 正億外侮稍息，內釁漸萌。深居家扃，同門居守者或經月不得見，相懷憂逼。[45]

〈年譜〉記載的十一年那條，文後還記載王陽明門人深怕事情的發展對陽明胤子不利，因此，乃決定將王正億送到金陵，依附舅氏居住。不意，走到錢塘，「惡少有躡其後載者。迹既露，諸子疑其行，請卜……」[46]卜卦的結果還不錯。但王陽明門人最後還是佯言要到金陵分王正億的財產，隨後即會返回家鄉云云，才暫時瞞過了「惡少」的糾纏。顯然，這趟金陵之行是隱密進行的，所以才會匿跡潛行，才有家鄉的「惡少」一路尾隨，偵伺王陽明胤子王正億的去向。

王陽明辭世後，由於他有世襲爵位，而且兩代（他與父親王華）皆是官宦名流，繼子正憲與胤子正億可能繼承的財富——象徵財與物質財皆有——可想像地，一定非常可觀。然而，何以兩人（尤其胤子正億）的處境會那麼複雜，複雜到王陽明的門人都要介入老師的家庭事務，而且門生動員的規模極大，幾乎所有著名的學生都參與其事，意見應該也大體一致，可見牽涉到的王陽明家族成員的輩分或關係應該都比較特別。曾參與其事的王心齋曾寫信給另一位陽明後學道：「別後先師家事，變更不常，其間細微曲折，雖令弟竹居先

44　見錢德洪等編，〈年譜〉，「嘉靖十年辛卯五月」條，收入吳光等編校，《王陽明全集》，冊下，卷三六，頁一四六七。

45　見錢德洪等編，〈年譜〉，「嘉靖十一年九月」條，同前引書，頁一四六八。

46　同前註。

生，耳聞目擊于此，猶未知其所以然也，蓋機不可泄。」[47]所謂機不可泄，應該不是什麼玄機，而是其事牽涉到陽明家族事，事不宜泄，所有的跡象都顯示王陽明的家族關係極複雜。

王陽明辭世後，其家庭關係頗紊亂，重要的門生不能不介入其間，排難解紛，保護孤幼胤子。王陽明的著名弟子王龍溪甚至被視為有「嬰杵之義」，也就是他扮演援救「趙氏孤兒」那般的角色，因為當時「嗣子孤弱，且內外交忌交搆，悍宗豪僕窺伺為奸，危疑萬狀。」[48]種種的糾結，因牽涉家庭私事，連陽明門人當時耳聞目擊者，也「未知其所以然」。但我們由當時參與其事的王陽明親人，風評較佳的繼母趙夫人及同父異母弟王守文遭受「懲戒之後，誓不入先師家內。」以及由王陽明的門生薛侃擬訂的〈同門輪年撫孤題單〉提到以後照顧王陽明遺孤「每年輪取同志二人，兼同扶助，諸叔侄不得參擾。」[49]家族內，以後要「嚴內外以別嫌，分爨食以防微」等等，看來事情一定不單純。依儒家傳統，九世同堂，一向傳為齊家理念的美談，好的家庭關係應當是無內外之別，合食共爨的。王陽明弟子卻不此之圖，不要他們合族共居，文中的「嚴內外」、「分爨食」是針對什麼對象說的呢？種種跡象，真相已可略得彷彿。王陽明辭世後，所以有如此大的風波，問題應當就在王陽明家族內，而且輩分不會低，關係不會疏，有可能就在「諸叔侄」之間，否則，稱不上「悍宗」，不會連繼母、親弟之一這麼親的家人都無法參與其事，王陽明的門生也不會幾近全體動員，介入陽明身後的家族私事。尤其他們不准「諸叔侄」參與干擾，其語等於剝奪了親等極密的親人的照顧權，這是極大的動作。

王陽明的家族關係複雜，事涉隱密，細節恐怕很難明白，但他的傳記還是透露出些不尋常的消息。在王陽明的親情世界中，我們看到某些不尋常的訊息，比如他的生母鄭氏在他的著作中以及和王陽明相關的資訊中，幾乎都斷了線。我們從〈年譜〉中知道他的母親鄭氏，「娠十四月」生下了他。十三歲時，他母親逝世，王陽明「居喪哭泣甚哀」，訊息就這麼簡短。以王陽明功勳之大、名望之高，生母平生事蹟幾乎無一傳世，王陽明也很少提及他的生母，實在怪異。更怪異者，王華嫡妻剛過世，未聞守喪，即續絃娶趙氏及側室楊氏，也是匪夷所思。[50]

在王陽明的生命中，母親似乎是缺席的，和他關係最親近的是他的祖母岑太夫人，他與祖母關係之深在著作及事蹟中，時時可以見到。弘治十五年，王陽明還在求道的艱難途徑中，他築室陽明洞中，行道教導引法，可能頗有成效，有前知或他心通的法力。但總難忘掉祖母，他因此而了解到愛親之念生於本性，「此念可去，是斷滅種性」。[51]隨著祖母岑太夫人年紀越大，王陽明的官職越高，他對她的思念越深。正德十年後，王陽明上奏，常是乞休、養病，但也都言及他「自幼失母，鞠於祖母岑，今年九十有六，耄甚不可迎侍，日夜望臣一歸為訣……」[52]云云。更明顯的是正德十四年，他面對宸濠叛變，戎務倥傯，曾連上四疏，乞歸休省親，理由主要是為了祖母岑氏，因她當時已屆齡百歲，健康不佳，王陽明思念深切，所以才累疏不止。及聞祖母崩逝，更想立刻辭官奔喪。他當時寫給友人門生的信中，也多次言及祖母岑氏。其語情真意

---

47 王艮，〈與薛中離書〉，《心齋王先生語錄．尺牘補遺》，收入《續修四庫全書》編纂委員會編，《續修四庫全書》（上海：上海古籍出版社，一九九五），冊九三八，卷下，頁二一，總頁三五五。

48 周汝登，《聖學宗傳．王畿傳》，收入吳震編校整理，《王畿集．附錄四》，頁八三五。趙錦〈龍溪王先生墓誌銘〉已先言及王龍溪的「嬰杵之義」，文見趙錦，〈龍溪王先生墓誌銘〉，收入吳震編校整理，《王畿集．附錄四》，頁八三〇。趙錦為王龍溪「通家子」，周汝登則是王門後學中人，且為浙江同鄉，兩說自當有據。

49 薛侃，〈同門輪年撫孤題單〉，收入陳椰編校，《薛侃集》（上海：上海古籍出版社，二〇一四），頁二九七—二九八。又薛侃另撰有〈同志輪年約〉，所述內容相近，同前引書，頁二八一。

50 王華續絃的時間點不合常理，這現象是束景南提出來的。束說參見束景南，《王陽明年譜長編》，冊一，頁五一。

51 見錢德洪等編，〈年譜〉，「弘治十五年，先生三十一歲」條，收入吳光等編校，《王陽明全集》，冊下，卷三三，頁一三五一。

52 王陽明，〈乞養病疏〉，收入吳光等編校，《王陽明全集》，冊上，卷九，頁三二五。此疏作於正德十年八月。

切，不論他當時乞休是否還有其他的考量，但對祖母岑氏的懷念當是主要的原因。王陽明一生不太願意嚴分儒與佛、道二氏之別，因為良知如果取本體義，世間的儒者對本體的意識或者在證本體上下工夫，往往不如佛道中人，自己作不到，哪還有資格妄論三教？所以分別三教異同的意義就弱了。王陽明如果真要分別，道德情感是重要的分別標準，他從對祖母的思念中得到印證。

生母的缺席與對祖母的眷戀構成了王陽明生命史一組奇特的對照，生母逝世時，王陽明十三歲，已算青少年了，但王陽明一輩子似乎只記得祖母岑太夫人，不太記得生母鄭夫人。尤為奇特者，在於王陽明出生的傳說。〈年譜〉記載：「祖母岑夢神人衣緋玉雲中鼓吹，送兒授岑，岑驚寤，已聞啼聲。」[53]王陽明的神人送子之出生奇談流傳極廣，門生、鄉里多知此事，王陽明的原名「雲」以及出生之樓為「瑞雲樓」，都是從此一「神蹟」而來。中國的名人常常不是自然生產，而是天仙轉世，或是天命授受的。類似的故事自然不會沒有，前例多有。[54]但送兒為何不是送至母懷，而是送給祖母，此事極怪異。

王陽明的母親在他的生命中幾乎沒有什麼地位，反而祖母的分量極重，王陽明的母教應該是很特殊的。我們從一則他設計驚嚇王華的「小夫人」的故事，或許可得到些理解的線索。此位「小夫人」或許可視為王陽明的庶母，她在王陽明的生母逝世後，對王陽明大概極差，王陽明乃布局設計，因而讓此位庶母對他轉變態度，不再虐待他。故事簡述如下：王陽明十三歲喪母，依據《王陽明出身靖亂錄》的描述，他的父親別娶「小夫人」，甚寵愛。依資料顯示，王華娶繼室趙夫人與側室楊氏，「小夫人」一詞不知何指？繼室是有法律地位的後任妻子，而且趙夫人的風評甚佳，恐怕不是小說所指的小夫人。不知是否側室楊氏對王陽明頗苛刻，或者王華另有其他「小夫人」。[55]王陽明乃假借其亡母鄭氏之語，憑靈巫嫗之身，傳語世間，驚嚇迷信的庶母。[56]他和庶母（可能是王華的身分未明之小妾）之間的關係極不睦，其齷齪猙獰的情況有如後世的譚嗣同的案例。但譚嗣同缺少一位呵護他的祖母，王陽明這位祖母在王家顯然是有很高的地位的，至少史書記載其子也就是王陽明的父親王華，對她非常孝順，這位岑太夫人幫助王陽明度過他艱困的青春歲月。

《王陽明出身靖亂錄》雖是小說家之言，但其內容並非偽造，多有依據。如果此傳聞可靠的話，我們也許可以理解王陽明年輕時期的生命何以如此不安、躁動，和父親的關係何以如此緊張，而王陽明對祖母的呵護又何以終身感念。鄒守益說王陽明年輕時「倜儻出常矩，龍山公（按：指王華）欲夙其成，痛鈐勒之。」[57]王陽明倜儻出常矩，王華痛鈐勒之的事蹟在王陽明傳記中，不時可見。呂柟也說王陽明「幼年倜儻，庭訓甚嚴」，他的繼母對他「委屈保育，無所不至。」[58]後面兩句話，留下很大的想像空間，嫡長子何以需要被「委屈保育」？看來王陽明不只和庶母關係不佳，他在少年時期和父親的關係大概也很緊張。《王

---

53 見錢德洪等編，〈年譜〉，「憲宗成化八年，先生生」條，收入吳光等編校，《王陽明全集》，冊下，卷三三，頁一三四六。

54 根據陸深，〈海日先生行狀〉，收入吳光等編校，《王陽明全集》，冊下，卷三八，頁一五四四—一五五四。王陽明之父王華也是上帝透過王華姑母授予其母的孟淑人的。至於歷代的開國君王或前賢往聖，多為天人感應而生，神仙送子自然是非凡出生方式的大宗。王陽明家連續兩代都是天仙送子，果然一為狀元，一至封侯，家世確實不凡。

55 呂柟給王華的繼室王陽明的繼母趙夫人寫的六十歲壽序，提到趙夫人嫁予王華後，彼此相待如賓友，而且勤勞持家，「妾媵雖眾，恆事績紡，諸子勸沮，愀然不樂」，此處的妾媵不可能是後輩的，應該就是王華的妾媵，而且人數不會少。或許除了趙氏、楊氏外，王華尚有其他的妾。參見呂柟，〈壽誥封一品夫人王母趙令君六十序〉，《涇野先生文集》，收入《四庫全書存目叢書》編纂委員會編，《四庫全書存目叢書．集部》（臺南：莊嚴文化，一九九七），冊六〇，卷五，頁一〇—一二。

56 馮夢龍，《王陽明出身靖亂錄》（臺北：廣文書局，一九六八），頁七—八。此書為馮夢龍編著，作為三教聖人之一的一部傳記。此書多記一些王陽明的奇聞逸事，不見於正史或《王陽明年譜》，前人對此書多以小說家之言視之。然此書的記載多有本，不能以稗官野史之言視之。關於此書的傳記價值，參見束景南，《王陽明佚文輯考編年》（上海：上海古籍出版社，二〇一五增訂版），冊下，頁六〇三—六〇四。

57 鄒守益，〈敘雲山遐祝圖〉，收入董平編校，《鄒守益集》（南京：鳳凰出版社，二〇〇七），冊上，卷四，頁二〇七。

58 參見呂柟，〈壽誥封一品夫人王母趙令君六十序〉，《涇野先生文集》，收入《四庫全書存目叢書》編纂委員會編，《四庫全書存目叢書．集部》，冊六〇，卷五，頁一一。

陽明年譜》記載他十二歲在京師時，曾對塾師表達「登第」一事不足道。藐視科舉功名可解釋成理學家重道不重勢的表現，理學家不乏此種類型的案例。[59]十二歲小孩，有此膽識，更可謂難得。然而，王陽明之父王華是明成化十七年（一四八一）狀元，王陽明不以登第為念，難道不會給人過多之聯想嗎？[60]

另外值得懷疑者也見於《王陽明年譜》所記載十五歲時出遊居庸三關，走長城，觀兵戎，月餘才返家之事。此事解作王陽明血氣青年，特具膽識，且連結他壯年時，善於用兵，年輕時曾持劍遠遊，似乎言之成理。但考量《論語》「父母在，不遠遊，遊必有方」之語，[61]且其父王華狀元出身，時在京任翰林院修撰之職，王華能給其長子那麼大的冒險空間嗎？少年王陽明何以敢輕身遠遊，涉身兵戎衝突的風險，而且一去一個多月。雖說「逐胡兒騎射，胡人不敢犯」，[62]終於安然返家，但王陽明有必要冒這種風險？此舉不會給人逃家之想嗎？王陽明壯遊居庸三關的內涵不能不令人感到疑惑。

王陽明的家庭關係尤令人疑惑者，當在他與妻子的關係。《王陽明年譜》記載弘治元年（一四八八）陽明十七歲，他奉父命到江西迎娶諸夫人。諸夫人為王陽明父親王華的好友諸介庵之女，諸介庵很看重王陽明，在王陽明尚未展現過人才華之時，他已先識其才具，弘治十二年（一四九九）王陽明科舉不售時，諸介庵又勉勵他，且招王陽明至家，親自指點。諸介庵逝世時，王陽明撰文弔之，其詞甚為哀慟。王陽明一生對諸家子弟頗多照顧，在在都可看出翁婿情誼。

但諸家人物中，諸夫人似乎是唯一的例外。明人筆記中，多言及王陽明懼內，且以王陽明一代英豪，卻畏懼老婆為不可解。[63]最具體的事例見之於有明藩屬朝鮮使臣的記載。朝鮮與中國的關係極密切，萬曆二年（一五七四），朝鮮派使臣許篈出使中國，許篈到北京途中，一路採風詢俗，並與當地士子議及學術。一路所聞，多為陽明學盛行，甚至議及入祀孔廟之事，朝鮮使臣的心情甚為鬱悶齷齪。及至薊州（今天津），聽聞一位出身陝西的儒生的一席話，心情才為之開朗。這位名為王之符的儒生告訴許篈這位嚴格的朝鮮朱子學者道：「良知之說，倚於一偏，非偽而何，聞陽明眾徒講學於家，一日陽明之妻出外，詬其門第（弟）曰：『爾何敢相率而師矯偽者乎？』門第（弟）由是多散去。若聖賢則豈有不能刑家，致有此事之理乎？」[64]朝鮮是朱子性理學獨擅勝場的國家，朝鮮儒者至大明王朝與此邦士人交流時，對陽明學之流行多不以為然，許篈在多次挫折之後，聽到中華也有儒者反陽明之學，自然深感欣慰。朝鮮使臣的紀錄無意間透露出了重要的訊息，[65]雖然他們記載的這位名氣不響的陝西儒生王之符講這段話時距離王陽明辭世已接近半世紀，王陽明

59　羅洪先就是典型的案例，他是嘉靖八年狀元，他中此科名時，外舅向他恭喜，羅洪先卻答以「丈夫事業更有許大在，此等三年遞一人，奚足為大事也。」參見黃宗羲，《明儒學案．江右王門學案三》，收入沈善洪主編，夏瑰琦、洪波校點，《黃宗羲全集》，冊七，卷一八，頁四四五。

60　依據《王陽明出身靖亂錄》的說法，王陽明的表達更露骨，他說：「只一代，雖狀元，不為希罕。」王華聽到大怒，「怒撲責之」。此書繼續記載的內容如下：「先生又嘗問塾師曰：『天下何事為第一等人？』塾師曰：『嵬科高第，顯親揚名如尊公，乃第一等人也。』先生吟曰：『嵬科高第時時有，豈是人間第一流？』」。兩段對話擺在一起，我們很難不聯想王陽明的話語是否有特定對象了。

61　參見朱熹，《四書章句集注》，頁七三。

62　見錢德洪等編，〈年譜〉，「憲宗成化二十二年，先生十五歲」條，收入吳光等編校，《王陽明全集》，冊下，卷三三，頁一三四七。

63　沈德符說：「吾浙王文成之立功杖節，九死不回，而獨嚴事夫人，唯諾恐後」云云。沈德符撰，〈懼內〉，《萬曆野獲編》（北京：中華書局，一九五九），卷五，頁一三八。

64　許篈，《朝天記》，收入林基中編，《燕行錄全集》（漢城：東國大學校出版部，二〇〇一），冊六，頁二一〇—二一一。此資料經張崑將教授引用後，頗引起學界重視，筆者也認為此資料不是里巷八卦之言。

65　萬曆二年的朝鮮使節團有團員三十六名，其中同行的使節趙憲也記載了此事：「午後，與美叔（按：即許篈）就見于其寓。美叔問：『王陽明以何事有從祀文廟之議乎？』曰：『陽明是效象山之禪學而偽者也。當其在家教授生徒之時，其妻出外，口罵門徒曰：『此是偽學，效他什麼？』門徒即日散去，天下皆知其學之偽，而頃有南人為其弟子者多中進士，得擅朝議，敢進邪說，請以

又是那個時代學術爭議的核心，這位儒生的話語未必沒有誇大之處。但陽明之妻指罵良知學的情節活現，未必能造得出來，這條記載與明人文獻所記載者可以相互發揮。

王之符的話顯然也是聽來的，到底年代已遠，所傳異詞，或不能免，但敘述的主幹應該不會空穴來風。王陽明婚姻關係複雜，除了正妻諸夫人外，尚有如夫人五位。王之符所說的故事中的王陽明之妻不無可能是另有其人，如果此說為真，我們也不易知道是哪位如夫人。如是正妻諸夫人的話，我們似乎可以找到她如此反應的理由。身為大儒王陽明的妻子，諸夫人生平受到的最大創傷，可能來自一則膾炙人口的少年王陽明的豪舉。〈年譜〉記載孝宗弘治元年戊申，王陽明當時十七歲，在越：

> 七月，親迎夫人諸氏于洪都。外舅諸公養和為江西布政司參議，先生就官署委禽。合巹之日，偶閒行入鐵柱宮，遇道士趺坐一榻，即而叩之，因聞養生之說，遂相與對坐忘歸。諸公遣人追之，次早始還。66

這則故事大概是用以證明王陽明有意於性命之學最著名的一段逸事。鐵柱宮是江西有名的道觀，淨明道的祖庭，王陽明在江西的門人特別多，此則記載又見之於他的學生編的〈年譜〉，我們不容易質疑內容的可靠性。王陽明從小就著迷於性命之學，耽悅佛道的修煉，這是事實。但大婚之日，新郎官因叩問道士的養生之說，遂忘了人生大事，此事之匪夷所思，已超乎常情。我們姑且不論王陽明是否有其他的動機，但此舉置新婚夫人於何地？王陽明的良知善感善應，他是否可感應到新婚夫人在洞房花燭夜的情緒？

上述諸事都有些匪夷所思，其更細的勾連固然不易劃出，但應該可以確定王陽明的家族很複雜，隨著王華、王陽明兩代的隆盛，家族的複雜情況似乎只有加劇，而沒有絲毫的減輕。王陽明晚年，家族內的瑣瑣碎碎、勾心鬥角似已成了他主要的心頭憂患。大家族事總有些隱密難言之處，王陽明這家越城名族在家族倫理這方面可能是中國舊社會一些大家族的縮影，如果沒有更壞的話，至少沒有更好。這些家庭的糾葛有可能部分是他父親那一輩留下來的，但王陽明本人未嘗沒有增添些不穩定的因素，最明顯的，他前後有妻妾六人。而令人傷感的，他所以有妻妾六人，很可能和好色之念無關，而是他長期無子，為傳宗接代一念所致。[67]後嗣之憂不但成了他家說不出口的隱憂，他的門生也因為陽明無後而為老師擔憂。[68]

王陽明的妻妾問題不但在他身後成了家庭糾紛的主要來源之一，很可能在他生前這個問題就已存在，王陽明顯然也知道箇中問題甚複雜，他也曾想改善，他的理想典範是帝舜。帝舜這位儒家道統中的第二號聖人有很不理想的家庭：父頑、母嚚、弟傲，但帝舜經由自己努力的修養，終於化解家庭的糾結。如果我們上述

從祀，公論即發，事未施行。」參見趙憲，〈東還封事〉，收入林基中編，《燕行錄全集》，冊五，頁四〇二。

66 見錢德洪等編，〈年譜〉，「孝宗弘治元年，先生十七歲」條，收入吳光等編校，《王陽明全集》，冊下，卷三三，頁一三四七。

67 王陽明佚文有〈與王邦相書三首〉，第一通信札如下：「南來事，向因在服制中，恐致遲悞伊家歲月，已令宗海回報，令伊改圖矣，不謂其事尚在也。只今道里遠隔，事勢亦甚不便。況者妻病臥在牀，日甚一日，危不可測，有何心情而能為此？只好一意回報，不可更遲悞伊家也。況其生年、日、時遠不可知，無由推算相應與否。近日又在杭城問得庚子一人，日、時頗可，今若又為此舉，則事端愈多。平生心性只要安閑，不耐如此勞擾也。有負此人遠來之意，可多多為我謝之。冬至後四日，陽明字拜邦相揮使宗契。」此信內容言及婚娶之事，當事者何人，手札內容不明。筆者初見此文是從一本翻版的《淪陷大陸名家書法》（臺北：世新出版社，出版年不詳）中見到墨跡影本，當時以為乃王陽明為侄輩親事操勞之事。後稍知王陽明家事，以為信中所言當是王陽明本人的婚事，王陽明不識對象面貌，也不談門當戶對，只問生辰八字，娶妾應當只是為了傳宗接代。此函文字內容參見束景南，《王陽明佚文輯考編年》，冊下，頁八七二。

68 《大儒學粹》有此段話：「十二月，先生官中稍暇，即靜坐。比在都府無事，一日嘿嘿，坐花園亭中，龍光外侍。先生呼光入問曰：外間有何聞？曰：無有。光喜得間，因造膝密告曰：光有一語，懷之甚久，不敢言。先生曰：弟言之。光曰：宸濠就擒，江西人人自慶再生，但後主未立，光輩報恩無地，以此耿耿耳。先生慰起之，良久，曰：汝所言，吾亦思之。天地生人，自有分限，吾亦人耳。此學二千年來，不意忽得真竅，已為過望，今僥倖成此功，若又得子，不大完全乎。汝不見草木，那有千葉石榴結果者。光聞之悚然。」引自束景南，《王陽明佚文輯考編年》，冊下，頁一〇七二。

的分析無誤的話，王陽明也可說面臨過「父頑、母嚚、弟傲」的窘境，是否他避婚入鐵柱宮，也是「舜不告而娶」一種不合宜的仿效行為呢？

不論王陽明的鐵柱宮避婚是否有仿效帝舜的影子，王陽明很喜歡引用舜的故事，總值得留意，很可能是他在這個聖人的故事中看到他的家庭的倒影。我們看王陽明寫給弟輩的書信，可以想見他也是依良知的指令行事的，反求諸己，以期感化家人。王陽明曾對一對訟獄的父子說道：「舜是世間大不孝的子，瞽是世間大慈的父。」舜孝瞽瞍不慈，這是典籍長期流傳的形象，王陽明反其說用之。王陽明善開導人，是位極有語言感染力的良師，他以驚世駭俗之言觸動這對訴訟父子的心靈後，再引申其義，說得父子兩人相抱慟哭而去，大概不打官司了。王陽明的裡由如下：

舜常自以為大不孝，所以能孝。瞽瞍常自以為大慈，所以不能慈。瞽瞍只記得舜是我提孩長的，今何不曾豫悅我，不知自心已為後妻所移了，尚謂自家能慈，所以愈不能慈。舜只思父提孩我時如何愛我，今日不愛，只是我不能盡孝，日思所以不能盡孝處，所以愈能孝。及至瞽瞍底豫時，又不過復得此心原慈的本體。所以後世稱舜是個古今大孝的子，瞽瞍亦做成個慈父。[69]

父慈子孝顯然是王陽明讚賞的家庭倫理。不同的情節，類似的邏輯也見於舜與其弟象之間的關係，象一心想謀殺其兄舜，舜則反求諸己，是否自己平日有苛求其弟太過之處，所以惹得弟弟不快。經過不斷的反省，致良知，最後兄弟才「致得克諧」。兄友弟恭顯然也是王陽明讚賞的家庭倫理，王陽明將家庭倫理的問題完全化為當事者的道德情感純不純正的問題，人際的倫理事件化為自家道德意識的事件加以解決。[70]

上述王陽明所說瞽瞍與舜的心事，令人聯想是否王陽明的夫子自道。可惜王陽明不是帝舜，他不論如何努力，最後他還是讓他的家務事變成晚明知識圈流傳的話題。人生總有缺憾，汝得其情，則哀矜而勿喜。本文提出王陽明家事及他的處理方式，並非著眼於陽明個人的私事，而是依陽明的良知學，良知生天生地，它是萬物的規矩，學者掌握了規矩，天下的方圓不可勝用矣！王陽明盡了那麼大的力氣，終究良知還是無法處理家庭問題。王陽明畢竟是偉大的，但他的後嗣爭搶世襲新建伯爵位之舉是齣令人嘆惋的鬧劇，他的家族關係之複雜則無異於一部嘉靖版的倫理悲喜劇，至於王陽明本人的夫妻關係更是令人一嘆的悲劇。

王陽明的良知一舉解決了佛道心學中道德意識與本心（本體）的關係，也解決了程朱理學的心理不一、主客分裂的斷層構造，至少從良知學的角度看，三教教義中最核心的爭議消失了，良知學統合三教。但家庭夫妻的關係、家族內部叔侄妯娌的關係、家族倫理的嫡庶劃分、家庭與家族的經濟基礎等等的事務，其關鍵都不在個人的意識層面，而是見於人與人的關係間，人與社會的關係間，用傳統的語言，都是外於良知直接運作的「禮」的領域。禮在朱子論理學的核心地位與在陽明學的邊緣位置，呈現了強烈的反差。我們對良知學的性質或者它施用的範圍，或許可以再作省思。

五、良知束手的平亂政績

王陽明一代天人，良知學對後世的撞擊力道極大，但他後半生重要的歲月在荒唐淫逸的明武宗正德皇帝

69　參見王陽明，《傳習錄．下》，收入吳光等編校，《王陽明全集》，冊上，卷三，頁一二七。

70　上述兩則故事，見《傳習錄．下》「鄉人有父子訟獄」條、「先生曰蒸蒸乂不格姦」條。同卷「一友常易動氣責人」條亦言及舜、象故事。

與猜疑專斷的明世宗嘉靖皇帝的統治下度過，良知學一出世，即要面臨嚴重的政治的壓力。王陽明一生事功之大者，當在下列三事，一為正德十二、十三年以都察院左僉都御史的身分巡察南贛、潮、漳，平定橫亙江西、湖廣、廣東、福建交接地區的長期叛亂；二為正德十四年，平定寧王宸濠的起兵叛亂；第三為嘉靖八年，征廣西的思田及八寨、斷滕峽之役。這三場戰役都功勞甚大，一舉解決了朝廷多年的病痛。但王陽明處理這幾場艱困的戰役時，最困難的處境卻不是在凶險的戰場上，而是征戰成功後的政治處境。誠如後來給王陽明稍微公平對待的明穆宗所言：王陽明的獎賞遲遲不行，乃因「謗起功高，賞移罰重。」[71]事實確是如此，我們觀看他的文集以及相關資料，不難發現王陽明當時處理現實的人事問題時，總是小心翼翼，其態度與他收錄在《傳習錄》的書信所呈現的熱情洋溢大異其趣。

王陽明重要的事功首見於正德十二年到十三年之間，他以左僉都御史身分，巡撫南安、贛州、汀洲、漳州等處，此地連綿四省：江西、廣東、福建、湖廣，群盜聚集，彼此呼應，征剿不易，招撫亦難，久為地方大患。他巡撫的範圍很大，但施力點主要在南贛地區。王陽明平定南贛地區匪患，剿撫並用，據〈年譜〉所記，漳南地區斬首七千有奇；南贛地區先斬首大賊首謝志珊等五十六人，從賊兩千一百六十八人；繼而斬首匪首藍天鳳等三十四人，從賊一千一百零四人；三浰地區，斬賊首五十八人，從賊二千餘人。總計兩年之間，殺賊一萬兩千多人以上。[72]

南贛地區山峻谷深，少數民族傜侗分布，此地居民不服王化，據說居民三分之一都「從賊」，恐怕這些人多以打家劫舍為生，附近郡縣成了最大的受災區。封建時代如政治不良，流民四起以至成為匪寇，乃是正常現象，但王陽明這位良知學創始人卻不能不臨陣平亂，殺人以救人，他自己亦覺心有不仁。〈年譜〉於正德十二年九月下記載漳寇既平之後，王陽明有告諭巢賊之文曰：

我上人之心，無故殺一雞犬，尚且不忍；況於人命關天，若輕易殺之，冥冥之中，斷有還報，殃禍及於子孫，何苦而必欲為此。我每為爾等思念及此，輒至於終夜不能安寢，亦無非欲為爾等尋一生路。[73]

此告諭所說「上人」，不知何意。告諭當然是政治文件，政治文件的承諾能否生效，要看實際業績而定。但內文所言未必不是出自王陽明心意，事實上，他被任命為左僉都御史，即非出自他本願。臨陣平寇，不可能不殺人，殺人縱有正當理由，但在戰場上，戎機瞬息萬變，總難說發動的戰役和所處置的人犯都是恰到好處，不會出任何錯誤。何況理學承自《易經》傳統，它賦予生命極高的道德，生生被視為道的展現。但臨陣殺敵，如何回覆《易經》「天地之大德曰生」的明訓，這是個本質性的難關。王陽明在正德十二年對南贛賊巢之民說的話在他後來面臨無後的命運時，他當日的話語即會湧現，如下文所見他與門生近齋的對話。

巡撫南贛，平定長期盤據該地區的巨盜，無疑是王陽明龍場之悟後，首見於事功之大者，王陽明即因此軍功，廕子錦衣衛，世襲副千戶。然而，當王陽明以良知見諸行事時，我們或許可從中看到良知學所面臨的困境。首先，即是正德十二年他所刊布的諭告樂昌、龍川諸賊巢之文所說及的殺人的情感負擔以及與後嗣有無的回報問題。尤時熙《擬學小說續錄》記有一段陽明話語如下：

近齋說：陽明老師年逾五十未立家嗣，門人有為師推算，老師喻之曰：「子繼我形，諸友有得我心者，是真子也。慨自興兵以來，未論陣亡，只經我點名戮過者甚多，倘有一人冤枉，天須絕我後。我是以不以

---

71 參見王陽明，〈誥命〉，收入吳光等編校，《王陽明全集》，冊下，卷四〇，頁一六八一。

72 此數字據〈年譜〉所載數字集合而成，奏摺所列數字稍有不同。因書缺有間，完整而可靠的數字無從考起。

73 王陽明，〈告諭浰頭巢賊〉，收入吳光等編校，《王陽明全集》，冊中，卷一六，頁六二三。

子之有無為意。」[74]

王陽明的話似說得灑脫，但也可以說其實很沉重。因為戰爭雖說以不戮而屈人之兵為上，但只要人類有戰爭，戰爭即不可能不以殺戮為業，摧殺有生力量是戰爭難免的過程。身為主帥，面對匪民難分的民變，焉能保證沒有誤殺之事。而且兵戎之際，軍機萬變，利在時機，誤殺、非誤殺的分際尤難掌握，到底戰時不同於平時。王陽明的感慨也見於清代另一位理學名臣曾國藩，他們的事業可以說都是「計其一生，半以殺人為事」，王陽明同鄉後學張斐說這是王陽明的「不幸」，[75]事實確是如此。天地不仁，戰爭乃難以避免之惡，可謂古今同慨。上引陽明這段話當發之於嘉靖年間，他已年過五十，其言似乎為他當年平贛南匪患時的告諭作了證明。

王陽明談及誤殺之「冤枉」，感慨繫之，恐怕不是空穴來風，至少是非真偽難明的曖昧案件確實是有的，而且見之於〈年譜〉的紀錄。正德十三年，當王陽明先後平定象湖山、橫水、桶岡諸寇後，他面臨的是最棘手的大帽浰頭諸寇。在此地區的山大王中，[76]池仲容可能是諸寇中勢力之尤大者。他面臨王陽明兵力極大的威嚇下，先遣其弟池仲安接受安撫，以觀後效。據〈年譜〉說，後來的發展乃是池仲容也率領黨徒九十二人到王陽明駐軍的小溪驛中的營造場，擺出受撫的姿態。王陽明一開始似乎也樂以接受，而且還為池仲容及其黨徒「復製青衣油靴，教之習禮，以察其志意所向。」[77]後來發現池仲容貪殘，終不可化，該區士民對池仲容等寇首也有很深的意見。王陽明乃決定殲滅之，但下決心後接連幾日，王陽明仍設酒宴款待，且以「贛州今歲有燈」為誘餌，留下了原本想返回山中老巢的池仲容一行人。正德十三年元月二日晚，乃令他的部屬將池仲容一行人盡殲之。

池仲容黨徒之死似乎是罪有應得，百姓也額手同慶，但我們目前看到的材料幾乎是王陽明一方的片面之詞，池仲容黨徒已無申辯的機會，但〈年譜〉還是留下了令人深思的疑點。〈年譜〉作者錢德洪寫到這九十餘名匪寇被殲滅後，又記載：「先生自惜終不能化，日已過未刻，不食，大眩暈，嘔吐。」這是很特別的生理反應，在〈年譜〉中僅此一見。為什麼王陽明會吃不下，且暈眩，嘔吐？軍事注重當下意志的決斷，時機一到，即當實行，不容蹉跎。王陽明所以多有軍功，依王門弟子王龍溪等所言，乃因良知的不守故常，靈感靈應有關。王陽明的高弟王龍溪還以此學勸告一代名將戚繼光、俞大猶，而這兩位名將對陽明的良知學確實也極感興趣。[78]王陽明、王龍溪皆為深造有得之人，王陽明的軍功尤著，他們現身說法，自然要得到高度的正視。然而，王陽明正德十三年這一場奇特之病不也是良知在他身體起的作用嗎？良知的判斷是不會錯的，但我們要相信王陽明正德十三年元月二日那晚下令屠殺的良知呢？還是要相信隔日令他身體起獨特的不安感的良知呢？這兩個良知相續而至，而且是同一位王陽明的良知。

依〈年譜〉記載，巨寇池仲容應該是接受安撫才入王陽明幕中的，「言忠信，行篤敬，雖蠻貊之邦行

74　引自東景南，〈王陽明散佚語錄輯補〉，《王陽明佚文輯考編年》，冊下，頁一〇五一。

75　見張斐，〈復大串元善〉，《莽蒼園稿》（南京：鳳凰出版社，二〇一〇），頁一六九—一七〇。張斐，明末清初餘姚人，王陽明同鄉，曾於一六八六、一六八七年兩度至日本，從事反清復明工作。其事蹟與著作在中土塵埋已久，二〇一〇年，劉玉才與稻畑耕一郎合編《莽蒼園稿》，張斐著作與平生經歷大概可見。

76　此處用「山大王」一詞並非比喻，因為這地區的匪首其時多已自封為王，且對下屬封元帥封總兵。如〈攻治盜賊二策略〉所說的僭稱延溪王的龔福全、僭稱總兵、都督將軍的李賓、黎穩、梁景聰等人；〈橫水桶岡捷音疏〉所說的號稱征南王的謝志珊、盤皇子孫的藍天鳳等人；〈添設和平縣治疏〉提及動亂的中心人物池仲容等人更「僭稱王號，偽建元帥、總兵、都督、將軍」號等皆是。見吳光等編校，《王陽明全集》，冊上，卷九，頁三四八；卷一〇，頁三七九；卷一一，頁四〇八。

77　見錢德洪等編，〈年譜〉，「武宗正德十有三年，先生四十七歲」條，收入吳光等編校，《王陽明全集》，冊下，卷三三，頁一三七九。

78　參見〈與俞虛江〉、〈與戚南塘〉，收入吳震編校整理，《王畿集》，頁三〇二、三〇三。

矣」[79]這是孔子的教令。池仲容雖是巨盜，但王陽明既招撫之，他能沒有保護受撫者的人身安全之責任嗎？王陽明如何判斷一位自願接受安撫的巨寇「貪殘」之性不改呢？池仲容才剛招撫不久，王陽明何以自信自己能迅速感化他，因而歎息這群山寇「終不能化」呢？筆者相信王陽明的生理反應已說明了元月二日晚上的屠殺行為是有相當爭議的。

正德十二、十三年兩年的南贛之役，王陽明確實立下了大功。當時那些作亂者都已稱王封號，應該都已可視為叛亂了。但這場軍功因是平定叛亂的軍功，其叛亂的性質為何，當是我們評判王陽明這場功勳的道德含量多少的重要依據。但很可惜的，我們現在所能掌握的訊息不夠多，遠不足以作出周詳的判斷。但可以確定的，對於戰爭必然不可免的殺戮之事，王陽明內心應當有相當的抗拒。在軍機一夕萬變的情況下，主帥的判斷是否可能一一如理如法如良知之所現，恐怕大有爭議的空間。何況，此案很可能牽涉漢族與少數民族相處的問題，箇中是非，尤為複雜。少數民族動亂的地區，軍事的戡亂之外，不能不輔之以更深層的政治補救措施。王陽明確實也有作設學校、行保甲之類的機制，應該也收了功效，所以才會在四百多年後，還會由另一批剿「匪」的官兵所效法。[80]但南贛地區的積年沉痾經王陽明平定之後，雖然暫時熄了烽火，但王陽明離開那地區多年後，匪禍再起，可見他的南贛之役並沒有解決根源性的問題。看來面臨剿匪盪寇此複雜之事，良知的本體功能是否可以作為公共事務依循的法則？恐有極大的爭議。更大的爭議在隔年的另一場影響更大的軍事行動，王陽明也是這場軍事行動的主帥。

王陽明一生事功之大者在平定宸濠之變，王陽明一生困擾之大者也在於他所創下的這場不世出的軍功。明朝自明成祖朱棣以叔父之尊搶奪侄兒惠帝九五之位，為後世立下榜樣之後，朱明家族歷代覬覦皇位者即不乏其人，其中規模最大者當是武宗朝的寧王朱宸濠之叛變。由於武宗無子，為政多乖，天下民心思變者多矣！宸濠蓄謀已久——王陽明的說法是蓄之已十餘年，關心國事之大臣多已知道大事即將發生。[81]宸濠先是思求以己子入朝，製造輿論，以期繼承皇位。此事行不通之後，終至於起兵造反。宸濠起兵時，在朝廷與地方布局已久，兩京重臣多有首鼠兩端者。然正德十四年，王陽明奉命勘處福建叛軍，行至中途，一聽到宸濠舉兵叛亂的消息時，馬上令吉安太守伍元定糾兵聚集，傳檄四方，一個多月時間，即平定此次大亂。有明一代，文臣於太平時期而能有此功勳者，還不多見。

但恰好在王陽明平定宸濠之變後，王陽明才面臨一生最困難的歲月。先是明武宗聞宸濠造反心喜，自封為「欽差總督軍務威武大將軍總兵官後軍都督府太師鎮國公」，皇帝自降為太師鎮國公後，才率領大軍沿運河南下。一路騷擾地方，人民苦不堪言。其時大功在身的王陽明卻招來特多無謂的流語，各種打擊紛湧而至。我們觀王陽明在正德十四年的行蹤，忽到南京，要獻俘皇帝面前；忽上九華山，佯遊寺廟以避禍；忽回江西省城，安撫皇帝親率的御軍，免得省民遭受更大的災害。中間各種曲折，不可名狀。在各種流言中，王

79 朱熹，《四書章句集注》，頁一六二。

80 一九三一年，中國共產黨在江西瑞金成立蘇維埃政權，國民政府先後五次剿共。據說剿共期間的政治措施，多參考王陽明當年的經驗。

81 《中日陽明學者墨跡》收有一篇署款已佚的殘信，其內容如下：「价來捧教，已強作三書，請觀畢緘之。自顧巷居病叟，素無行能取重當世，當世高賢，位尊望重，目中已無吳矣。竊恐我諄諄而彼藐藐，無益也。洪都事想有懲艾，無乃言官疏首及是云云乎？潛銷之機，起於誰手，功亦大矣！然有三端焉：來教謂別圖一也。幾動播張，自為首鼠，且掩且思，廣行比賄，務箝人口，二也。聽信群小，必行舊志，三也。出於一，雖有禍，其發遲，可改寤。出於二，禍亦發，其身當。出於三，發甚速，其禍延。吾意其出二策，必也。但吾人二三子奉頭懷二心，觀望壟斷者，臨難，保其不事二主，得乎？」參見楊儒賓、馬淵昌也編，《中日陽明學者墨跡：紀念王陽明龍場之悟五百年暨中江藤樹誕生四百年》（臺北：國立臺灣大學出版中心，二〇〇八），頁一七八。筆者認為此封信有可能是胡世寧寫的，胡世寧此封信當是寫於正德十四年宸濠造反前。他早在寧王舉兵前，即於正德九年事先上奏，言及宸濠縱容盜賊，違反體制之狀，結果反受貶斥。胡世寧由福建逃至浙江，再逃至北京，並自投錦衣衛，後謫戍瀋陽。真可謂是一封朝奏九重天，夕貶瀋陽路八千。四年後，宸濠反，胡世寧乃得再起。

陽明勾結宸濠之說者，罪名特別嚴重。而被俘的宸濠因王陽明敗壞了他的大業，也一口咬定王陽明與他有勾結。[82]王陽明很親近的門生，也可以說平定宸濠之亂大有功的冀元亨，即被冠上勾結宸濠之名，下獄受苦刑。等新皇上任，澄清真相，被放出來後，不到五天，即告逝世。冀元亨有功受刑，此事是王陽明一生的隱痛。

王陽明在正德十四年，心情極為苦悶，但面對突如其來的奇禍，回應稍一不慎，可能即招來極惡劣的後果。王陽明在與一位門生的對話中，回憶起當日的苦悶如下：

今之利害毀譽兩端，乃是滅三族，助逆謀反，係天下安危。只如人疑我與寧王同謀，機少不密，若有一毫激作之心，此身已成虀粉，何待今日？動少不慎，若有一毫假借之心，萬事已成瓦裂，何有今日？此等苦心，只好自知。譬之真金之遇烈焰，愈鍛煉愈發光輝。此處致得，方是真知；此處格得，方是真物。非見解意識所能及也。[83]

他將功高受謗事視為對自己良知的考驗，但受考驗者不只王陽明一人，從他征討宸濠之變的有功人士皆不受獎賞，明升暗貶者所在多有。事實上，在這場重大的平定叛亂事件中，有受賞的只有王陽明與伍文定兩人。整個事情的是非對錯，或者整個嚴肅地平定叛亂事件居然淪為匪夷所思的滑稽鬧劇，顯示朝廷的綱紀已圮壞至極，它連維持起碼的秩序的功能都作不到。

如果連平定叛亂這樣的大功都可以模糊掉，王陽明平定宸濠之亂的意義恐怕就需要嚴肅考量。問題很明顯，寧王舉兵絕非無理取鬧，寧王可能是位大野心家，但明武宗正德皇帝的荒唐是叛亂事件最大的誘因。王陽明在剛獲知宸濠叛變的消息時，曾立刻上奏朝廷，並呈繳寧王檄文，以為證明。他在奏摺中還規勸了明武宗這位荒唐的皇帝，最後有言道：「今天下之覬覦，豈特一寧王；天下之奸雄，豈特在宗室。」[84]我們不會忘了在平定宸濠之亂之前，王陽明在贛南地區從事戡亂活動，已見過草寇稱王的事例。

寧王的檄文今不可見，但王陽明是看過的。觀王陽明上奏前後語，大概可以猜測宸濠既已不承認正德年號，起兵造反，檄文內容自然對明武宗多指責之詞，而其指責可能是符合事實的。早在起兵之前，寧王和王陽明已見過面。[85]會面時寧王言及天下大勢，國家動盪，面有憂色。宸濠其時已有意起兵，所以廣泛招攬人才，王陽明不太可能不是他很矚目的人選。王陽明平定贛南巨寇顯示的軍事才能，不正是宸濠迫切需要的人才嗎？贛南離寧王所在的南昌不遠，寧王怎麼會沒有留意此人。依〈年譜〉所記，王陽明並沒有接受寧王的暗示，而且以後有幾次的考驗，王陽明也沒有接受。[86]然而，如果寧王對王陽明所說的朝綱不振、政治混亂為真，明武宗之荒唐確實也是明朝皇帝之最，中國歷代少有。那麼，何以寧王不能起兵？何以王陽明要平定之？

82　參見當時一位親審宸濠的臣子兵科給事齊之鸞的奏疏〈救王文成疏〉，文見《蓉川集》，轉引自束景南，《王陽明年譜長編》，冊三，頁一二四七—一二四九。王陽明平定宸濠之亂，結果宸濠反咬他一口，監察御史章綸、給事中祝續也誣奏王陽明私通宸濠，明武宗身旁的佞臣江彬、張忠等人百般打擊王陽明，大臣楊廷和、費宏等人對王陽明也有戒心，這是王陽明當年立下軍功後的處境。

83　王畿，〈讀先師再報海日翁吉安起兵書序〉，收入吳震編校整理，《王畿集》，卷一三，頁三四三。

84　王陽明，〈奏聞宸濠偽造檄榜疏〉，收入吳光等編校，《王陽明全集》，冊上，卷一二，頁四三九。

85　明人筆記小說如張怡《玉光劍氣集》、張翰《松窗夢語》、鄭曉《今言類編》等書皆言及宸濠、李士實曾與王陽明會面，並言及湯武革命之事，王陽明佯裝聽不懂，以避其鋒。束景南將其時間繫於正德十二年（一五一七），王陽明被任命巡撫南贛汀漳時。參見束景南，《王陽明年譜長編》，冊二，頁九二五—九二七。

86　宸濠禮賢求學，曾修書向王陽明問學，王陽明乃遣弟子冀元亨往南昌，兩人論道不合。參見束景南，《王陽明年譜長編》，冊三，頁一〇七九—一〇八一。宸濠後又曾遣心腹劉養正向王陽明求墓誌（劉母辭世）之便，「以濠事相邀結，不合而返。」同前引書，頁一〇九九—一一〇一。

正德年間的政事之壞，可謂有目皆識，我們從王陽明在此年之前上奏的有關平定贛南匪禍的奏摺中，已不時看到王陽明對時事的憂慮。其實王陽明的擔憂還要更早，正德七年，王陽明人在北京，他當京官才一年多，但當時的政治之敗壞已超出了他認知的範圍，他看到的大明江山已瀕臨崩解的邊緣。在一封給父親的信中，王陽明提到大明疆域幾乎成了賊窩，「十三省惟吾浙與南直隸無盜」，其他十一個行政轄區皆是盜匪橫行。他信中所說的盜還不是一般治安事件的強盜案，而是淪為政治事件的攻城掠地規模的盜匪案，大明已完全失去大一統帝國的政治格局。朝廷的政事之壞，規矩之亂，也已到了土崩瓦解的前夕。朝廷與地方的政治皆失去了效能，王陽明說了幾個例子後，發出感慨：「禁中養子及小近習與大近習交構，已成禍變之興，旦夕叵測，但得渡江而南，始復是自家首領耳。時事至此，亦是氣數，家中凡百皆宜預為退藏之計……」[87]信中所言，完全是國亡前夕的徵兆，他要家中作好最壞的準備。

既然如此，何以王陽明沒有作其他的選擇？是沒有辦法？還是可行的辦法沒有進入他的腦中？章太炎即對王陽明的平定宸濠深不以為然，他說：

> 今守仁所與搏者，何人也？仲尼之徒，五尺童子，言羞稱乎桓、文。猶曰鄙儒迂生所執。觀桓、文之斬孤竹，撻荊舒，非峒谷之小蠻夷也。晉文誅子帶以定襄王，子帶，康回之篡，夫襄王非有罪也。以武宗之童昏無藝，宸濠比之，為有長民之德。晉文而在，必不輔武宗，蹶宸濠，明矣。[88]

章太炎的話語是否有可能以民國的觀點強冠在明代，犯了錯置時代的謬誤？未必然。我們現在所能見到有關宸濠的文獻，對他的評價都不會太好，但宸濠再怎麼不理想，都比武宗好太多了，中國史上要找到像明武宗這麼荒唐的皇帝，還真不好找。

王陽明平定宸濠之亂後，最大的麻煩才一件接著一件來，朝廷頗有要人反而中傷王陽明與寧王有勾結者，而且很詭異地，寧王本人的口供即是如此陳述。寧王的陳述當然沒有法律效力，但他的話語不是沒有一些現實的倒影。王陽明與宸濠兩人之間後來的敵對是一回事，但他們彼此會過面，交過流，此當是事實。此一現象反過來講，也可以說宸濠禮賢下士，對當時英才如唐伯虎、康海皆有過爭取，他如爭取王陽明，毋寧是合理的事，就統治者而言，爭取人才並不是缺點。王陽明如果曾經與寧王有些交往，甚或期待，未必是荒唐的聯想。因為我們在寧王的行動上，看到一些和儒家價值體系密切相關的因素。

王陽明平定宸濠之亂後的困難處境不全是個人的私事，它具體反應了是非真假錯亂到了難以理解的程度。其時的局面之險惡，他的在朝朋友方獻夫、黃綰都勸他早日功成身退。[89]王陽明面對此局勢，他選擇的處理方式，乃是不懈地致良知，良知明澈了，事情才能處理好。而且處境愈難，愈能鍛鍊，愈能發光輝。不受世俗禮法拘束的一代奇才王陽明面對困難的政局時，他發現到此時是致良知最好的試煉場，他在最艱困的處境下，磨練出光輝燦爛的良知學出來，良知此時施用的方向是對當事者的意志的不斷烤煉。但是，它是要解決公共事務的問題？還是要解決良知承受不義的生命強度的問題？沒有別的選擇嗎？

事實上還是有人作了別種選擇，我們還是要回到宸濠起兵關鍵的人才此因素上去考量。宸濠的左右手當

87　王陽明，〈上海日翁大人札〉，此文未收入全集，現收入束景南，《王陽明佚文輯考編年》，冊上，頁三六七—三七一。此佚文詞氣之激烈，王陽明文字中少見。他當時已通過龍場之悟這道關卡了，且已年過不惑，頗有社會歷練了，可見時事之壞及其憂國之切。

88　章炳麟，〈說林上〉，《太炎文錄初編》，收入上海人民出版社編，《章太炎全集》（上海：上海人民出版社，一九八五），冊四，卷一，頁一一七。

89　文見束景南，《王陽明年譜長編》，冊三，頁一二三七—一二三八、一三〇九—一三一〇。

中，最重要的兩位謀臣當是太師李士實與國師劉養正，他們兩人也是宸濠集團中官階最高者。李士實在從宸濠起事前，官位曾至都察院左都御史，他可算是私淑陳白沙的學生，但也可視為是關係極親近的友人，他們兩人一生時有詩歌酬唱。[90]李士實還有一些政界友人李東陽、林俊、劉大夏等人，他們多為一時俊彥。李士實年高德劭，在當日的儒林的聲望應當很高。[91]寧王另一位重要謀臣劉養正乃王陽明好友，也是彼此論道的同志。王陽明的〈年譜〉中，收有篇紀念劉養正母親的追弔文，[92]可見兩人交情不凡。劉養正經過宸濠之亂後，平生筆墨恐怕多難存於世，但我們有理由猜測他參加宸濠的舉兵，應該也是有套說詞的。李士實與劉養正扶助宸濠，顯然不是被逼迫的。

除了李士實、劉養正外，我們還發現江右名儒婁諒的後人婁素珍是宸濠的貴妃。所有文獻記載婁妃與宸濠之事，大抵皆言及婁妃曾勸阻宸濠舉兵，宸濠事敗後乃大感念之事。然而，宸濠娶婁妃，至少顯示他與儒林的一種連結。婁諒是江西大儒，宸濠不可能沒聽過其人。我們不會忘了王陽明所以走上聖人之途，乃因在他十八歲那年，受了婁諒的聖人之學的啟示。他於正德年間謫居南方、尚未赴龍場驛之前，仍曾拜訪過婁家。[93]婁諒文集今已不存，很可能因婁家與宸濠關聯太深所致。婁諒如果活到宸濠起兵後，他的態度為何，這是個值得叩問的問題。

宸濠之亂是武宗朝的大事，此事至今仍留有不少謎團。李士實、劉養正乃宸濠叛亂案核心人物，但他們被逮捕送到武宗前，居然會在押送途中先後亡故，其事不可解。王陽明於平定宸濠後，於正德十五年（一五二〇）八月十四日撰有〈紀夢〉詩，此詩有序，言及郭璞託夢，自言其見殺於王敦乃王導假借叛臣之手所致。王導巨奸，首鼠兩端，實為王敦之亂的元兇。王陽明除自作詩外，還附郭璞夢中託他帶回人間的詩，此文此詩可謂鬼話連篇。其言顯是依託，朝廷中當有重臣首鼠兩端，靜候時變者。王陽明攻入南昌後，曾將諸多材料燒毀，以免瓜藤太多，連累無辜。然而，他當也有機會看到諸多隱密材料。總而言之，平定宸濠之變如此重大的戰功，王陽明不但功高遭忌，而且朝廷處置顯然極不公平。王陽明自認良知在此時此刻，對他產生了極大的作用，否則，他很難全身而歸。

王陽明的良知幫助他度過平定宸濠之亂後的政治難關，他這麼說，我們當然沒有理由懷疑他的判斷。我們的質疑恰好在此前提：宸濠舉兵時，首鼠兩端的大臣顯然不少，他們的判斷一定是錯的嗎？宸濠兵敗被抓時，曾對王陽明說：「此我家事，何勞費心如此！」[94]他的言語難道只是脫罪之詞嗎？章太炎的質疑恐怕還是有效的，為何王陽明要介入平定宸濠叛亂之舉？介入不介入，良知依何標準定其是非？所以我們固然不懷疑王陽明的良知幫助他度過平定宸濠之役後的政治難關，就像我們不懷疑他平定贛南地區匪禍時的良知的作用。但問題依然存在，良知在他的這些軍功中到底是幫助了他個人，還是幫助解決軍功背後的政治的問題？

王陽明的軍功對良知的妙用提供了絕佳的實證作用，對幕末明治時期或清末民初的愛國志士而言，良知無疑是一帖救亡圖存的靈丹妙藥。由於良知的運作與軍事判斷之間有功能上的類似，注重意志的決斷以及靈活不拘的當下判斷力，所以軍功問題如果只限於軍功的事件本身而論，良知有可能起了絕佳的作用。甚至在軍功引發的政治效應的個人自處的問題，良知也有可能有助於當事者的穩定處理。但儒者處理軍功或任何事

90　現行陳獻章著，孫通海點校，《陳獻章集》中收有多首陳獻章贈李士實的詩，兩人情誼非同泛泛。這些詩所以會保存下來，乃因陳獻章逝世後，他的詩文早已刻版流傳，而宸濠之叛尚未發生。

91　參見拙作，〈李士実と宸濠反乱の故事〉，收入馬淵昌也編，《東アジアの陽明学：接触・流通・変容》（東京：東方書店，二〇一一），頁二四七—二八〇。

92　見錢德洪等編，〈年譜〉，「正德十五年」條，收入吳光等編校，《王陽明全集》，冊下，卷三四，頁一四〇九—一四一〇。

93　唐鶴徵《皇明輔世編．王守仁》云：「入武夷山，出鉛山，訪上饒婁氏歸。」東景南繫其年於正德二年，王陽明三十六歲。參見東景南，《王陽明年譜長編》，冊一，頁四三〇。

94　錢德洪等編，〈年譜〉，「正德十四年」條，收入吳光等編校，《王陽明全集》，冊下，卷三四，頁一三九八。

功，不可能不牽涉到事物性質的判斷。如何處理贛南民變或宸濠政變，王陽明不是沒有考慮過引發事件更深層面的問題。在宸濠政變底定之後，王陽明回首這幾年在江西的征討行動，他感慨道：

> 某自征贛以來，朝廷使我日以殺人為事，心豈割忍。但事勢至此。譬之既病之人，且須治其外邪，方可扶回元氣，病後施藥，猶勝立視其死故耳。可惜平生精神，俱用此等沒緊要事上去了。[95]

這段話是王陽明向他一位江西籍的學生說的，話中的感慨極深，無可奈何之至，最後兩句尤能看出軍功在他的價值體系中不占有地位，所謂「沒緊要事」，但「沒緊要事」卻占據了王陽明一生歲月極大的比重。更令人惆悵的，他不是不知道平素的文治事業可避免兵戎流血，他顯然很努力去作，但他的努力於今觀之，仍多在行政的改善而不是政治的解決。包含軍功在內的事功議題有獨立的問題內涵，它與作為主體運作依據的良知之關係，仍待仔細推敲追尋。

六、結語：呼喚在世存有的客觀精神

王陽明天挺人豪，我們在國史上還很少看到影響這麼大，而影響的方向又這麼分歧的思想家。王陽明影響羅念菴、劉宗周這類接近嚴苛宗教苦行的大儒；他也影響了李卓吾、徐渭這類逆反傳統價值體系的異色思想家；在現代中國，他影響了陶行知、梁漱溟這類的左派改革者，但他也影響了宋教仁、蔣中正這些右翼的政黨領袖。在江戶晚期的日本，王陽明居然可以先後影響大鹽平八郎這樣的造反英雄與吉田松陰這樣的明治維新的啟蒙者。良知學的政治影響光譜這麼廣，事實上也就是彼此相互衝突，這種情況是很特別的。可以確定的，王陽明的良知理念點燃了這些人的主體意識，引發了他們堅決的行動力。但同樣可以肯定的，王陽明的良知並沒有提供明確的社會改革方案或社會實踐方案，所以一旦處在價值意識鬆動的轉型期，良知學雖然還是有很大的影響，但影響的方向卻是不明確的，所以才會有左派陽明學／右派陽明學之分，或紅色陽明學／白色陽明學之分。

良知學的影響係數難以評估，問題應不在實踐者是否善於掌握良知，而是良知此概念本身沒有提供社會實踐的規範依據。由於王陽明本人的行動力強，事功可觀，良知在引發他行動的過程中，顯然扮演了關鍵的角色。王陽明本人如此認定，陽明學者要為良知學辯護，王陽明本人的案例確實也提供了很好的說明。但王陽明依良知起行，事功驚人，此效果事件與王陽明本人對良知理念的解釋，並不一定吻合。王陽明的事功的主體性因素，我們與其將重點置放在作為乾知的良知的屬性如何理解，不如探討王陽明在成長的過程中，他那桀驁不馴的個性如何在與家庭及社會的禮法衝突中深化、成長，最後完成「自性化」的歷程。[96]良知來自玄妙無底的存在的深淵，它超越一切的心靈機能之上，它的作用的大小端看它能運用的意識內涵的多少而定。王陽明的良知確實幫助他完成了偉大的事功，但它的功效主要是透過充沛的生命經驗累積的能量表現出來的，不是「良知」概念本身即可以有事功的內涵。最善於強調良知先天義的靈妙功能屬性，包含在軍事上的運用者，莫過於王龍溪，王龍溪即無特別的事功可言。良知的運用表現與良知在其自體的理念的解釋是兩

95 錢德洪，〈征宸濠反間遺事〉，收入吳光等編校，《王陽明全集》，冊下，卷三九，頁一六三三。

96 「自性化」（individuation）一詞借用榮格（C. G. Jung）的用語，榮格認為一個人本我（self）的完成需要人在意識與集體無意識、在人的思考（thinking）、情感（feeling）、感覺（sensation）與直覺（intuition）等四象性（quartinity）都獲得平衡發展才可達到。Carl G. Jung, "A Study in the Process of Individuation," in *The Archetypes and the Collective Unconscious*, Collected Works of C. G. Jung, Volume 9（Part 1）（Princeton: Princeton Un iversity Press, 1990）, pp. 290-354.

個相關卻不相同的命題。

本文以王陽明本人的實踐作為檢證的標準，特別集中在家庭關係與軍事事功兩項，因為良知學在晚明深刻地影響了市井風情的情文化，也引發了對傳統政治深刻的反思，「王陽明」這個符號即是晚明思想的議題。王陽明固為跨越一代的英豪，文章、道德、事功皆堪作為典範的人物，但不論是從今日的價值意識標準衡量之，或是從傳統儒教的價值標準衡量之，王陽明處理家庭倫理，尤其是夫妻關係，並不圓滿。他的事功建立在軍功上，但他的軍功往往牽涉到少數民族事務或朱明皇族事務，這樣的軍功在今日看來，難免會有正當性的爭議。從傳統儒家的觀點看，也多少留下了一些遺憾。

王陽明思想的特色及限制，我們對照良知學與程朱性理學，應當不難看出。朱王之辯是十六世紀之後儒家義理史的一大辯，箇中細目可討論者甚多，但我們以核心之辯的「格物致知」為著眼點，不難看出程朱學雖然一樣以恢復無限性的人之本真為旨歸，但它的實踐途徑是消化社會內容與自然內容於己心，以喚起潛存的相應內容以呼應之。因為理（太極）遍萬有，程朱（尤其朱子）的世界也是泛神論的世界，千江有水千江月，只是主體的世界性需要世界的主體性以彰顯之。人的本性的徹底展現，也就是「復性」或「復其初」的境界，它是要內外辯證發展，以期達到主客互滲，內外交融的境界。程朱學的主體中有「他者」、「世界」、「過程」的因素，它的主體是有內在他者的主體，有內在的世界性的主體，有內在的過程（或歷史性）的主體。程朱學之於世界到底是起了穩定性或顛覆性的作用？答案端看它對世界（或禮）的規範性與世界的現實性的落差，如何判斷而定。但此學的道德實踐與他者、世界、過程有本質的關聯，此事是確定的。

相對之下，王陽明的良知則是一無依傍，直上直下，道德的動力來自於主體內部神秘的宇宙性的深淵，雖是神感神應卻也是獨耀的自體，物消失其對象義，格物其實無物可格。但良知真的先天到不需要知識嗎？如果人的存在是與世共在的存在者，具體的人的存在離不開語言、身體表現云云，那麼，良知在世的展現也就不可能不經由語言、身體、社會的中介性以展開，也就不能不受語言、身體、社會的中介性的限制。王陽明其實也是同意良知是要體現的，他同意良知不囿於見聞，良知也不離於見聞。但王陽明的良知乃是作為宇宙本體的靈知，其概念始終圓滿無缺，它從無限的深淵中湧現上來時，很自然地通過中介性，也可以說融化中介性，感應外物極為靈敏。王陽明固然說良知要在世上也在事上磨練，只是這種磨練沒有工夫論本質上的意義，只有應機化俗的意義。良知不增不損，超越凡塵之表，既不需認知性的內容，也不需社會性的內容，其理念也就沒有認知性與社會性可言。

但良知既然在世間，就不可能沒有世間性，一個不帶有認知性與社會性的良知概念是很可疑的，事實上，無法想像。良知落實於世事，良知即要因個體的限制及世事結構的對立而需自行相對化，不是「磨練」一詞即可了事。王陽明的語言中，有時語氣過強，不免帶有脫離一切經驗屬性的良知概念之意。王學學者其實不是不知道良知的先天義與後天義的糾結，連最強調良知的先天靈敏之氣的王龍溪也是知道的。在王龍溪的著作中，良知不帶有後天性的成分，也就是良知的先天義是被高高標舉出來的。至於帶有認知性的、社會性的知識，王龍溪即將它即歸於「識」字的心靈作用管轄。然而，我們可以確定的，在具體的人間活動中，沒有識的內涵在內的良知是沒有的，良知之於識，乃是識為良知發用的管道，本體透過了認識心或情境心的作用，它介入了人間事務。如果我們借用牟宗三「運作的表現」與「架構的表現」兩詞說明良知的運用，[97]我們可以說王陽明的良知乃本體運作的表現，良知一出現即出現於生活世界，它與生活世界即有感通的關係。生活世界的語言、習俗甚至耳聽目視的知覺表現，都不可能不是學習來的，生活世界即蘊藏於良知本體中。所以良知運作於世界時，它蘊含的世界性即會作為良知運作時的內涵，它即內在於良知的動能中。即使

97 參見牟宗三，〈理性之運用表現與架構表現〉，《政道與治道》，收入《牟宗三先生全集》，冊一〇，頁四九—六八。

以王龍溪喜歡談良知的先天義、靈竅義，他也知道良知運作於世間，不可能只是靈氣感通的內容，它是化識為知，用佛教的語言講，也可以說是轉識為智，它將知識的因素納入良知的直覺運作當中。但即使如此，良知仍然永遠是大寫的主體，它無待於任何經驗性的事物，它的內涵不需「他者」的補足。

良知學影響了晚明的文化與社會，它帶來了新的主體的感物模式。由於擺脫了程朱學的思維模式，也可以說擺脫了「格物」的主體——物理的辯證發展過程，良知確實充滿了情意的溫潤與氣化的力道，但王陽明處理家庭問題時，多將家庭因素化作個人的問題，沒有想到如何正視家庭作為獨立的機制的文化內涵。王陽明處理政治問題甚至軍事問題時，我們看到良知有助於事功最好的例證，也可以看到善於表現良知者其人極特別的人格光彩。但王陽明的思想中，對於國家作為一個重要的文化價值的中介項，他殊少考量國家的結構的問題。他的客觀解決永遠只限於行政層次，而未達政治層級。良知學如此偉大，它在個體的深層隱微處，蘊含了宇宙性秘密的天機訊息，但它一旦處理主體以外的家國事務時，卻又顯得如此不相干。王陽明本人受廷杖，王陽明需要以殺人立事功，這些是很難令人不起悲愴之感的案例。顯然，我們需要帶進一些新的想像。

如果借用黑格爾的語言，我們可以說王陽明的良知論可以解釋道德，不能解釋倫理；主觀精神表現得很透，絕對精神也顯現於良知的精彩之中（王龍溪對良知學的發揮尤見此義），而且主體精神當下即是絕對精神。然而，整體良知學的表現卻跳過了客觀精神，直到十七世紀，趨勢才起了變化。良知學發展到十七世紀，催生了帶有濃厚市民精神的戲曲、小說，但對情／理、情／法間的緊張關係，沒有正面解決。同樣地，良知學也催生了黃宗羲、唐甄的中國政治批判之著作，但建設性的方案仍舊相當缺乏。這些缺乏雖然不能由良知這個因素單獨負擔，但明代的良知學沒有提供足夠的理論資源，它與世界的連接性還不如程朱學，應是事實，所以才需要二十世紀的大量吸收異文化提供的資源，以及消化中西文化衝突所產生的轉化作用——雖然一路走來踉踉蹌蹌，仍是不穩。

良知是主人翁，它高懸青空，不因堯存，不因桀亡，王陽明說良知「一提醒時，即如白日一出，而魍魎自消矣。」[98]誠然如此，王陽明依良知行事，他創造了一生的學問、功業與後陽明時代的中國。但良知學帶出來的問題也高高懸掛著，亢龍有悔，因人而顯的良知即不會是良知自體，它具體化於世界，它即受限於世界即有待於世界，也極需要世界的補足。單單高懸晴空的良知光芒仍舊照不透家庭的恩怨與政治的渾暗，後陽明時代的中國仍舊有陰森面。顯然，良知一走入世界，即需自我相對化，聆聽作為他者的聲音。絕對因相偶而具體化，沒有後天的先天是空虛的，良知學留下的問題，仍須後人嚴肅地加以處理。

98　王陽明，〈與黃宗賢（丁亥）〉，收入吳光等編校，《王陽明全集》，冊上，卷六，頁二四四。

第三章

花開散葉——良知學的分化與晚明文化思潮

一、前言：大星殞落後的陽明學世界

嘉靖七年十一月底（一五二九年一月），王陽明征討廣西的思田及斷藤峽叛亂事件終了，班師回朝，中途猝逝於南安的青龍鋪，時年五十七歲。他臨終前，留下了底下的一席話：「他無所念，平生學問方才見得數分，未能與吾黨共成之，為可恨耳！」[1]他的臨終之語似乎顯示他的學問仍在發展中，尚有新義未出，重新詮釋的空間很大。王陽明的猝逝是他個人一生歲月的終點，卻是後陽明學時代的開始。他的學說經由後學的努力，在不同的場域裡產生了不同的作用，迅速地散播四方，深入文化土壤，一個帶著良知學印記的中國現代性思維在爾後的五百年將曲折地在東亞世界展開。

王陽明辭世的時間距離他的龍場之悟的時間（正德三年，一五〇八年）二十年，如果王陽明是位沒有公務在身的儒者，或者是一位太平盛世的儒紳官僚，二十年的歲月足夠讓他對自己的神秘體悟作更好的反思。然而，王陽明龍場悟後的二十年是他一生公務最冗雜的時節，他的三件軍事征討事件：南贛汀漳之役、宸濠之役、思田斷藤峽之役都發生在這段時間。換言之，王陽明沒有長期從容的時間對自己的體證所得作更精詳的整理，也沒辦法和門生共同發揚之，他的臨終感慨很可能即因此而發。王陽明的臨終感慨是個啟示，他一朝辭世後，良知學即迅速傳布，但良知學的理解也迅速分化。後陽明時代的良知學的分化是個顯著的現象，在秦漢後的儒學史上，類似陽明後學的多途發展頗為少見。

從中西學術史的觀點看，學派的分化並非罕見，天台宗的山家、山外之分，黑格爾學派的左、右之分，馬克思主義的青年、老年馬克思主義之分，都是著名的例子。但在儒家思想史上，像陽明後學這般明確對立而且造成強烈社會衝擊的分化倒不多見。我們如果比較朱子與王陽明，即可略見端倪。朱子本人何嘗沒有自身發展的分歧，「參中和」事件將他前後期的思想劃分成兩階段，他的學生人數之多也是赫赫有名的，[2]但我們在朱子龐大的學生群及歷久不衰的朱子學的傳承中，除了羅欽順（整菴）少數的特例外，不太容易看到有嚴肅的理論意義的爭議的情景。[3]陽明學不然，不論在王學內部，或在它與良知學外部的學派之間，總是帶來持續不斷的學術紛爭。從長遠的歷史看來，有意義的學術紛爭可以說是思想活力的徵兆，古今中外皆然。王陽明的良知學事實上是透過門生反覆不斷的理解之歧義、爭辯，因而展現其蘊含的豐富內涵的。

王學的分派是個有爭議性的學術議題，王學的內容涉及了解釋性很濃的天道性命的因素，分派分流的標準很難純粹依文獻學的材料而定，它不能不牽連到劃分者的關懷。就像學術史上常見的案例一樣，有什麼樣的眼睛就會看到什麼樣的事實，眼界與現象相待而起。論及良知學的分化，黃宗羲的《明儒學案》的劃分自然是個權威的分類，他依地域，將良知學分成浙中、江右、泰州、閩粵、北方、楚中，他的劃分標準與學派成員歸屬，誠然有可議者，[4]但無疑地，《明儒學案》的劃分仍有不可取代的重要性。地域的劃分是種標

1　這是黃綰〈陽明先生行狀〉的記載。錢德洪《王陽明年譜》記載王陽明的臨終語是「此心光明，亦復何言。」談遷《國榷》引翁萬達所聞王陽明臨終之言則是「田州事非我本心，後世誰諒我者？」三種記載的內容不同，但作者或講者都是與王陽明有密切關係的人，他們傳述的話語也都與王陽明平生的為人為學之風相合，可能王陽明臨終前的最後階段都說過這些話語。至於何者是「最後」，恐怕無法追究了。上述的內容引見束景南，《王陽明年譜長編》，冊四，頁二〇四七—二〇四八。

2　據陳榮捷的統計，姓名可考的朱子的學生人數高達四六六人，姓名可考的私淑者二一人，合計四八八人。姓名不可考者不計，但數量一定更多。門生中固然有科舉出身的儒紳，無功名者還是居多數。參見陳榮捷，《朱子門人》（臺北：臺灣學生書局，一九八二）。

3　此處單指朱子學在中國的發展而言，朝鮮朱子學的發展大不相同，四端七情、人性物性異同等等的爭論，討論時間綿延甚長，理論價值極高，細節此處不論。關於四端七情的討論，參見李明輝，《四端與七情：關於道德情感的比較哲學探討》（臺北：國立臺灣大學出版中心，二〇〇五）。關於人性物性異同之辨，參見呂政倚，《人性、物性同異之辨：中韓儒學與當代「內在超越」說之爭議》（臺北：新文豐出版公司，二〇二〇）。

4　參見彭國翔，〈周海門的學派歸屬與《明儒學案》相關問題之檢討〉，《清華學報》，新三一卷三期（二〇〇一．〇九），頁

準，依思想特色劃分又是一種標準。日本當代陽明學者岡田武彥將良知學的發展分成左派現成派、右派歸寂派與正統派的修證派等三派，[5]這樣的劃分自然也有相當的說服力。

上述黃宗羲、岡田武彥等人的著眼點不同，但實質的焦點都集中在良知學義理的發展，這是良知學內部的觀點。但由於陽明學對明末的中國及江戶日本都帶來衝擊，所以如果我們以「良知—社會」這組概念作為參考的架構，考慮到影響史的問題，陽明學應該可以有不同的面貌。從政治史或社會史的角度重看良知學，這樣的視角在學界自然也不陌生，學者多知道當代的王學研究有兩種陽明學之說，兩種陽明學的提法在明治晚期頗為流行，所謂兩種指的是中國陽明學與日本陽明學，而日本陽明學多有殊勝之處，如井上哲次郎、高瀨武次郎、結城蓄堂、大隈重信等人皆有此主張。[6]後來張君勱撰《比較中日陽明學》也感慨中日兩國吸收的陽明學成分不一樣，遂導致後來國勢的發展迴異，他的說法也是順著明治學者的脈絡而來。井上哲次郎、高瀨武次郎、張君勱等人所說的兩種陽明學是在近世民族主義情緒高漲下，在日清戰爭這場世紀性的大戰影響下，所產生的理論。幕末陽明學與明治維新連結的圖像流傳甚廣，這種圖像或許不是幻象，但總是過度簡化了。

如果不從粗糙的民族主義情感立論，關於中日陽明學的性格不同的問題，還是可以說的，溝口雄三即站在左派學者而又力反狹隘的民族主義的立場上，他也提出了兩種陽明學的稱呼。[7]其高弟小島毅接著跟進，也提出白色陽明學與紅色陽明學的分法。[8]如放在中國的脈絡看，嵇文甫在一九三四年出版的《左派王學》一書有開風氣之功，相似的問題意識在一九四九之後的共產中國之理學研究中遂蔚為主流。左、右派王學的劃分在民國以前的學術著作中不可能出現，這種劃分應當是近代歐洲的左、右派思潮，如左派黑格爾、右派黑格爾，被引介入中國後，引發的後續反應。而左、右派王學的劃分所以在當代的良知學研究中占有一席之地，無疑也反映了「王學在近代」乃是個重要的文化現象，當代學者討論良知學時，不論其自覺程度如何，多已將現實的關懷帶進來。

而「王學在近代」更明確的內涵即是「良知學與中國現代性的關係」，在十九世紀末葉的中國的語境下，「良知」不僅是個道德學的概念，它也是政治學的語彙。論及清末民初這段的思潮，不論是民族主義、民主理念、新的主體概念或新文學運動的提法，我們大概都可從中找到王陽明之後的晚明思潮的源頭。明末清初與清末民初的思想有種獨特的連結，縱然不是隔代遺傳，但至少是遙相呼應。

在「明末清初」與「清末民初」這兩個學術板塊的連結當中，本文會將重點放在三教、鄉里實踐、情性及君臣這幾個議題上面，觀看它們蘊含的現代性的訊息。這幾個議題在明清之際的儒者如黃宗羲、王船山等人的著作中都是重要主題，而在陽明後學中都已出現發展的趨勢。在民國的新文化運動中，它們又會化為宗教、民主、人的文學的議題，以類似而又新穎的面貌重新出發。我們今日如果透過民國以來的視角重看晚明思潮，再以晚明思潮的視角重新看待民國以來的文化現象，古今互釋，構成一組良知學的詮釋學循環，這樣的詮釋應該可以提供我們另一種「王學與當代」關係的思考。

在底下對陽明後學思想的探討中，筆者會將晚明社會思潮的特色帶到王學分化的光譜中看待，而王陽明本人就是良知學分化的總源頭。在正德三年（一五〇八）龍場驛的某個夜晚，王陽明經過多年的追尋後，若

三三九—三七四。吳震，《泰州學派研究》（北京：中國人民大學出版社，二〇〇九），頁一〇—三八。

5　參見岡田武彥著，吳光等譯，《王陽明與明末儒學》（上海：上海古籍出版社，二〇〇〇），頁一〇三—一五九。

6　以上日本學者及政治人物的觀點參見溝口雄三，〈中國的陽明學與日本的陽明學〉，收入溝口雄三著，孫軍悅、李曉東譯，《李卓吾．兩種陽明學》（北京：生活．讀書．新知三聯書店，二〇一四），頁二五九—二六〇。

7　溝口雄三甚至於認為中國陽明學重橫向溝通，可形成社會運動，日本陽明學重以天合一的「誠」之狀態，兩者不同，根本不該用同一個陽明學的稱呼。參見溝口雄三著，〈兩種陽明學〉，收入孫軍悅、李曉東譯，《李卓吾．兩種陽明學》，頁二〇三—二二〇。

8　小島毅，《近代日本の陽明学》，頁一二一—一三二。

得天啟，忽然悟覺「心即理」的良知學旨趣，一種貫上貫下的宇宙性意識成為人的本質，王陽明稱作良知，他的門生王龍溪稱作乾知。[9]它也成為人的行為的重心，人與世界的關係不再是朱子主張的以主體去格主體之外的物我對列並辯證發展的關係，而是「致吾良知於事事物物，事事物物皆得其正」，世界的規範是由良知規定的構造。這是道德行為的哥白尼的旋轉，主體從外在的關係網脫離出來，儒者以從來未曾有的大主體性立足於世。大主體帶來大的衝擊，王陽明透過他分布全國各地的門生，良知學滲透到大明王朝的山隅海濱。

論及王學的分化以及它帶來的衝擊，本文以《明儒學案》所列的浙中、江右、泰州這三個頗具特色的學派為主，其他的陽明後學學派不列入考慮。浙中、江右、泰州這三個學派是陽明後學中較具特色的學派，也是社會影響力較大的學派。本文聚焦這三個學派，重點不在良知學內部的義理議題，而在良知學與社會的互動。這三個學派都是以地域定名，其實無法解釋學派內部成員的差異，本文舉三學派之名，毋寧是透過學派主要人物的形象，視之為帶有運動方向的理念類型。本文的關懷和學術史或哲學史設定的焦點不一樣，言各有當，不足異也。從王陽明本人到分化出的浙中、江右、泰州諸派，筆者認為這是晚明文化世界的儒學思想源頭，它們的分流彼此激盪，不同成分的陽明學型塑了晚明不同的文化面貌。

二、天泉證道與三教融會

在黃宗羲的《明儒學案》中，排列第一位的陽明後學是浙中學派。浙中是王陽明的家鄉，也是黃宗羲的家鄉，以浙中為首是自然的選擇。然而，即使就學派內部的思想而論，浙中列為首出，也是有道理的。誠如前文所說，王陽明臨終前，感慨自己學問才見得數分，來不及和學生共同研商，深感遺憾。從王陽明的學思歷程考量，這場感慨是有具體脈絡的，我們可以嘗試探索他何以喟嘆如是之深也。王陽明臨終前一年，曾在故鄉與同為浙中人物的弟子王畿（龍溪）以及錢德洪在餘姚的天泉橋上印證良知學，這場後世稱之為「天泉證道記」的辯論，理論內涵豐富，詮釋卻頗見異同，影響極為深遠。王陽明在最後的這段歲月中，不斷地與這場三人會的議題對話，它當是王陽明生前參與最重要的一樁良知教的辯論事件。

王龍溪與錢德洪的這場辯論見之於兩位當事人的記載，錢德洪編的《王陽明年譜》嘉靖六年（一五二七）王陽明五十六歲條記此事，也見於王龍溪的〈天泉證道記〉一文，王龍溪所論尤為詳細。由於此場爭論牽涉到良知的向上一機的向度以及儒家與佛老的關係，文字的析辯頗為精詳，所以我們將列出兩人的論點以及王陽明的仲裁之言，並試加衍義。問題的起點是嘉靖六年九月八日晚，當王陽明要啟程赴廣西平亂的前夕，他的兩位大弟子王龍溪和錢德洪送別乃師，其間兩人論起良知學要義，竟然起了爭執，不能一致。錢德洪認為王陽明平日教學的四句教為「無善無惡心之體，有善有惡意之動，知善知惡是良知，為善去惡是格物。」這四句教乃師門教學定本，不容更改。王龍溪則主張「四無」才是究竟，他的論點如下：

> 體用顯微只是一機，心意知物只是一事，若悟得心是無善無惡之心，意即是無善無惡之意，知即是無善無惡之知，物即無善無惡之物。蓋無心之心則藏密，無意之意則應圓，無知之知則體寂，無物之物則用神。[10]

9　王龍溪的「乾知」即乾坤之知，一種宇宙性的意識。參見王龍溪，〈答季彭山龍鏡書〉，收入吳震編校整理，《王畿集》，卷九，頁二一三。

10　王龍溪，〈天泉證道記〉，收入吳震編校整理，《王畿集》，卷一，頁一。又見王畿，《王龍溪語錄》（臺北：廣文書局，一九七七），卷一，頁一。

從王龍溪的觀點看，也就是從良知的根源處看，良知神感神應，機不容已。良知學是先天學，既是先天，哪來那麼多分別。沒有分別即是無，心意知物擺脫了現實世界的語義內涵，都沒有主客對立下的關係，皆是無，主客同時進入無分別的先天境界，四無顯然不是從現實的意識立論。錢、王兩人都相信自己的理解無誤，相持不下，因而遂在夜分移至王府庭下，請已疲於送客的王陽明仲裁。

王陽明隔日即將遠行，遠赴廣西平亂，其將到來的戎馬倥傯生涯可想而知。但因牽涉到良知的本質，議題重大，他乃邀兩位門生到天泉橋上聚會，細加商量。王陽明說他的良知教元有兩種教法，一種是為上根人說，一種是為中下根人說：

> 上根之人，悟得無善無惡心體，便從無處立根基，意與知物，皆從無生，一了百當，即本體便是工夫，易簡直截，更無剩欠，頓悟之學也。中根以下之人，未嘗悟得本體，未免在有善有惡上立根基，心與知物，皆從有生，須用為善去惡工夫，隨處對治，使之漸漸入悟，從有以歸於無，復還本體，及其成功一也。[11]

但雖說有上根人之教及中下根人之教之別，但上根人難求，而且上根人也須隨時用漸修工夫，所以王陽明平常只說四句教。但四有教與四無教都不可少，兩者相通，互相補足。上述所說為王龍溪的版本。

王龍溪說經由王陽明一開導，海內開始流傳天泉證悟之論，「道脈始歸於一」云云。但於今觀之，我們可以確定道脈並沒有歸於一。因為單就天泉橋那晚的實相如何，錢德洪與王龍溪的記載即有出入。依錢德洪的記載，王陽明固然承認良知有四無的向度，就個人下的工夫考量，錢德洪與王龍溪的理解各有偏重，需要相互補足。如就教法而言，則只能以四句教為準則，「四無」之說極玄妙，「物我內外，一齊盡透，此顏子、明道不敢承當，豈可輕易望人？」王龍溪只能以此自證，不宜用以接眾。錢德洪還記載王陽明最後再三叮嚀道：「二君以後再不可更此四句宗旨。此四句中人上下無不接着。我年來立教，亦更幾番，今始立此四句。人心自有知識以來，已為習俗所染，今不教他在良知上實用為善去惡功夫，只去懸空想個本體，一切事為，俱不著實。此病痛不是小小，不可以不早說破。」[12]王陽明最後的警語似乎為幾年後的王龍溪而發，先打預防針。文章結尾說錢、王兩人「俱有省」，這是錢德洪的版本。

錢德洪說兩人「俱有省」，但我們於事後反觀，兩人的「省」者顯然不同。王龍溪的〈天泉證道記〉認為良知的向上一機不著善惡之相，表裡透徹，乃是良知的最高發展。王龍溪的「四無」之句的地位與王陽明的四有句地位相當，兩者需要相互詮釋，配套實踐，流傳後世。但依錢德洪編《王陽明年譜》的記載，良知學的核心關懷當就「教」的觀點考量，王陽明很明確地說四句教是徹上徹下語，最無流弊。因四句教固然說及了良知有在其自體的玄秘境界，所謂無善無惡，亦即不能以善惡的名相形容之。但現實的人究竟不是聖人，現實的人一定有善有惡，還好他有知善知惡的良知，可以作為善去惡的格物工夫，以達聖賢之境。依錢德洪的理解，良知教就只是四句教，四句教是組照顧嚴密的實踐法門。

發生於天泉橋的這場討論應當是王陽明生前最後一場重要的學術討論，從議題的選擇到討論方式，都隱然帶有方外人士玄談之風，儒門少見。在他一生最後一年的時間，我們還會看到王陽明不斷回應天泉證道的問題。同年九月二十二日，王陽明在嚴灘，對一路追送的錢、王二子再發「有心俱是實，無心俱是幻。無心俱是實，有心俱是幻」的著名公案。隨後抵南昌府，他的江右弟子鄒守益（東廓）、歐陽德、劉邦采等三百

11 吳震編校整理，《王畿集》，頁二。王畿，《王龍溪語錄》，頁二—三。兩者的文字有出入，本文用《王畿集》的版本。

12 參見《王陽明年譜三》，收入吳光等編校，《王陽明全集》，冊下，卷三五，頁一四四三。

多人候於驛站請益，王陽明再發天泉證道的義涵。天泉橋一夕對錢德洪和王龍溪兩人的作用同樣重大，他們爭辯的學術內涵在嘉靖六年九月八日的那天晚上因為王陽明的仲裁，遂大顯於天下。但大顯於天下，卻不是取得共識。恰好相反，天泉證道後，兩人各依自己的理解義無反顧地走下去，王龍溪的堅持己見尤為明顯。王龍溪同等看待四有句與四無句，但他更喜歡從四無句的玄妙境界立論，四無句所述是超越經驗世界的先天學敘述，儒學與佛老的關係至此登上一個新的歷史階段。

天泉證道的結果顯示王龍溪所認可的九八共識（九月八日晚上的共識）其實仍是一識各表，錢、王的理解並不相同，這種歧義應該早就蘊藏於良知的概念本身。王陽明的良知教是立教之言，他是為芸芸眾生在現實的人生中如何安頓身家性命而立說，這個來自《孟子》書中的「良知」兩字是他立說的關鍵。無疑地，王陽明的良知教繼孔孟而起，從他的用心及理論的建構皆是如此，良知教有極強的世間倫理的承諾。但王陽明的良知不是康德式的道德主體的概念，良知躍過了時空形式及範疇的框架，要說主體，它只能是進入玄秘之境的主體，這是他立說最特殊處。在儒學傳統中，陸象山、楊慈湖師徒應當是明確地將本體納到本心而立論的儒者，但大輅椎輪，格局粗具，心學奧義仍未大顯。到了王陽明手中，作為萬物存在依據的本體才明顯地以「知」的主體性面貌走入世間。[13]王陽明重視本心（良知）的當下作用的性質，他強調的工夫的重點全落在具體實踐中的道德事件所蘊含的對本體的體證。一件道德事件的完成既是一樁經驗界中牽連到世界的事件，但也是良知對本體的自我證成。在心即理、心性同一、天人同一的架構下，良知進入和佛教空境、道家無境同等第的超越境界。

王陽明從年少起即對方外之學極感興趣，一生的經歷也多與方外之士的僧侶、道士相關。[14]對方外之學的興趣也就是對超越境界的興趣或許是理學家的共相，但王陽明的興趣之濃及起源之早，仍然是相當特殊的。我們發現連他早年栽培參與天泉證道的兩位弟子錢德洪與王龍溪，都使用了佛老二氏更嫻熟的閉關靜坐的方式，而且都取得類似頓悟的身心突破的效果。[15]他的良知學的內涵無疑地已踏進三教共享的先天的層次。

天泉證道議題主要的發揮者是王龍溪，他是王陽明的同鄉。王龍溪以傳陽明學自任，上說下教，布道四方，臨老孜孜不倦。在陽明後學中，王龍溪的行動力特別強，輩分高，年壽長，同門中的地位約與王心齋、鄒東廓等同。王門內部幾次與「良知」概念有關的爭論，他都是當事者。他對良知學的理解相當自信，有言：「師門致良知三字，及門孰不聞，惟吾信得及」。[16]但他引發的爭論主要集中在良知的超越面，這是帶有獨特三教風味的議題，就良知學的開展而言，王龍溪的貢獻很大。他將良知的運用收攝於本體在其自己的高度，他稱作「乾知」，[17]我們可稱作一種宇宙意識的良知。但「乾知」的「知」總還有主體意識的意味，王龍溪表達良知的玄妙義時，常常更向上一翻，淡化人間性的主體義，而進入宇宙性的氣化主體義。他將乾知運用於虛靈感通的一氣獨化，他的懸空立教之言無疑地給晚明重要文人相當特別的啟示。晚明文人活在三

13 羅欽順即批評自古說本體者，沒有以「知」立論者。參見羅欽順，〈答歐陽少司成崇一〉，《困知記》（北京：中華書局，一九九〇），甲午秋及乙未年兩通，頁一五三—一六一。

14 王陽明三十七歲龍場悟道之前，不少傳奇的事件或傳聞都與和尚、道士相關，參見本書第四章〈三教別裁——王學學者的「異人」經驗〉。

15 錢德洪的案例，參見〈刻文錄敘說〉，《錢德洪語錄詩文輯佚》，收入錢明編校整理，《徐愛 錢德洪 董澐集》（南京：鳳凰出版社，二〇〇七），頁一八五。王龍溪的案例，參見王畿，〈書見羅卷兼贈思默〉，收入吳震編校整理，《王畿集》，卷一六，頁四七四—四七五。

16 這段話出自他的遺言，可說是他給自己的學問作了一生的定位。參見王畿，〈遺言付應斌應吉兒〉，收入吳震編校整理，《王畿集》，卷一五，頁四四二。

17 「乾知」一詞出自《易經》的「乾知大始」，王龍溪截出此詞，視為專有名詞，他說「良知即乾知」，參見〈答季彭山龍鏡書〉，收入吳震編校整理，《王畿集》，卷九，頁二一三。

教融合的時代氛圍中，對於向上一機的本體之嚮往相當強烈，王龍溪提供了其他人無法提供的本體之訊息。但王龍溪先天學的觸角伸到無善無惡的玄秘領域，也引發了一些關心良知的倫理效應的陽明後學之不安，不論是重鄉里社會實踐的江右學派或是重視朝廷政教事務的東林學派，它們都對王龍溪之學保持相當高的警戒。

在王龍溪參與的諸多辯論中，他與聶雙江的辯論，所謂「致知議辯」，[18]相當有名。因為文獻集中，議題集中，兩人又同為王陽明第一代著名弟子，自然會引發當代及後世人較多的關注。聶雙江和王龍溪有關良知性質的爭辯是王學史上一大事件，王龍溪主張良知的現成義，良知當下呈現，這就是現成良知論。有關王龍溪與聶雙江的爭辯，我們當承認「良知」的概念即預設了現成良知的概念，誠如顧憲成帶點嘲諷語氣所說的「良知不是見成的？難道是作成的？」[19]良知是呈現原則，這是陽明學的核心義，王龍溪的堅持是站得住腳的。

但反過來說，正因良知是呈現原則，沒有脫離個體義的良知在其自體，我們不能不問它如何呈現？它在何處呈現？無疑地，人的良知只能因氣質之性而顯，良知是個體性的，良知是有風格的，良知在個體上呈現，也在個體上受限制。聶雙江（包含同樣反現成良知說的羅念菴）其實不一定反對良知有現成義，如果不以文害義，他的反對是從工夫論著眼，他強烈主張良知的本來面目是需要經由工夫的轉化才能呈現的。如就現實經驗而論，良知只能是在纏良知，也就是良知的具體化往往意味著良知的夾雜化。如果我們要在個體上論良知的絕對義，勉強說來，這樣的良知只有在心體內斂至極時才可體現，王龍溪的著眼點正在此層面，但他卻又放在日常意識中立論。然而，具體生活世界中的良知絕不可能是完美的現在良知，而當是善惡夾雜、習氣滲透的良知，也就是在纏良知。學者只有逆斂已發，體證未發，並以此立本，工夫才有著落，聶雙江的堅持也言之成理。聶雙江與王龍溪的論點各有所當，他們所以爭辯不已，千言萬語，撇開語言的糾纏，核心義當在強調良知的現實義與絕對義的差別而已。

在良知學的廣泛流域中，王龍溪特別喜歡從良知在其自體的巔峰狀態立言。此說並非意指其他王門弟子沒有經歷良知在其自體的經驗，事實上，從聶雙江、羅念菴一直到劉宗周，這些王門後學對良知的絕對義扣得很緊，他們體證心體之深之切似乎也不下王龍溪，但他們多走「保任」一路，王龍溪卻在高峰經驗的「用」上施展。用劉宗周的話講，也就是「任一點虛靈知覺之氣從橫自在，頭頭明顯，不離著於一處」。[20] 王龍溪是儒門豪傑，就良知學的開展而言，他誠然將良知承體起用的本地風光鋪陳得淋漓盡致，一洗從來講學之風。王龍溪天資高，王陽明說他的語言是為上根人說法。[21] 上根人所見之世界皆為本地風光，現實世界在此際已失去現實義，完全化為良知流行之場，所以他常言良知的現成義。但就教法而言，王龍溪的話語在接引一般群眾上的效力如何，不能不是個問題。聶雙江面對這些高明的語言，竟茫無進路，毋寧是真實的感受，也可以說是理性的真實。回到天泉證道的現場，王陽明的判準還是對的，四句教確實才適合各種類型的群眾的場合。

王龍溪、聶雙江的「致知議辯」幾乎可視為〈天泉證道記〉中錢德洪與王龍溪四句教與四無說的爭辯的延伸，也是他獨立講學的一項標誌。王龍溪一生多以講學為業，即使年登八十了，仍然外出講學不輟。「車

18 相關文獻參見王龍溪蒐集的〈致知議辯〉，收入吳震編校整理，《王畿集》，卷六，頁一三二—一四一。對此論辯作右王左聶的仲裁的經典敘述參見牟宗三，〈〈致知議辯〉疏解〉，《從陸象山到劉蕺山》，收入《牟宗三先生全集》，冊八，頁二五七—三二二。

19 顧憲成，《小心齋劄記》，《顧端文公遺書》（臺北：廣文書局，一九七五），卷一一，頁二七四。

20 引自黃宗義，《明儒學案．師說》，收入沈善洪主編，夏瑰琦、洪波校點，《黃宗羲全集》，冊七，頁一六。

21 我們不會忘了「上根人」一詞為王陽明調停錢德洪與王龍溪有關良知四有句與四無句時，對王龍溪四無句所下的斷語。但王陽明也說了世界上的上根人有幾人，有幾位顏子與明道？

轍所至，會常數百人，講舍遍於吳、楚、閩、越，而江、浙為尤盛」，[22]而他所說的良知教多從所謂的「先天學」著眼。身為儒門巨子，他自然不會不重視人倫日用；身為開啟性命奧秘的導師，他也提供了具體的靜坐工夫之指引。[23]但王龍溪的思想主軸始終在先天學，良知的有無之辯，神感神應，這樣的語彙始終是他的論述的主調。他所用的這些語詞雖然也見於儒家的經典，但方外之學的風味更濃。他的老友唐順之即曾半揶揄半正經地說他：「王老於其間，又番窠倒臼，又撰出一種騃氣攝靈、一息一息等語，又是一場孽怪。且三教之說，正苦分也分不清。曰：『其息深深』，曰：『反息還虛』，曰：『嚮晦入宴息』，扯來扯去，又卻攪做一團糟。」[24]唐順之是王龍溪老友，也是此道中人，他所引用的文字都是王龍溪論述痛快淋漓時自然帶出來的語言，唐順之可謂以述代作。唐順之對王龍溪絕對不會不熟悉，也不會不友善，他的這些語言自然地透露出了王龍溪的良知學與方外之學的關聯。

王龍溪對方外之學的友善在他的文集中處處可見，他甚至和一生相親相敬的妻子討論良知學與觀音信仰的相容性。他的寬容固然緣於尊重妻子的信仰，但也因他相信儒佛有可相容處。[25]他的靜坐法和天臺宗的小止觀的關係也是很明顯的。[26]他與道教人士也多有交往，他所用的良知學的語言和內丹道教所用者尤多重疊，王學中人很少人談靜坐法談得如此仔細。他時常出入佛寺，與當時的重要僧人如玉芝法聚與雲棲祩宏多有來往，辨析儒佛工夫要義。[27]事實上，中國悠久的三教異同之論述到了王陽明、王龍溪，進入一個以良知統合三教的階段，陽明學提供了一種新的宗教論述。王龍溪同志友論及王龍溪之學的特色時，多提到他「總持三教」的事業，[28]他本人甚至被視為「三教宗師」。[29]

更明確的立場見於王龍溪所著的〈三教堂記〉，他站在會通佛老的立場，力斥以佛老為異端之說為大誤。世儒自私用智，不能善物明宗者，反而才是異端。王龍溪在此文暢論良知統合三教的寂感有無諸義的功能：

人受天地之中以生，均有恒性，初未嘗以某為儒、某為老、某為佛，而分授之也。良知者，性之靈，以天地萬物為一體，範圍三教之樞。不循典要，不涉思為，虛實相生，而非無也，寂感相乘，而非滅也。與百姓同其好惡，不離倫物感應，而聖功徵焉。學老佛者，苟能以復性為宗，不淪於幻妄，是即道釋之儒也。[30]

22　趙錦，〈龍溪王先生墓志銘〉，收入吳震編校整理，《王畿集．附錄四》，頁八三〇—八三一。

23　王龍溪著有〈調息法〉，收入吳震編校整理，《王畿集》，卷一五，頁四二四。理學家各有靜坐工夫，但具體的法門少見，王畿是少數涉及此義的儒者。

24　唐順之，〈書王龍溪致知議略〉，收入吳震編校整理，《王畿集．附錄五》，頁八六〇。

25　王龍溪，〈亡室純懿張氏安人哀辭〉，收入吳震編校整理，《王畿集》，卷二〇，頁六四七—六五一。陽明學者的妻子多有信奉佛教者，不只王龍溪的妻子為然。這個現象固然可表示三教共容的時代氣氛。但也可能表示這些陽明學者仍受限於傳統的女性的社會角色的定位，沒有嚴肅考慮過女性良知學者的想法，所以他們的妻子往往只能從佛道兩教中求得安身立命的力量。

26　彭國翔，〈王龍溪與佛道二教〉，《良知學的展開：王龍溪與中晚明的陽明學》（臺北：臺灣學生書局，二〇〇三），頁三一五—三一八。

27　參見陳永革，《陽明學派與晚明佛教》（北京：中國人民大學出版社，二〇〇九），頁二八—四〇。

28　「總持三教」之語出自王龍溪〈與李中溪〉：「先師提良知二字，乃三教中大總持」，參見吳震編校整理，《王畿集》，卷一〇，頁二五八。〈與魏水洲〉信中也提及「三教大總持」此語此義，同前引書，卷九，頁二〇二。王龍溪的另一同志友張元忭〈祭王龍溪先生文〉則說他「總持三教，狎主宗盟，江之左右，浙之東西，或一聆其謦欬，則興歎於望洋。」參見吳震編校整理，《王畿集．附錄四》，頁八四五。總持三教的不再是良知教義，而是教義的體現者王龍溪本人了。王龍溪也大方承認他會通三教的立場，但他似乎更同意另一同志友王宗沐說的「三教宗工」，參見王龍溪，〈答王敬所〉，收入吳震編校整理，《王畿集》，卷一一，頁二七六。

29　這是李卓吾下的語言，〈與焦弱侯〉，收入《焚書 續焚書》（北京：中華書局，二〇〇九），卷一，頁二五。

30　王龍溪，〈三教堂記〉，收入吳震編校整理，《王畿集》，卷一七，頁四八六。

破除三教名相，直入性命之源，文章淋漓盡致，儒門中少見。儒家與佛老的關係不再是防堵，而是會通。三教會通之言在王龍溪著作時常出現，儒與佛道的異同是王龍溪關心的核心議題。

王龍溪的說法是承繼王陽明之說而來，依據年譜所記，王陽明明明白白地有儒釋道三堂之喻，王陽明主張廳堂三間房舍原本都是儒家的家當，只因世儒不察，不明，竟然將左、右二房割捨出去了，儒家的資源大為縮水。[31]王陽明、王龍溪師徒兩人的三教論放在理學的脈絡看，意義重大。理學在北宋一出現於世，即踏進了天道性命的領域，也就脫離不了和佛老的關係。從師承、義理和人際關係看，皆是如此。但二王之前，儒者論及儒佛之辯或三教關係，重點都偏重在差異面，自我防衛的機制甚強，甚至認為儒家及佛老乃是非對錯的互斥關係。王學興起後，三教關係則是以統合為主軸，佛老問題最多是偏而不是誤，儒家應當以中攝偏，良知統合三教。

良知統合三教，如果三教共一堂，王陽明實質上成了三教堂主。但既然是三教，就不可能沒有三教之異，良知能統合三教，應當有經過特別篩選抉擇的過程。我們從王陽明所說：「聖人盡性至命，何物不具？何待兼具？二氏之用，皆我之用。即吾盡性至命中完養此身，謂之仙；即吾盡性至命中不染世累，謂之佛。」[32]可以理解他與王龍溪是將虛、無當作良知的屬性，虛、無是超越性主體的功能，虛、無的功能和良知的天理一併呈現。但就價值的位階上看，虛、無是依良知之天理的「實」而言，良知是統合的原理。從王學的觀點看，良知統合三教，其理論並不是混淆了三教分際，而是恢復了儒家的本來面目而已。但當良知已進入了無善無惡之境，那是終極的先天靈竅之境，它已不受經驗性的因素之檢束，我們可以預期，在沒有經驗性（也就是文化性）的因素作檢證的指標的境界，何者是統合的原理，此事會有極大的詮釋空間。

正因詮釋的空間很大，所以它也給三教的關係帶來了頗大的迴旋空間。論起良知三教論的歷史效應，我們不能不說它打開了儒家與佛老對話的大門。當儒家的天理概念被抬舉至超越層，其地位與佛教的「空」、道家的「無」同等，天理之實不礙佛老的空、虛、無、靜諸義。良知作為本體論中的奠基者，如果其內涵是互斥的話，三教即不免在根源上即是矛盾的關係。但當三教的核心概念視為同一實相的不同面向的描述時，三者即可互融。至於其價值地位之高低，則隨各教的教義有所調整。佛老也可以有它們的排列組合，通常儒家會被擺在方內的倫常價值的維護者的位置上看待。[33]儒家則可以以本心天理之實為核心，統編佛老，世間遂亦可有王龍溪所說的「道釋之儒」。

「道釋之儒」之說在儒門出現，具有重大的意義，它的提法指向一個三教會通的時代的到臨，它是儒家更加自信的表徵。論起三教異同關係，一般說來，陸王心學比程朱理學要寬大許多。但所謂「陸王心學」的內容仍須再分辨，事實上，王陽明之前的象山之學或白沙之學，它們對儒佛的分界還是很嚴密的。明顯地，打破儒佛畛域、跨越三教界線的儒家學派當是王學。王陽明拆其坊（亦即拆其防），陽明弟子導其流，陽明後學，尤其萬曆後的陽明學者更常被視為狂禪、狂儒。儒家的價值體系似乎不斷地被禪佛的因果論、空無論所滲透，周汝登（海門）、陶望齡（石簣）這些人是常被點名的名儒。然而，恰恰好是這些引發黃宗羲等人不滿的儒者，卻都以操守嚴謹聞名，也沒有背叛良知學的天理義。他們只是因修行多借道禪佛，或認為三教原存共法，所以多能融會佛老的寂靜空無而立說。即使陽明後學中較平實穩健的江右學派，他們對待佛老的態度仍舊與程朱學派不同，我們只要細觀與王陽明同代的朱學後勁羅欽順的著作，兩者對照，其對待異教態

31　參見錢德洪，《王陽明年譜》「嘉靖二年」條，收入吳光等編校，《王陽明全集》，冊下，頁一四二三。

32　同前引書，冊下，頁一三〇一。

33　如憨山的〈觀老莊影響論〉一文可為代表。憨山也是三教統合論者，他論儒家，即將重點放在濟世，維護世間倫常秩序。三教都是聖教，三教教主都是聖人，但仍是以佛教最高——這當然是佛子必然有的觀點。釋德清，《觀老莊影響論》（臺北：廣文書局，一九七四）。

度之差異極為分明。

陽明後學對分辯三教關係較嚴厲者，要到了較後期的東林學派、蕺山學派，其時已進入十七世紀了。而東林、蕺山所以要嚴分三教，正因三教會和之說在晚明已蔚為風氣，東林、蕺山的嚴厲批判的面前是儒、釋、道三教的界線正融化於良知學掀起的浪潮中。這股三教融會的浪潮不但浸漫到儒學的門戶之內，它還越出宗教界限，透過小說、戲曲、講會的管道，大肆擴散。從嚴守儒家界限的觀點來說，東林、蕺山學者的批判是有道理的，立教之言不宜寬鬆。但這是教內的觀點，既為大教，自然不可能沒有大教的受想行持，教義規範。

教內的觀點是一種觀點，但不應該是唯一的觀點。諸教在人間畢竟是事實，從「諸教在人間」的觀點考量，不能不留下寬容的空間以及相互切磋轉化的途徑。回到天泉證道的那個夜晚，或者從今日的多元文化、宗教寬容的立場看，王學的三教論有極重要的價值，它也引發了道、佛兩教對儒家價值的寬容吸收，因而也有了各教的三教論，晚明社會呈現了獨特的寬容融會的宗教光景。

三、良知本體監視下的鄉里實踐

王陽明的門生中，今日江西地區（古稱江右）的學者占有極高的比例，黃宗羲編的《明儒學案》中，江右學案占了九卷，超出浙中學案與泰州學案，比例最高。學者的學派歸屬問題往往難以歸類，事屬兩可，這種情況，《明儒學案》亦不能免。[34]但王陽明在江右的時間久，一生的世間事業和江右地區相關，而且他待在江右的時間，也正是他良知學正在蓬勃發展的時段，因此，他的江右門生特別多，這個現象也是合理的。黃宗羲說道此派概況如下：

姚江之學，惟江右為得其傳，東廓、念菴、兩峰、雙江其選也。再傳而為塘南、思默，皆能推原陽明未盡之旨，是時越中流弊錯出，挾師說以杜學者之口，而江右獨能破之，陽明之道賴以不墜。蓋陽明一生精神，俱在江右，亦其感應之理宜也。

引文說的「越中」當指王龍溪。至於黃宗羲認為江右學派是王學正宗，這個判斷繼承劉宗周而來，但也可算是當時相當主流的判斷。黃宗羲還用了「感應」這個古老而玄秘的概念，解釋良知學何以在這個地區特別流行的現象。

江右學者在王學演變的光譜中所以可成為一個學派，不是人數多而已，而是學案列的這些人的學風的共相相當清楚，我們且就黃宗羲所列舉的代表人物，簡要撮取其論學宗旨如下，即可略見一斑。黃宗羲列的鄒守益的特色在「戒懼謹獨」，聶雙江的思想特色在「歸寂」，羅念菴的特色在「收攝保聚」，二傳三傳的萬思默在「主靜」，王塘南「透性研幾」，作為殿軍的鄒元標之學「以識心體為入手」，這些詞語用字不同，內容就不可能沒有出入，但大方向卻是一致的。就學派內部的宗旨考量，這些精微的差別也可以有很重大的意義，所以爭毫析釐的爭辯也就在所難免。比如作為學派兩位引航人物聶雙江和羅念菴，學風極相近，羅念菴還深受先行者聶雙江所感動，但羅念菴晚期思想注重寂感同體、已發未發一源，其思維模式隱然接近晚明最後一位大師劉宗周，他的轉向可說有意在他的「致虛」與聶雙江的「歸寂」之間，劃出一條界線。[35]

34　參見彭國翔，〈周海門的學派歸屬與《明儒學案》相關問題之檢討〉，《清華學報》，新三一卷三期，頁三三九—三七四。吳震，《泰州學派研究》，頁一〇—三八。

35　參見林月惠，《良知學的轉折：聶雙江與羅念菴思想之研究》（臺北：國立臺灣大學出版中心，二〇〇五），頁三〇五—三一一。張衛紅，《羅念菴的生命歷程與思想世界》（北京：生活．讀書．新知三聯書店，二〇〇九），頁四三〇—四七三。

然而，我們如就上述《明儒學案》所列的江右要角的思想特色，想要一一辨析彼此異同，其實不太容易。其困難既在於意識語彙的界線不易掌握，意識的狀態如「虛」、「靜」、「寂」等字不易成為認識的對象，這些存在性的身心狀態來臨時，當事者通常只擁有深陷於其中的存在感，很難將此身心的存在感受轉化為認知性的語言。更根本的困難在於他們思想的宗旨所指涉者都切進非思議可及的玄秘境界，這種玄秘境界甚至被認為踏進語言與邏輯的禁區。困難當然也和我們當代已經脫落了工夫論的訓練有關，理學的工夫論總有逆覺體證的步驟，即使陸王的擴充工夫模式也預設了本心的自證，這種「返身而誠」的自我訓練模式在當代的教育中基本上已經失落了。我們通常只能透過逆體證的追溯過程，或者透過行者後設的反省，藉著重構的構造，多少理解一些心邊事。

上述的江右學人體道極深，他們的思想都關聯到人的存在的根源的向度，傳統的語彙稱之為性命之學。由於事關安身立命的終極關懷，因此，他們在細微之處皆不放過，這是可以理解的，這也是明代所謂的三教人士共通的傾向。然而，從他們的討論的精微來看，我們固然可以立基於理學內部的觀點，辨析其異；但就良知學與社會互動的關係考量，我們更有理由觀其共相，如此或許更容易見出陽明的良知學在他身後的一百多年，其發展到底有何特色？至少是特色之一。

我們如就上述的江右要角的思想特色宏觀考察，不難發現他們的思想體證本體的成分特別強，他們向上一線的超越境界的追求透過了向下一線的內斂體證而證得，這種逆覺證體的工夫是江右學派共同分享的核心要素。他們的工夫論特色顯現一種內斂自持的性格，在行為上則多帶著戒慎謹飭的模式。江右學派要角中，鄒東廓的輩分甚高，人品高潔，甚得王陽明讚許。其傳道論學，多依循王陽明規矩，儼然成為江右地區良知學的代表人物。鄒東廓因為講學立教特別穩重，善述善繼，不易有偏差，所以學問的性格反而不突出，但他同樣有經過玄妙的體證良知本體的關卡。我們如就江右學人所捲起的風潮，或者黃宗羲所列江右學派代表人物而言，江右學派更明顯的特色在於冥契經驗般地體證心體的工夫模式，用牟宗三先生的語彙來講，也就是超越的體證。[36]超越的體證云者，當是學者隔絕了外緣，通常還採取靜坐的方式，體現了心體的本地風光。我們觀黃宗羲所列的江右學派重要人物的思想特色，從聶雙江、羅洪先以至萬思默、王塘南，莫不如此。江右學派的特色放在和浙中（如王龍溪）、泰州（如王心齋）對照之下，緘默修持的特色極明顯。但放在王學與社會的互動而言，此派學者將良知的理念與鄉里生活的具體實踐連結在一起，又是項特色，這項特色可以說由鄒東廓奠下基礎的。底下，我們將從這兩點著眼，雙面照顧，以江右學派的兩位大儒鄒東廓與羅念菴為例，勾勒他們學說與陽明學及明代世風的關係。

鄒守益，字謙之，號東廓，生於一四九一年，卒於一五六二年，在江右學派諸儒中，年齡最長，其為人也有長者之風，在江右學派團體中，穩居領航者的角色。黃宗羲《明儒學案》讚揚他「陽明之沒，不失其傳者，不得不以先生為宗子也。」這是極高的讚美。在王陽明弟子中，著名的學者如王龍溪、王心齋、鄒東廓，他們的年齡相去無幾，如論鼓動一時風潮，或論其人其學在今日學界所受的重視，王心齋與王龍溪應該更形突出，二王並稱，良有以也。[37]黃宗羲獨以鄒東廓為陽明學宗子，他的判斷應當和黃宗羲繼承劉宗周之學價值的定向有關，劉宗周即以鄒東廓為王學正宗。黃宗羲身處新舊學術交迭之際，他實質上已在新的學術典範下從事理學的思考。但在工夫論領域，他仍主張良知的內斂警惕，不稍走作，恪守蕺山之學規範，所以評價鄒東廓之學甚高。

36　關於超越的體證，參見牟宗三，《心體與性體．中》，收入《牟宗三先生全集》，冊六，頁三八三—三八八、四九四。

37　陶望齡說：「新建之道，傳之者為心齋、龍溪。心齋之徒最顯盛，而龍溪晚出壽考，益闡其說，學者稱為二王先生。」〈盱江要語序〉，《歇庵集》，收入李會富編校，《陶望齡全集》（上海：上海古籍出版社，二〇一九），冊上，頁一六〇。陶望齡為王學中人，他的二王並稱的判斷反映了當時普遍的看法。

鄒東廓平實的學問和王龍溪、王心齋這兩位良知學巨子對照，特別容易突顯出來。在陽明後學，如論思想之新穎，掀天動地，沒有人可以和二王相比。王龍溪以四無風格的虛無之氣，在人間神感神應。王心齋以濃烈的萬物一體的情意性格，在人間塑造共同的精神團體，隱然有宗教團體領導人之風。相形之下，鄒東廓最為平實，就講學之風而言，也可說他最接近王陽明四句教的規矩。鄒東廓注重良知見於人倫日用，但對良知的先天義仍極注重。東廓之學從「敬」入，敬者，主一之謂也。「主敬」是程朱的教義，但如果就具體的身心修行技術而論，它也可以說是公法，凡有轉化身心以證超越者的功法皆可使用。鄒東廓的主敬工夫落在心體的自我調整，自作主宰，其主敬乃是「心即理」下的主敬，而不是「性即理」框架下的格物窮理的主敬工夫。也因為他的主敬是陽明學脈絡下的功法，他的主敬因此與「致良知」的「致」可以形成動態的平衡。

由於鄒東廓將主敬放在良知學的脈絡下理解，而鄒東廓本人操守甚嚴，長期於人倫日用上作工夫，所以他是否經歷王陽明龍場之悟那般的本地風光，並不清晰，他也很少談及箇中的內容，他這種謹慎的作風也像王陽明，但我們有理由相信他對這種體證良知本體的經驗並不陌生。他與同志手札，曾言及閉暑武功之事，其言曰：「清夜默坐，猛自鞭策，從靈明本體自修自證，不敢以虛見浮談眩此一脈。於歸根復命，覺有安泊。」[38]「歸根復命」出自《老子》，在修煉圈子中，這種詞語指向對本體的體證。他答覆以歸寂說馳名的同志友聶雙江，有言道：「去夏閉暑武功，始透曰『默而識之』，是不厭不倦根基。」這段話前接王陽明詩：「無聲無臭獨知時，此是乾坤萬有基」而來。[39]盡心知性知天，主體的奧秘藏在它與天（道、本體）的連結處，這是三教修行者都接受的論點。王門弟子活在共同的文化圈裡，王陽明這些語言到底表達何事，他們不可能沒有共享的「成見」，何況對象是以靜坐證體出名的聶雙江。

鄒東廓有靜功、證體的經驗，而且應當還是他的生活中重要的環節，武功之悟有可能是長年潛心修養的一個重要指標。但他罕言悟覺之事，罕言正表示他認為悟覺經驗不必張皇，良知該更高一層，不能止於靜境。我們看到他的文集只要論及良知，它總是貫穿於動靜兩境，良知的寂靜義不是困擾他的問題，反而他常要門生與同志不要陷入枯寂之境，他的意圖相當清楚。鄒東廓的〈靜觀說〉是寫給主張靜觀工夫的門生彭鵝溪看的，實質上是要更正他對「靜」的理解。鄒東廓說北宋理學大師周敦頤所謂的「主靜」是「所存者神，是謂靜而無靜；所過者化，是謂動而無動。無靜無動，是謂至靜。」他的〈艮齋說〉是寫給在公門中修行的一位名為戴伯常的同道聽的，「艮」有靜止之象，鄒東廓說：「伯常之止也，將止其體乎？將止其用乎？寂感無二時，體用無二界。若猶二之，則動靜有端，陰陽有始矣！」鄒東廓所以提出此警語，因為戴伯常受學於歸虛致寂著稱的聶雙江。同樣的意思更見於他與聶雙江的論學書簡中，在這九通書簡中，固然可看出聶雙江對現成良知之說不得妥貼穩當，頗具戒心。但反過來說，鄒東廓對聶雙江的「從寂處體處用工夫」之說，也感不安，因而提出針砭。鄒東廓始終堅持本體在用中顯，致良知的意識是體用一如的意識。鄒東廓與聶雙江的往復對勘，乃是繼王龍溪與聶雙江的「致知議辯」外，王學內部的又一場重要辯論。鄒東廓與王龍溪兩人對聶雙江的致虛守寂說都感不安，雖然鄒東廓對王龍溪喜談良知的高明沖虛也有意見，但郭、王兩人的出入比較像工夫分寸如何掌握的關係。

鄒東廓人品高潔，他對良知的本體義以及體用一如義，始終兼顧，就教法而言，他最接近王陽明四句教的期待。而就江右學派既重心體的體證，而又重鄉里的實踐而言，鄒東廓也表現了極大的特色。我們閱讀他的文集，不難發現他的著作相當多和鄉里百姓的水利、課稅、旱災與勞役之事有關，我們在新編的《鄒守益集》中，發現他寫給朝廷與地方官員的信札中，為鄉民的生計請命的尺牘占了極大的比例，不會遜色論學手

---

38 鄒守益，〈簡劉月山〉，收入董平編校整理，《鄒守益集》，冊上，卷一三，頁六七六。

39 鄒守益，〈簡聶雙江二〉，收入董平編校整理，《鄒守益集》，冊上，卷一二，頁五八四。

札太多。文集中甚至整整有一卷三十幾通手札，[40]鄒東廓都是為鄉民爭取賑災、課稅、丈量、水馬夫役事。鄒東廓於嘉靖二十九年（一五五〇）因上書得罪當道，落職閑居鄉里十餘年。在此期間，他除了繼續深究師門良知學要義外，另一工作即是為鄉里服務。落職里居的儒者如何實踐知行合一的旨趣？鄒東廓立下極好的風範。

鄒東廓二十一歲即高中進士，出道甚早。但於官場三仕三已，起廢不定，實質上有官職的時間才十二年，他不可能不知道仕途風波之險惡。他對於里居鄉紳如何維持與官府的關係，頗為慎重，不願意予人關說干謁之想。他所以還會與管理地方經濟事務的官員垠垠相爭，可以確定地，都是為窮於生計、無處申告的鄉民而發。[41]鄒東廓除了為鄉民爭取生存權外，我們還看到他對維持鄉土共同體的宗祠、書院、義田、族譜、鄉約非常重視，這些機制構成了明代鄉村社會很重要的骨幹。筆者籠統地統計他的文集中論及族譜的文章即有二十六篇，論及書院儒學的文章則有二十五篇。筆者所以說籠統，乃因有些可能有書院功能的「精舍」、祠堂，尚未列入其中。[42]鄒東廓的鄉里道德實踐包含對鄉民的經濟面及倫理面的參與，他成了家鄉安福的象徵。

鄒東廓作的工作，在羅洪先身上，幾乎又重演了一遍。羅洪先與鄒東廓同鄉，也共同參與陽明後學舉行的各種講會。羅洪先科場早達，但仕途不順，長年臥居林下，隱居不出，兩人在這點上也有些共相，只是羅洪先的隱居期間更長。鄒東廓在鄉里的表現顯然給羅洪先帶來極大的示範作用，鄒東廓思想的一大特色在於注重實修而又奉獻鄉里，羅洪先亦然。羅洪先曾在湖北山中經歷一場著名的悟道經驗，這種悟道的體證常見於江右學派的儒者，而且可以確定的，他們發現良知的秘密即在此種經驗。江右學者如果沒有經歷過類似傳統三教所說的悟之體驗，或者如今日宗教學所說的冥契經驗者，大概就不會是好的陽明學者。鄒、羅兩人並稱，見賞於劉宗周，是有道理的。

羅洪先這位嘉靖八年（一五二九）的年輕狀元幾乎可視為天生的陽明學者，一位年僅十五歲的少年初聞良知學，即嚮往之。《傳習錄》一出版，他即手抄其書，玩讀忘寢，亟力追隨這位素未謀面的一代大儒，去體證成聖之學。如果不是家庭親情的壓力，他真的有可能遠遁他鄉，追隨陽明去了。在此四年前，羅洪先還是十一歲的童生時，讀到羅倫（一峰）的文章，即深喜之。[43]羅一峰為憲宗成化二年（一四六六）狀元，曾師從陳獻章，人品高潔，官聲甚佳，是江右地區的傳奇人物，羅洪先和他的生平經歷頗有近似之處。江右地區一甲子歲月中，先後出現過兩位羅姓狀元，都是名儒，學問人品皆超逸群倫，不能不說是難得的佳話。理學尤其心學在嘉靖年間的江右已大盛，彼地學者受到影響，聞風興起，並不特殊。但像羅洪先年紀如是輕，即已顯出強烈的求道傾向者，畢竟少見，一方面可謂夙慧；一方面也可見其時江右地區的王學如何深刻地滲入民間，它提供了有心人士得以從事斯學的氛圍。

對成聖的目標以及良知學有強烈嚮往者，可想見地，他當有體證心性本來面目的強烈要求。事實確也如此，羅洪先一生最鮮明的形象當是一位行走於聖人之途上的求道者。身為江右學派的巨擘，他一生訪學行腳，閉關苦參，其行徑絕像高僧高道的模樣。[44]如果說王龍溪一生行走四方，為的是布道；羅洪先一生行走

40　參見鄒守益著，董平編校整理，《鄒守益集．書簡類五》，冊上，卷一四，頁六八五—七一六。

41　鄒東廓在〈簡巡撫汪東峯年兄〉，收入董平編校整理，《鄒守益集》，冊上，卷一一，頁五五三—五五四；〈簡魏槐川侍御（二章）〉及〈簡槐川柱史論旱灾〉，同前引書，冊上，卷一一，頁五六五—五六八。皆言及此義。

42　如〈衢州府孔氏家塾記〉、〈伍氏先祠藏書記〉所述之家塾、先祠都帶有些書院的功能。

43　以上所述羅洪先傳記，參見胡直，〈明故賜進士及第左春坊左贊善兼翰林院修撰經筵講官贈奉議大夫光祿寺少卿謚文公念菴羅先生行狀〉，收入徐儒宗編校整理，《羅洪先集．附錄一》（南京：鳳凰出版社，二〇〇七），冊下，頁一三七五—一三九〇。胡直為羅洪先門生，此行狀敘述羅洪先事蹟及學問頗為詳細。

44　羅洪先著有〈冬遊記〉、〈夏遊記〉、〈甲寅夏遊記〉、〈衡遊紀略〉、〈匡廬紀行〉，記載他遊學四方，拜訪同道的記載，這些

四方，為的則是求道。羅洪先操守嚴謹，體驗精湛，平素多靜坐，澹然獨與神明居，在他那個時代的王學巨子中，以苦修實證著名。他的朋友、門生沒有人懷疑他深入性海的工夫境界，他與王龍溪爭辯良知的先天義或良知之善與無善無惡的問題，乃是陽明後學的著名爭辯，但王龍溪對他的體驗之深，也是從不懷疑的。

嘉靖三十四年（一五五五）羅洪先在他回返陝西故居的途中，曾在湖北黃陂道明山靜坐三個月，有得，此即傳奇的楚山之悟。他描述他於極靜中所體驗的內容：

> 當極靜時，恍然覺吾此心虛寂無物，貫通無窮，如氣之行空，無有止極，無內外可指、動靜可分，上下四方，往古來今，渾成一片，所謂無在而無不在。吾之一身，乃其發竅，固非形質所能限也。是故縱吾之目，而天地不滿於吾視；傾吾之耳，而天地不出於吾聽；冥吾之心，而天地不逃於吾思。[45]

這些話語是他寫給當時一位體道有得的著名心學學者的信札中的文字，內容描述一種不受限於空間距離的視覺與聽覺能力，其意有可能是種超感官知覺（ESP）的經驗，但更可能的是悟覺的宗教性經驗。書信描述悟覺的作用產生了時空變形的效果，主體融進了宇宙意識，變成了超越的大主體，知覺的作用也變成了朗現的心體作用的器官。羅洪先的體證是王學傳統中極著名的案例，我們要了解良知學的向上一機，這位陽明私淑弟子的證詞乃是不容錯過的文獻。羅洪先一生的歲月，常在靜坐中度過，他爾後的生涯應當還會有類似的體悟經驗，只是基於體道不在多言的理學傳統，他很少彰顯此事而已。

羅洪先雖然沒有達到惡聞「悟」之一字的程度，但他確實很少報導黃陂楚山之悟之類的文字，[46]這是理學不喜張皇的傳統，可能冥契者都有此傾向。但因為他常年靜坐，又以歸寂宗旨聞名，所以他證悟良知本體的案例遂有重要的學派象徵意義，與羅洪先並稱的聶雙江也有一場同樣著名的證悟本體的經驗。聶雙江在

《明儒學案》的形象是以生死不動於心，從容接受命運的安排，而得到羅洪先及其同代的江右士人的讚賞的。但就學術而言，他的特色在於「歸寂」之說，他的「歸寂」之說不只是一套理論，這套理論建立在他的一場獨特的監獄經驗上面，至少這場經驗印證了他的工夫論。黃宗羲記載其事如下：

> 先生之學，獄中閑久靜極，忽見此心其體光明瑩徹，萬物皆備，乃喜曰：「此未發之中也，守是不失，天下之理皆從此出矣。」乃出，與來學立靜坐法，使之歸寂以通感，執體以應用。[47]

聶雙江這場獨特的在監獄中「忽見此心其體光明瑩徹」的經驗可能出自晚年的體證，[48]但由他與王龍溪反覆辯論的語氣看來，他走在這條類似宗教修行者的修行途上，已頗有年了，類似的冥契經驗不會沒有。

明代由於政治制度不良，「祖宗家法」又立下惡例，極權專制的流毒相當嚴重，明儒多有廷杖、下獄經

文章都收在《羅洪先集》中。羅洪先的參訪遊記在儒門傳統不多見，寫得如此生動親切者，尤為少見。見徐儒宗編校整理，《羅洪先集》，冊上，頁五三—一〇一。

45 羅洪先，〈答蔣道林〉，收入徐儒宗編校整理，《羅洪先集》，冊上，卷八，頁二九八。

46 他的另一樁類似的悟覺經驗是修《楞嚴經》功法，得「反聞」之效，後知其誤，乃改弦易轍。他有詩述及此事：「在昔聞返聞，自謂遇未遇。行持一月餘，便得三昧趣。寤寐恒內藏，瞻視忘他顧。耳中天籟生，鏡裏人情寓。墮禪來群疑，格物承前誤。翻令眾竅閒，漏此一原聚。流落廿六載，多歧漫依附。夜半如乍醒，時過始知懼。由戶方入室，棄筌寧得兔？周子不我欺，主靜乃真句。靜即誠所存，動應豈不裕。誠動幾自通，通即彼此具。執此以應彼，猶有取舍路。譬目外見物，逐者苦馳騖。此心苟不移，何勞分去住。知止性常靈，亦復此目故。知本靈所發，性因氣乃賦。止者氣不浮，氣浮靈弗固。分陰重自古，逝矣寧余駐？保之復保之，未歎年遲暮。」。參見〈訟往〉，收入徐儒宗編校整理，《羅洪先集》，冊下，卷二六，頁一〇三四。

47 黃宗羲，〈貞襄聶雙江先生豹〉，收入吳可為編校整理，《聶豹集．附錄》（南京：鳳凰出版社，二〇〇七），頁六五二。

48 依據林月惠的考證，聶雙江在獄中忽見此心其體光明的年歲當是六十一歲。

驗。在根本性的政治制度（政道）無法建立，甚至無法設想的情況下，良知學學者如何素位安命，轉化受迫害經驗為正面的能量，此種考量遂成為良知對他們極嚴苛的考驗。聶雙江案例亦然，聶雙江如果活在魏忠賢當道的天啟年間，下場一定不堪聞問，政治受難者的命運也有好壞之分。但天爵獲得的條件和人爵不同，聶雙江的下獄經驗對他說來反而是求之不得的逆增上緣，隔離世間生活，滌除塵心俗慮，監獄成了道場。入獄的政治災難帶來了生命極大的福報，就他成學以後的價值安排來說，人生的諸多經驗中再也沒有比體證心體更重要的事了，聶雙江的獄中悟道是椿珍貴的理學修道案例。[49]聶雙江的歸寂之說在當時是儒門一面高揚的赤幟，他的獄中悟道案例和羅洪先的楚山悟道，就像他的歸寂說和羅洪先的致虛說一樣，兩者很容易同流共化，形成顏色鮮明的江右學派的儒學主張。

羅洪先的修行功力極深，直證性海三昧，我們讀他的文集，可以想像他安貧守道，寧靜過著秋水梧桐般的生涯。儒學中人自有顏回、原憲一類人物，理學中亦有人承續此學，朱子老師劉子翬（屏山）、陳白沙、高攀龍可視為同一法脈，羅洪先也可名列其中。他之淡於名利，澹泊寧靜，我們從他和至友唐順之面對當局邀請出山作事，清掃倭寇之事的不同抉擇可以看出。羅洪先為此事，曾與當局、友人往返通信，主張唐順之該出，而他不該出，態度相當堅決。唐順之與他是同志友，但出處不同，羅洪先認為各有道理，大有「禹稷顏回同道」之意。儒家之道不離家國事業，嘉靖年間的倭寇之禍相當嚴重，儒者理當為將家鄉作些事，唐順之的出仕有相當強的正當性。但衡量個性、身體狀況等等綜合條件，羅洪先仍堅持安居於家鄉的石蓮洞，體玩心之太極的潛伏變化，這樣的選擇不能視為逃避責任。後人論及羅洪先、唐順之兩人的不同回應，評價常有高低，但兩人應該是各得其所。[50]我們沒有理由懷疑唐順之出仕的高貴動機，我們也沒有理由懷疑羅洪先拒絕出仕乃是守道自珍的表現。

羅洪先拒絕出仕，他自己說是身體狀況奇差，個性又拙於應對，很可能他說的是真正的理由。但羅洪先可以揮斥朝廷的殘酷的政治，卻沒有辦法隔絕他身處其境的社會，江右學派的學者不是不論人間煙火。相反地，他們既然有萬物一體的承諾，當他們越是體道深刻，深入性海，他們越是回到人間來，在人間的茶米油鹽中作工夫。鄒東廓如此，羅洪先如此，江右學派的學風在此。羅念菴和鄒東廓一樣，首先面對的情勢就是鄉民困於虛報的賦稅，他晚年寫給同志友的一封信裡說道：「即如均賦一事，從六月至今半年，終日紛紛，未嘗敢厭倦，未嘗敢執著，未嘗敢放縱，未嘗敢張皇，惟恐一人不得其所。一切雜念不入，亦不見動靜二境，自謂此即是靜定功夫。」[51]羅洪先此信所說，極似程明道〈定性書〉所說：「所謂定者，動亦定，靜亦定」。程明道原本即是江右學派中人心嚮往之的前賢，〈定性書〉所言則是他們追求的境界，羅洪先晚年徹悟仁體，他對周敦頤及程明道之學尤感親切，[52]此封信可視為〈定性書〉的注腳。羅洪先這位常居寧靜的深

49　王門弟子中另一個相似的案例是錢德洪創下的，錢德洪在獄中曾寫信給王龍溪，道及此段經驗：「親蹈生死真境，身世盡空，獨留一念熒魂。耿耿中夜，豁然若省。乃知上天為我設此法象，示我以本來真性，不容絲髮掛帶。平時一種姑容因循之念，常自以為不足害道，由今觀之，一塵可以瞇目，一指可以障天，誠可懼也。噫！古人處動忍而獲增益，吾不知增益者何物，減削則已盡矣。」參見黃宗羲，〈員外錢緒山先生德洪〉，《明儒學案．浙中王門學案一》，收入沈善洪主編，夏瑰琦、洪波校點，《黃宗羲全集》，冊七，卷一一，頁二六四。

50　參見張衛紅，〈王門後學唐順之、羅洪先晚年被舉出山事件考辨〉，收入馮達文主編，《兩漢思想與信仰》（成都：巴蜀書社，二〇一三），頁三五三—三八五。

51　黃宗羲，〈文恭羅念菴先生洪先〉，《明儒學案．江右王門學案三》，收入沈善洪主編，夏瑰琦、洪波校點，《黃宗羲全集》，冊七，卷一八，頁四四六—四四七。

52　參見林月惠，《良知學的轉折：聶雙江與羅念菴思想之研究》，頁三四六—三六七。由於羅洪先對周敦頤及程明道之學甚為嚮往，又沒有正式稱呼王陽明為師，因此，學界有人將羅洪先排除在王學之外，認為他更接近朱學。參見古清美，〈羅念菴的理學〉，《明代理學論文集》（臺北：大安出版社，一九九〇），頁一七一—一七七。此亦一說，但羅洪先的關懷議題、交往對象以及對良知學的關心應當都是相當陽明學導向的。

層意識中的儒者，居鄉行事，卻常為鄉民作繁冗細碎的服務。何創時書法藝術基金會蒐集一件羅洪先手札，〈與華山翁老先生（翁溥）書〉信的內容提到他幫鄉民處理稅務、田賦之事，極耐煩之能事，兩封手札可相互印證。[53]

羅洪先寫給翁溥的信不見於他的文集中，可說是佚文，可是他關心田賦問題的書信在他的文集中卻不下二十餘通，可見此事之棘手。羅洪先對如何處理重新丈量，重新賦稅之事，身任其職，不畏艱難，他曾在一封信中說道賦稅之弊，由來已久，「根源泯沒，千孔百隙，莫可究原。故不得不從實清量，消入虛糧，以救積弊。」羅洪先為丈量、賦稅、賑災之事所下的工夫之深不下於鄒東廓，兩人對田賦問題積弊之深，也同感義憤。嘉靖年間江西地區的農民繳納的田賦額度之不公不均，應該已經達到了相當嚴重的程度，而且範圍或許更廣，上溯的年代或許更久。[54]對長期浸潤於精緻的心性理氣之辨的儒者而言，如何將主體深層的體證所得與集各種錯綜複雜的權力關係的經濟議題整合一起，同時安頓，不能不說是艱難的工作。

江右學者關注鄉里百姓的日用民生，這是個顯著的學派特色，但身為儒紳，他們對構成鄉村共同體的家族倫理，同樣重視。江右學派的奠基者鄒東廓除了關心鄉里實際的經濟面外，他也關心作為鄉村共同的宗族倫理問題，羅洪先在這點上又是繼承了鄒東廓的志業。我們在現行的羅洪先文集中，即可看到整整一卷三十五篇文章，全部討論的是族譜之事。族譜之作為的是「使人人展卷而興孝弟之心，有所依倣以保合親睦」，[55]這樣的目的當然是很傳統的。透過了族譜的血緣敘述，儒家的價值體系自然地滲透進了鄉村共同體的骨幹。理學家多有科舉功名，他們退下職務，野居鄉里時，即成為一鄉之善士，成為儒紳。由於特殊的人脈與社會地位，他們往往成為鄉里秩序的維持者，羅洪先就是位典型的儒紳。

羅洪先的典型可能是更特殊的典型，他的特殊在於他的社會實踐和他的身心體驗之間有種緊張性，這種緊張可以說是顏回、原憲傳統的儒者無所逃避的命運，但以羅念菴為代表的江右學人卻特別彰顯出這種緊張性的特色，隱然帶有超越性的宗教特有的風貌。羅洪先作這些鄉里服務時，他的態度是「不敢」如何，「不致」如何，他的語言令我們聯想到《尚書．周書》中那些先王的誥令，《尚書》這些誥令所以充滿了敬畏慎重的語言，乃因他們相信天命，相信「昊天曰明，及爾出王；昊天曰旦，及爾游衍」（《詩經．大雅．板》）。羅洪先是王學學者，他的良知的地位等同於上帝，所以我們看他處理人間事務時，乃是抱著「上帝臨汝，無貳爾心」般的情感。從羅洪先到萬思默、王塘南，我們可以看到一種強烈的本心超越性格的宗教精神，而他們的超越的宗教精神又要下貫於鄉里的人倫、均賦等社會共同體的事務，不能作不理世事的自了漢。劉宗周在理學傳統中，特重江右學派，良有以也。因為劉宗周之學歸顯於密，而密意的意體、獨體卻又帶有強烈的超越性，劉宗周的生命型態很像江右學者。

以鄒東廓、羅洪先為代表的江右學派顯現了良知學既重本體又重發用的理念，這種兩極對張，兩極支援的情況極具特色，我們如何評價江右學派與陽明學的關係呢？很明顯地，本心與世界的雙向實踐是陽明學原有的格局，所以我們在江右學派學者可以看到最典型的內在體證之學，從王陽明的龍場之悟到鄒東廓的武功之悟、聶雙江的監獄之悟、羅洪先的黃陂楚山之悟，悟覺的敘述不斷。江右學派的學風和王陽明龍場之悟以後最早的傳道方式有關，王陽明自言他在滁州時，因感學者多往外奔馳，所以其時的講學注重「收斂」，

---

53 財團法人何創時書法藝術文教基金會編，《明代名賢尺牘集》（臺北：財團法人何創時書法藝術文教基金會，二〇一三），冊一，頁三二—三三；解題見冊三，頁一九—二〇。羅洪先鄉居，常助鄉民處理勞役賦稅之事。王龍溪到松原講學時，親見羅洪先「身任均役」之事，鄉里鄰人求他幫忙者交涉紛紛，門庭若市，羅洪先一一接應，毫不倦怠，王龍溪印象很深刻。參見〈松原晤語壽念庵羅丈〉，收入吳震編校整理，《王畿集》，卷一四，頁三九二。

54 參見張衛紅討論羅洪先「參與賦役改革」的說明，前揭《羅念菴的生命歷程與思想世界》，頁一三九—一四四。

55 羅洪先，〈山原羅氏族譜序〉，收入徐儒宗編校整理，《羅洪先集》，冊上，卷一二，頁五五七。

「多教學者靜坐，要在存天理，去人欲。」王陽明較早的傳道方式是否即是較不成熟的提法呢？如果我們觀從江右學派到蕺山學派的一脈相承，或許不必作這樣的判斷。筆者毋寧認為良知學類型的差異可能是更恰當的解釋模式，即使喜歡暢言良知的先天義的王龍溪也注重靜坐的功用。江右學派的致虛歸寂、持守保任依然是良知學本色。

江右學派的鄉里實踐也是源自王陽明，王陽明一生多事功，他的良知之用多用於鄉里，而且所發之用多為鄉村所承續的傳統家族倫理。這個特色也是極明顯的。他一生居官任職，常膺重責。如任地方官時，即相當重視鄉里的日用民生以及宗族倫理之事。[56]他平定動亂之後，即常從鄉里的倫理建設開始整頓起。王陽明在平定宸濠之亂後，曾於江西廣布鄉約，鄉約為的是「和順爾鄉里，死喪相助，患難相恤，善相勸勉，惡相告誡，息訟罷爭，講信修睦，務為良善之民，共成仁厚之俗。」[57]江右學派學者甚多，這些陽明學者多為一鄉之鄉紳，其論學、治學不會止於書齋，而是透過講會、書院活動，落實於鄉里共同的文化中。比較起泰州學派多市民文化精神，東林學派多奉獻於朝廷等級的政治事務，江右學派落實於鄉里的實踐代表另一種鮮明的類型。鄒東廓、羅洪先辭世後，後人給他們寫的行狀等傳記，多會提到他們在丈量、田賦上所費的心力，這樣的用心成了他們留給世人一個鮮明的形象，他們的文集也多保留了這些資料。江右學派同時注重心性修行與鄉里實踐，極具理學特色，[58]如果這樣的學風可稱右派，那麼，江右學派倒也不虛擔了右派之名。

四、庶民王學與師道

同樣有對超越的良知本體之追求，同樣也有對世間倫理之承擔，但風格與江右學派大不相同者，厥為泰州學派。泰州學派在現代學者論及陽明學說的影響時，特別受到重視。嵇文甫說的「左派王學」，大抵即指的是以泰州學派所代表的學風。[59]這個學派在晚明學者的評價中高度爭議，在清代官學的評價中當然不可能得到正面的評價，在民國學界中則受到特別的重視。評價分歧的原因和此派學者多出身下層階級，而又衝擊社會習尚的力道甚大有關。泰州學派的學者出現了儒學史上少見的出身低階層的鹽丁哲學家（王心齋）、樵夫哲學家（朱恕）、田夫哲學家（夏廷美）、陶匠哲學家（韓貞），在「平等」已成了民國的時代精神的氛圍下，此學派自然地就吸引了當代學者的注目。當「平等」意識進一步為「階級」意識取代以後，泰州學派的地位自然更是水漲船高，儼然成為可以接榫馬克思主義的中國思想資源。在革命的年代，泰州學派被視為帶來相當大的破壞社會禮法的後果；即使在明清之際，黃宗羲當時已感受到泰州學派「非名教之所能羈絡」。

黃宗羲《明儒學案．泰州學案》總論這個學派的特色，有言：

> 泰州（案：王心齋）之後，其人多能以赤手搏龍蛇，傳至顏山農、何心隱一派，遂復非名教之所能羈絡矣。顧端文曰：「心隱輩坐在利欲膠漆盆中，所以能鼓動得人。只緣他一種聰明，亦自有不可到處。」羲

56 如正德五年任廬陵知縣，不尚威刑，唯重教化，兼及庶務。不到一年期間，遺有告示十有六份，文集所收〈告諭廬陵父老子弟〉、〈廬陵縣公移〉，可見其大致內容。吳光等編校，《王陽明全集》，冊中，卷二八，頁一一三〇—一一三六。

57 文見〈南贛鄉約〉，收入吳光等編校，《王陽明全集》，冊中，卷一七，頁六六五。此時期的行政措施之公文，多收於王陽明的《奏疏》中。吳光等編校，《王陽明全集》，冊上，卷九—一五，頁三一六—五八二。

58 關於江右諸儒的鄉里實踐，更詳細的討論參見底下兩書。呂妙芬，《陽明學士人社群》（臺北：中央研究院近代史研究所，二〇〇三）；張藝曦，《陽明學的鄉里實踐：以明中晚期江西吉水、安福兩縣為例》（北京：北京師範大學出版社，二〇一三）。

59 嵇文甫說的「左派王學」其實也包含王龍溪在內，二王之學的晚明影響是極明顯的。但王龍溪的學說宗旨和典型的左派學風相去甚遠，可見左、右派的劃分標準頗寬鬆。

以為非其聰明，正其學術也。所謂祖師禪者，以作用見性。諸公掀翻天地，前不見有古人，後不見有來者。釋氏一棒一喝，當機橫行，放下拄杖，便如愚人一般。諸公赤身擔當，無有放下時節，故其害如是。[60]

顧端文即顧憲成，顧憲成崛起於晚明社會，以風憲時局、澄清天下自任，他眼中的泰州後學（以何心隱為代表）是負面的，代表一種被釋放出來的欲望的力量。但泰州學者救世心切，赤身承擔，其用心和東林學者頗有近似之處，所以他也承認「有不可到處」。[61]黃宗羲將泰州學派的發展分成兩個階段：王心齋到顏山農、何心隱這個階段與何心隱之後。依據黃宗羲所說，我們可以將泰州學派的兩個階段解釋成兩個類型，一個是以王心齋為代表的類型，這輩儒者有深刻的心性體證經驗，但多有「赤手搏龍蛇」的手段與學風。論及龍蛇的象徵之大者，莫過於君王。王心齋的重要學術論點或事蹟多與龍的意象有關，他一生都是布衣，未曾出仕。王心齋之學直接面對了專制體制下天子的權威問題，更直接地說，它代表專制政體下一種根源性的抗議精神，黃宗羲的「赤手搏龍蛇」說可以作為對王心齋學風的一種解讀。

另一個類型是顏山農、何心隱一輩所代表的知識，此輩人物的行徑不是名教所能拘束，用劉宗周的話講，即是「猖狂者參之以情識」。[62]「猖狂情識」或「非名教之所能羈絡」的話譯成當代流行的白話，可以說即是破壞封建社會倫理道德的意識。這些「猖狂情識」的學者對晚明的社會風尚影響極大，雖然在黃宗羲的用語中，我們可以看出他對泰州學派整體的學風的意義有相當的保留。

但黃宗羲頗帶保留的語氣中，還是傳遞給我們相當有用的訊息。黃宗羲以祖師禪比擬泰州學派學人，他說祖師禪者「當機橫行，放下拄杖，便如愚人。」而泰州學人「赤身擔當，無有放下時節」，這個對照傳出的訊息甚大。祖師禪當頭棒喝，注重臨機蘊含的開悟因素，但禪師的行為的重心在主體的覺悟，不一定要承擔世間的倫理責任，與世無涉。泰州學派學人是儒門中人，是救世心切的陽明學中最熱衷於救世者。他們對人間有倫理的責任，有萬物一體的承諾，有與「萬物」綿綿無絕期的互動轉化。因此，同樣是作用是性，泰州學派的「作用」不只是開悟，他們的開悟會通向社會性的倫理的場域，它帶來的衝擊自然遠非其他的宗門可以比擬。

即使是顏山農、何心隱所代表的王門祖師禪之風，個人風格很強，其源頭仍可追溯到王心齋之學。王心齋的淮南格物說名震一時，淮南格物說倡「保身」之義，曾引發王學中人很大的爭議，但他的「保身」之說實即以身任道的「身學」之義，泰州學派整體的特色畢竟離不開開創者王心齋其人其學的影響。王心齋，號心齋，在陽明著名的弟子當中，儼然有大師兄的氣勢。他原名王銀，「艮」之名是王陽明幫他改的。王心齋原來的名字帶有濃厚的市井小民的氣息，但也可以說他的名字俗得直截了當，理俗氣壯，市井小民總脫離不了金銀的意識。王陽明將他的原名去掉「金」字旁，一個代表靜止、厚重、依據之德的「艮」字自然脫穎而出。「艮」是《易經》八卦之一，也是重要的德目。王陽明的改名是否有義利之辨的內涵，不得而知，但他的改名如果象徵了雅俗之間的流動轉化，他期待這位海濱鹽丁能走進儒家的義理世界，我們這樣的解釋或許沒有太離譜。

60　黃宗羲，《明儒學案．泰州學案》，收入沈善洪主編，夏瑰琦、洪波校點，《黃宗羲全集》，冊七，卷三二，頁八二一。

61　顧憲成讚美何心隱，不僅在於他的「聰明」，顧憲成也讚美何心隱有感人的真性情。楊夷思著有《懷師錄》，書中所說的師即是何心隱。顧憲成讀過後，大力讚揚何心隱是位感人至深的老師，所以能得到門生死生不渝的擁戴。相對之下，迫害何心隱至死的張居正雖然權傾一時，但人死茶涼，生前奔走於相門之途的門生故舊隨即鳥獸散，甚至落井下石，繁華一場空。參見顧憲成，〈重刻懷師錄題辭〉，《涇皐藏稿》，《顧端文公遺書》，卷一三，頁一一。

62　劉宗周，〈證學雜解．解廿五〉，收入戴璉璋、吳光主編，《劉宗周全集》，冊二，頁三二五。

王心齋出身蘇北泰州海濱一個鹽丁的家庭，泰州這個地區地瘠民貧，從來沒聽說出過什麼著名的文化人，王心齋家族好幾代鹽丁，代代相傳，沒出過有科名的讀書人。王心齋是典型的平民出身，年輕時期的困苦可想而知。平民的經驗與嚮道的熱誠在他的生命中形成一組獨特的互補結構，他一生的行事與思考都帶有濃厚的平民之風。即使在講究四民異業同道的王學團體中，像他這般鹽丁出身的平民化的哲人，也是絕無僅有。

正因為王心齋出身貧賤，不參與科舉，平素往來的人除了王門同道之外，即為鄉里野人。他沒有受到士大夫文化太多的庇蔭，因此也就沒有受到士大夫文化太多的牽制。他體證良知本體，可說出自天啟，無關於師承，所以他也就不受門戶的拘束。他的平民化性格首先即見於他的講學的平民化，嘉靖年間，一位王學中人曾到泰州拜訪王心齋的兒子王東崖，他描述當時所見到的景象：「是會也，四眾俱集，雖徧門書手，街上賣錢、賣酒、腳子之途，皆與席聽講。鄉之耆舊，率子弟雅觀雲集。王心齋之風猶存如此」。[63]這種群眾聚集現象與其說是講學集會，毋寧更像是布道大會，但布道大會的群眾不太會有參與泰州良知之會的鄉民身上具有的愉悅。

王心齋很明顯地是位成功的老師與演講家，他的個性坦直，用語直率，一掃理學「膚淺套括之氣」，很能吸引鄉里百姓。據說他能「以眉目間省人」，他的身體動作都是語言，概念思辯不是泰州家風。他是位偉大的良知學布道家，我們且看他著名的〈樂學歌〉到底傳達了什麼樣的內容：

> 人心本自樂，自將私欲縛。私欲一萌時，良知還自覺。一覺便消除，人心依舊樂。樂是樂此學，學是學此樂。不樂不是學，不學不是樂。樂便然後學，學便然後樂。樂是學，學是樂。嗚呼，天下之樂何如此學，天下之學，何如此樂！[64]

樂是七情之一，人人都有，人人也都有享「樂」的時光，這是現象學的真實。但在東方的密契修證學中，「情」通常是被視為牽引本心脫離自體的核心要素，如何淡情、忘情甚或無情，乃是東方哲學常見的理論議題。在理學傳統中，「觀喜怒哀樂未發前氣象」是重要的修行法門，此法門牽涉到情的已發、未發的議題。這個從《中庸》脫化而出的議題到了二程手中，正式成為理學的核心義，它構成了所謂的「道南」一脈的真實內涵，道南之學可以說是經營性情的一套學問。「樂」講到「未發」、「本體」的層次，它的內涵大概和日常的經驗有段距離了。王心齋的「樂學」是否一定和「觀喜怒哀樂未發前氣象」相矛盾，應該不是，但至少重點大不相同，因為接受端的群眾很不一樣。樂學是他的聖學，也是他的經學，他賦予「樂」這項情感獨特的地位。王心齋講學時，用語淺顯，易於上口，對著意識尚未複雜化的平民宣講，特別有效。以樂釋學，雖然不是始於王心齋，王陽明也講，孔子本人也講。[65]但在王心齋手中，「樂」的因素飛入尋常百姓家，人人可以不受習俗知識拘囿，隨地可學，隨時可學。信口吟詠，返身即樂，即於此見到孔孟家風。但也由於「樂」這個詞彙是日常的情感語彙，一般人的「樂」到底是私欲發作時的情感狀態呢？還是王心齋深信的因解除私欲之縛而得到的心靈自在之情感狀態呢？爭議不能不起。

王心齋出身貧寒，即使他成為王陽明門下首座，[66]名滿天下以後，他仍拒絕科舉，成為王門弟子中最著

63 鄧豁渠記載他到王心齋故里安豐場參加王東崖（王心齋之子）的一場講會，參見鄧豁渠著，鄧紅校注，《《南詢錄》校注》（武漢：武漢理工大學出版社，二〇〇八），卷一，頁二九—三〇。

64 王艮，〈樂學歌〉，收入陳祝生主編，《王心齋全集》（南京：江蘇教育出版社，二〇〇一），頁五四。

65 《論語．學而》首章「學而時習之，不亦悅乎；有朋自遠方來，不亦樂乎」。梁漱溟《東西文化及其哲學》論儒家文化與西方文化及印度文化的差別時，即從「樂」字入手。李澤厚後來的「樂感文化」之說也源於此。

66 王陽明的門生眾多，年紀比王心齋大的學者，如著名的從吾道人董澐，入門時已六十八歲，甚至比王陽明本人年紀大，這樣的特例固亦有之。但論學有專精，其人其學儼然成派者，不會那麼多。其中，王心齋應當是最為老師。

名的白衣儒者。他喜歡運用百姓了解的語言，與百姓溝通。但王心齋之學的平民化，並不是將王學往下拉，他的教學是平民化，而不是平凡化，王學具有的那種狂熱的求道熱忱，可以說是宗教情感樣的熱忱，並沒有稍減。事實上，王心齋解釋他所體證的內容，正是「萬物一體之仁」，萬物一體之仁固是王學宗旨也，王心齋的平民學問帶有既俗且聖的作用。在王學的傳播光譜中，良知學下滲民間，並非罕見。但在其他學派的良知學的民間化的過程中，我們還是看得到儒紳與平民、教化與被教化者的構造，即使王陽明本人的鄉里倫理實踐亦然。只有在王心齋所開啟的這個學派上，我們才看到良知學者的自我平民化並且滲透到底層民間的盛況。

從王心齋、王東涯到顏山農、羅近溪，我們看到儒學史上極少見到的良知學的自我平民化的過程。良知學要有平民的面貌，吉凶與民同患，這種主張本來也出之於王陽明之口。王陽明個性坦率平舖，絕不缺乏普及化良知學的能力。我們在他的文集中，還可看到他開示啞巴的記載。用他的話講，講學不能「拿一個聖人」的樣子去講，「須做得個愚夫愚婦，方可與人講學」。[67]王陽明善講學，極具人格魅力，早已成了時代的傳奇。但王陽明到底還是宗師，士大夫家庭出身，他的良知學立教的性格濃。但自王心齋以後，「愚夫愚婦」的良知學學者出現於世。泰州學派大儒的生活世界即是和平民百姓共享的生活世界，大儒的個人風姿和平民百姓同律共振，他不僅是以平民的方式講學，而是自身即是平民。但在自我平民化的身影中，泰州學派儒者仍居有開導者的地位，啟示世人良知的真諦。

王心齋以下的這些平民哲學家講學時，大多可以作到王陽明要求的「愚夫愚婦」樣，因為他們出自同一種生活環境。在泰州學派這些平民哲學家當中，陶匠韓貞的作品仍留存人間，[68]可作為此派學風的樣板看待。我們觀這位陶匠哲人的對話對象幾乎都是鄉曲小民，對韓貞其人有所褒揚者常是家鄉附近的小官僚。但正是這樣名頭不顯的平民良知學者，當他學有所成之後，即「以化俗為任，隨機指點，農工商賈從之遊者千餘。秋成農隙，則聚徒講學，一村既畢，又之一村，前歌後答，絃誦之聲，洋洋然也。」[69]這種景象罕見於以往的任何學派，韓貞顯然充分利用了鄉村共同體原有的人脈與文化資源，才可消融良知於具體的生活節奏之中。大儒有大儒的作用，但對義理之下滲民間而言，這些民間王學學者的作用不會更小。[70]晚明時期，良知學傳播的管道就是這樣傳開來的。

然而，王心齋代表的良知學的平民化固然見於講學之風，但王心齋的平民意識還有更艱困也更重要的意義，它要恢復平民在政治秩序上原本該有的位置。王心齋之學的一面是慈煦地將良知學傳布於平民，它的另一面則見之於良知學所代表道統意義和帝王之統的對決。在王心齋的語言系統中，他的道統意識用一種很日常倫理的語彙表達之，我們可稱作師道。天地君親師是中國傳統所說的五倫，君、親、師的價值地位如何安排，一向是儒學內部有爭議性的議題。王心齋很明確地將師提升到和道同等的地位，有了道，才有師；有了師，道也才有安著處。當王心齋將師道突顯到如許的高度，良知學與君王之統的矛盾就出來了。

王心齋的師君矛盾起源甚早，見於他的學問的起點，那場發生於正德六年（一五一一）的神秘的覺悟之夢：

---

67 參見王陽明，《傳習錄下》「先生鍛煉人處」條，收入吳光等編校，《王陽明全集》，冊上，卷三，頁一三二。

68 韓貞原著，黃宣民重訂，《韓貞集》（北京：中國社會科學院出版社，一九九六）。

69 黃宗羲，〈處士王東崖先生襞（附樵夫朱恕、陶匠韓樂吾、田夫夏叟）〉，《明儒學案．泰州學案一》，收入沈善洪主編，夏瓌琦、洪波校點，《黃宗羲全集》，冊七，卷三二，頁八四二。

70 基督宗教在普及化的過程中，一些地方型的布道師往往扮演更重要的角色，其例可參看，參見韋伯（Max Weber）著，康樂、簡惠美譯，《宗教社會學》（桂林：廣西師範大學出版社，二〇〇五），頁八六—一〇〇。

先生孝出天成，久益行純心明，悟性無礙。謝役秉禮為儒者，以經徵悟，以悟釋經，行即悟處，悟即行處，如此有年，人未之識也。嘗一夕夢天墜壓身，萬人奔號求救，先生身托天起，見日月列宿失序，又手自整布如故，萬人歡舞拜謝。醒則汗溢如雨，頓覺心量洞明，天地萬物一體。自此行住語默，皆在覺中。題其座曰：「正德六年間，居仁三月半」即先生悟入之始，已能如此。[71]

引文中「覺」字近於「悟」字，這是楊簡（慈湖）以下的理學家悟道敘述的用法。夢不一定顛倒妄想，它可能有啟示的意義，這種可被視為「正夢」的記載在理學家的傳記中經常出現。但因夢而悟，而且驚醒之後仍處在一種獨特的體道氛圍中，連綿三個半月，所謂「正德六年間，居仁三月半」。這樣的敘述極少見，理學史上甚或有可能僅此一見。[72]

悟的條件通常預設了萬物一體，至於所謂的「一體」是否真是純一無雜，或是一多相容，容有爭議。至於「萬物一體」經驗的「萬物」之具體內容為何？理學家的一體經驗之報導通常是籠統言之，一筆帶過。但王心齋的「萬物」還不只是人物，或紅塵之物，他連宇宙都關懷，日月星辰亂了，他還可以用手調整位置，重奠天文的秩序。依傳統中國的宇宙秩序，人間與天界是相符應的，天庭對應人間的朝廷，天文學是君王的治國秘笈，臣民不得學習，天文學有很重要的政治內涵。[73]遑論干預失序的天文秩序，遑論還可用凡夫之手整頓乾坤，更遑論還會引發「萬人歡舞拜謝」。王心齋的夢是帝王才可以作的夢，他連作夢都僭越。顯然，王心齋他的學問的平民化既預設了一種宗教性的超越之感，這種超越之感卻又衝撞了三綱五常的君臣或君民關係。

王心齋的夢的象徵意義呼之欲出，當這場夢和良知學結合，取得了儒學的發言權後，儒家的道統與現實政治的政統的緊張關係就不能不出現了。王心齋的道統主張以師道的面目出現，他主張「出必為帝者師，處必為天下萬世師」，這是個極大膽的宣示。有人質疑其義，他解釋道，學也者，「學為人師也」，所以在家，必可為一家法；在國，必可為一國之法；在天下，必可為天下法，能為天下法者即是天下師。他斷然下結論道：

> 是故出不為帝者師，是漫然苟出，反累其身，則失其本矣。處不為天下萬世師，是獨善其身，而不講明此學於天下，則遺其本矣，皆非也，皆小成也。[74]

師與道的結合可以說是儒家的傳統，所謂「師嚴然後道尊」。自韓愈提出〈原師〉的說法後，師、道的一體化更成了理學的傳統。而「師」要與「君」維持一種相互尊重的位置，這種設想在理學家中也絕不陌生，程伊川、王安石為師爭經筵講課時坐席，即是一例。[75]但「出必為帝者師，處必為天下萬世師」，這種強度的

71 趙貞吉，〈泰州王心齋墓志銘〉，收入周汝登，《王門宗旨》，《四庫全書存目叢書》編纂委員會編，《四庫全書存目叢書．子部》（臺南：莊嚴文化，一九九七），冊一三，卷八，頁七一二。

72 「三月半」一詞或可解作特定的一個時日，也就是三月十五日。〈王艮年譜〉說：「三月望夕，即先生悟入之始」，以年譜為準，「三月半」指向特定的時辰，而不是一段歲月，此亦一說，這種說法比較符合冥契經驗傳統的常態。王心齋的因夢而悟也有多年的準備，因為他之前已「默坐澄思」多年，他的托天夢悟令人聯想到王陽明的龍場之悟。

73 黃一農，《社會天文學史十講》（上海：復旦大學出版社，二〇〇四），尤其第三章〈中國星占學上最吉的天象——「五星匯聚」〉，頁四九—七一。

74 王艮，《心齋王先生語錄》，見黃宗羲，《明儒學案．泰州學案一》，收入沈善洪主編，夏瑰琦、洪波校點，《黃宗羲全集》，冊七，頁八三六。《王心齋全集》本的引文略有出入，《明儒學案》的引文於義為長，故從之。

75 參見錢穆，《國史大綱》（臺北：臺灣商務印書館，一九九五修訂三版），冊下，頁五九三。

語言以往不容易出現，出現在專制體制高峰的明朝尤為少見。

王心齋論儒者當為天下師，當為帝王師，他不只提出這套理論而已，他還想付諸實踐。嘉靖元年，王心齋才拜師王陽明不久，胸中充滿了傳播良知學的熱情。當時王陽明剛平定宸濠之亂，卻突然深陷危殆的政治風險中，政敵甚至有中傷他勾結宸濠者，這是毀家滅族的罪名。而他的重要弟子王心齋此時卻坐上自製的蒲輪之車，打著鮮明的招牌：「天下一個，萬物一體。入山林，求會隱逸；過市井，啟發愚蒙。遵聖道，天地弗違；致良知，鬼神莫測。欲問天下人為善，無此招搖行不通。知我者，其惟此行乎？罪我者，其惟此行乎？」他的行徑令我們聯想到顏山農的模式，[76]師徒果然同風。王心齋一路從華中北上，招搖吶喊，吸引群眾，直到北京城門。年譜記載當時一則軼聞如下：「將至都下，有老叟夢黃龍無首，行雨至崇文門，變為人立，晨起往候，而先生適至」。[77]老叟的夢何以會見之於王心齋事蹟的記載，就不得而知了。

無頭黃龍出現於城門之前，而且一路行雨，這種奇特的意象對熟悉儒學經典的明朝人怎麼會太陌生？它活生生就是《易經．乾卦》上九「群龍無首」的意象，而「雲行雨施」正是龍德的表現。老翁之夢怎麼會進入王心齋的傳記中？嘉靖元年的老翁之夢和正德六年的王心齋之夢都有濃厚的政治義涵，是種象徵意義的真實。但對當時正面臨身家性命危機時刻的王陽明而言，王心齋這樁衝動冒險之舉給他帶來多大的壓力，可想而知。後來在京師的王陽明的故舊門生一再的勸導下，還動員了王心齋的父親發函勸導，王心齋才悻悻然地打道回南。王陽明與王心齋兩人為了此舉還發生一場師生嚴重的衝突，王心齋跪在王府門口三天，以表懺悔，王心齋作了這麼大的動作都還不見得化得掉事件的危機。以王陽明平素為人之寬宏大度，他發的脾氣之大僅此一見。他對王心齋之舉的反應顯然是過度了，但他的反應為什麼會如此過度呢？

從老翁之夢、王陽明之怒，我們面對王心齋同樣在嘉靖元年寫的〈鰍鱔賦〉一文，尤其此文結尾的絕句：「一旦春來不自由，遍行天下壯皇州。有朝物化天人和，麟鳳歸來堯舜秋」，或許不難讀出政治含義，佐野公治認為王心齋有作為新上任的嘉靖之師的企圖。[78]以王心齋平素之勇於自許，以及他深信良知學當成為人人共享的精神資源，何況傳聞他當時有意獻給新皇帝一篇他寫的千字文，加上絕句顯現的一種素樸而真摯的堯舜天下世界的嚮往，這些現象都是那麼明顯，也都符合他的平日的理念，他如想為帝王師，有何可疑？我們不要忘了〈鰍鱔賦〉中那隻拯救一缸的鱔魚的泥鰍最後是「奮身化龍，復作雷雨」，使得全缸的鱔魚之精神同歸於長江大海，全體獲得自由。這隻泥鰍化身而成的龍怎會和老叟所夢見的無首黃龍不相干？佐野公治的解讀當然是詮釋，找不到王心齋的證詞，卻未必是不合理的詮釋。[79]

王心齋的儒家價值體系是組奇特的組合，他在家族倫理上極傳統，很重視孝道；但在君臣倫理上頗激進，其大膽遠超出一般的陽明學者。相對之下，政治性格濃厚的東林學派的政治實踐是另一種模式。明代最大的一次道統、政統的衝突是天啟五年六年的東林黨禍事件，就東林黨所依循的東林學派的政治理念而言，東林學派人物的政治理念可以說頗為傳統，沒有超出一般儒者共同接受的君臣倫理的大防。但他們對他們認可的合理的君臣倫理卻不惜付出慘痛代價，思求具體實現於世間，其堅毅果敢跨邁前賢。就追求一種古典的

76 黃宗羲曾記載羅近溪初見顏山農的情形：「（羅近溪）閉關臨田寺，置水鏡几上，對之默坐，使心與水鏡無二。久之而病心火，偶過僧寺，見有榜急救心火者，以為名醫，訪之則聚而講學者也。先生從眾中聽良久，喜曰：『此真能救吾心火。』問之，為顏山農。」黃宗羲，〈參政羅近溪先生汝芳〉，收入方祖猷等編校整理，《羅汝芳集》，冊下，頁八七一。看來顏山農的招搖之風並非自創，而是承襲王心齋。

77 以上所述情節，見黃宗羲，〈處士王心齋先生艮〉，《明儒學案．泰州學案一》，收入沈善洪主編，夏瑰琦、洪波校點，《黃宗羲全集》，冊七，卷三二，頁八三〇。

78 佐野公治，〈王心齋論〉，《日本中國學會報》，第二三集（一九七一．一〇），頁一四〇—一五三。

79 余蓓荷（Monika Übelhör）對佐野公治之說有一反駁，筆者認為她的反駁不夠有力。參見余蓓荷著，邱黃海、李明輝譯，《王艮及其學說》（臺北：中央研究院中國文哲研究所，二〇一八），頁六七—六八。

道之知識的獨立而言，東林學人立下了極令人動容的榜樣。泰州學派與東林學派同樣對晚明的時局帶來相當大的衝擊，但衝擊點不太一樣。

東林學派以「家事、國事、天下事，事事關心」的精神著稱於世，我們可稱它為具天下精神的學派。東林也是廣義的良知學學派，如視之為朱王整合的學派也未嘗不可。就捍衛道統的事蹟而言，東林人物的受難史是儒家思想史極光輝燦爛的一頁。但就思想的開創而言，王心齋「出而為天下師」的提案可能有更重要的意義，他立下了高山仰止的楷模。李卓吾讚美他「是一箇俠客，所以相傳一派，為（徐）波石，為（顏）山農，為（何）心隱，各有殺身不悔之氣……蓋以心齋從來氣骨高邁，亢不惧禍，奮不顧身，故其兒孫都如此。所謂龍生龍子，果然非虛」。[80]王心齋不只是一位殺身不悔的大俠客，他大張道高於勢的人天法眼，良知學的尊嚴赫然挺顯。顏山農、何心隱很難說繼承了王心齋的批判的高度，但無疑地繼承了他的批判精神，也繼承了淮南格物說的身學精神，但說是背叛也未嘗不可，因為徐波石和何心隱為了萬物一體的良知理念，他們都致命殉道，沒有善保身軀。然而王心齋的保身愛身之說原本即是以道自任下的自我期許，愛身成物與捨身取義固不相妨也。他們的背叛正是更高的繼承，他們的血液流動著王陽明的良知與王心齋的師道的養分。

王心齋「麟鳳歸來堯舜秋」的期待在有明一代終究落空，但良知不死，他的師道精神和東林學派的天下意識後來合流成堅強的道統意識，在崇禎十七年甲申之變後，這股道統意識發揮了極頑強的抵抗作用。江、浙、閩、粵、湖、廣是良知學流行的地區，甲申之變後的江南發起了時間綿延甚久、抗爭規模極大的反清復明運動，這股抗爭精神甚至還渡海影響到明鄭政權。即使一六八三年所有的反清武力全被清除後，良知的火種仍透過各種管道，蘊藏在華夏各地區，理念是無法抹滅的。

五、作用是性與情教

在泰州學派下滲民間的過程中，其影響逐漸分途，即使是「非名教所能拘束」的後期泰州學派學者中，分流亦隱然成型。有的影響更深刻而通俗地繼承了良知學的天理義，並傳至大明江山的鄉村鄰里，如羅近溪之學。有的則隨良知的下移而情識化到庶民的意識中，如李卓吾之學，並動搖了名教的藩籬。這兩種不同的影響都奠基於黃宗羲所說的泰州學派作用是性的風尚。「作用是性」意味著一種身體主體的立場，心性的內涵要經由身體的作用而顯現。晚明的戲曲、小說受泰州學派影響甚大，戲劇除劇情外，總要經由演員的身體的展現，以表劇情內容。小說則多以世俗人情，尤其男女之情為主，它牽涉到具體的人性與情的關係。儒家論情，不能不正面觸及情的問題，但以往詩教的性情論與儒家的倫理有共構的關係，性情都偏於正風、正雅的情教。三代以下，直至晚明，幽微的良知性情與男女之情的關係才正式浮上儒學論壇的議事桌。

晚明時期，被視為俗文學的戲曲、小說相當發達，這兩種其實不算新起的文學類型在晚明的表現相當突起，規模大，撰述的人多。其中多有一流的知識人參與其事，它的「俗」其實也不怎麼俗，如果連湯顯祖、沈璟這樣有科名的大文人都參與其事，而且他們的作品還得到士林廣泛的回應，這些作品能俗到哪裡？顯然，晚明的戲曲、小說已超出一般的「俗」的意義了。

晚明的戲曲、小說相當流行，這是晚明文化的一個顯著現象，另一個顯著現象是晚明的戲曲、小說家如徐渭、湯顯祖、馮夢龍、凌濛初等人都有王學的背景。徐渭一生高標自雄，但也一生低首王陽明、王龍溪；湯顯祖一代才人，卻終身感戴其師羅近溪；馮夢龍編了一部類似情教百科全書的《情史》，也寫了一部代表

80　袁中道編著，〈柞林紀譚〉，收入錢伯城點校，《珂雪齋集》（上海：上海古籍出版社，一九八九），冊下，附錄二，頁一四八三。

三教之一的儒教宗師傳記《王陽明出身靖亂錄》，這幾則是極著名的例子。而晚明文人賞識戲曲、小說者，多有良知學的背景，這樣的現象也很清楚的。影響晚明這些「俗」文學的良知學者，除了王陽明、王龍溪外，主要大概就是泰州學派中人。泰州學派在晚明引起的風波極大，遠超過其他的陽明學派。

泰州學派對晚明思潮，尤其是文學、藝術思潮有極大的影響，不見得是直接承自王陽明、王心齋、羅近溪之學，而當是承自「猖狂情識」的顏山農、何心隱、李卓吾，但兩者確實有良知學的義理作為支柱。「猖狂情識」是劉宗周對泰州學派顏、何之學的判斷，但這個判詞並非劉宗周首創，晚明頗多儒者是這樣看待顏、何之學的。黃宗羲則說這些泰州後學「作用是性」，蓋得祖師禪之風氣者。黃宗羲的判斷對我們了解王學在晚明何以能夠滲透民間，尤其滲透至新興的戲曲小說，提供了很好的線索。「作用是性」此語出自禪籍，在理學傳統中，特別喜歡使用此一詞語者當是朱子。朱子批判禪宗、告子或象山之學，皆給他們冠上了「作用是性」或「作用見性」的罪名。[81]

作用也者，感官之作用之謂。依朱子意，學者如果要復性或復其初，只有透過「主敬」與「格物窮理」雙線進行的方式，逐日清明此心，同時豐饒（也可以說恢復）此心的物理的內涵。最後才可以在遙遠而不可測的某一時機「豁然貫通」，體證本心本性。如果不經由這種曲折、漸教式的過程，而直接經由感官的提煉，以期轉化現實身心以證道者，如透過一唱、一喝、棒打方式以作為工夫之用具者，即是「作用」之意。有一事關顏山農的傳聞傳播甚廣，據說顏山農曾於講學之際，大庭廣眾之下，就地打滾，直呼：「試看我良知」。[82]此傳聞不知可靠否？但顏山農、何心隱的行徑多非常奇異可怪之行，他們如果曾經不顧世俗禮法的拘束，當下打滾，將良知學的體證緊緊綑綁在感官知覺的當下作用，其事未嘗沒有可能。[83]

當這種「用見見性」的工夫和社會的規範系統脫軌，而他們又有「萬物一體」的追求，想承擔人間的責任時，泰州學派學者即不能不積極介入人間事務，而且是長期性的，其摩擦是結構性的，他們的言行給世間帶來極大的衝擊。顏山農、何心隱的行徑帶有今日所謂的社會主義的行為，他們的「和和堂」的設計無異於早期的共產制度或新村制度。只是二十世紀的共產理念不太容得下傳統東方宗教轉化身心的工夫論內涵，而王學學者的社會實踐一定要和性命之學綑綁在一起，兩者的差別在此。從宗教隱含的與世俗的對峙與批判著眼，顏、何之學將個人的安身立命之學與民胞物與的淑世理念緊密結合，無疑地給他們的社會實踐帶來極大的動力。反過來講，從穩定社會的觀點著眼，他們的學說應當會給當時的社會帶來極大的破壞作用，泰州學派後來會普受官僚學者批判甚或彈壓，原因在此。

論及良知學的通俗化而又能不失王陽明之義者，首選當是羅近溪。羅近溪雖然科名出身，其社會階層與泰州此地的寒儒也不同，但他的身學的學風基本上承自王心齋，甚至表現得尤為明顯。史傳說羅近溪「舌勝筆」，意指他善於演講。但他之善於演講，在於他能徹底地轉換他的身段，與尋常百姓共享同樣的生活世界以及同樣的感受。這種共通性深入他的體表骨髓，顯現於身體展現出的情感、情緒，所以他的語調、神情無一不是良知的顯像。所謂「擡頭舉目，渾全只是知體著見；啓口容聲，纖悉盡是知體發揮」。[84]這是典型的踐形表現，身體成了體現道體的場域，羅近溪無愧為心齋之傳。他的演講可以想像地，共感的效果極強，我們讀《盱壇直銓》，常看到一鄉一邑的人集結聽他演講之事，而且講者與聽者頗能互相呼應，「少長畢集，

---

81 參見拙著，《儒家身體觀》（臺北：中央研究院中國文哲研究所，一九九六），頁二九三—三三四。

82 李贄，〈答周柳塘〉，《李溫陵集》（臺北：文史哲出版社，一九七一），卷四，頁二二九。

83 但我們也當承認即使是祖師禪，或作用見性，這樣的工夫仍帶有超越的體證的前提。在朱子批判的「作用是性」的學風中，除了告子之學須另作別論外，禪宗與象山之學都有體證本體的工夫。我們觀顏山農、何心隱之學，尤其是顏山農，仍有「七日閉關法」的修行法門，這樣的修行法門未必來自儒門傳統，但它要求一種心性的轉換以體證某種超越境界，則是可以確定的。七日閉關法的內容參見顏鈞，〈七日閉關法〉，收入黃宣民點校，《顏鈞集》（北京：中國社會科學出版社，一九九六），卷六，頁五四。

84 羅汝芳，《近溪子集》，收入方祖猷等編校整理，《羅汝芳集》，冊上，頁二〇三。

忻悅融融」[85]或「堂上堂下，人雖千百，而相向相通」，[86]這樣的記載屢見不鮮。

羅近溪是晚明奇人，其平生事蹟幾乎已神奇化了。他講學之平民化及感應之廣之深，前此少見。他與唐順之論「捧茶童子是道」，此則逸事已成了儒門的一則著名公案。[87]我們且再看一則他應答學生問《中庸》「誠」、「明」的問題，也可略見其講學之風。應答時，羅近溪顯然無意糾結於字詞語義的泥淖，學生則顯然未脫離此泥淖，他希望羅近溪指示誠、明在何處。師生反復於經典的義理世界時，他們正吃著點心，羅近溪答道：「只在此處！蓋此食點心時，叫做明也得，叫做誠也得。只此食點心也叫不得做明，也叫不得做誠。但點心已是喫了，亦不消再叫明叫誠也。」一盤點心在前，學者一心一意吃點心，心不走作，這就是誠明。如果學者吃點心時，只想滿足口腔之欲，即不誠不明。等點心吃過後，心不留跡，一片空明，更不可說誠說明。泰州學派的語言預設了場所，預設了當下，這些語言脫離現場即無意義。但泰州學派的語言也預設了講者的體現，語義脫離不了講者的語氣聲調與眉目表情的身體姿態。如果說世間有具體哲學，哲學具體化到羅近溪的當下開演，應該已是登峰造極了。

羅近溪之語，其實是翻演朱子「飲食者，天理也；要求美味，人欲也」[88]這段著名的話語。但他的用語極活潑，一部《中庸》義旨，盡在一盤點心中。也不只一部《中庸》，羅近溪說：「四書五經，百般萬樣，諸般道理，諸般名色，都可以從喫點心一處起，亦都可以從喫點心一處空也。」[89]隨機指點是王學學者講學共同的特色，王陽明、王心齋、羅近溪皆擅長此手法，羅近溪是「大慈悲父」，[90]他借「點心」此糕餅指點此心的靈敏極感，不稍留滯，其運用語言更是出神入化。如果不是點心而是茶水呢？茶水一樣可以演出掀天動地的道理出來，他與唐順之著名的一段講論就是透過「茶」道而來的。如果不是茶水、點心這般可口之物，而是令人易起不快之感者呢？一樣可以，羅近溪即曾以死刑犯一心要保性命，指點真切為性命之學的道理。[91]羅近溪無疑是王陽明、王心齋的樂學最佳的傳人，包含樂學該有的體證的前提以及體證後的良知之自我平民化，羅近溪都是箇中的佼佼者。

羅近溪一代奇人，他的「作用是性」的講學風格意在活化倫理教化。衝決羅網的現象主要是在李卓吾身上特別顯示出來，李卓吾是十六、十七世紀之交的悲劇人物，他受後人批評的一個主要原因是他背叛名教，因此也背叛了儒家。但所謂的背叛儒家，需要仔細分辨，他當然不是世俗所謂的純儒，他不以孔子的是非為是非。他信佛，對道家也有相當的同情。然而，他一生崇敬王陽明、王龍溪、羅近溪，孔子也是他的聖人。就學派而言，他和左派王學特別親切。而且真信良知，不以聖人的是非為是非，這種觀點在王學並不特殊，甚至於在廣義的心學體系中，本心而不是歷史上的聖賢人物乃是學者發心行事最高的判斷者，原本即是通義。[92]至於三教異同更是佛教入華後很快形成的論述，也是明儒的一大議題，「三教合一說」的主張在陽明

85 曹胤儒，〈羅近溪師行實（節錄）〉，同前引書，冊下，頁八四三。

86 羅汝芳，《盱壇直銓》，同前引書，冊上，頁一七七。

87 參見牟宗三，《從陸象山到劉蕺山》，收入《牟宗三先生全集》，冊八，頁六七—七〇。

88 黎靖德編，王星賢點校，《朱子語類．學七．力行》，冊一，卷一三，頁二二四。

89 上述以「點心」指點此心靈敏之語，參見羅汝芳，《近溪羅先生一貫編》，收入方祖猷等編校整理，《羅汝芳集》，冊上，頁三四八。

90 張岱曾言及王陽明一則故事如下：王新建立論，每言人皆可為堯舜。一日，蒼頭辟草階前，有客問曰：「此辟草者亦可為堯舜耶？」答曰：「此辟草者縱非堯舜，使堯舜辟草，不過如是。」張岱，《快園道古．言語部》（杭州：浙江古籍出版社，一九八六），卷四，頁五六。

91 參見羅近溪，《盱江羅近溪先生全集．語錄》，收入方祖猷等編校整理，《羅汝芳集》，冊上，頁二九三。

92 王陽明〈答羅整庵少宰書〉所謂：「學貴得之心。求之於心而非也，雖其言之出於孔子，不敢以為是也，而況其未及孔子者乎。求之於心而是也，雖其言之出於庸常，不敢以為非也，而況其出於孔子者乎。」此段名言傳播甚廣，其實是通義，三教文獻不難見到。見吳光等編校，《王陽明全集》，冊上，卷二，頁八五。

之後相當流行。在信仰上主張融合三教的文人更是比比皆是，王陽明、王龍溪皆有三教堂之喻，他們對於「異端」是相當寬容的，我們沒有理由給李卓吾更嚴苛的指責。我們如果要論李卓吾在晚明何以有如此重大的影響，正統理學家對他又如是厭惡，或許我們還是可以從黃宗羲與劉宗周提供的「作用是性」的線索，入手考察。

泰州學派學者多有「作用是性」思想成分，他們的「作用」基本上指的是感官作用。生理的感官作用本來就容易和體制化的社會習俗衝突，但在李卓吾處，他更進一步將感官下放到理學家向來不太正視的男女情感與私欲的作用。李卓吾是十六世紀末明王朝的爭議人物，他持論好立異，立異之著名者當是對女性的重視與對情欲的肯定。他肯定卓文君，肯定武則天，肯定《西廂記》，肯定女人的見識不比男人差，若此種種，有關李卓吾研究的著作幾乎都會提及。有關李卓吾所受的這些罪名的社會形象，我們觀耿定向與李卓吾的往來爭辯，最為清楚。耿定向批判李卓吾或李卓吾們的主要罪狀即是男女之情的因素，所謂「今談學者至有以恣情縱欲為真性，以反身克己為鈍下，以頑鈍無恥為解脫，以篤倫盡分為情緣」[93]云云，耿定向所說的「談學者」不一定只指李卓吾，但可以確定是包含李卓吾在內的李卓吾們，這些語言在耿定向此時的「冤詞」中不時可見。正因是李卓吾們，我們可以理解男女之情或情欲的問題已進入「談學者」或「講學家」的視野裡，成為重要的議題了。

李卓吾的氣性偏狹，與世多忤，這是無疑的。但我們從他親近的一些好友對他的描述，比如公安派三袁或焦竑，可以了解李卓吾本人對情欲是很淡的，他在男女之情上並沒有可以非議之處。事實上，李卓吾在生活習慣及男女關係上已接近於潔癖，其「潔」甚至已到了不盡人情的地步。[94]李卓吾所以提倡情欲的價值，應當從李卓吾對於價值的重新評估著眼，他的立論後頭有對廣土眾民的具體存在的關懷。後儒所以對李卓吾痛心疾首，主要也是從他的學說所帶來的社會衝擊立論。「情欲」一詞的罪名此時指向的已不是李卓吾個人的操守問題，而是「李卓吾們」引發的巨大風潮。

男女之情與欲望在理學傳統中當然也是複雜的議題，我們沒有理由認定理學家對女性、男女情感或私人的欲望比其他的教派更具壓抑性。事實上，我們有理由相信李卓吾後來在解釋男女之情或欲望的功能時，說道：聖人本不禁塞欲望之源，他的說法並非遁辭，而是符合原始儒家的原義的。問題當然還要落到「欲望」如何解釋？如果欲望指的是生理學的語彙，欲望之大者在食與色，那麼，聖人確實不禁塞欲望。連被後世一再標籤化的朱子也曾引胡五峰之說：「天理人欲，同體而異用，同行而異情」，藉以證明天理即在人欲之中。[95]民國以來，倍受批判的朱子的「存天理，去人欲」之說，我們如果稍微了解朱子學的觀點，不難了解他所說的「人欲」是道德語彙，不是生理學語彙，有道德內涵的「飲食男女」即是天理，沒有規範定位的「飲食男女」即是人欲。天理、人欲對舉的內涵並不難理解，民國來一些流俗的解釋只能說是特定的意識型態下的反應。

李卓吾對欲望的看法自然比朱子更進一步，更向平民百姓一端傾斜，相當程度和本世紀以來承認個人主義所具有的感性主體的價值是一致的。至於傳統理學家主張的感性主體的轉化義、規範義，李卓吾本人還相當重視的，不存在流行於戰後世代的情欲解放的解釋問題。但就教法的影響而言，李卓吾確實為晚明的市井風情的男女之情開了方便之門，相形之下，規範義的比重不免減輕了。晚明時期批判李卓吾之學者，並不乏操守嚴謹，風評甚佳者。即使強力以政治鎮壓李卓吾，並逼使他最後引刀自刎的張問達，我們觀其生平事

93 耿定向，〈與蕭給舍〉，收入傅秋濤點校，《耿定向集》（上海：華東師範大學出版社，二〇一五），冊上，卷六四，頁二四五。

94 參見黃繼立，〈「身體」與「工夫」：明代儒學身體觀類型研究〉（臺北：臺灣大學中國文學系博士論文，二〇一〇），頁三七八—四四七。

95 參見黎靖德編，王星賢點校，《朱子語類．論語十四．雍也篇三》，冊三，卷三二，頁八〇五。

略，仍可看出他是位磊落耿直的大臣，隱然具有東林學者之風。[96]

從朱子學的觀點來看，王學的性格即是「作用見性」的體質，此體質早在王陽明身上即已顯現。朱子當年批判陸象山「作用是性」，這樣的論點我們如移到王陽明身上，大概無一不適用。但「作用是性」的主體會轉為「感性主體」並形成巨大的社會風暴，確實是和泰州學派學者的整體的演變有關，早期泰州學派的學者多出身貧寒，也多同情平民百姓的基本欲望。但王心齋以及王心齋家族的良知學者，如其子王襞，其侄王棟，講學行事仍帶有較嚴整的風格。後來繼王心齋之學而起者，其講學的著眼點也多落在具體的人倫日用間，良知學大規模的世俗化，世俗化的明確顯像就是「情」的流動。我們要了解晚明的戲曲、小說的思想來源，不能不追溯到泰州一派，最後甚至於可追溯至王陽明。

「情」在晚明是個重要的概念，就像戲曲、小說的興盛在晚明是個重要的文化現象，而這組重疊的現象和良知學的出現又有密切的關係。良知學的新格物說的出現意味著主體與世界的關係的重新組合，心即理，行為的規範由本心單獨提供良知學是支動力十足的學問。心即情即氣，它的情意性格特濃，否則，世界難以轉化。但情教在晚明出現的一個附帶現象是情先去教的作用，大量的色情作品透過興盛的出版業，充斥各地。明末的曠代大儒劉宗周所以要將「情」提升到心性極深處的「純情」的性質，也就是七情「未發」的層次，固然有良知學內在發展的因素，但也可以說有匡正時代文化的用心。而由「未發」的心氣之純情到古典詩教的性情之教到泛濫成災的色情現象，這三個階段的起承轉合，如何釐清其間的規範關係，不能不說是良知學帶來的重大訊息。

王陽明的武功是明代文人第一，但他很重視教化的作用，他發現到戲曲、小說、音樂在傳播理念方面，其功效有非法令規章所能及者。[97]王陽明的觀點和晚清的梁啟超推動小說、戲曲的作用時，理由是相通的。由泰州學派到晚明文人發展出來的戲曲、小說的文類以及情教理論，進入二十世紀後，還會牽引出一波更洶湧的發展。

六、結語：從良知學到後良知學

王陽明良知學的出現是重要的歷史事件，自從王陽明於正德三年（一五〇八）在龍場驛一悟，並揭舉良知學的大旗以來，很快地，它即傳播各地。嘉靖七年，他逝世時，良知學學者已分布朝野，形成了一支有共同價值追求的儒學隊伍，講學相和，強而有力，它幾乎中分了理學的天下，其勢足以與朱子學相拮抗。良知學不只具有儒學史的意義，它也給晚明的社會帶來很大的衝擊，抽離了良知學的因素，我們不太容易較完整地理解十六、十七世紀的中國社會。它的影響甚至還往東波及到日韓，往下延伸到民國時代。一位哲人為解決自家生命意義的困惑，對自己身家性命所作的省思，其影響竟然可以擴散到這麼久遠的時空半徑，這是個很獨特的思想家案例。

陽明學的影響不是單線主軸式地顯現，而是透過支流的分化與交叉而曲折地穿透了晚明以後的歷史。陽明後學在傳播良知學的過程中，扮演了關鍵性的角色，他們各有特色。本文所述這三支各具思想特色的學派

96 張問達身處神宗、光宗、熹宗朝，朝廷多故，政體怠弛，但張問達誠懇奉公，持身甚正，身後其家還受到閹黨殘酷地迫害。《明史》有傳，評價甚佳。參見張廷玉等撰，楊家駱主編，《明史．列傳第一二九》，卷二四一，頁六二六〇。

97 《全明散曲（一）》收有王陽明著〈套數．歸隱〉，《全明散曲（三）》收有王陽明〈套數．恬退〉，束景南將前作繫於正德二年（一五〇七），將後作繫於正德三年（一五〇八），王陽明復著有〈九聲四氣歌法〉，束景南繫之於嘉靖四年（一五二五），〈九聲四氣歌法〉多為書院所採用。以上諸條文的考證參見束景南，《王陽明佚文輯考編年》，冊上，頁二四一—二四三、頁三〇五—三〇六；冊下，頁八九五—九〇一。

之所以得稱為陽明學，我們發現他們的特色仍具共相。它們三者都將學問重點置於一種玄秘的良知本體上。所謂的玄秘的良知本體的玄秘不在它之難以理解或違背常理，而是它指向了一種非日常經驗的層次，這是意識與自然尚未分化的原始點，也可以說是意識與自然合一的超越點，理學的用語稱作本體，本體的內涵落於良知概念上來講即為良知本體，或稱作心體。江右學人多有靜坐之習慣，平素澹然獨與神明居，其體證之深固不待多論。東林學人的政治批判力道極強，泰州學人的社會實踐的火力極旺，但在展開政治批判與社會實踐之前，他們大約都要經歷過良知本體的體證這道關口，王龍溪、羅洪先、王心齋都描述過自己經歷過類似冥契狀態的心性轉化經驗。影響晚明文學、藝術創造最重要的幾位大師：王陽明、王龍溪、羅近溪、李卓吾，或許除了李卓吾的情況不易確定外，[98]其餘三人都可確信曾經歷萬物一體、靈光獨耀的境界。

王陽明與他的後學的這種體驗類似宗教現象中的頓悟經驗，也可以說是冥契經驗，這樣的經驗帶給他們一種終極的價值感，終極的價值感帶來終極的信託感。但一般的冥契經驗雖然會給體證者帶來相當大的衝擊，卻未必會衝擊到社會的規範。良知學不然，陽明學者的冥契經驗與儒家的義理結合後，一種可名為「道」的意識將體道者的關懷提升到世間各種價值之上，並強化他們的人格的力度。我們不會忘了，陽明學的「良知」概念來自孟子，而孟子是中國文化史上特別著重道德意志的哲人，他是封建時代的危險思想家。王學與孟學的連結特別緊密，良知概念在陽明後學中也發揮了同樣的衝撞效果。嘉靖一朝的政治多暴虐，但嘉靖朝耿直罹難的儒臣卻不少，他們當中頗多人受良知學影響。[99]至於天啟朝的東林黨禍以及明亡後的江南抗清，這些悲壯的事蹟多可分析出良知學的因素。陽明後學的行事追根究柢，都與良知本體的體證帶來的以身殉道的視野有關。

浙中、江右、泰州學人除了共同分享良知本體的因素外，他們也都接受了良知學的基本規定：良知要發揮萬物一體的感通作用，「萬物一體」既指向良知本體所具有的屬性，王龍溪、羅洪先、王心齋、高攀龍在玄妙的經驗中所體證到的心體內涵即是萬物一體，世界齊登法界。這是心靈在其自己的玄秘風光，「萬」與「一」要詭譎地同一。「萬物一體」也指向他們在現實世界中需要達到的目標，宇宙內事皆己分內事，良知的感應無邊無際，與世為體，這是良知不容自已所要達到的經驗性的綜合性的一體。綜合性的一體之目標換成另外的表達方式，也就是儒者對世界有無窮無盡的責任，天下一家，中國一人。[100]人的良知捲之則退藏於密，這是冥契境界；用之則瀰漫六合，這是儒者期待的大道之行的世界。即使以最具保任性格，傾向於澹然獨與神明居的江右學人來說，他們對能力所及的鄉黨事務，從來不敢放鬆，而且只會更加努力地在具體瑣碎的鄉里公共事務活動中，檢驗自己的良知實踐是否到家。

良知是乾知，學者對良知的體證意味著他要昇華而進入宇宙性的意識當中，這種昇華容易帶來對世界責任的遺忘，但良知學不容許遺忘。陽明後學中，雖然有少數如鄧豁渠的例子，他對超越理境的嚮往是如此的狂熱，以至於吸盡了對方內之事的關懷，成了世外高人。但包含良知學在內的理學傳統中，鄧豁渠這類的例子極少，他的行為已越出了儒家的矩矱。[101]只要是儒者，他對此世就有無可推託的責任，但陽明學者的心腸

98 李卓吾對性命之學的關懷非常真切，但他的體證多深，不好判斷。袁宏道、袁中道、陶望齡都是此道中人，也都是李卓吾的至友，但對李卓吾的參證功力如何，亦不置可否。參見袁中道，〈李溫陵傳〉，收入錢伯城點校，《珂雪齋集》，冊中，卷一七，頁七一九—七二五。陶望齡，〈辛丑入都寄君奭弟書十五首〉，《歇菴集．卷十六》，收入李會富編校，《陶望齡全集》，冊中，頁九五九—九六〇。

99 如嘉靖朝著名的耿直之臣楊爵、周怡、海瑞、鄒元標諸人都有良知學的因素。

100 王陽明的說法是「大人者，以天地萬物為一體者也，其視天下猶一家，中國猶一人焉。若夫間形骸而分爾我者，小人矣。大人之能以天地萬物為一體也，非意之也，其心之仁本若是」，參見王陽明，《大學問》，收入吳光等編校，《王陽明全集》，冊中，卷二六，頁一〇六六。

101 關於鄧豁渠其人其學，參見荒木見悟著，廖肇亨譯，〈鄧豁渠的出現及其背景〉，《明末清初的思想與佛教》（上海：上海古籍出

似乎特別熱，實踐的動能也特別強。

陽明學者的熱心腸來自於他們強烈的生命哲學的色彩，他的良知充滿了壓抑不住的道德的熱情，熱情顯現在不容自己的情感與意志上。這樣的道德熱情不斷地由內向外湧出，進入世界，轉化世界。陽明學對朱子學那種冷靜的性理世界觀相當陌生，陽明學將作為世界存在之物的理與作為世界存在的超越義的理都要收到內心，物即事，格物即致吾良知於事事物物，道德事件徹底的主體化。它將朱子學的知行並進轉為知行合一，即知即情即意，這才是陽明學認可的實踐模式。只要是朱子學，心的發用都要經由格物窮理工夫的中介，都是漸教；只要是陽明學，良知的發用即是天理的流行，原則上都是頓教。王陽明本人就是位衝決羅網的實踐者，因為最高的天理之功能已徹底地主體化，千聖皆過影，良知是吾師，這股道德的熱情還會持續影響到好幾代的陽明後學。

陽明逝世之後，陽明後學思想的分化之發展，也就是陽明學對社會不同面向的衝擊之發展。從陽明到龍溪一脈，我們看到陽明學如何將良知對勘佛教之空、道家之無，因而形成了新的三教論述，這是良知之「教」的發展。從陽明到泰州一脈，我們看到陽明學如何滲進了晚明的藝術文化以及社會風氣，這是良知之「情」的發展。從陽明到王心齋的師道說，我們看到良知學與現實政治的衝突，這場衝突連結上了東林學派這派廣義的陽明後學，它的作用還會延伸到南明的復社、幾社以及整體的東南以及西南的抗清活動，這是良知之「意」的發展。從王陽明到江右一派，我們會看到一種冥契的修行與社會實踐的關聯，良知學伸入到鄉村共同體，這是良知之「社會倫理」面向的發展。在陽明學往下滲透到社會的過程中，難免有折射、彎曲甚至異化的插曲，但大體而言，陽明後學對整體陽明學的共相，也就是本體的體證與萬物一體的實踐之承諾，都是共同承認的。而它們的發展雖各有偏重，但也都有相互重疊之處，每派都分享了比重不同的情感、意志、感通、道德之知的功能，不同的生命傾向的陽明後學合奏了良知學的大樂章。

從王陽明本人到陽明後學，良知學是個極豐富複雜的文化現象。我們細觀他們的思想的發展，不難看出他們分享了良知學的基本共同價值。良知學具足的玄秘的乾知本體並沒有被遺忘，許多良知學學者為了「萬物一體」的承諾在世奮鬥，甚至付出了自家性命，良知學者的奮鬥是理學史上一段極精彩的時期。但歷史有另一面，從王陽明於嘉靖七年逝世直至朱由儉於崇禎十七年自盡，這一百一十五年的期間，明朝經歷了嘉靖、隆慶、萬曆、泰昌、天啟、崇禎諸朝，這幾個朝代絕稱不上盛世，嘉靖與崇禎皇帝的專斷、萬曆皇帝的怠惰、天啟一朝的黨禍在國史上都是有名的。換言之，當良知學將良知的各種內涵發揮於晚明社會，而且還發揮到淋漓盡致時，良知學面對明代特別惡劣的專制體制竟然束手無策，在認識上既有盲點，在實踐上也顯得無力，或用錯力，這種對照的反差也是極明顯的。

良知學與晚明社會，尤其是政治的關係，該如何理解，這個問題在良知學走完它在明代的行程後，不能不出現。「甲申三月十九」是個巨大的歷史創傷，經歷過這個時間點的儒者，他的生命再也不可能一樣。是否王陽明以「心即理，致吾良知於事事物物，事事物物皆得其正」的新格物說取代朱子的「心知與物理辯證地互動」的舊格物說，主體哲學大力地壓制了客觀精神的展現，未必不需要付出代價？是否這場思想典範的轉移多少與明亡這場歷史悲劇有些關係呢？無可否認地，良知學的分化不論依什麼方向發展，它總欠缺了客觀意義的法的精神。施於政治領域，良知學衝撞了佞臣、宦官、外戚甚至天子，但卻衝撞不出合理的制度。對於自然，它可以欣賞自然之美，可以深入自然與太極的玄秘交涉，但卻無助於理解自然的認知性之理的客觀意義。從朱子性理學的約束中游離出來的良知主體，因為擁有前所未有的自由，它的動能大幅增加了，卻反而削弱了回應世界的精神資源。

版社，二〇一〇），頁一二四—一四一。

時序進入明清交會之際，國破家亡，殘山剩水。一身充滿萬物一體精神的陽明學者，也包含反陽明學的儒家學者，他們面對一連串的政治挫折，尤其是一六四四年的朱明覆滅，不能不引發深刻的反思。接著而來的福王、唐王、永明王諸政權遞相覆滅，對他們的衝擊一樣大，反思更不能不徹底了。時代斷裂了，知識的類型也就不能不起變化。明末清初一批具有突破精神的儒家哲人如顧炎武、黃宗羲、王夫之、方以智、呂留良、唐甄等人所面對的時代課題在此，他們可說是後良知學時代的哲人。這批後良知學哲人的血液仍流動良知學的精神，但他們提出了新議題，新的知識典範隱然成形，這些新議題入清後曾長期寂寞。到了清末民初的世紀之交，我們將會看到這些時代的先行者的思想從冰原解凍，他們會迎上盼望他們到來的時代，那也將會是個內容更為複雜、對話更為困難的時代。

第四章

三教別裁——王學學者的「異人」經驗[1]

一、前言：良知教的秘教訊息

王學是理學中極重要的一支思潮，但比起宋學來，王陽明及其後學存有較多個人修行的紀錄。在這些紀錄當中，陽明及其後學特別容易見到「異人」，同時也會作一些較具有前兆性意義的「正夢」。根據《周禮》的記載，「正夢」意指一種不是顛倒妄想，而是帶有資訊傳遞性質的感應之夢。「異人」與「正夢」時時出現在明中葉後的思想舞臺，這是較特殊的。但這種特殊的現象卻不太吸引理學研究者的興趣，大概這些現象不被認為和理學家的思想有關，要不然，就是其異端色彩可能被視為和儒學的形象不符。然而，這些正夢與異人的敘述並非出自論敵的誣陷，而常是出自理學家本人的書寫，或是出自其學生或親人之追憶。可見明代理學家對這些現象並不那麼忌諱，他們可能有另外的看法。「異人」與「正夢」不會是理學思想的核心義，但它們在理學文化中有可能占一席之地，而且筆者也不認為它們和理學核心義的工夫論沒有較密切的關聯。

「異人」與「正夢」這兩個現象偶爾會一起出現，理學的正夢中，有時可看到「異人」指點迷津。但一般情況下，「正夢」的經驗是「正夢」的經驗，「異人」的經驗是「異人」的經驗，兩者類型不同，意義各別，本文會將重點置放在「異人」上面。異人者，異乎常人之謂，他通常指向遊乎方外的僧侶、道士或其周邊人物。底下，筆者將舉王陽明以及羅近溪為例，將他們的經驗放在晚明流行的三教論下加以定位，並以榮格（C. G. Jung）的「智慧老人」的原型概念解釋這些「異人」出現的意義。

筆者所以舉王、羅兩人為例，乃因一來他們的經驗非常典型，他們都是大儒，影響特大。二來他們所碰見的異人，不論是幻夢中所見，或來自傳聞，或來自實際的歷史人物，可以確定地，他們的內涵和傳統中的佛、道兩種方外之學有關，即使來自於久遠的荒野傳奇，我們也可以從這些傳奇中分離出佛、道的原始痕跡。晚明流行三教論，三教論的肇始者應當就是王陽明。自從王陽明倡導三教一堂，拆除了儒家與佛、老兩教的圍牆之後，儒家與佛、老兩教的關係進入新的整合階段。晚明時期，羅近溪即是三教融合的重要人物。王陽明、羅近溪的異人經驗已踏進佛、老兩教的秘區，如果沒有晚明三教的淘汰融通，良知教以天理之實大暢佛、老的空、無之教義，我們很難想像會有這些非常奇異可怪之傳聞落在王陽明及羅近溪這些大儒身上。

至於會借用「智慧老人原型」概念，乃因此概念具備跨文化的性質，而且可被用來解釋一種普遍性的心理危機現象。如果依據原型心理學的基本設定，它被挪用到異文化來，是合法的。榮格所引介的諸原型概念中，「智慧老人」就像「阿尼瑪—阿尼姆斯」、「陰影」、「本我」諸原型，不失為較受到學界注意的原型概念。中文世界對榮格著作的翻譯與介紹近年來逐日增多，但對此概念的相關研究卻偏少，[2]用到中國思想研究者似乎更少，本文可算是補白之作。本文引用榮格的「智慧老人原型」理論後，也會引用榮格本人的現身說法，借以顯示「異人」經驗不能只從稗官野史的觀點立論，它應該還有嚴肅的宗教經驗之意。

1 本文初稿〈王學學者的「異人」經驗與智慧老人原型〉，刊於《清華中文學報》，一期（二〇〇七．〇九），頁一七一—二一〇。並宣講於榮格心理學國際研討會「二〇二三年台灣榮格心理學學會年會及亞洲榮格學會籌備會」（二〇二三．一二．一六）。

2 筆者所知的相關研究有以下四篇：張漢良，〈「楊林」故事系列的原型結構〉，《中外文學》，三卷十一期（一九七五．〇四），頁一六六—一七九。康韻梅，〈唐人小說中「智慧老人」之探析〉，《中外文學》，二三卷四期（一九九四．〇九），頁一三六—一七一。粟子菁，〈洛陽伽藍記中智慧老人：趙逸〉，《中正嶺學術研究集刊》，十六卷（一九九七．一二），頁三五—四六。蘇秋旭，〈「三言」中「智慧老人」的探討〉，《東方人文學誌》，三卷一期（二〇〇四．〇三），頁一三七—一四八。

二、鐵柱宮道士及其他異人的出現

王陽明是儒門龍象，聲望之隆，影響之大，一時無兩。不論生前死後，他都被信奉者視為道德理性的化身，孔孟之後累世難見的大儒。王陽明這種公共形象有很強的歷史文獻以及理論依據作為支撐。但我們只要瀏覽他的傳記及文集，卻不難發現他的一生又特多非常奇異可怪之行逕。其中，碰見異人之多與「正夢」之頻繁，更是前代少見。這種乍看矛盾的現象很值得思索。

陽明一生的離奇經驗在他出生前就有了，根據年譜記載，王陽明母親鄭夫人懷胎十四個月才生下他。臨盆前，王陽明祖母夢見雲中鼓吹，有「神人」穿彩衣送嬰兒給她。夢覺，即聽到嬰兒哭啼聲。如果胎兒可以被承認有人格的權利的話，那麼，「神人」可算是王陽明碰見的首位「異人」。陽明五歲，尚不能言，日與群兒戲，有「神僧」路過，歎道：「好箇孩兒，可惜道破！」他祖父心念一動，於是為他改了名字，亦即將原名「雲」改成「守仁」，一改名後，王守仁就會講話了。「神僧」是第二位異人。陽明十一歲，隨狀元父親，到京師赴任。一日在長安街上，遇見一位相士，這位相士替他看相，說道：「鬚拂領，其時入聖境；鬚至上丹台，其時結聖胎；鬚至下丹田，其時聖果圓。」相士的職業較特別，他的話語也頗有玄機，充滿了內丹道教的訊息。這位相士可視為道士的化身，他是王陽明碰到的第三位「異人」。

二十一歲，陽明參加浙江鄉試，場中「夜半見二巨人各衣緋繡，東西立，自言道：『三人好作事』，忽不見。」壬子鄉試，王陽明與孫燧、胡世寧同時中舉，他們有同年的身分。孫燧爾後以巡撫的身分巡視江西，碰到宸濠舉兵造反，他於事變發生時不屈被殺。胡世寧則是先已對朝廷提出警告，寧王舉動異常，江西情況不穩，結果反遭誣告下獄。最後一人則是王陽明，神人已預言他會平定此亂。三人好作事，這場預言後來還是應驗了。「二巨人」是第四位「異人」（兩人姑且算是一人），而且這兩位倏忽出入的巨人是王陽明親見的。二十八歲，王陽明奉命督建咸寧伯王越墳墓，之前未第時，王陽明曾夢王越贈他弓劍。此際依時完工後，咸寧伯家以王越生前佩劍相贈，昔日夢境與今日事件相符。王越雖是歷史人物，但王陽明修建其墓時，他已是他界的鬼魂，所以王越可算是第五位「異人」。

三十歲時，王陽明遊九華山，宿無相、化城諸寺。此時碰到「善談仙」的「蔡蓬頭」，王陽明知其有道，所以從後堂到後亭，一路追問，蔡蓬頭終以王陽明「不忘官相」，不跟他談玄論道。九華山另有位坐臥松毛、不火食的地藏洞異人，孓居險峰。王陽明歷險訪此異人，共論最上乘，這位異人告訴他「周濂溪、程明道是儒家兩個好秀才。」王陽明後來再度拜訪其地，其人已他移，終不可再見。蔡蓬頭與地藏洞異人可算是第六、七兩位異人。

三十六歲時，王陽明因避劉瑾之禍，縱浪於閩越之間。偶因坐船出海，被颶風吹至閩界。王陽明上岸後，狂奔山徑數十里，至一寺廟。在一陣波折後，遇見二十年前於鐵柱宮所碰見之異人，此異人有詩贈王陽明云：「二十年前曾見君，今來消息我先聞。」言外之意，此異人有前知的能力。隨後此異人為王陽明卜得一〈明夷〉卦，〈明夷〉為《易經》下經第六卦，火入地中，表正道不明，君子居易俟命之意。鐵柱宮異人乃為他闡釋卦象之義，並指示前途去留。王陽明從其言，因而免禍。王陽明曾題一名詩於其壁：「險夷原不滯胸中，何異浮雲過太空。夜靜海濤三萬里，月明飛錫下天風。」（〈泛海〉）此詩可算是對〈明夷〉卦的回應，詩中即嵌鑲了「明」、「夷」兩字，鐵柱宮道人是王陽明一生遇到的第八位異人。

王陽明三十六、七歲之際，不論身家性命或思想層次，都面臨光明突破前的黝暗階段。而在此時，他的身上也圍繞極光怪陸離的詭異事件，上述的經歷是錢德洪所述，已相當理性化的版本。如果我們看同一時期的文獻，都可見到王陽明曾自言他投江自盡，以避劉瑾的官差的追捕。但投江不死，反而有龍宮的巡江使者引導王陽明至龍宮，受龍王款待云云。此事的記載頗多，而且王陽明本人並未否認，很可能，他還是這個傳說的原始傳播者。王陽明投錢塘江，遇異人事，儼然成為正德、嘉靖年間的一則若真若幻、真實莫辨的公共事件。[3]茲不贅述。

自從在閩越山區見到鐵柱宮道人後，王陽明大概再也沒有碰到足以啟發人生大方向的異人了。但有一位雖沒有以智慧老人的面貌出現，卻也傳遞了重要的訊息，不可不記。此即隔年，王陽明到了龍場驛，日夜端居澄默，以求靜一。某晚中夜，忽大悟格物致知之旨，「寤寐中若有人語之者」。此經驗彷若天啟般，王陽明「不覺卻躍，從者皆驚」。睡夢中的空中之音或許可釋為幻聲，但問題是：這是有意義的幻聲，它在王陽明脫胎換骨、九轉丹成的剎那，扮演了臨門一腳的角色。此空中之音因為沒有形象出現，[4]筆者沒有將它列入智慧老人原型之列，但功能是相同的。

上述這些記載並非出自稗官野史，而是出自年譜所述。《王陽明年譜》是王陽明過世後，他的弟子錢德洪、王龍溪、羅洪先等人費盡苦心搜羅，而且再三印證之後，才編成的。這些紀錄都是經過弟子們集體認可後，才公布於世，可謂「實錄」。作為實錄的《王陽明年譜》因在譜主逝世多年後才編成，事蹟繫年難免有爭議，[5]但年譜的內容是經過門生長期編校而且相互印證的過程才編出來的，應該相當牢靠，沒想到作為定本的年譜竟然還有這麼多離奇的內容。如果根據王陽明著名的弟子王龍溪所說，王陽明一生還有不少「奇蹟奇論，非常情耳目所及者」，編年譜的弟子因考慮老師的儒者形象，擔心「茲世人之惑」，所以一些神蹟異事就刪除掉了。然而，錢德洪等弟子將這些涉及非常奇怪之事蹟纂成《言行逸稿》一編，等待時機到來再出版。[6]可惜，《言行逸稿》終究還是散佚了。

這些記載另外值得注意的一個現象，乃是其分布的時間，皆落在武宗正德三年（戊辰）之前，也就是他三十七歲之前。我們知道：正德三年，王陽明於龍場驛大悟，對他來說，此悟可謂再度新生。此後思想方向確定，良知學成了王陽明一生活動的標幟。相形之下，三十七歲之前，王陽明一直處在摸索探觸的階段，他所碰到的八位異人都是在摸索期見到的。其中，鐵柱宮道士恰好處在年齡關卡的邊界地帶。王陽明因為聽從他的勸告，不再流竄避難，反而勇敢走向龍場驛此蠻荒之地，隔年因而有中夜大悟此一精神的新生。爾後，異人即不在他的生涯裡出現，顯然，「異人」的任務已完成，他們對王陽明已起不了多大作用。

但「異人」在王陽明早期生涯卻起過很大的作用，否則，錢德洪、羅洪先等一批弟子不會將它們摘錄到年譜裡的。這八位異人除了二十八歲那年出現的夢中授劍將軍王越外，其餘的身分如不是神異世界中人，如第一位的「神人」，第四位的「巨人」，要不然就是「僧人」、「道士」、「相士」這類的方外之士。異人也者，總要異乎尋常。「異乎尋常」是「聖顯」的前提，異乎千萬株尋常之樹者，即為「神木」；異乎千萬顆凡俗之石者，即為「靈石」；異乎千萬世俗流輩者即為「異人」。[7]異人必然要在人世，而又超乎人世，因為他是「神聖」介入此世的媒介。有異人的地方，即有來自此世之外的訊息。王陽明頻頻見到異人，這表

3　詳細的考證參見束景南，《王陽明年譜》正德二年三十六歲條，冊一，頁四〇八—四三〇。束景南認為王陽明「遊海」的諸種傳說，皆是陽明本人的詭言虛構，借以避禍自保。此考證結果相當合理，但同樣值得提問的：此神怪傳聞何以變成大眾心理的真實，在許多圈子中傳播。

4　如果根據墨憨齋編，《王陽明出身靖亂錄》的記載，發聲者的身分還是可以辨識的。因為夢寐中向王陽明傳達真理的消息者，乃是孟子本人：「孟夫子為講良知一章，千言萬語指證親切」，王陽明「夢中不覺叫呼！」此書雖為小說體，但所言多有本。姑記於此，以備一說。「孟子」云云之記載參見此書卷上，頁二四。

5　束景南新編的《王陽明年譜長編》，針對錢德洪編的定本年譜多所匡正。匡正事項牽涉到繁密的文獻檢證問題，其是非得失，本文不能讚一詞。但錢本年譜雖是名著，其內容卻需大幅補正，此事大可確定。

6　上述的論點參見王龍溪，〈刑部陝西司員外郎特詔進階朝列大夫致仕緒山錢君行狀〉，收入吳震編校整理，《王畿集》，卷二〇，頁五八四—五九三。

7　「聖顯」（hierophany）會造成本體論的斷層，神聖所衷之物與周遭事物乃質之差異，這樣的現象意味著一種神聖的辯證。此概念參見耶律亞德（M. Eliade）著，楊素娥譯，《聖與俗：宗教的本質》（臺北：桂冠圖書，二〇〇一），頁六一—六四。

示他的生命的能量場特大，他的出生應世絕非偶然，那是椿神秘的宇宙性事件。

上述的八位異人中，第一位夢中的神人授嬰，乃是傳統上重要人物或宗教大師出世時常見的題材，幾乎沒有一位宗教的宗師不是奉天承運，下降人世的。王陽明的父親王華也是神仙授予其母而生的，所以他成了狀元。麟童神授是正史與野史中頻繁出現的記載，可算是正夢的範圍，此議題非本文所能處理，姑且不論。[8]其餘七位異人，有兩位（第四位的二巨人與第五位的王越）指點了王陽明在官場中的事業，一是平定宸濠之變，再造大明；一是佩劍為將，平定民亂，安靖國家。另外五位方外之士所預言者，似真似幻，虛實參雜，但總是與一種神秘的「性命之學」有關。王陽明在事功與性命事業上，皆有赫赫事蹟，光耀史料。但就王陽明本人的關懷以及他在歷史的地位而言，他在性命之學上的貢獻當然遠比事功重要太多了。這種比重也反映在他所碰到的異人數量之比例。

王陽明所碰到的這五位方外之士，第二位的神僧講了一句啞謎「好箇男兒，可惜道破。」「道破」到底道破了什麼？前人多語焉不詳。但從他的祖父竹軒公聽到此話，馬上將他改名為「守仁」，可知與名字有關。王陽明原名「雲」，此名字由來乃因其母親懷胎十四個月時，其祖母夢見雲中鼓吹，有神人送兒給她，因此，給此兒取名為「雲」，其出生的房舍則命名為「瑞雲樓」，以誌其盛。王陽明的出生故事顯示此人天縱英明，使命重大。但天意奧秘，天機不可洩露，神僧要傳遞的就是這個訊息。王陽明祖父一經神僧點破，立刻更改其名，以應天機。王陽明及其父王華的一生多神秘事蹟，他們家族與道教似乎有特殊的不解之緣。[9]王陽明祖父王天敘幫他改名，或許仍與道教的傳統有關。

其餘的四位方外之士皆與王陽明作為大儒的經歷有關。第三位的相士幫王陽明看相，語多怪異。但我們即使單單看「聖胎」、「聖果」這類的語彙，也可聞到濃厚的道教式的性命之學的味道。我們如再對照王陽明一生的經歷，更可合理的推測相士的入聖境、結聖胎、聖果成三階段說，與王陽明在龍場驛悟道後的「後三變」之說，頗為類似。[10]相士之言也是種有前兆意義的預言。可注意者，陽明遇相士時的年齡才十二歲，其時，先生「豪邁不羈」。「豪邁不羈」是正面的寫法，此詞語另外一面的意義乃是其人不受管教，生命不得安頓。觀其時，他常「靜坐沉思」，並想「作第一等事」。以及年譜於其十五歲時所述：有志四方，偶出塞，經月始返。一位身居京官的狀元家的公子居然有此自由，可以冒生命危險，出入有軍事衝突的境界，此事很難想像。由此可以想見他在青少年時期，其一動一靜，皆走極端，陽明當時生命的衝突是很激烈的。相士之言既是前兆之語，也可視為指點之語。

第六、七兩位異人蔡蓬頭與地藏洞異人的語言也是兼具前兆與指點之用。「蔡蓬頭」之名顧名思義，可

8　參見深津胤房，〈古代中国人の思想と生活—「夢」について〉，收入宇野哲人先生白壽祝賀記念會編，《宇野哲人先生白壽祝賀記念東洋學論叢》（東京：宇野哲人先生白壽祝賀紀念會，一九七四），頁九三九—九六一。出石誠彥，〈上代支那史籍に見ゆる夢の說話について〉，《支那神話傳說の研究》（東京：中央公論社，一九四三），頁六四五—六六八。

9　王陽明系出晉右軍將軍王羲之之裔，王羲之家族世奉天師道。王氏入明後，年譜〈世德記〉所述第一人王綱（字性常）與終南道士趙緣督有緣，得其筮法。趙緣督即趙友欽，元末明初道士，人奇事奇。王綱之孫王與準亦懂筮法，著《易微》數千言。王華與王陽明的生平多奇事，遠超常人。王綱與趙友欽交往，得其筮法，並有預言遺諸後世，預言指向王家後代當有英豪能光大家風。此事在王陽明年譜〈世德記〉所記王陽明先人傳記中多次出現，應是得自王陽明家族的歷代傳說。趙友欽此人在歷史上不出名，聞者甚少。但最近在科技史上的地位卻日益火紅，其人其事參見*Taiwanese Journal for Philosophy and History of Science*, vol. 5, no. 1（1996-1997）收錄的文章，此期為「趙友欽專號」。

10　相士的話語是丹道的語言，但理學家的成聖與道教的成仙在結構上原本即多相似之處，王陽明及其弟子（尤其王龍溪）的文集中常可見到，王陽明本人對丹道又絕非沒有興趣。年譜有此記載，恐非偶然。依據黃宗羲《明儒學案》的記載，良知學後三變意指龍場一悟之後，王陽明先以默坐澄心為學的，主收斂；江右以後，專提致良知，此為二變；居越以後，漸入化境，良知在當下就是圓融的展現，此為三變。

知其人蓬頭散髮，不受世間禮法約束，[11]這是「蓬頭」的文化象徵之一。「蓬頭」的另一個意義則是道教仙人的體現，仙道圖中的仙真往往蓬頭散髮。影響後世丹道甚巨的白玉蟾自認自己是天上謫仙人，他在人間的形象之一即是蓬頭赤足的化外之民，所謂：「跣足蓬頭破衲衣，悶來飲酒醉吟詩。廛中走遍無人識，我是東華大帝兒。」[12]蓬頭原是天仙，可惜世人不識。白玉蟾的蓬頭跣足之造型自然也不是他的自我作古，而是遠有所承。

弘治年間的這位蔡蓬頭是歷史上不斷化身的原型的再次現身於世，他善仙道，王陽明千方百計叩詢其學，蔡蓬頭最後以王陽明「不忘官相」為由，拒絕了他的請求，蔡蓬頭的反應可以說是典型的「仙真考驗信徒」的例子。王陽明與蔡蓬頭的對話頗可深思，九華山原為佛教四大名山，但不乏神仙道流之遺跡。王陽明於而立之年遊山，曾作有〈九華山賦〉，[13]賦中一方面充滿了追慕神仙之文句，但一方面又充滿了許多憂國思家之情。從蓬頭道人這種方外之士的觀點來看，這兩者當然是衝突的，憂國憂民之情被視為和官場的名利追求並沒有兩樣。但從王陽明的觀點看，憂國憂民很難看成是一種世間的功利之學，它有不可泯滅的道德價值。王陽明自從三十七歲於龍場大悟之後，始終堅持世間倫理的本真價值，其時固然不會將倫理從良知的領域排斥出去。即便三十歲前，王陽明大概也很難接受蔡蓬頭的判斷。因為從周、孔以下，日用倫常始終被儒家視為有內在的目的性的。九華山這一場遭遇雖然沒有給王陽明帶來實質的收獲，卻使得他在隔年，「漸悟仙釋二氏之非。」

同一段時間與地藏洞異人的相遇，也是充滿了文化的意義。地藏洞異人坐臥松毛，不火食，擺明了退出文明、回歸自然的姿態。王陽明訪此異人，得到「周濂溪、程明道是儒家兩箇好秀才」的案語。語言甚簡，但〈年譜〉說：王陽明再度拜訪他，遍尋不著，有「會心人遠」之慨。地藏洞異人和王陽明的交涉，就此一次，而且重要的就是那麼一句話，王陽明卻有深得我心之感。王陽明與地藏洞異人到底會的是什麼心，此事似難理解。但如果我們往後看陽明學說的發展，即可了解地藏洞異人的話到底有何意義。

王陽明的良知之學雖然可以說不由師授，獨契道妙。但並不是絕無所承，至少王陽明曾為陸象山打抱不平過，後人亦常陸、王並稱。不過，在前輩儒者當中，他特別契近者還不是陸象山，而是程明道、周濂溪，王陽明對兩人評價極高。[14]王陽明實質上也有新道統說，他的新道統和朱子的道統在先秦部分的名單，不會有出入，但在宋代的名單，則頗有異同。眾所周知，朱子雖說兼宗周邵程張，但事實上是以程伊川為核心。王陽明則獨取程明道、周濂溪，餘人不與焉。[15]地藏洞異人的話語看似天外飛來，但我們如將它放在王陽明一生的學問歷程下判斷，即可看出它的旨趣所在。

王陽明所碰見的異人當中，最重要者大概就是鐵柱宮的道士了。鐵柱宮對王陽明一生的重要性應當還要

11　蓬頭散髮常被視為脫離世網，自由自在的象徵，此李白所以有「明朝散髮弄扁舟」（〈宣州謝朓樓餞別校書叔雲〉），柳宗元所以有「久為簪組束，幸此南夷謫」（〈溪居〉）之慨。

12　白玉蟾，〈曲肱詩十五〉，《宋白真人玉蟾全集》（臺北：宋白真人玉蟾全集輯印委員會，一九七六），頁二四三。

13　王陽明，〈九華山賦〉，收入吳光等編校，《王陽明全集》，冊中，卷一九，頁七二七—七三〇。

14　王陽明在〈象山文集序〉裡提到儒家的真血脈在孟子後幾近失傳，直到北宋「周、程二子，始復追尋孔、顏之宗」。接著說：「象山陸氏，雖其純粹和平若不逮於二子（按：指明道、濂溪），而簡易直截，真有以接孟子之傳。」這顯然也是種道統的論述。另外，一則類似的言論見於《傳習錄．下》，有人問：「陸子之學何如？」王陽明答：「濂溪、明道之後，還是象山，只是粗些。」王陽明始終尊崇周濂溪、程明道，而且刻意的不提程伊川，這種選擇很值得注意。見吳光等編校，《王陽明全集》，冊上，卷七，頁二七三—二七四；卷三，頁一〇四。

15　錢德洪在〈陽明先生年譜序〉，王宗沐在〈刻陽明先生年譜序〉，皆言及王陽明繼承周濂溪、程明道之事。參見吳光等編校，《王陽明全集》，冊下，卷三七，頁一四九九—一五〇一、一五〇七—一五〇八。在陽明學的傳承中，周、程二子的地位大體居高不下，超過邵雍、張載、程伊川三人。江右學派、東林學派、蕺山學派都可視為廣義的陽明後學，它們對程明道、周濂溪的評價都極高。

受到更高的評價，此宮位於南昌，又名延真觀、景德觀，明嘉靖後，又名妙濟萬壽宮。此宮祭祀淨明道始祖許遜，為道教名觀，宮中頗多異聞奇說的遺蹟。[16]在道教諸多流派中，淨明道特別提倡忠孝，其教義與儒家義理最易相容，這是值得注意的一點。[17]王陽明十七歲奉親命，至南昌迎娶新婦諸氏。然因求仙心切，走入鐵柱宮與道士徹夜長談，竟忘了佳期。依據明末馮夢龍的敘述，此道士為蜀人，時年已九十六，他傳授王陽明煉氣、靜坐的養生之道。[18]王陽明求道誤婚期，是則有名的佳話，筆者懷疑箇中另有隱情。新郎為成婚而來，而竟會忘了佳期，此不可解之一。他於陌生城市中，竟可一碰即碰到願傳授丹訣的耄耋道士，此不可解之二。對王家此書香世家來說，結婚除了結兩性之好的生理功能外，它還有結兩姓之好的家族聯姻之作用。沒想到王陽明在人生這麼重要的關卡，竟選擇了避婚求仙這樣的通過儀式（rite of passage），這是很難想像的「誤失」。行為的無意錯誤和語言的無意錯誤一樣，往往透露了內在生命更深層的內容。耽誤佳期之事姑且擱下不表，但鐵柱宮和他的生命關聯極深，可見一斑。

如果婚姻是人類生涯的一個重要關卡，大部分的人都要面對的。那麼，對明代的士子來說，如何有尊嚴的面對政治迫害，也是他們一生常常需要正視的選擇。鐵柱宮道士在王陽明十七歲時，扮演了一個引爆世間倫理與性命之學衝突的角色，沒想到二十年後，當王陽明面對大宦官劉瑾的迫害，不知如何措其手足時，這位道士居然又在閩越交界的古寺出現了。王陽明兩次見到的鐵柱宮道士不知是否為同一人，但依據《王陽明出身靖亂錄》裡所說，此道士確為彼道士。[19]那麼，這位道士已高齡一百一十五歲。方外道士練氣調息，或許得享高齡，但一百一十五歲的年齡還是不容易達標的歲數。王陽明在成婚前與成道前，與此道士皆有交涉，這是個值得留意的現象。當王陽明處在他政治生涯最關鍵的時節，鐵柱宮道士適時給了他明確的建議，王陽明才安然上道，往南投向蠻荒惡地龍場驛，終於從九死一生的險境中，殺出一條活路來。

三、臨清的恍見一翁事件

碰到異人之多不下於王陽明者，厥為其三傳弟子羅汝芳（近溪）。[20]羅近溪的年齡差王陽明四十三歲，王陽明逝世時，羅近溪已十四歲，正是對人生的根本問題充滿焦慮的年齡。在王學代代相傳的諸多弟子中，羅近溪的聲勢特別顯赫，其影響之大與王畿（龍溪）並稱，世有二溪之目。羅近溪一生的奇特經驗頗多，某部分的經歷隱約間已踏入孔門所謂怪力亂神的禁區（如相信招魂之術，見下文）。但我們判斷其人其學，仍是以其核心理論以及主要影響為主。就此而言，羅近溪自然該劃歸為儒者，而且是以言說布道、鼓動一時風潮的大儒。[21]

16　鐵柱宮的概況參見郭想隆、丁步上輯，《逍遙山萬壽宮通志》，此書收入《道教文獻》（臺北：丹青圖書公司，一九八三），冊七。

17　高攀龍即說：「仙家惟有許旌陽最正，其傳只淨明忠孝四字」，參見《高子遺書》，冊一二九二，卷五，頁二四b，總頁四二二。

18　墨憨齋編，《王陽明出身靖亂錄》，卷上，頁九，a面。墨憨齋主人即馮夢龍。

19　如果《王陽明出身靖亂錄》所說可靠的話，鐵柱宮道士當時的歲數未免高了些。但我們如果將此道士視為智慧老人的原型意象，原型是永恆的，這樣的歲數絕不會不適合。

20　羅近溪受學於顏山農，以顏山農為聖人。顏山農受教於徐波石，徐波石受教於陽明大弟子王艮，如此算來，羅近溪當是陽明四傳弟子。但徐波石思想特色不顯，顏山農又自稱受學於王心齋，以王陽明為太老師。而且，徐波石在王陽明晚年赴廣西平定思田之亂的途中，曾於餘干，向王陽明請教良知學問題，王陽明對他有所開示，所以他也可算直接上承王陽明。譜系傳承總難免錯綜複雜，但王陽明—王心齋—顏山農—羅近溪一系下來，如此推演，亦有方便之處。三傳、四傳問題與本文關聯不大，「三傳」之言算是方便的過門之語。

21　時人稱王龍溪筆勝舌，而羅近溪舌勝筆，可見羅近溪善於講道，啟悟人心。今從其語錄《盱壇直詮》，所錄他於各地講學的文字，亦可見其時絃歌不斷，萬頭聳動的盛況。

羅近溪的學問之道走的極特別，可以確定，一種徹悟自性以及宇宙真實的學問，所謂天道性命之說，乃是他一生的主要關懷。他一生求學問道，雲水四方，其經歷極像禪子參訪，艱難甚且過之。他早歲「於釋典玄宗，無不探討。緇流羽客，延納弗拒」，[22]碰到的「海內衿簪之彥，山藪之碩，玄釋之有望者」[23]甚多，可稱為異人者當亦不少。黃宗羲在《明儒學案》本傳處說道其關鍵性人物如下：「先生十有五而定志於張洵水，二十六而正學於山農，三十四而悟《易》於胡生，四十六而證道於泰山丈人，七十而問心於武夷先生。」[24]黃宗羲的話是根據羅近溪之孫羅懷智所撰的羅近溪本傳而來的。文中說「四十有六而證道於泰山丈人」，此年歲有誤，可靠的歲數是三十九歲，歲在癸丑（一五五三）。[25]此年對他的重要性，不下於王陽明的三十七歲，其經歷亦有近似之處，詳見下文。

羅近溪第一位明師為張洵水。張洵水似為道學中人，個性豪邁，事母至孝，有聞於鄉里，他可視為羅近溪的啟蒙導師。羅近溪所以會走上王學的道路，除了家庭因素外，張洵水應該起了些作用。然而，年輕時的羅近溪生命特多磨難，張洵水並沒有辦法引導他走出困境。其人似為一鄉之善士，思想不見特色，也沒有非常奇異可怪之行，因此也稱不上異人，所以本文不方便將他定位為智慧老人原型的化身。

羅近溪真正碰到的第一位異人，原本不該稱作方外之士，因為他是王學當中赫赫有名的顏山農（鈞）。羅近溪當年二十六歲，顏山農三十七歲—這個歲數的意義另見後文。顏山農身為名儒，他一生卻特多瑰麗幻怪之行，而且年登高壽。在晚明時期，學者能享年九十二歲，殊不多見。顏山農隸屬泰州學派，泰州學派在王學各派別中，學風最平民，行事最不合禮法—或許該說：最不合士大夫文化氣息。顏山農可以說是泰州學風典型的代表，但他又帶有特濃的神秘氣息。理學家一般都有「悟」的體驗，但除了楊慈湖、高攀龍等少數人之外，一般不太會暢談此事。

顏山農不一樣，他大談特談，他的悟道經驗與楊慈湖、高攀龍那種「頓悟萬物一體」的類型頗有差異，他的類型比較像密教的風格，但又帶點外向類型的冥契經驗。顏山農所以有資格被稱為智慧老人，除了他擁有天寵般的神秘體悟外，還當加上他對這套體悟的特殊教義化，顏山農將它和《易經》中最富玄理的〈復卦〉結合起來，形成他所謂的「七日閉關法」。[26]此外，顏山農那種狂熱的傳教熱情，更是將泰州學派「處則必為天下萬世師」[27]的學風發揮到淋漓盡致。這幾樣特點匯聚在他身上，使得顏山農的一言一行，都帶著極獨特的氣息。對其學生或信徒（假如可以使用此詞語的話）而言，則造成了魅力無窮的「奇理斯瑪」效應。

羅近溪遇到顏山農時，顏山農才三十七歲，但顏山農當時充滿了布道的熱情，他的熱情建立在「七日閉關法」工夫論上的體道經驗，他不吝於傳述他的體驗，我們且看他在七天緊湊修煉的行程後，再加三日的「逼激」，最後體證的身心變形經驗：「又逼激三日，後化為臭汗，滋流皮膚毛孔中，出體如洗。洗後襟次煥然豁達，孔昭顯明，如化日懸中天，如龍泉趵江海」。[28]這樣的內容雖然說是取自《易經》的「七日來復」，但幾乎可以確定，它不太容易從以往的儒學傳承中得來，顏山農應該有自己的秘教傳承。如果說來自於我們目前不得而知的泰州學派的某些功法，此事自然也有可能，泰州學派始祖王心齋的正德六年三月半的

22 王時槐，〈近溪羅先生傳〉，收入方祖猷等編校整理，《羅汝芳集．附錄》，冊下，頁八五八。
23 羅汝芳，《盱壇直詮》（臺北：廣文書局，一九七七），卷下，頁三六b。
24 黃宗羲，《明儒學案》，收入沈善洪主編，夏瑰琦、洪波校點，《黃宗羲全集》，冊八，卷三四，頁三。
25 參見吳震，《羅汝芳評傳》（南京：南京大學出版社，二〇〇五），頁一二四—一二五。
26 關於「七日閉關法」，參見顏鈞，〈履歷〉，收入黃宣民點校，《顏鈞集》，卷四，頁三三—三四。
27 「出則必為帝者師，處則必為天下萬世師」為王心齋名言，參見陳祝生主編，《王心齋全集》，頁一〇四。
28 黃宣民點校，《顏鈞集》，卷四，頁三三。

夢境覺悟，即充滿了玄秘的內涵，「七日閉關法」不無可能與他有關。[29]但即使泰州學派有「七日閉關法」的法門，我們依然可以相信它來自《易經》別傳的丹道系統。

不論顏山農的功法自何處得來，我們觀其文集中一再言及此事，可想見地，他當是將此功法視為良知教的重要階級，藉以引導學子步入陽明學的門庭。顏、羅相遇，千古一會。當羅近溪涉足中流，四顧踟躕之際，恰好遇見顏山農以郎中的形象，打著專治「心火」的招牌，羅近溪乃向前請益，結果發現顏山農並不是賣膏藥的江湖郎中，而是傳播安心寧神與安身立命的良知教。[30]羅近溪的身心困頓本來即是因不當的精神追求所引致的心因症，所以顏山農提供的治療的妙方反而特別有用。羅近溪的精神危機一舉解除了，顏山農也一舉得到了千古難遇的學生，此間的過程極富戲劇性。羅近溪對他這位精神導師的禮敬，終身不渝，其虔誠信奉，有逾人子。顏羅之會可以視為智慧老人原型在儒家社會一個具體的體現，因為羅近溪碰到顏山農之前，自己已走在儒家成聖之道的路途上，摸索了好幾年，而且身心都付出了極大的代價。瀕臨身心崩盤這樣的一種存在狀態可以說為原型的出現作好了準備，沒有危機，即不需要轉機。等到解決生命危機的諸種機緣湊巧聚合時，一種作為智慧指導者角色的人物就出現了。

羅近溪二十六歲受學於顏山農，這樣的學是種性命之學，是以生命下賭注的一套學問。可想像到的，羅近溪從中當已體會到某種他一心嚮往的學問之滋味。然而，悟有大小淺深，羅近溪作為儒者，他仍在為未能打破六經藩籬，尤其未能打通《易經》一關，耿耿於懷。三十四歲那年，他從學於當時的一位《易》學名家胡宗正，此門學問才有了突破。胡宗正論《易》，與諸家不同。由羅近溪弟子的記載看來，胡宗正所傳頗特別，他提問：「若知伏羲當日平空白地著一畫耶？」要羅近溪去參。

胡宗正此語看似尋常，甚至可說是套語。但由其他的旁證看來，他是將《易經》和身心修煉之學結合起來，頗有《周易參同契》以下的易經別傳的風味。[31]羅近溪得到他的啟發以後，「坐至三月……恍進于未畫之前」。[32]「未畫之前」即是先天境界，王陽明所謂的「直造先天未畫前」（〈別諸生〉）。羅近溪此處的「坐」自然不是泛泛之坐，它是明儒常見的生活儀軌，也是宗教儀軌，它為悟道作準備。簡言之，即是靜坐之意。

在羅近溪所屬的泰州學派中，「三月」是個特別的數字，它通常意味著悟道所需的時日，或悟道後高峰經驗連綿持續的時日。此數字原本來自《論語》稱讚顏回：「三月不違仁」而來，《論語》這句話當是泛論，很難確定是否有什麼深刻的內涵。但到了王心齋、顏山農、羅近溪之手，這個數字有了工夫論的轉向，它指涉的當是實際的天數，也指向了極精微的心性變形之經驗。胡宗正是「楚中高士」，有名有姓，但他既涉入《易經》的玄秘丹道之學，而且有可能還曾在羅近溪晚年陪伴他及羅近溪的兩位兒子羅軒及羅輅入兩廣，不幸碰到疫情，因而殞身，並引發羅近溪一生最大的怪力亂神的爭議，此人為名叫胡中洲的道士。無論胡宗正是否和胡中洲同一人，他很難沒有「異人」的光環。[33]

29　顏鈞於〈邱隅爐鑄專造性命〉一文中，說道王心齋「于七日閉關默識，洞透乎己心仁性。」收入黃宣民點校，《顏鈞集》，卷四，頁三六。顏鈞用語樸拙，有時不易測出其文句的意思。但觀引文，他有可能將「七日閉關法」的創造者歸於王心齋。

30　黃宗羲曾記載羅近溪初見顏山農的情形：「（羅近溪）閉關臨田寺，置水鏡几上，對之默坐，使心與水鏡無二。久之而病心火，偶過僧寺，見有榜急救心火者，以為名醫，訪之則聚而講學者也。先生從眾中聽良久，喜曰：『此真能救吾心火。』問之，為顏山農。」黃宗羲，〈參政羅近溪先生汝芳〉，收入方祖猷等編校整理，《羅汝芳集》，冊下，頁八七一。

31　羅近溪提及此段經驗道：「且遇楚中高士，為說破《易經》，指陳為玄門造化。予竊心自忻快，此是天地間大道真脈，奚啻玄教而已哉！」此楚中高士當即為胡宗正，他以「玄門造化」觀點討論《易經》，這當是《周易參同契》的傳統。見方祖猷等編校整理，《羅汝芳集》，冊上，頁二三一。

32　曹胤儒，〈羅近溪師行實〉，收入方祖猷等編校整理，《羅汝芳集．附錄》，冊下，頁八三五。

33　和羅近溪關係密切的另一位密教人士為胡中洲，名栖，號中洲，或東洲、清虛。胡中洲為淨明道道士，行蹤飄忽不定，其名時見於早期陽明後學的文集中。胡宗正與胡中洲的身上都有些神秘的成分，兩人的行蹤、交遊與年代也重合，胡中洲與胡宗正是否為同一羅近溪最特別的一次異人之遇，乃是他三十九歲時的一次離奇經驗。其時他正要赴京趕考，路經臨清，忽罹重病。恍惚中，見有老翁來幫他治病。這段經驗很特別，值得再三吟味，我們且看羅近溪的敘述，其內容如下：

> 一日倚榻而坐，恍若一翁前來，言曰：「君身病稍康矣，心病則復何如？」……翁曰：「君自有生以來，遇觸而氣每不動，當倦而目輒不瞑，擾擾而意自不分。……此皆君心痼疾，今仍昔也。」……翁曰：「人之身心，體出天常，隨物感通，原無定執。君以宿生操持，強力太甚，一念耿光，遂成結習。……不悟天體漸失，豈惟心病，而身亦不能久延矣。」
>
> 「蓋人之志慮，常在目前，蕩蕩平平，與天地相交，此則陽光宣朗，是為神境，令人血氣精爽，內外調暢。如或志慮沉滯，胸臆隱隱約約，於水鑑相涵，此則陰靈存想，是為鬼界，令人脈絡絆纏，內外交泥。君今陰陽莫辨，境界妄縻，是尚得為善學乎？吾固為君懼矣！」余驚起，叩謝，伏地汗流，從是執念潛消，血脈循軌矣。[34]

臨清一悟，此事不但在羅近溪生命史上極為重要，即使就儒學工夫論而論，也可以說極具象徵意義的事件。羅近溪所遇到的此一老翁，即是他後來在另一篇文章所說的「泰山丈人」。[35]「泰山丈人」一詞甚奇，顧名思義，亦可想見其人之「異端」氣息。羅近溪經丈人一開導，「汗下如雨」，身心調順。「汗下如雨」之語恐不是泛泛之論，因為理學家的靜坐經驗中，汗出如雨的敘述往往伴隨悟道的身心突破狀況而來。[36]

王學人士多有悟的經驗，很多人的悟道經驗是一次決定性的，亦即其「悟」在其思想的流變中，具有舉足輕重的地位，是方向的轉折點。羅近溪的例子較特別，他從學於顏山農、胡宗正，又與泰山丈人恍然相遇，這些例子看來都有些類似意識變形類型的悟道經驗。而且他當時所面臨的身心問題，以及開悟所得的身心效驗，都有近似之處。這些經驗再加上他三十五歲起，苦參格物，終在三年後（三十八歲），一夜大

人，學界頗有爭議。參見彭國翔，〈王畿與道教——陽明學者對道教內丹學的融攝〉，《中國文哲研究集刊》，二一期（二〇〇二．〇九），頁二五五—二九〇。吳震，《羅汝芳評傳》，頁一四四—一四五。

34 方祖猷，〈羅汝芳年譜〉，收入方祖猷等編校整理，《羅汝芳集》，冊下，頁八九八；羅汝芳，〈泰山丈人〉，同前引書，冊下，頁五八二—五八三。

35 「泰山丈人」一詞是羅近溪自己稱呼的，見新編文集「泰山丈人」條。參見方祖猷等編校整理，《羅汝芳集》，冊下，頁五八二—五八三。

36 理學傳統中最早記載汗流與悟道關係者當是陸象山門人的趙彥肅、葉元吉與楊簡。《宋元學案》引楊簡（慈湖）之語，敘述前者事跡云：「從晦巖沈先生遊，因論太極不契，憤悶忘寢食，遂焚平昔所業數篋，動靜體察工夫，無食息閒。一日，舟行松江，聞晨雞鳴，已而犬吠，通身汗浹，前日胸中窒礙，一時豁去。其後以語學者，且曰：『不知此一身汗，自何而至？』」黃宗羲等編，《宋元學案．象山學案》，收入沈善洪主編，方祖猷等點校，《黃宗羲全集》（杭州：浙江古籍出版社，一九九二），冊五，卷五八，頁三三一。楊簡記載葉元吉的事蹟云：「後寐中聞更皷聲而覺，全身流汗，失聲歎曰：『此非皷聲也，如還故鄉。』終夜不寐，夙興，見天地萬象萬變，明暗虛實，皆此一聲，皆祐之本體。光明變化固已無疑，而目前若常有一物，及一再聞先生警誨，此一物方泯然不見。」楊簡撰，孔子文化大全編輯部編輯，《慈湖先生遺書》（濟南：山東友誼出版社，一九九一），頁二一〇—二一一。楊簡描述自己二十八歲時的悟道經驗亦云：「度到丁夜，忽有如黑幕自上而下，而所謂窘者掃跡絕影。流汗霑濡，泰然，旦而寤，視外物無二見矣！」〈訓語〉，同前引書，頁六八〇。與羅近溪關係最密切的一個相似例子則見於王心齋。王心齋為羅近溪的太老師，他在有名的天墜壓身之夢當中，夢天墜壓身，萬人奔走呼號，王心齋奮臂托撐。「見日月列宿失序，又手自整布如故，萬人歡舞拜謝。醒則汗溢如雨，頓覺心量洞明，天地萬物一體。自此行住語默，皆在覺中。」「覺」字從楊慈湖下，多作「悟」解，王心齋之言亦當如是。此一覺時日甚長，據說達三月半之久。引文參見趙貞吉，〈泰州王心齋墓志銘〉，收入周汝登，《王門宗旨》，《四庫全書存目叢書》編纂委員會編，《四庫全書存目叢書．子部》，冊一三，卷八，頁七一二。流汗到底代表什麼意義，愧不能明，姑且記之，以俟他日。

悟。[37]兩者相加，其文集所見之悟覺經驗實得四次。[38]這些經驗很難講哪一次是最關鍵性的，但與泰山丈人的面遇，有可能是最成熟的一次。雖然這位泰山丈人似是幻象經驗所現，但依方外之學的解釋，泰山丈人未嘗不可看作仙真降世的一次聖顯。以後羅近溪在心性的悟道經驗上，即沒聽說過與其他的悟道者再有什麼特別的不同。

三十九歲證道於泰山丈人後，羅近溪即過著典型理學士大夫的生活，一方面仕宦，作好父母官；一方面講學，德化政治，這是古典版的學官兩棲。以後比較值得注意的異人經驗是七十歲「問心於武夷先生」。武夷先生不知何許人耶？羅近溪沒明說，當代通人也很少解釋。「問心」云云，也很難知道其確切的內容。因為羅近溪經過顏山農、胡宗正、泰山丈人一再的冶煉，光景已破，心火已息，其心性體驗之深可謂爐火純青，很難想像一位不知何方神聖的武夷先生還可以傳什麼樣的心學給他？

考羅近溪七十歲時，他曾攜其孫遠遊福建，請福建泰寧人蕭某行役鬼之術，亦即請其亡兒之魂與生人相見。泰寧蕭某人，其人大致如李少君或〈長恨歌〉所說：「臨邛道士鴻都客」那種類型的人物。「役鬼」（實即「招魂」）之事甚奇，羅近溪對鬼神之事頗熱衷，儒林中少見，他晚年招來頗多非議，主要與此相關。[39]泰寧位於閩北，地在武夷山區，則其人或自號為武夷先生，或為後人的方便稱呼之語，皆有可能。如果此一推測無誤的話，羅近溪七十歲的「問心」於武夷先生，其所問之事，已逸出儒門的學問範圍之外，反而與道教性格較為接近。

羅近溪晚年與泰寧蕭某人的交往是理學史上一則極特殊的例子，因為其時的羅近溪是一代大儒，被視為已打通生死玄關，出入幽明無礙，他怎會請教一位默默無名的山野村夫蕭某人。[40]蕭某人不知法力如何？但羅近溪顯然相信生人與亡魂溝通是可能的。儒家在先秦雖有招魂之禮，也有「恍惚與神明交」的降靈儀軌，這是來自遠古宗教的遺產。[41]但一般而言，陰陽區隔，敬鬼神而遠之，這才是儒學正宗。然而，羅近溪所招之魂乃是他晚年應進士同年友之邀到兩廣參與講會時，伴侍他的兩位兒子羅軒、羅輅之魂。羅近溪這兩位兒子在廣東肇慶時，很快地先後罹疾死亡，同時罹難的，還有傳奇人物胡中洲道士。觀傳記所示，很可能是突如其來的惡性瘟疫。這一場突如其來的死別，可想見地，應當給羅近溪帶來極大的悲慟。他爾後的招魂觀陰之舉，或與此存在的悲情有關。

泰寧蕭某不僅可以行「役鬼」術，而且據說還可行「延命」之術。羅近溪得其學，深信不疑。後欲傳給友人魏時亮，魏時亮卻踟躕不前，很難接受。但據傳記，羅近溪臨終預知死期。其弟子不忍師去，羅近溪乃為其門生故舊多留一天。隔日，「整冠更衣而逝；越日乃斂，顏色紅活，手足綿軟如生。」[42]死後身體柔軟如生，這是方外有道之士常見的身體表徵。羅近溪能多留世上一日，事近幻怪，但記其事者乃親眼目睹，看

37　參見方祖猷，〈羅汝芳年譜〉，「嘉靖三十一年壬子三十八歲」條，收入方祖猷等編校整理，《羅汝芳集》，冊下，頁八九五。羅近溪和「格物」一關的奮鬥歷程頗似王陽明，連覺悟的年歲都很接近，他可以說踏著王陽明的足跡往聖人之途邁進。

38　但以羅近溪求道之殷，習靜之勤，他如有其他的悟覺經驗，或者常在承體起用的覺中，也都是可想而知的。

39　參見吳震，《羅汝芳評傳》，頁一三九—一七一。

40　袁小修《遊居柿錄》有一條資料論及羅近溪晚年侍奉蕭老之事，可作補充。此條資料全文如下：「黃州林子木來，言及邵武蕭勝祖事：勝祖初為農父，但力行孝道。後遇仙，令其飲墨水，便通文義。且教以理學數學。祖既能書通文，一鄉皆驚。後至羅近溪諸公處論學，頗得其奧。子木過邵武，親往訪之，問以心中所疑，一一不言而喻。年九十七而終，往聞近溪晚年奉一蕭老，想即此人也。」參見袁中道，《遊居柿錄》（臺北：臺北書局，一九五六），頁五二。依據此資料，武夷先生可能就是這位蕭勝祖。蕭勝祖和羅近溪的關係似乎類似王心齋之於王陽明，兩人都是帶藝投師。而且「問心」云云，不一定指召魂之事，而是「他心通」之類的特異功能。當然，「他心通」也不排斥密通他界鬼神之心事。

41　參見拙作，〈恍惚的倫理：先秦儒家工夫論之源〉，《原儒：從帝堯到孔子》（新竹：國立清華大學出版社，二〇二一），頁二三九—二八五。

42　羅汝芳，《盱壇直詮》，卷下，頁六七b。

來「延命」一術或有其事。羅近溪所得於蕭某者，正是此等生死鬼神之術。換言之，其所謂「問心」的「心」，恐怕與心學意義下的「心」不同，而近於「靈魂」的概念。[43]

羅近溪的「招魂」、「延命」之術已逾越了儒學的界線，對於這些非理性（即使不是反理性）的知識在他的思想體系中的位置，我們似乎不能給予太高的位置，身為陽明後學中的代表人物，羅近溪一生的關懷也不可能局限在個人生理生命的層次上。然而，靈魂之事乃人的存在論問題，樹欲靜而風不止，羅近溪思念亡兒，因而有招魂之舉，此事並非不合人情，也未必沒有儒門義理可作佐證。但羅近溪對待兩位亡兒的事似乎還有更深的內涵可說，因為羅近溪相信他亡兒的靈魂存在，而且在世界顯身是真實的，此事牽涉到羅近溪之學的深層秘密，而且也是明代儒道交會一則重要的訊息。我們或許也可以將羅近溪兩位早逝的兒子羅軒、羅輅視為「異人」，兩人一組，他們的死後存在的現象考驗良知學總持三教的寬容度。

發生於萬曆七年（一五七九）的兩廣之行，羅近溪的兩位兒子羅軒、羅輅幾天之內先後辭世，此事對羅近溪的打擊可想而知，羅近溪撰有〈二子小傳〉一文，詳述其始末，但最令人意外的，莫過於羅近溪相信兩兒亡魂仍在，未曾遠飄。羅近溪一生出入三教，但很明顯地，良知學是總持的樞紐。他的兩位亡兒羅軒、羅輅應該也是以三教義理總持三教，但良知未必是樞紐，他們所奉的道，也未必是玄理的老莊之道，而是道教系統之道。

羅軒、羅輅似乎也是天生的宗教徒性格，而羅近溪顯然給了他們兄弟極大的追尋大道的自由。[44]他們兩人在一種秘教的修煉事上，顯然已有相當的火候。最詭異的事發生在他們死後，靈魂不滅，時常顯現於世。羅輅的兒子羅懷智記其事為〈二父行略〉一文，此文還得到羅近溪的認可。在羅輅現身於世的顯靈事件中，有兩次是其子羅懷智親見，茲舉第一次見者為例，時為萬曆甲申年臘月朔日，於福建泰寧蕭館（或為蕭祖勝之宅第）。羅懷智記其事如下：「二鼓，忽聞車馬聲璘璘，俄叩戶甚急，啟視，即仙父也。智慌忙驚拜，父答拜，命坐，向火論道頗悉。」父子兩人對坐談論至五更，羅懷智還幫父親搔背，抓到蝨子三隻，納於燈盞中，隔天，發現蝨子三枚仍在，可見其事不是幻象。[45]如是云云。

羅軒、羅輅顯靈於世，不是一次兩次，也不是只見於親人之間，而是次數頻繁，顯靈地點廣袤，其行跡隱然有道教的「地仙」風貌。事實上，羅軒、羅輅很可能有正式拜師胡中洲，授記淨明道。羅輅的兒子羅懷智時讀道經，大概也有道教的信仰，所以才有看到並且對話亡父之魂的資質。羅近溪的兒孫的道教信仰並沒有隱瞞羅近溪，羅近溪似乎沒有阻止之意，而且隱然有引為同道之意。可能羅近溪家族另有道教的傳承。[46]

羅近溪是王學中的佼佼者，其思想可視為王學發展的一座高峰，但他對秘術，卻有超乎常人的興趣。他一生交遊極雜，所見異人極多，他的身上流動著某種Paracelsus的血液。如就他對待或教育兩位兒子的學問，或問心於武夷先生所得的知識而論，羅近溪的思想已非王學甚或儒學所能拘囿，他的經歷提供了一則難得的橫跨正統與異端的儒門案例。

43 有一故事，可作佐證：「師過泰寧，士友畢集，會中言有一年高士夫疾垂危，而咸為感傷者。師曰：『諸君不必過傷，死生晝夜常事耳』。在坐改容問曰：『死生晝夜古實有此語，然夜可以復晝，而死則豈能復生？』師曰：『諸君知天之晝夜，果孰為之哉？蓋以天有太陽，周匝不已，而成之者也。心在人身亦號太陽，其昭朗活潑亦何能以自已耶。所以死死生生，亦如環如輪，往來不息也。』」羅汝芳，《盱壇直詮》，卷下，頁六五a。這種往來不息的心不像是心學所說的「本心」，反而像六朝「神滅論」爭辯中的「神」的概念，因為它帶有不滅的個體性的質素。值得注意的是，此段落的話語是在「泰寧」這個地區講的。

44 羅近溪在〈二子小傳〉中說道他們兄弟兩人：「各適其適，遍歷諸方，訪尋勝侶。或閉關數月，不接一人；或孤蹤千里，不携隻僕。汲汲皇皇，惟恐大道之不聞，至人之不遇也」。方祖猷等編校整理，《羅汝芳集》，冊下，頁六一四—六一五。

45 羅懷智，〈二父行略〉，收入方祖猷等編校整理，《羅汝芳集》，冊下，頁六一九—六二三。

46 羅近溪有父親一輩的長輩「賢奶奶」，可能是父親的伴侶，老來「在家念經向道，一切放下」，羅近溪接到她的親筆信，內心甚為放心歡喜。這位賢奶奶的「念經向道」大概不是佛經，更可能是道教經典。羅近溪，〈家報十紙〉，方祖猷等編校整理，《羅汝芳集》，冊下，頁六八〇。

四、榮格與智慧老人的遭遇

王陽明與羅近溪的異人經驗該如何理解呢？這些經驗是真？是幻？而所謂的真幻是依生理學或心理學或宗教學的標準而設的？面對王陽明、羅近溪這樣的儒門怪傑的特殊經驗，有的可能是身心變形的經驗，本文將舉二十世紀一位很重視東方思想也很注重夢、幻象與身心變形經驗的精神分析學者榮格的案例與說明，略進一義。

羅近溪三十九歲（實歲可能是三十八歲）時遇到泰山丈人，因而解決了自己多年來的精神衝突。榮格三十八歲時，也面臨了空前的困境，包含來自時局日益險峻的壓迫，層層的壓在他當時極度脆弱的身心之上。當山雨欲來風滿樓的大戰前夕，他突然被洶湧而至的幻象掩沒掉了。這些層出不窮的幻象之意義後來慢慢解開了，其中，有些預告大戰爭即將爆發。

在《榮格自傳：回憶．夢．省思》這本有趣的口述自傳中，榮格提到一九一三年他當時因為和佛洛依德鬧翻，個人處在孤獨的狀況，這是他幻想力創造最盛的階段，也是精神面臨最危險的崩潰邊緣。到了當年的耶穌降臨節（十二月十二日）時，他決定放手讓他的幻想發揮作用，置之死地而後生。他放鬆自己，讓自己從椅子上滑落，突然大地裂開，榮格掉進千尺的深淵。等他落地後，見到木乃伊屍體，也見到紅光晶體以及黑色聖甲蟲，接著陽光升起，血紅噴湧云云，情節非常詭異。這當中仍有些細節可論，各種幻影中的事物也都有象徵可說，但這些象徵因與本文主旨關係較遠，茲不細論。筆者認為比較值得注意的事有兩項，首先，薩滿進入異次元的空間，常藉助於大地的崩裂張口。榮格進入幻象的形式帶有薩滿教的風格，[47]兩者的關聯值得深思。其次，榮格對這場幻象有解釋，他認為這是死亡與再生的神話。

上次的幻覺消散之後六天，一九一三年十二月十八日，榮格作了一個有名的夢。他夢見自己與一位野蠻人身處荒山，手持槍矛。突然間號角響起，神話英雄西格佛烈（Siegfried）騎著骨骸戰車沿著險峭山路奔馳而來，榮格與蠻人兇惡無情的向他射擊，將這位神話英雄擊落下來。看到英雄已死，兩人落荒而逃，深怕謀殺案被發現。隨後，天空適時下起大雨，大雨毀掉了一切痕跡。榮格的罪行已不會被發現，生活可以正常了。但他在夢中強烈感覺到：「罪惡感依然驅不走。」

榮格對他這場獵殺英雄之夢有一種「政治正確」的解釋，[48]由於其時歐洲正處在於暴風雨的前夕，集體的情念有可能在個體的意識上顯現，因此，政治的解讀並不是不合理的。然而，我們如果放在他與佛洛依德鬧翻的背景來看，這場夢的意義恐怕坐實了「弒父情節」的真相。事實上，論者討論榮格此夢之意義時，往往也是從此觀點著眼。聯接「死亡－再生」與「弒父情節」的神話，榮格當時的心境不難想像而知。

就是在此背景下，他與智慧老人原型先後兩次相遇。首先，他繼承了上述第一次的幻想，他更放縱自己往陡峭的下坡路走下去，從第一次的一千呎再往下走。在幻想中，他發現自己處在無底深淵旁，接著出現的是一個如同月球上的火山口，其時其地皆處在一種死寂的氛圍中。再接著，榮格看到對面岩石旁有一老一少，老者蓄著一口雪白的長鬚，女的則為貌美之盲女。老者自稱為以利亞，女者自稱為莎樂美，兩人都是神話中人物。榮格知道兩者是開天闢地以來永恆的夫妻，莎樂美代表情欲，以利亞則代表理智與知識。鶴顏共紅顏一色，這是個特殊的現象。

---

47 薩滿常需藉助大地洞開或洞穴的通道，走向地底世界，完成其神秘之旅。參見M. Eliade, *Shamanism*（Princeton: Princeton University Press, 1972）, pp. 34-51。

48 榮格認為西格佛烈代表德國人想把自己的意志強加在別人頭上，一種獨行獨斷的意志。我們這位原型心理學家深不以為然，覺得此一態度再也不適合他，所以神話英雄必須被消滅。以上解釋參見榮格（C. G. Jung）著，劉國彬、楊德友譯，《榮格自傳：回憶．夢．省思》（臺北：張老師文化出版社，一九九七），頁二三九。

這個特殊的現象再經過細思之後，榮格發現其實不是那麼怪異，他發現諾斯教傳統裡，Simon Magus此位大賢人即曾帶著年輕妓女雲遊四方，Klingsor與Kundry此女人也相互伴隨。更值得注意的，中國的老子也同一位舞姬頗有牽涉。榮格對老子的理解不知道從何處來？他在〈印度的聖者〉一文裡也提到此事，[49]這個意象對他說來很重要。為什麼智慧老人和妙齡美女會同時出現：榮格用典型的原型心理學的方式回答，因為精神自有自足的生命。重要的精神意象不是私人性的意識的內容之呈顯，而是來自於更深也更普遍性的源頭。「老人」與「美女」乃是兩種重要原型的投射，一是智慧老人原型，它代表邏格斯；一是阿尼瑪原型，它代表愛洛斯。

以利亞的象徵意味極清楚，但榮格所碰見的最著名的智慧老人則非費爾蒙（Philemon）不可。費爾蒙也是在同一個時期所見到的幻象，他事實上是從「以利亞」發展出來的，可視為此一原型的具體化。榮格描述在夢中首度見到他當時的形象：

> 夢中出現像大海般蔚藍的天空，天上飄浮著的不是雲彩，而是平平的棕色土塊。土塊像正在散裂，人們可以在這些土塊之間看見蔚藍的海水。海水便是藍天。突然間，一個有翅膀、長著牛角的老人從右方橫飛過天空。他繫著串成一串的四把鑰匙，緊握其中一把，像要打開一把鎖。他長著翠鳥的羽翼，顏色也跟翠鳥一樣。[50]

這個形象炫人耳目，非常詭異，榮格後來將它畫了下來，此畫像現在仍可見到。榮格畫此畫時，他意外的在居家湖旁的花園發現了一隻死掉的翠鳥，翠鳥其地罕見，而且剛死不久。榮格所以特別提及此一事件，筆者認為顯然他有意將此事視為「共時性原理」的另一次見證。[51]榮格很重視一種與無意義的巧合性質大不同的有意義的巧合，他認為這種巧合具有重大的訊息意義。

榮格與費爾蒙的關係已到了幾近匪夷所思的地步，榮格在幻想狀態中，和他交談，向他請教。費爾蒙教導榮格：精神具客觀性、現實性，它不是「個人」產生的，而是來自更底層的真實。就像「你看見房間裡的人們，不會認為是你創造這些人，或認為你應該為他們負責。」如果我們將榮格的「原型」論點和費爾蒙的話語作一對照，馬上可以看出兩者的意義如出一轍，費爾蒙簡直是在為「原型」作辯護。榮格對費爾蒙極尊敬，與他在花園一同散步，完全像印度人對待其上師（谷儒guru）一樣。事實上，在十五年後與一位印度智者的對話中，榮格了解印度人的谷儒的樣態其實光譜很廣，他們甚至可將某些幽靈視為「谷儒」。在歷經痛苦歲月的十五年後，榮格總算是得到一個遲來的正義的印證。

費爾蒙似乎是榮格的長期指導員，但在一九一三年榮格碰見費爾蒙此帶翼老人之後，榮格又遇到了幻象，他是一位與費爾蒙相應的「卡」（Ka，護衛神），「卡」是古埃及的國王之靈魂。榮格也畫了一張「卡」的畫像，一位青銅隱士坐在石基上面，在更上方是一隻翠鳥的翅膀，人鳥之間則是星雲環繞。「卡」與「費爾蒙」顯然有近似之處，但「卡」更代表地精。榮格後來在煉金術研究中，對卡與費爾蒙所代表的意義，有更精確的融合。

49　參見榮格著，拙譯，《東洋冥想的心理學：從易經到禪》（臺北：商鼎文化，一九九三），頁八四。

50　榮格著，劉國彬、楊德友譯，《榮格自傳：回憶．夢．省思》，頁二四二。

51　這個故事很容易令人聯想到他在〈論共時性〉（synchronicity）一文提到他研究「魚」的象徵時，一天之內同時碰到好幾個與魚相關的例子。最後一個例子是他寫就草稿後，信步走到湖邊，發現防波堤旁有一尾一尺多的魚躺在那邊，而之前他已走到那邊好幾次，都沒有看到。此文原收入Jung, C. G. "On Synchronicity." *Papers from the Eranos Yearbooks: Man and Time*, edited by Joseph Campbell, vol. 3, Princeton University Press, 1957, pp. 67-91.，譯文收入榮格著，拙譯，《東洋冥想的心理學：從易經到禪》，頁二五〇—二六五。

以利亞、費爾蒙、卡是形象清晰的智慧老人原型，這些原型意義在他身處身心危殆時期不由自己的出現，但過了一次大戰前後這個關鍵性年代之後，它們所發揮的作用即減弱了。然而，智慧老人是智慧的指導者，是塵世之人仰之彌高的另類存在。如果人有迷惘，原則上，即當有智慧老人之需求。而由於人是天生不完善的動物，所以他必然需要來自更高智慧的人物的幫助。智慧老人見於夢寐、幻象與現實人間，但我們有理由相信：也見於歷史人物。只要這位歷史人物具備智慧與老人雙重意象，而且又能與體現者的生命相應的話，他即是一種智慧老人原型的呼喚。後人與此歷史人物的相會，固可視為「萬歲之後遇一大聖而知其解者，是旦暮遇之也」的惺惺相惜。但我們如果將它視為另一種跨時空的「共時性原理」的符應，應該更合理，也更符合榮格自己的理解。「共時性原理」原本即特別適用於原型世界。[52]

觀榮格一生經歷，他固然不吝於從自己的幻象與夢寐中得到啟示，但他同樣不會放過異文化提供的洞見。西方的諾斯替教（包含煉丹術）與東方的道教即提供他許多重要的知識來源，而代表諾斯替教精神的Paracelsus[53]與代表道教的老子自然而然的也成為他時常諮詢的智慧老人。Paracelsus是十五世紀著名的異端，他的作品內容隱晦，但充滿了憤怒、喧囂的戰鬥氣息，他反對當時的醫學見解，不接受當時權威的權威。榮格對Paracelsus的個性與作品評價很高，透過了Paracelsus，榮格發現了煉丹術的秘密：物質的變化也就是心性的轉化。煉丹術研究是晚年榮格的最愛，他顯然把Paracelsus這位不世出的怪傑視為一種智慧老人的原型圖像。[54]

如果Paracelsus其人深不可測，可視為榮格的知識教父的話，老子更可被視為智慧老人原型最重要的體現者，事實上，他就是最典型的智慧老人原型意象。對原型心理學文獻不太陌生者或許多能了解，異文化往往被榮格視為原型的原鄉，榮格只要一離開他熟悉的歐洲，原型即透過他的行程大剌剌的展開。東方的印度之旅最顯著，他沒到過中國，但中國扮演的角色亦不遑多讓。傳奇人物老子因其姓氏及離奇經歷，很自然而然的就成為活生生的智慧老人。

筆者的判斷決非無故，我們且看榮格在自傳結尾時的話語，即可了解箇中因緣。榮格在自傳中回憶他一生中走過的路，感慨良深。他引老子的話語：「俗人昭昭，我獨昏昏。俗人察察，我獨悶悶。」表示深有同感。接著他說：

> 老子是具有與眾不同的洞察力的代表性人物，他看到並體驗到價值與無價值，在其生命將結束之際希望復歸本來的存在，復歸到永恆、不可知的意義裡。見多識廣的這位老者的原型是永恆的真理。在理智的每一個層次裡，這種原型都會出現，無論是個老農夫或像老子那樣偉大哲人，特徵都是相同的。這就是老耄，也是一種限制因素。然而我心裡還是滿載著植物、動物、雲彩、晝與夜、人的永恆……愈是覺得拿不準自己，我與萬物有著密切關係的感覺愈是強烈。[55]

結語結得極有智慧，智慧老人原型的作用不出乎是。榮格反省他一生瑰麗的經歷，居然以老子這位異域

---

52 參見Ira Progoff, *Jung, Synchronicity, and Human Destiny*（New York: Dell Publishing Co., Inc., 1973）, pp. 77-92。

53 Paracelsus原為醫生，自然學家，但三十八歲後（這個年齡數字的意義在下文還會碰到），他的作品主題急速轉變，「哲學」論文開始出現了，但榮格認為他的論文與其稱作「哲學」，還不如稱之為「Gnostic」（諾斯替教風格的）。參見榮格著Paracelsus一文，Jung, C. G., "Paracelsus," *Collected Works of C.G. Jung, Volume 15: Spirit in Man, Art, And Literature*, edited by Gerhard Adler and R. F. C. Hull（Princeton: Princeton University Press, 1966）, p. 17.

54 榮格有兩篇文章討論Paracelsus，除了上條注的引文外，另有一文為"Paracelsus the Physician," *Collected Works of C.G. Jung, Volume 15: Spirit in Man, Art, And Literature*, edited by Gerhard Adler and R. F. C. Hull, pp. 25-46.

55 榮格著，劉國彬、楊德友譯，《榮格自傳：回憶．夢．省思》，頁四三九—四四〇。

聖者的話語作結，老子、智慧老人原型、生命原理三者有種奇特的連結。

老子與智慧老人的連結極奇巧，但是否為榮格個人的主觀幻想呢？此事牽涉到精神分析這個領域的專業問題，筆者無能妄讚一詞。但我們不會忘了老子在道家、道家史上占的獨特地位，他既是道家思想史上的一代大哲，可視為道家這個建構出來的學派的真正創始者，但他同時也是作為宗教的道教的祖師，作為道教祖師的老子是永恆不滅，而且常可現身於世。在道教龐大的經典中，以老子（或太上老君）掛名的道經不少，《太上老君說常清靜妙經》、《老子西昇經》這些經典中的老子都是以智慧老人的身分傳布大道救世的真諦。而老子應聲現身，這種現象在道教中也是常見的。

五、三教論下的智慧老人原型

面對王陽明、羅近溪所碰見這些異人以及榮格在幻象與夢寐中所見到的這些智者，王陽明之於鐵柱宮道士，羅近溪之於泰山丈人，榮格之於老子，其敘述都極奇特。但當事者顯然都認為其事是種真實，它提供了一種人生智慧的知識，我們該如何理解這些幻象、想像或傳說事件呢？這個質問很容易起的，因為東西差異，年代有別，這三位思想家所見到的影像又和他們的公共形象有顯著的差別，如何理解這些智慧老人的意義呢？

如果依榮格的思路，這樣的提問並非不可理解，因為上述這些現象並不是不相干的，它們是同一種客觀的精神的顯像，亦即這些顯像並不是來自於私人性的意識經驗，而是來自於更底層的、超個體的精神之作用。這種精神與個體性的意識的關係，乃是此普遍性的精神之實在性透過了個體表現出來，而不是我們私人性的意識產生了這些精神的顯像。我們如用榮格的術語可以說的更清楚些，上文所謂的精神的顯像即是「原型意象」，更確切的說，這樣的精神顯像乃是「智慧老人原型」意象。智慧老人的意象雖見於個人的意識，但其源頭卻不是由個人的一生經歷所能解釋的。「原型」是類似本能這樣的生物性遺傳代代相續下的一種精神性遺物，也可以說是一種可類比康德的「範疇」之類的概念的框架。它也可以說是限制性的概念，但卻是一種真實的存在，所以可以引發聯類無窮的原型意象。

「智慧老人」既然是一種原型意象，它的生產機制應該不難理解。因為依據榮格的成人理論，每個人初生都是不完滿的，他必然要有成長的過程以及成長的目標。此目標即為一種完美的人格圖像—本我（self）之完成，此過程即是一系列不斷綜合意識與無意識、調整各種意識向度的「自性化」（individuation）的歷程。自性的成長是種目的性的活動，其過程是個漫長的調適歷程。[56]歷程中要面臨許多有待消化的情境，依榮格說法，有多少典型的情境，即有多少的原型。阿尼瑪／阿尼姆斯原型之於男女陰陽、陰影原型之於無明意識、曼荼羅原型之於圓滿狀態、母親原型之於創造等等，皆是普遍而重要的原型圖像。此外，人生永遠需要有人指導，這樣的判斷應當符合我們一般人對人生的理解。而有效的指導者通常會以閱盡人生無數滄桑的老人之圖像出現，因為他見的多，看的透，因此，才可扮演指導者的角色。人是未完成的動物，永遠需要發展，所以永遠會有智慧老人原型活動的空間。

榮格對智慧老人原型的解說主要見於〈童話的精神現象學〉一文，[57]此文從精神的實在性開始談起，並列舉諸多例子，以證其義。依榮格說法：「智慧老人的形象，不僅見於夢中，也見於幻象的觀想（亦即我們所說的「能動之想像」），它扮演了印度所說的導師（谷儒）的角色。在夢中，它可以以巫師、醫師、牧

56 關於「本我」與「自性化」的概念，參見榮格著，趙翔譯，《自我與自性》（北京：世界圖書北京出版公司，二〇一四）。

57 Jung, C. G., "The Phenomenology of the Spirit in Fairytales," *Collected Works of C.G. Jung, Volume 9/1*, edited by R. F. C. Hull.（Princeton: Princeton University Press, 2014）, pp. 207-254.

師、教師、教授、教父或任何擁有權威的人格形貌出現。這種精神的神話類型乃以人、以地精、或以動物的姿態顯現，它顯現的時機常在人需要洞察、理解、忠告、決心、企劃，亦即匱乏這種精神狀態，而自己又一籌莫展之時。這樣的原型之內容可以彌補其缺憾。」[58]

這是榮格對智慧老人的描述，其特點有三，一是當事者處在危殆、不確定時；二是他需要勸導、指引等等的幫助時；三、此原型常以隱逸的教士、牧師、巫師等等世外高人的面貌出現。首先，我們看王陽明、羅近溪、榮格最常與智慧老人原型打交道的時段，確實是他們人生處於最困苦徬徨的時候。王陽明幾乎是位天生的哲人，他從小就對人生與宇宙的奧秘充滿了存在性情感的好奇，他幾次與異人會面的經驗都發生在三十七歲前，亦即學問未大成之時。等到他龍場驛大悟之後，很奇怪的，智慧老人的敘述就從他的文集中消逝了。王陽明的一生可以分成兩半，與鐵柱宮道士的會面以及在龍場驛聽到「若有人」之幻聲是其分界點。羅近溪的情況大體類似，除了七十歲與武夷先生的會面當另外解釋外，他一生所得到的重大啟發都是在三十九歲之前，泰山丈人對他的告示可視為人生前後階段的分水嶺。榮格的情況也很接近，我們看到智慧老人原型在他身上最活躍的時段，正是他與佛洛依德決裂，長期陷入「精神分析學門公敵」的窘境之時。很湊巧，他當時也在三十七、八歲左右。三十七歲前後是人生的一大考驗，東西皆然，這個年齡應當還有值得探究之處。[59]

「智慧老人」顧名思義，其形貌當是老人型態。至於要達到哪一種年齡才算老，很難有一定的算法。但儒道傳統中，五十前後或許是一個決定性的關鍵。孔子「五十而知天命」，蘧伯玉「年五十而知四十九之非」，「五十」被視為可以理解「天命」意義的年歲。但「智慧老人」固然離不開「老人」的形象，「智慧」更是必備的條件。諸葛亮輔助劉備打赤壁之戰，其時年正青春，離任何年齡標準的「老年」都相去絕遠。劉基輔助朱元璋削平群雄，一統天下，其年齡雖屆知命，其人卻純是儒者，怪力亂神的味道不濃。但在民間形象中，時間的構造變形了，兩者皆化身為深藏不露、袖藏天機的智慧老人。王陽明、羅近溪、榮格所碰到的諸多異人，不論是真有其人或是幻象，他們無疑的都很有智慧。這些智慧老人所開啟的知識不會是泛泛的，而是具有重大的意義。它或是天機，如王陽明碰到的神僧與相士所提供的內容；或是重要的人生真理，如羅近溪碰到的泰山丈人以及榮格碰到的費爾蒙兩人所提供的論點皆是。

如果智慧老人提供的知識不是一般的知識，而是具有「天機」或可以與「天機」等價的知識的話，提供非凡知識的老人當也是非凡之人。我們看到出現於本文三位人物傳記中的老人，多為隱士、僧侶、道士或神話中人物，這些人物細分之下，固然不屬於同類，但如果對照於「方內」的日常人物，他們幾乎都可歸類到「方外」的陣營裡去。如果對照於「塵俗」中人，他們又都可視為「非凡」人物。依據耶律亞德（M. Eliade）的論點，能傳遞神聖訊息的人是有條件限制的，只有當他們能從云云眾生中脫穎而出，脫胎換骨，其人才可接受到來自彼界的訊息，然後再將這些「天機」轉嫁到方內之士的身上去。智慧老人這種方外的特性可視為一種「聖顯」的體現，方外之士聯著他的天機之學，他與方內之士及方內之學的關係是種決裂，這種決裂可視為聖顯的辯證發展。[60]

由於智慧老人多為方外之人，我們可以理解為何理學家當中，頻頻發生與智慧老人相遇事件者是王學中

58　同上注，頁二一六。

59　筆者馬上聯想到的另一個例子是朱子，朱子的思想以「參中和」作為分水嶺，朱子其時恰好是三十七歲。賈克思（Elliott Jaques）在《死亡和中年時期的危機》中指出：許多創造性的人物在三十八歲，會經歷精神危機，因此，更激發出他在事業上的創造。引自溫森特．布羅姆（Vincent Brome）著，文楚安譯，《榮格：人和神話》（鄭州：黃河文藝出版社，一九八九），頁二四一。如果我們不將「三十八歲」一詞定義得太死，而可上下移動一兩年，那麼，朱子、王陽明、羅近溪的例子都可適用。賈克思的觀察是值得留意的。

60　參見耶律亞德著，楊素娥譯，《聖與俗：宗教的本質》，頁六一—六四。

人，程朱學派或儒林傳中人物殊少碰到。筆者認為關鍵在於理學從王陽明開始，即有意拆除儒家與佛、老的圍牆，儒家進入佛、老的空、無的義理境界，連帶地，也進入了佛、老的文化領域。王陽明的三教一堂的比喻，亦即儒家原是有（理）、無、空三堂兼具的大宅第，後儒不察，遂以為空之堂屬佛，無之堂屬道，儒家遂不能進入形上的虛無之境，而只能守著中間的一間房舍。繼承王陽明之說，著論〈三教堂記〉，大暢良知統合三教之說的王龍溪，更引申其義道：儒家守住的中堂，不見得守得住，因為此間房舍的內涵多牽涉到世間倫常，與世間塵網容易瓜葛纏繞，自欺欺人，不像佛老之學有較明確的檢證標準。[61]三教並稱，三教互容，這樣的內容在陽明後學中自然不會是唯一的聲音，但確實是音量很大的一種主張。[62]

王陽明與羅近溪一生雖然頻頻見到異人，但除了他們臨終或死後的事蹟外，他們在思想成熟的不惑之年後，已不再有智慧老人意象的異人出現於他們的生涯，這個現象顯示智慧老人原型與生命的成長有相當緊密的關係。事實上，智慧老人原型就像任何原型一樣，它本身即有兩面性，而不只是使用者善巧不善巧而已。不論在夢中所見者，或是民間傳說中的智慧老人，他們難免都有狡詐的一面。我們如果想到黃老道家的政治權謀形象，大概即可了解莊子為什麼會那麼感慨：老恤（老而乾枯）的理智與語言，代表的是種「近死之心」，不可使之「復陽」也。[63]同時也不難了解榮格的想法：老年固然可視為智慧圓熟的階段，但也可視為老奸巨滑的完成。如果連上帝原型都不是純善的，而必須包含魔鬼在內，那麼，又何有於智慧老人原型呢？

儘管智慧老人原型也有負面的一面，而且人的意識與之接觸時，通常是處在人生最困惑的階段。這種接觸通常發生於人與「本我」（self）會面時，亦即發生於他在尋找「本來面目」的歷程上。因此，學者通不過便罷，一旦能通過智慧老人此一關卡，他通常即可消化原型的能量，轉化成更健全的人格。就本文所舉的三個例子來看，我們發現王陽明、羅近溪、榮格過了三十八、九歲這個階段後，人生就像孔孟所說的，即進入了「不惑」、「不動心」的境界。他們爾後的人格形象越來越像智慧老人原型的體現，遇到疑惑，返身自證即得，不假外求。反而他們晚年時，身邊圍繞著許許多多期待開示的學者與信徒。他們其實已變成了智慧老人的在世存有。

智慧老人原型是危機時期的產物，也是期待時期的產物。但就像中文「危機」一詞所暗示的，這既是危險，也是機會，其結果端看學者如何處置。榮格學者頗有人喜歡「危機」一詞，此事不難理解。[64]我們如果將「危機」和智慧老人原型結合來看，其意義再清楚不過了。本文所舉的三位主人翁都經由智慧老人的幫助，通過考驗，因此，獲得了「黃金之華」。[65]但由王陽明與羅近溪的例子來看，智慧老人的原型意象最後仍要消融於良知本體，原型回到他們原鄉的本心之中，不必再晃現於人格成熟後的世界。

論及智慧老人意象的消息，我們最後還是不能不碰觸到原型與原型的依據的向度，也就是原型是否還有更深層的存有論基礎的問題。王陽明和羅近溪到底是大哲，他們事實上曾親身演出，示世人以奧義。底下，我們且先請出一位在陽明世界中曾發揮作用的異人，因為他的性質較特殊，難以定位，我們前文沒有列出。在明萬曆年間出的一部書上，曾記載王陽明一生最獨特的一樁異人相遇事件。

---

61 王龍溪給羅洪先寫的一篇壽文引用到唐順之的話道：「禪宗期於作佛，不坐化超脫，則無功；道人期於成仙，不留形住世，則無功。此二者皆不可以偽為。聖賢與人同而與人異，皆可假托混帳，誤己誑人，以世間功利之習心，而高談性命，傲然自以為知學，不亦遠乎！甚矣！」〈松原晤語壽念庵羅文〉，收入吳震編校整理，《王畿集》，卷一四，頁三九三。

62 茲再舉一例，泰州學派怪傑顏山農即著有〈論三教〉一文，暢論三教玄同之義。收入黃宣民點校，《顏鈞集》，卷二，頁一五—一六。

63 參見〈齊物論〉的論點。莊子在此文中，將生機與春天聯接，陰沉、秋冬、老態則另組一類。

64 戴維・羅森（David H. Rosen）著，申荷永等譯，《榮格之道：整合之路》（北京：中國社會科學出版社，二〇〇三），頁一。

65 「金華」是內丹道教用以形容得道的象徵，榮格用以形容圓熟人格之意味。

陽明嘗遊僧寺，見一室封鎖甚密，欲開視之，寺僧不可，云：「中有入定僧，閉門五十年矣。」陽明固開視之，見龕中坐一僧，儼然如生，貌酷肖己，先生曰：「此豈吾之前身乎？」既而見壁間一詩云：「五十年前王守仁，開門原是閉門人。精靈剝後還歸復，始信禪門不壞身。」先生悵然久之，建塔以瘞而去。[66]

王陽明的「開門原是閉門人」的傳聞傳播甚廣，據說，此事原本見之於王陽明正式的傳記。後來徐階入閣當家，為替王陽明爭從祀的資格，將此段文字清理掉了。這件傳聞甚廣的故事有可能可以證實其地點，據說其地為王陽明臨終之地南安的一座古寺，[67]而王陽明所以會到此寺，乃因那時他打道從廣西回南，途經南安，因而有這場詭異的此身王陽明與前身王陽明之會。

王陽明最後就是死於南安的青龍舖，人死則返本，臨終之際的事件往往帶有更深刻的有無虛通之際的訊息。王陽明的臨終地也是他的發源地，開門原是閉門人，這是很典型的神話思維，永恆的回歸，不斷的重來。王陽明的前身即是王陽明生前所遇的另一位異人，至於這位異人於王陽明本人是一是別？是異是同？極迷離恍惚之能事。王陽明開啟古寺密室，反而開啟了令人舉棋不定的疑竇。

王陽明一生見過不少異人，但最突出者，他見到前身的王陽明。羅近溪也是如此，他一生見過的羽客奇僧不少，他還見過與自己對話的親生兒子的亡魂，亡魂是不是異人？此事顯然不能依醫學或常識輕易斷言是否，因為此事已入宗教學的園地。但羅近溪一生所見到的最大異人應該就是羅近溪本人。羅近溪也像王陽明一樣，見到自己的化身，但此次不是前生的前身，而是身後的靈魂化身。

像羅近溪這樣不落五行中的大儒，怎麼可能一逝永逝呢？所以就有下列的故事：「近年江右羅近溪（汝芳）大參，卒于家久矣，一日忽至其同鄉曾見臺（同亨）司空寓，連日快談。曾以語同鄉吏部郎劉直州（文卿），初訝不信，偵之果然。」[68]這是當世人語當世事，而且有兩位人證，曾同亨與劉文卿這兩位證人是江右地區的名人。江右儒者以恪守禮法，體證心體嚴密著稱於世，為何靈魂出遊的傳聞會落在羅近溪這位大儒身上，而且由兩位同為著名的鄉賢作見證呢？

王陽明的「南安古剎見前生」以及羅近溪「大化歸去顯真身」都帶有說部的氣習，而且在晚明的筆記小說中，顯然不難找到類似的題材。[69]然而，王、羅兩位都是大儒，他們生前即多非常奇怪可異之言行，上述的兩則記載事出有因，它們的性質最好由宗教學而不是經驗科學的知識論入手作判斷。有一點可以確定地，如果沒有三教論敘述的流行，王陽明的臨終一著與羅近溪的沒後一著的故事根本不可能出現。王、羅兩人的現身說法，其意義仍有待參透。

66 蔣一葵，《堯山堂外紀》，收入《續修四庫全書》編纂委員會編，《續修四庫全書．子部．雜家類》（上海：上海古籍出版社，一九九六），冊一一九五，卷九〇，頁一一六。

67 依據張怡《玉光劍氣集》的說法：「先是，南安有古寺，一老僧坐化其中，遺令勿葬，錮其門，勿啟。文成旋廣，經其地，必欲啟之，見題壁云：『五十三年王守仁，開門原是閉門人。精靈剝後還歸復，始信禪門不壞身。』此事載陽明本傳，徐華亭刪去，為從祀計也。」張怡撰，魏連科點校，《玉光劍氣集．雜記》（北京：中華書局，二〇〇六），冊下，卷三〇，頁一〇五七。

68 沈德符，〈尸解〉，《萬曆野獲編》，卷二九，頁七〇六。

69 王陽明本人也有精靈不滅，身後重來的傳聞。錢泳〈耆舊〉「春噓叔訥兩明府」條記載：「陳春噓名昶，陽湖人，入籍大興。中式順天鄉試，出為浙江知縣，歷署桐鄉、秀水、餘姚諸縣事，皆有惠政。在餘姚時，有仙壇一所，相傳陽明先生嘗降此壇。春噓素不信，為駁詰數事，乩中俱能辨雪，乃大服，請受業為弟子。一日早起，忽見陽明先生現形，修髯偉貌，高冠玉立，而面如削瓜，遂下拜，已不見矣。因手摹一像，凜凜然有生氣。余嘗見之，雖老畫師不及也。」參見錢泳撰，孟裴校點，《履園叢話》（上海：上海古籍出版社，二〇一二），冊上，卷六，〈耆舊〉，「春噓叔訥兩明府」條，頁一一一—一一二。

六、結語：「異人」的啟示

晚明的儒者、文人、和尚、道士喜歡談論三教問題，這個現象應當是很明顯的。雖然三教問題是個老議題，大概佛教傳進中國，並在本土生根成長後，三教的敘述就產生了，但晚明論三教的儒者和之前的儒者的提法不一樣。在王陽明之前，儒者論三教，大抵站在批判佛老、劃分儒家與佛老的界限之立場上發言。晚明的情況不然，嚴分儒家與佛老的差異者固然有之，但主張融通，觀其異中之同者也不少，這個現象應該和王陽明本人的提倡有關。我們如果比較朱子學的重要入門書《近思錄》中的〈辨異端〉一章和王陽明的《傳習錄》論佛老的部分，即可略知梗概。

本文所說的王學中的異人會晤現象如果沒有在三教融合的文化氛圍下是不可能出現的，王陽明與羅近溪正是影響三教融合說的主要人物。本文所列的異人大多出自他們的文集，這些材料的可靠性至少是經過他們的後學的認可的，甚至有可能王陽明、羅近溪即同意其記載。事實上，我們如果擴大神秘事蹟範圍，不僅限於異人，還加上異事、異夢等等，這兩位良知學大師身上的異端氣息就更濃厚了。

由王陽明引發的三教融通風潮在晚明發揮了極大的影響力，連帶地，當然也招來了強烈的批判。我們大概可以想像如果三教的界限一再被抹平，而本文所說的異人異事又不斷滲進儒家的範圍，社會的規範可能會受到極大的威脅。如果從今日的觀點省思王陽明以下的三教堂敘述，我們很有理由揚譽此說的宗教寬容的價值。宗教如何共有共榮，此事也是二十一世紀的嚴重的政治問題。但如果我們回到晚明時期，當時的儒家學者可能看到的另一個面向，亦即儒家的價值不斷地被侵蝕毀壞，世界進入價值崩潰的年代。羅近溪可能是繼王龍溪之後，傳播良知學最成功的一位陽明後學。但當他把通靈等現象都納入良知學的範圍，這些「一二遺行」會引發儒林同道的不滿，可想而知。

王陽明、羅近溪的異人會晤現象可以視為晚明宗教融合的一個現象，但也可視為對儒家價值體系防線的挑戰。它挑戰了儒家一向對「怪力亂神」的警戒，也溢出了儒學從北宋開始奠立的新的價值體系。理學從周、張、二程以下，建構起一套足以抗衡佛老的心性理論，此事在文化史上具有極重要的意義，筆者認為儒學發展史上在此曾發生過「心性論的轉折」。有關心性論的內部問題，此處姑且不論。我們僅從儒學的價值體系來講，筆者認為宋代成德工夫的心性論轉折帶來的最大影響，乃是一種作為宇宙本體的本心或本性取得了「成聖意識」的首出地位。本心（及太極、本體、良知等同位語）或本性成為道德實踐的唯一動力以及萬物存在的根基，本心或本性的全體朗現則被視為潛存的人性之全幅彰顯，這就是「復性」。「復性」成為道德實踐的旨歸，也可以說是目的因。

心性論導向的道德實踐自然不能說沒有先秦儒家的淵源，如果從理學家自己的觀點來看，他們毋寧認為自己從事的正是恢復原始儒家「原義」的工作，而不是作任何的創新。但我們至少可以說：心性論的介入使得儒家價值位階的排序產生了微妙的變化，也使得「心性」這個詞語的內涵起了重大的語義的轉移。放在本論文的範圍內考量，此轉移的意義簡單的說，乃是鬼神靈魂的世界從此被收編在心性理氣的概念下解釋，它們的價值位階降低了，連本質都改變了。因為鬼神幻怪一旦可以用理氣論解釋，它們很容易喪失掉原先擁有的神秘性，更精確的說，很容易喪失掉奧托（R.Otto）所說的那種「絕對的畏懼」感，[70]而變成了泛存在論裡的一個項目。筆者的說法並非表示以前沒有氣的概念介入鬼神幻怪的世界，但先秦兩漢用以解釋鬼神幻怪的「氣」比較像mana的概念，[71]它是個尚未被「理」規範的野性能量。當作為mana的氣轉化為理氣論意義

70 「神聖」有兩種面相，一是畏懼，一是神往，兩者構成了極限的張力。參見魯道夫·奧托（R.Otto）著，成窮、周邦憲等譯，《論神聖》（成都：四川人民出版社，一九九五），頁一四—一四八。

71 裘錫圭則視「精氣」為mana，參見裘錫圭，〈稷下道家精氣說的研究〉，《文史叢稿：上古思想、民俗與古文字學史》（上海：上

下的「氣」時，原本帶有濃厚敬畏的神秘宗教情感之幻怪鬼神亦一變而為可規範的人倫事物。

鬼神幻怪可以再分開，幻怪大致屬於《左傳》所說的「物」，一種超出法則的非理性的存在物。鬼神則屬於靈魂論的範圍。幻怪之事先且不論，鬼神在傳統中國的倫理體系中一直占有相當崇高的地位。加地伸行晚近一直強調儒家的宗教性，他認為「儒教」一詞是可以成立的。[72]而他所謂的儒教，正是以祭祀鬼神為核心的禮教，祭祀鬼神亦即為對亡魂或另一種靈魂存在狀態的經營，祖先崇拜正是這種精神的體現。祖先崇拜曾是三代文化最重要的價值理念，即便孔孟繼起，「仁」已取代「禮」成為最高的德目，但以祭祀為核心的「禮」的世界仍俱有相當重要的意義。宋明時代，禮學雖然仍是重要的文化領域—事實上，在任何時代，禮學都沒受到大部分儒者的忽視。但理學興起，如何「復性」或「致良知」？此事已變成了宋明時期儒者工夫論的焦點。換言之，一種發生在身心深處的自我觀的轉換，變成了道德實踐的重心。

話說回來，雖然鬼神幻怪這種非人間性的存在已經在新興的理氣論的體系下得到了安排，而一種可以比照「佛性」、「如來藏心」的儒家心性論也已成了理學的核心義，但這不表示鬼神幻怪從此即被安排在信仰的他界裡，此世完全淨化了。故事的完整版遠為複雜，誠如《禮記・檀弓上》所說的：「之死而致死之，不仁而不可為也。」一先別說死後的世界是否可以成為知識論的問題，單從個體的人的存在的情感來論，至親死亡所造成的情感的創傷即不能不思求補救。我們看到許多理學家包括朱子、王陽明這樣的宗師，其行事頗有今人難以理解者。在朱子的世界中，仍有風水的位置，筆者懷疑王陽明本人恐怕也不能免。即使單就心性論而言，我們看到像王陽明、羅近溪這麼重要的道德的理想主義者，他們除了有光明俊偉的良知論、破光景論、仁說之外，我們看到他們對意識的變形狀態所產生的種種訊息，也非常注意。尤其像羅近溪所碰到的泰山丈人，其景象就極類似一種有意義的幻象經驗；其求助於武夷先生者，也有可能是與意識的解體、變形有關的招魂術。這些意識變形的經驗很難說和心性論要求的成德理論有何相干之處，就當代儒學的主流論述來看，恐怕還難免招來怪力亂神之譏。但王陽明、羅近溪思想中這個層面的關懷確實存在，無法將其解消或解釋掉的。

一些非道德意義的變形的意識經驗或一些類似符合「共時性原理」的原型經驗，在理學家（尤其是明代理學家）的生命中占有一種不容忽視的地位。筆者認為「智慧老人」意象在王陽明與羅近溪這樣具有指標性意義的大儒的生涯中瀕瀕出現—他們或以真人或以夢寐或以幻象的姿態走進儒者的生命—即為不能不予以正視的文化現象。更值得注意的是：越是年代往後的文獻紀錄，這樣的形象越是突顯。王陽明年譜的記載即比王陽明本人的詩文多些神異的事蹟，《王陽明出身靖亂錄》的神異敘述又比年譜所述濃厚。[73]同樣的傾向也可在羅近溪的例子裡看出，羅近溪孫子羅懷智眼中的羅近溪，即比羅近溪門生如楊復所等人眼中的一代大儒多些幻怪的成分。這種幻怪化的傾向固然有可能和撰述者個人的性向有關，但也有可能在不以主人翁意志為主導的情況下自動展開的集體情感。

異人經驗敘述如何評價，此一困擾恐怕在王陽明、羅近溪生前即已出現了。它誠然可被視為成德工夫路途上的歧出，但筆者認為我們也可以將它視為和作為宗教經驗的神異畏怖之神聖感的重新和解。至少對某些貼近底層鄉土文化的儒者而言，一種建立在潔淨純粹的道德意識上的工夫途徑未免太遙遠，這種遙遠既是成德路途的遙遠，也是情感距離的遙遠。它太理性了，遠離無意識構造的韻律。所以在群體意識的驅求下，一種將幻怪鬼神的成分帶進心性論的論述就出現了。王陽明平定宸濠之亂此一重要的歷史事件，流傳到民間，

海遠東出版社，一九九六），頁一六—五〇。

72 參見加地伸行著，于時化譯，《論儒教》（濟南：齊魯書社，一九九三）一書，尤其〈序章〉與〈第一章〉兩章。

73 《王陽明出身靖亂錄》雖以《王陽明年譜》為底本，但多增加了流落在民間的一些佚事，其書敘述因此較生動。參見中田勝，〈少年王陽明の實像を王陽明出身靖亂錄に探る〉，《二松學舍大學論集》（一九八四），頁五一—七〇。

它即變成許遜斬蛟此一神魔傳說的續集。天潢世冑的寧王變成了晉代惡蛟的遺孽，王陽明的平亂因此也就有許遜除妖的意義。[74]

如果王陽明曾親見智慧老人原型顯聖於世，指導世人，那麼，後世人物見到先賢王陽明降跡於世，指點世人迷津，[75]又有何奇怪？羅近溪之遇到泰山丈人，我們隱約間也可以看到扁鵲碰見長桑君，或張良遇到黃石公之類的模式。

即使我們不從文化心理的向度觀看智慧老人原型出現在心學體系上的意義，而只想從嚴格的道德理性著眼，我們也無法排斥心性變形經驗中時常會出現的各種心靈意象的實在性。筆者這裡所謂的實在性，意指我們不必然要從「異常的」、「無明的」、「玩弄光景的」角度瓦解掉這些意象可能具有的正面之資訊價值。事實上，當我們將此一近乎非理性的因素考慮進來後，我們更可以發現儒者在追求聖人之學的路途上，他的生命要承擔多大的風險。幻象、幻影、幻聲本身也許可以被定位為非理性的，它們是危險的徵兆。但它們也可以被視為通向理性之途中時常會出現的有意義的訊號，一旦了解它，消納它，學者自身即可完成創造的轉化。而一旦大儒身上出現的這些光怪陸離的事蹟被一再傳頌，甚至形之於小說的形式時，它即有機會滲進書院教育及大儒講會無法觸及的山隅海角，我們可以猜想它帶來的衝擊有多大，智慧老人畢竟是智慧的。

---

74 有關寧王為惡蛟遺腹子，王陽明重演許遜除妖事業的敘述，參見董穀，《碧里雜存》（新北：藝文印書館，一九六六，百部叢書集成本），卷下，頁一六b—一七a。董穀此書記載王陽明由歷史人物傳說化的事蹟頗詳，值得進一步探索。

75 錢泳曾記載一則故事如下：「陳春噓名昶，陽湖人，入籍大興。中式順天鄉試，出為浙江知縣，歷署桐鄉、秀水、餘姚諸縣事，皆有惠政。在餘姚時，有仙壇一所，相傳陽明先生嘗降此壇。春噓素不信，為駁詰數事，乩中俱能辨雪，乃大服，請受業為弟子。一日早起，忽見陽明先生現形，修髯偉貌，高冠玉立，而面如削瓜，遂下拜，已不見矣。因手摹一像，凜凜然有生氣。余嘗見之，雖老畫師不及也」此記載是扶乩的事例，但視為智慧老人垂跡的事跡，也說得通，參見錢泳撰，孟裴校點，《履園叢話》（上海：上海古籍出版社，二〇一二），冊上，卷六，〈耆舊〉，「春噓叔訥兩明府」條，頁一一一—一一二。

第五章

情歸何處——晚明情思想的解讀[1]

一、前言：一情兩路

近世中國面臨的挑戰在國史上頗為少見，其艱鉅縱然不必如李鴻章所說的「數千年來未有之變局」，[2]但衡量清中葉以來的中國所需要的轉型工程之大之複雜，確實是秦漢以下所僅見。在近世中國的轉型過程中，除了要被動地應付波波相續的帝國主義者的侵略外，更要主動地作全面調整國家體質的工程，這個工程包含了新的國家想像、新的民族想像、新的國民想像、新的學術想像以及新的社會生活想像。當然還包括新的主體範式，在靈魂深處鬧革命。

新的主體範式意味一種新的人觀出現，新的人觀在十九、二十世紀之交的康梁變法時期已經明顯出現，譚嗣同的《仁書》、梁啟超的〈新民說〉、〈新民議〉等系列文章尤為突顯。但這波新的人觀要蔚為有目的性的思潮，形成意識型態的力量，需等一波更大的思潮襲捲而來，目標才會更明確，五四新文化運動正是這樣的一個時機。五四新文化運動的一項特色在於一種新的人觀的出現，也可以說是一種新的主體性的呈現。[3]新文學早期的旗手周作人曾批評中國以往的文學說：「中國文學中，人的文學本來極少。從儒教道教出來的文章，幾乎都不合格」，這是他在五四時期發表的名文〈人的文學〉上的話語。[4]周作人的話可視作五四新文學運動的宣言。「人的文學」的呼籲和同一時期的「自由」口號相呼應，這種新的主體性強調人的個性的自由，強調男女情欲的價值，強調從封建倫理之網脫身的解放。

五四新文化運動經過十餘年後，郁達夫曾對此一運動的成果作了總結，他說：「五四運動的最大成功，第一個要算個人的發現。從前的人是為君而存在，為道而存在的，現在的人才曉得為自我而存在了。」[5]郁達夫對五四文學運動下的總結很有啟發，因為胡適、陳獨秀、魯迅等人皆曾主張過婦女的解放。婦女的解放很根本的問題就會觸及到男女之情，也就是性欲的價值定位的問題。這波由婦女解放延伸出來的情欲論述，後來更在曹禺、巴金、丁玲等一批新文學作家的作品上得到了體現。

五四新文學運動是在中西交流的激盪時期發生的，這股思潮受到近代西方文化直接、間接的影響是相當大的。直接影響毋庸多論，西洋近代的浪漫主義等文學思潮影響了現代中國文學的表現，作用極大。所謂間接的影響指的是同樣受到西方近代文化影響的日本現代文學的作用，明治維新以後的日本對現代中國的影響頗為可觀，其中包括文學。但在中國發生的新文化運動很難想像沒有中國的源頭，晚明時期思潮的演變，尤其是情概念的突出，對新文化文學運動即起了相當大的推波助瀾的作用。當周作人一方面宣揚新的人的誕生之時，他同時也宣揚晚明時期的文學作品的作用，他說晚明的文學運動「和民國以來的這次文學革命運動，很有些相像的地方。兩次的主張和趨勢，幾乎都很相同」。[6]

晚明文學與民國新文學的緊密扣連是相當清楚的，在一種文學系譜學的意義上講，晚明文學是民國新文學的一部分，還不只是「之前」或「之外」的前驅而已。尤其在小品文這塊領域，[7]民國新文學的幾位作家

1　本文初稿先發表於政治大學華人文化主體性研究中心主辦的「儒家與當代中國」系列講座的第二講，後宣讀於香港中文大學哲學系主辦的「靈根自植之後——紀念唐君毅先生逝世四十周年」研討會。原刊於《中國哲學與文化》，十八輯（二〇二〇．一一），頁一〇〇—一五二。

2　李鴻章，〈籌設海防所〉，收入顧廷龍、戴逸主編，《李鴻章全集．奏議六》（合肥：安徽教育出版社，二〇〇八），冊六，頁一五九。

3　「五四運動」一詞或指發生於一九一九年五月四日的愛國運動，或指範圍更廣的新文化運動，本文的用法大體指的是新文化運動的用法。

4　周作人，〈人的文學〉，收入鍾叔河編訂，《周作人散文全集》（桂林：廣西師範大學出版社，二〇〇九），卷二，頁八九。

5　郁達夫，《中國新文學大系散文二集．導言》（上海：良友圖書公司，一九三六），頁四五。

6　周作人，〈中國文學的變遷〉，《中國新文學的源流》，收入鍾叔河編訂，《周作人散文全集》，卷六，頁七一。

7　「小品」一詞原本源出佛經的一種體裁，今人的用法源自晚明時期。晚明時期，此詞彙常用以指涉當時文人書寫的一種異於經國大

如周作人、林語堂都曾現身說法，自訴源流。但晚明文學與民國新文學的扣連也許可以分幾個階段，主要的原因是一九四九之前的民國時期雖短，時局變化卻快，思潮的轉變也跟著迅速。五四運動或許可以當作分水嶺，五四之前是個階段，五四新文學運動至革命文學的興起是一個階段，革命文學的豎立是另一個階段。晚清民國時期的文化與晚明文學的連結和民族主義的時代議題息息相關，這樣的連結構成了前五四運動文學的內涵，明末清初民族鬥爭的歷史創傷成了清末民初民族復興大業的思想養分，傷心人別有懷抱，茲不細論。[8]

就男女之情與文學的連結而言，晚明的文學作品及以情為核心的文藝思潮對五四現代新文學的影響同樣重大。這種強調晚明情論特色的主張可名為情欲解放路線，這樣的思路早見於一九四九年之前的學者的晚明想像，新中國成立後，在天翻地覆的革命文學的籠罩下，情欲解放的詮釋較隱晦，兒女情長的文字只有放在反封建的旗幟下才有論述的空間。[9]時移勢遷，情欲解放的議題今已解放，在當代的晚明書寫中不時可見。此種情欲論的主張與左派史家所宣稱的晚明時期「資本主義萌芽說」的重點不同，但都強調從封建秩序中解放出來的作用，兩者分進合擊，合構成一組頗有影響力的早期中國現代性的圖像。

這種私人性的情，尤其是男女之情、情欲之情，在晚明大為興盛的新文體之戲曲、小說中頗為常見。[10]戲曲、小說的文體雖古已有之，但這種新興的文體市井風味特濃，以往常被士大夫階級視為不登大雅之堂之作，依據文學社會學的眼光，這種極富市井風味的文學作品及文學主張在晚明出現，代表一種新經濟改變引發的新社會模態的文學表達方式，侯外廬說：「我們研究明、清之際的思潮，並不是由思想史的總結來看社會，相反，是由社會型態的發展來研究思想」。[11]就晚明新興的文體考察，這樣的論述有相當的解釋力道。這種文學社會學的眼光無疑是民國以來，尤其是馬克思學說在中國取得重要發言權以後才形成的論點，明末文人身在其中，未必有此反身的認識。周作人的學生任訪秋後來反思他的老師所揭發出來的晚明與民國兩股新文學運動何以如此接近，即說道：「前者是代表當時市民階級的文學觀，而後者乃是代表資產階級的文學觀。市民階級為資產階級的前身，在文學觀上相近，不是很自然的道理嗎？」[12]正是這種文學社會學馬克思主義學派的觀點介入文學史的解釋，我們反而可以更清楚地看到現代中國的精神狀態與傳統的連接。我們如觸及「文學革命」與「革命文學」的關係時，這種馬克思階級史觀所扮演的角色會更形清楚。

然而，同樣在晚明，同樣是一種新的型態的「情」的概念在理學內部引發了極大的作用，這樣的「情」可名為超越之情。超越之情的情也是個人性的，但卻是普遍化的個人性，這種超越之情在理學內部有不同的表現模式，但同樣具有超越的意義。晚明儒學出現的「情」的主張無疑地是以體證性體為前提的工夫論語言，它是理學論述，不是文學論述，但它的出現也是有社會背景的。重要的概念會自尋出路，它也運用到文

業的散文，文字不多，主題生活化，重性靈。

8 細節參見秦燕春，《清末民初的晚明想像》（北京：北京大學出版社，二〇〇八）一書。

9 如以晚明論情聖手湯顯祖為例，他的《牡丹亭》的意義即一度被置放在反封建的視野下定位。如徐朔方，〈湯顯祖和他的傳奇〉、梅溪，〈牡丹亭中的幾個人物形象〉、陳志憲，〈牡丹亭的浪漫主義色彩和現實主義精神〉、侯外廬，〈湯顯祖牡丹亭還魂記外傳〉，論述的主調莫不如此。以上文章收入毛效同編，《湯顯祖研究資料彙編》（上海：上海古籍出版社，一九八六），冊下，頁七三四—七六一、頁一〇一六—一〇三二、頁一〇四一—一〇五七、頁一〇六〇—一九七八。反封建道德的晚明文學說在一九四九之後的學界甚為流行，至今仍是如此，上述諸文只是隨緣舉例而已。

10 劉大杰在三〇年代即說過：「在明代文學裡，具有特殊的個性，而真能作那個時代的文學的代表的，是戲曲、小說和小品文這三樣東西。」參見劉大杰編，《明人小品選》（上海：上海古籍出版社翻印，一九九五），頁一—二。本文採集的樣本也是這三種文類的文學作品。

11 侯外廬，〈論明清之際的社會階級關係與啟蒙思潮的特點〉，收入中國社會科學院歷史研究所中國思想史研究室編，《侯外廬史學論文選集》（北京：人民出版社，一九八八），下冊，頁六五—六六。

12 任訪秋，《中國新文學淵源》（鄭州：河南人民出版社，一九八六），頁四。

學的領域。這種超越之情在晚近討論陽明後學的著作中，也不時可見，超越之情與情欲之情構成了對照的兩極。在晚明社會其實同時存在兩種對情的理解，一種見於晚明文學，一種見於王陽明之後的理學領域，但這兩股思潮卻又有相當密切的關係，其源起的關聯性之密切與定位的性質之懸殊，國史少見。這兩種路線的糾結隨著當代幾個華人社會的日益開放，也日益清楚地出現於當代學者對晚明思潮的理解。[13]由於今日仍有大量的晚明時期的言情的戲曲、小說作品存世，也由於性別議題是當今社會的顯題，男女情欲無所逃於天地之間，晚明文學中的情欲路線遂成為我們今日理解那個時代文化的主流論述，面貌清楚。「超越之情」的解釋則主要見於海外中壯輩新儒家學者對陽明後學思想的解釋，[14]一個「情」字可以從晚明連結到現代，但卻有兩種面貌，兩條路線。

二、陽明學的情之解放作用

當晚明思想家興起於十六世紀的歷史舞臺時，他們當時所面對的儒學傳統之大宗，一是朱子學，一是陽明學。論及晚明思潮的特色，我們不能不正視朱子學這個古老悠久的學術傳統的作用。自從朱子於一二〇〇年逝世後，他很快獲得平反，他的學說也很快獲得官方的肯定，而且迅速地溶進國家體制與社會建制的結構內，成了八百年來中國主流的思潮。這種朱門獨大的情況一直要到王陽明於正德三年（一五〇八）龍場驛大悟並提出良知學說以後，才出現了一支足以抗衡朱子學的思想隊伍。晚明儒學不論宗朱、宗王，或者是另闢途徑，他們在立論過程中，朱、王之學可以說都是他們立論的背景，也可以說是詮釋學意義上的前見，其影響無所不在。晚明儒學的演變離不開王學對朱學的反抗這條脈絡，其次是離不開王學內部的分化這條線索，我們對於「情」概念的理解也離不開這樣的主軸。

論及晚明思想的轉變，包含文學思想的變遷，不能不論及主體觀念的轉變，「情」尤為問題的核心。理學的興起，性命之學的建立應當是相當重要的標誌，性命之學的內涵總是意味著現實的人性之上還有一層超越的人性，超越的人性也是體用論意義下的人之本性，人性呈現現實性與本來性的構造。[15]「情」是放在體用論中的「用」的位置上闡釋出來的，情是心的分化，它與心的關係大體上是依「性是體，情是用」的格式展現出來。[16]至於性、情之間的關係如何展現，情的規範性如何維繫，這是各學派進一步須處理的問題。由於儒家從周公、孔子以下，都堅持對倫理世界與文化世界的肯定，這是儒家教義的核心，而情是倫理與文化展現必要的條件，因此，對情的肯定自然就成為儒家論述的前提。大概除了受到佛老極深影響的儒者如李翱、鄧豁渠等少數人，他們被佛教捨離的精神深深吸引住了，因此，有「無情」、「祛情」之說。此外，大部分的宋明儒者很難對情的本體論性質有所質疑。

然而，情作為意識最直接的展現，其展現有正有不正，現實的情與其所從出之本心（或曰心體、性體）

13 較密集的展現見於臺灣中央研究院近代史研究所於二〇〇一年舉辦「情欲明清國際學術研討會」，事後編成《情欲明清：遂欲篇》與《情欲明清：達情篇》兩書，皆由麥田出版社於二〇〇四年出版。不久後，臺灣中央研究院中國文哲研究所於二〇〇二年秋季召開為期三天的「明清文學與思想中之主體意識與社會國際學術研討會」，事後分「文學篇」與「學術思想篇」兩冊，由中研院中國文哲研究所於二〇〇四年出版。這兩次大型會議與四冊會議論文集可代表一段時期的晚明文學思潮之想像。在這些研討會論文中，我們可看到一情各表的敘述。關於晚明的情欲氾濫之社會風氣，另參見吳存存，《明清社會性愛風氣》（北京：人民文學出版社，二〇〇〇）。

14 參見鄭宗義，〈性情與情性——論明末泰州學派的情欲觀〉、李明輝，〈「情欲解放」乎——論劉蕺山思想中的情〉，兩文皆收入熊秉真、張壽安編，《情欲明清：達情篇》（臺北：麥田，二〇〇四），頁二三—八〇、頁八三—一二五。

15 參見荒木見悟著，廖肇亨譯注，《佛教與儒教》（新北：聯經出版事業公司，二〇〇八），頁三—八。

16 引文參見黎靖德編，王星賢點校，《朱子語類》，冊一，卷五，頁九一。陳淳說：「情者心之用」，又說：「情者性之動」，其義略同。參見《北溪字義》（北京：中華書局，二〇〇九），頁一四。

有極大的距離，此義可說是道德生活中直接性的現實，是如如現量。鄧豁渠的感慨：「人生都在情量中，學者工夫，未超情外，不得解脫。」[17]也是真誠的證言。除非儒者放棄了對於本來性——也就是本體、本心——的體證，不再要求，否則，對於情的經營不能不成為理學工夫論中核心的學問。程朱的「涵養須用敬」及「格物窮理」的雙管齊下的主張就是在這種脈絡下展開的。由於程朱對於人的欲望之雜、人心之險有極深的體會，因此，就情的展現而言，程朱工夫論對於情的戒慎恐懼是極明顯的，「主敬」意味著心靈隨時處於「一」的狀態，也就是心靈須有內返自證的努力，不可須臾放縱；而情的本性恰好是主體的分化，它常處於心靈波動的情境，與此世的人、事相涉相入。就德性工夫考量，「情」處於被「理」監督的位置，它需要被糾正，朱子的「主敬」工夫常和戒慎恐懼的心理狀態連結在一起。「主一」與「情教」（見下文）不能沒有相當程度，至少是過程中的緊張關係。

朱子思想之所以在明晚期引起很大的爭議，事實上，成了箭靶，主要還是在於他的格物之物雖泛指萬物，但核心還是人事；他的窮理說的範圍雖然是就泛一切存在而立說，但主軸還是人倫之理。「理」的主要內涵是「禮」，禮者乃「天理之節文，人事之儀則」。[18]就身為孟子的表彰者而言，朱子自然接受仁義內在之解釋。但就實際作工夫而言，至少在相當長的時段內，倫理規範之理卻不是本心自然流露即可獲得，而是須要透過了解既存世界的倫理規範，「如欲為孝，則當知所以為孝之道，如何而為奉養之宜，如何而為溫清之節，莫不窮究，然後能之」。[19]學者要完成一件善的事件，需要不少的知識條件加以配合，而且平日就需累積，不可一蹴而幾。等此心明其理後，行為才可表現出來。朱子的工夫論常維持一種主體虛位、既存的倫理秩序優位的思想，理的表現不能不預設與「既存的倫理秩序」之整合為前提，「格物窮理」之說承認了反思前的規範系統的優先性。在既存的倫理秩序的優先性的前提下，格物之物與世界的倫理性高度重疊。格物的意義乃是讓現實世界的理（包含禮）喚醒內心潛存的理，兩者相合，同時呈現。這是「格物」之境，也是

「知至」之境，事物的意義與自我的意義同步證成，「主一之謂敬」之說的旨趣在此。

陽明學興起的意義即透過良知的當下顯現性質，躍過了格物（窮理）的中介性，以及主敬的內斂性，理由己出，當下完成了道德行為的意義。王陽明三十七歲那年在貴州龍場驛，深夜大悟《大學》「格物」大義，此事在儒學史上是一件大事。他悟到「格物」之義，其「格物」的真正內涵乃是「格物」沒有獨立的工夫，「物」的本質已不是學者為學該關心的議題。「格物」是致吾良知於事事物物，則事事物物各得其正，行為的模式從「物—我的關係」轉到「良知自身的證成」。從朱子學的觀點看，王陽明的「格物」正是謀殺物，造成物的本質的虛無化。其實早在陽明年輕時於官廡前格竹子，一事無成，嘔血而起，即已埋下了日後他拋開與物相連的關懷。三十七歲後，王學學者唯一該關心的事，即是如何讓此心更主體性地自然流出。我們如果對照佛教的流變，不難發現王學無異於儒學的禪宗，禪宗與王學都是中國思想史上發揮意志自由最徹底的兩支學派，兩者皆不接受此心外的任何權威。良知學的主軸在於「致良知」，也就是如何讓良知在此世具體活動，在活動中顯現良知的面目。其餘的權威皆不相干，正如王陽明自己期許的「千聖皆過影，良知乃吾師」。[20]

在王學的系統中，道德主體性大彰，良知獲得了前所未有的自由。朱子的主體總是要自我內斂，而且總有待於個體外的事物之理或社會之禮的呈現，以喚醒主體回應這些理與禮的動能。陽明的主體則不受一切規矩的束縛，因為良知即是規矩，是作為一切規矩之母的規矩本身，它用於規範天下萬物：「良知之於節目時

17　鄧豁渠著，鄧紅校注，《《南詢錄》校注》，卷一，頁二。

18　朱熹注《論語．學而》「禮之用，和為貴」之語。參見趙順孫編纂，《四書纂疏．論語纂疏》，卷一，頁二四。

19　朱熹，《四書或問》（臺北：臺灣商務印書館，一九八三，景印文淵閣四庫全書），冊一九七，卷二，頁一四，總頁二三二。

20　王陽明，〈長生〉，收入吳光等編校，《王陽明全集》，冊中，卷二〇，頁八七六。

變，猶規矩尺度之於方圓長短也。節目時變之不可預定，猶方圓長短之不可勝窮也。故規矩誠立，則不可欺以方圓，而天下方圓不可勝用矣。尺度誠陳，則不可欺以長短，而天下之長短不可勝用矣。」[21]良知當下呈現，不斷外顯，圓機判斷，綿綿活動，它是永恆的立法者，也是永恆的執法者，它是正義法官。在陽明學的系統中，朱子學的「主敬」失掉它的功能，因為良知自會敬，不須主敬。良知是在活動中朗現，良知即是現成良知，無待於內斂的過程。當良知與「規矩尺度」合一之後，它即成了規則的制定者，而不是遵從者。「舜不告而娶，武王不葬而興師」，舜與武王不失為儒門道統系譜上的聖人。這類道德行動與世俗禮法衝突的例子，乃往古聖王的行事，卻是陽明學喜言而朱子學頗以為諱的案例。[22]

在陽明學的系統中，良知成了行動的發動者與規範的給予者，它使得意志充分獲得自由。情在良知學中，也獲得充分的解放。不論放在整體陽明學者的脈絡中，或放在陽明學對社會的影響而論，良知學的「情」的面向都極突出，因此，學者如以「情」概念的濃淡作為陽明學與朱子學或明學與宋學的判準，[23]也未嘗不可言之成理。誠然，正統儒者很難負面地看待情，在《禮記》及歷代的《禮樂志》中，「禮因人情而立」這類的話語不斷出現，詩書禮樂總是因人情而立。然而，在「心統性情」格局下的程朱理學，情總是要慎重地接受來自超越界的性的指導，不能放肆，所以朱子言及情時，才會有「情本不是不好底」[24]這類保守、勉強的說詞，頭點的彷彿有些搖擺，不能理直氣壯。良知學不然，良知是身體整體功能的總稱，它是氣，也是情，它實質上即是形氣主體，也可以說是儒家的身體圖式的圖式，良知對萬物總有不能自已的溫潤之情。溫潤之情再往前發展一步，即是衝決羅網的力量。

陽明學比朱子學帶來更大的衝擊力量，不只是理論上的蘊含而已，王陽明一生的行事即可見出他的學說、個性、行事之間的密切關係。依據年譜，尤其《王陽明出身靖亂錄》此本半小說半傳記的記載，王陽明一生的行事多非常情可測，甚至可說都已撞擊了當日倫常的底線，他會以詭計驚嚇後母；會在洞房花燭日逃婚，跑去鐵柱宮與道士學靜坐一整晚；他奉命征思田，等軍事粗定後，即可不待朝廷批准，自行班師返鄉。若此自認良知主宰，不隨科律行事，在他波瀾萬丈的一生中，可謂層出不窮。良知學後來之所以影響一代又一代的大文人、大藝術家，應當是王學的性格和文學、藝術的感性主體有強烈的呼應關係。

三、王龍溪與江右學人的超越之情

陽明之後，良知學大行。良知學所帶來的社會效應也日益顯著，良知學的解放功能與破壞功能可以說是一體的兩面。明亡之際，劉宗周反省陽明後學的理論效果時，說道：「猖狂者參之以情識，而一是皆良；超潔者蕩之以玄虛，而夷良于賊」，[25]「玄虛」當指王龍溪一派，王龍溪良知學的虛玄風格極顯著；「情識」

21　以上引文見王陽明，〈答顧東橋書〉。陳榮捷，《王陽明傳習錄詳注集評》（臺北：臺灣學生書局，一九八三），卷中，頁一八二。

22　「舜不告而娶」事見《孟子．萬章上》，「武王不葬而興師」事見《史記．伯夷列傳》。王陽明的觀點參見底下的說法：「夫舜之不告而娶，豈舜之前已有不告而娶者為之準則，故舜得以考之何典、問諸何人，而為此耶？抑亦求諸其心一念之良知，權輕重之宜，不得已而為此耶？」陳榮捷，《王陽明傳習錄詳注集評》，卷中，頁一八二。朱子對「舜不告而娶」事的解釋，參見底下之說：「堯妻舜而不告者，以君治之而已。」參見朱熹，《孟子集注．萬章章句上》，《四書章句集注》，卷九，頁三〇三。也就是舜娶妻是遵從君命，帝堯直接介入所致，不容瞽瞍不聽從。前者強調良知的活用，後者則以世間禮法解釋之，朱、王兩人的解釋南轅北轍。

23　岡田武彥即如此看待，他說：「由理性主義到抒情主義，從思想史看就是從宋代到明代的展開。」岡田武彥此處所說的明代思想即是以王學為代表。岡田武彥著，吳光等譯，《王陽明與明末儒學》，頁一。

24　黎靖德編，王星賢點校，《朱子語類》，冊四，卷五九，頁一三八一。

25　劉宗周，〈證學雜解．解二十五〉，收入戴璉璋、吳光主編，《劉宗周全集》，冊二，頁三二五。

當指王心齋以下的泰州一派，尤其是羅近溪以後的學風。在陽明後學中，二王（王龍溪、王心齋）之學流布最廣，影響極深，晚明的文人，尤其是影響民國文壇頗大的晚明重要文人幾乎沒有不受二王之學的傳統影響者。陽明學後來之所以被批判為「肆無忌憚」、「陽儒陰釋」、「褻瀆倫理」等等，關鍵的理由在於良知的自我立法，去除掉理、禮、師、法等一切的規範的中介性所致。陽明學打開了以往師、法、禮、理等重要機制防止蔽端的大門，釋放了作為良知之用的情的能量，它衝擊了晚明的社會倫理，卻也催生了晚明燦爛的小說、戲劇的光景。

陽明過世之後，王學內部即告分化。[26]在陽明後學諸多流派當中，以王龍溪為首的浙中學派、以王心齋、羅近溪為代表的泰州學派及以聶雙江、羅念菴為代表的江右學派最具代表性，這三者詮釋陽明的良知學時，偏重不同，良知學的諸多內涵遂得充分展開。大抵而言，王龍溪之學側重良知學的先天義、本體義，王龍溪論學多從體證良知之高峰經驗的立場立言；聶雙江、羅念菴所說良知，則多從工夫論的角度立論，冶煉當下良知中之非良知的成分以還良知之先天的本來面目；王心齋、羅近溪論良知，則多從人倫社會的良知之發用的角度立論，良知在具體的人倫架構中產生。這三派陽明後學的思想和晚明文學思潮的開展，關係頗為密切，我們論晚明文學與理學兩者的關係可從這三派的良知學與情的關係著眼。

在陽明後學之間的諸多討論當中，王龍溪與江右學派，尤其是與羅念菴的交鋒極富理論意義，王龍溪與江右學派聶雙江、羅念菴等人，兩派的爭辯構成了早期陽明後學爭辯的主要內容。王、羅兩人對良知學的討論，焦點集中面對人在生活世界中，良知的作用是要當下即是，直接由良知承體起用？還是要經由致虛守寂的冶煉工夫，良知純淨了，才可依體起用？王、羅兩人對良知學的爭辯到底只是工夫入手的不同，還是有如理不如理的是非真假之辯？從辯論當時直至今日，不同的判斷始終是存在的。筆者認為兩方的爭辯雖然甚為劇烈，王龍溪與江右學者的爭辯卻都蘊含著情的超越性內涵。當王陽明以自己的性命為賭注，押在非朱子式的「格物窮理」的工夫論的一方，理的超越性即被引到心的主體性的內部來，心即理，良知的超越性如何理解就不能不成為工夫論爭議的問題。王龍溪與江右諸子兩說雖然有立論巧拙的差異，但他們的出入只是工夫入手不同，而不是任一方違背了良知學的教義。因「良知」此概念就現實呈現的意義而言，它是「現成良知」，一個不能當下起作用的道德主體不會是良知。但良知既然在個體義的主體上呈顯，人人都有形氣主體的構造，形氣既是具體化也是限制化的框架。沒有人的良知不是在人人不同的氣質之性上展現出來的，沒有任何人的氣質之性不是潛伏了極隱微難識的業力成分，在形氣主體上顯現的良知因此不可能不是「在纏良知」。「良知即是現成良知」及「良知即是在纏良知」，就現實的狀態表述，兩說同時成立。箇中細節，茲不贅述。

王龍溪與羅念菴之學的爭辯焦點當然不在「情」本身，而是「情」概念所依托的良知本體如何理解。然而，既然從朱子轉到陽明學的核心義在於本體從「性」轉到「心」，「性體」變成了「心體」，「良知」取代並銷融了「天理」，良知即天理，一種無限心意義的良知意識遂承接了性體所有的內容，情的地位在良知學的脈絡中因而得以水漲船高，同樣具有良知的分身之身分。如果王學的良知有天理的屬性，王學的情不論呈現出如何的分流狀態，它同樣地也就有天理的屬性。由於儒家重視人倫與文化的價值，視為立教的根本義，但依儒家（包含陽明）之教，人倫與文化的展現只能依照良知之情的展現而成立。因此，王、羅良知之辯的核心，「良知如何展現」遂蘊含「良知之情如何展現」之義。

王、羅之辯的內涵可說複雜，但不論如何複雜，彼此分享的「良知本體」義卻是共同接受的，這則共享

26　王學內部的分化在陽明生前，應當即可看出。王陽明出征思、田前，在天泉橋上與兩位大弟子錢德洪、王龍溪論良知的四有句、四無句，錢、王兩人的思想傾向即已相當不同。

義其實也是陽明後學中一切爭辯的共享義。依照王學所說之情，情只能依良知之情此義立論，原則上，陽明後學所說的情的規範義都當帶有「本體的作用」此義的內涵。然而，相較於「良知」一詞其他的分化概念，如「知」（道德或本體論之知）、「意」（道德的意志）、「神」（本體的感通力道），「情」的作用特別不好談。在陽明後學對良知的闡釋過程中，良知的「知」、「意」、「神」語義皆曾經歷過詳細的闡釋，也先後發展出「乾知」、「意是心之本體」之說，這些論點未經陽明明確表述過，卻可視為「良知」一詞所發展出來的重要概念，陽明後學在儒家思想史上的重要意義即可以由此見出。「情」字被討論的情況不然，由於「情」帶有的私人性、風格性的內涵特別強，它實質上構成了氣質之性的主要內涵，此詞語與「本體」一詞帶有的先天義、普遍義在某種程度上呈現了激烈的反差，甚至是嚴重對反。佛道或受佛道影響的李翺、鄧豁渠等人之所以有反情、滅情之論，不會沒有理由的。但只要是儒家，很難不給「情」恰當的地位，情是儒門的核心價值。所以「如何致良知」在工夫下手處，即可以轉換成「如何轉化情」的工夫論問題。

如果就工夫論的觀點著眼，王龍溪與江右學派的爭辯應當是入手工夫的不同，或者陽明所說的「上根」與「中根」的不同，亦即立論所對的對象不同而已，而不是是非對錯的決戰。[27]但陽明後學的爭議所以如此持久而激烈，亦非無故。回到情論的立場，王龍溪的良知學側重先天義，在渾沌中立根基，他回答友人論養生之術時說道：其訣竅「不出性情兩字。『情來歸性初，乃得稱還丹』，已一句道盡，外此皆旁門小術。吾儒未發之中、發而中節之和，皆是此意。」[28]「情來歸性初」是內丹訣竅，如果要在陽明後學中找學問伙伴，其進路比較像江右學派途徑。然而，王龍溪所以認為此口訣與陽明的良知學相通，亦非無故，因為王龍溪特別注重在此「性初」，也就是渾沌中立下根基，性初即初性，即為性其情之性，即是良知的原點。王龍溪也可論情，所謂「情歸於性，是為至情。」[29]良知原點是王龍溪與江右諸子共通的立足點，原點的良知沒有情、意、知的分化，此時的情其實和原點之知或原點之意無法區分。

王龍溪良知的作用都是從先天靈竅的氣之通感作用論述，所謂的先天學，其情的性質因而和羅洪先的要求有一致之處。但龍溪學不像念庵之學，龍溪學的特色乃是良知在活動中沒有自我虛位、隱退，而是以氣化直感的立體形式，神感神應，切入世間。他的良知乃是在情意未分的一念靈明上著力，而施用於日常世界的言行舉止。其著眼點與江右學派諸子內聚保任的風格大相逕庭。

王龍溪特別著重良知的先天義，筆者認為這樣的先天義之良知落於情上來講，也是超越之情。超越之情不只見於劉宗周蕺山之學的圍牆內，蕺山之學歸顯於密，他的超越之情是「深深海底行」的模式。但超越之情的表現模態可以是極內在的，也可以是極超越的，也就是有高明型與深淵型的兩種表述方式的超越。龍溪之學正代表高明型的超越路線，我們且看他晚年的一番自白之語：「撒手同行，披襟一笑，直出天地之外，登須彌山頂，以望世間。此世出世法，無足而至，無翼而飛，誠非拏雲掣電手不足以了此一著」，[30]這是從「高高山頂立」所展開的視野，良知在此層次呈現的狀態乃是知、情、意渾融的直覺的狀態，現實生活世界

27　「天泉證道」是陽明學的一大公案，原始資料見《王陽明年譜》以及王龍溪的《天泉證道紀》。《王陽明年譜》嘉靖六年丁亥記載王陽明在天泉橋上對王龍溪與錢德洪的爭辯作了如下的判語：「二君之見正好相取，不可相病。汝中須用德洪功夫，德洪須透汝中本體。二君相取為益」，又說：「汝中見得此意，只好默默自修，不可執以接人。上根之人，世亦難遇。一悟本體，即見功夫，物我內外，一齊盡透，此顏子、明道不敢承當，豈可輕易望人？二君已後與學者言，務要依我四句宗旨：無善無惡是心之體，有善有惡是意之動，知善知惡是良知，為善去惡是格物。以此自修，直躋聖位；以此接人，更無差失。」見吳光等編校，《王陽明全集》，冊下，卷三五，頁一四四二—一四四三。王龍溪的記載更詳細，「上根」與「中根」的對舉即見於王龍溪引王陽明之說。如果依良知教是徹上徹下之教之義，四有句即是決定語，不會有「上根」、「中根」之別，《王陽明先生年譜》的記載自然更穩當。王龍溪之語參見吳震編校整理，《王畿集》，頁一一二。

28　〈與潘笠江〉，收入吳震編校整理，《王畿集》，頁二一六。

29　〈答王敬所〉，收入吳震編校整理，《王畿集》，頁二七七。

30　〈答王敬所〉，收入吳震編校整理，《王畿集》，頁二七八。

意義的情已被提升到良知的超越的層次上去。在這種層次上的良知面貌固然情、意、知難分，連儒、釋、道都難分，王龍溪對三教的分別一向寬容，此時更援用了佛教的須彌山頂意象以及莊子的飛翔意象，讓莊、佛同入三教堂中。王龍溪說良知的特色在「只此一點靈明，神感神應」，[31]如果就反對陣營一方的觀點來說，這樣的特色恰好是「任一點虛靈知覺之氣，縱橫自在」。[32]「一點靈明神感神應」與「一點虛靈知覺之氣」之說指涉的其實是同一現象，只是價值判斷不同。王龍溪所說乃良知在情、意、知未具體分化下的當下之展現模態，此際的良知中有意，其意乃是無意之意；良知中有知，其知乃是無知之知；良知中有情，其情乃是無情之情。

「無情之情」之語自然是筆者比照王龍溪的四無句的語式所述的新語，但他的情論的歸宿理當在此。[33]身為儒者，他對人倫世界與人文化成事業自然不能不有所關心，但他關心的身影始終立在高峰，或者該說修行境界的高原，他不是立於言語道斷、心行路絕的尖峰經驗的原點說話，而是立在知、情、意渾融一片的良知之圓機性立場立論。他論情，都是虛靈至情此類的表達方式。人間之情自有此義，此義亦甚美。但這樣的良知之情是從原始儒家的人情之情的基盤發展出來的菁英版，離地太遠。對庶民眾生而言，可謂「龍肉」，只能想像，不能享用。聖人為芸芸眾生立法，原始儒家之情通常是在日用倫常的層次中展開，王陽明立教的立足點也是如此。但由於王龍溪的良知在高峰立論，與塵世距離遙遠，它帶有的解放功能，也就是從現實的主體與世間的禮法所解放出來的能量反而特別豐沛，因而，對晚明文人的影響也就相當大。

如果王龍溪的情是在高原立論的話，江右學派的情主要集中於工夫境界所呈現的良知本體的領域。兩者一主發放，一主內斂，下手之處大為不同。但作為心之本體的良知的展現流域極廣，王龍溪與江右學派的良知都在良知的源頭處立論，這點卻又是接近的，都是超越之情的表現。但論及超越之情更直接的表現當是就「良知之情」在其自體的表現著眼，此學派最顯眼的特徵還不是在王龍溪，而是在他的論敵這一面。陽明之後王學的發展有一條主軸是沿著江右學派、蕺山學派的脈絡展開的，這條從江右到蕺山的良知大道會帶領學者走到「超越之情」的本地風光的目的地。展開「超越之情」的內涵最清晰透徹者，莫過於陽明學的殿軍劉宗周，劉宗周的超越之情已受到當代學者較密集的研究。然而，劉宗周之學實前有所承，所承者即是江右學風，此義在牟宗三先生的理學圖像中，不易顯像出來。江右學派大體以「歸寂」、「致虛」、「收攝」為教，這些語詞背後，彼此的思想容有細微的差異。但它們同樣要求將現實的情性的存在狀態往內收攝，向下扎根也可以說是向上扎根，深之又深，以體得良知在其自體的境界。換言之，江右學派學者要求學者論學，須先經過宗教經驗類型的冥契經驗，體得天人同根境界，並由此立基感應，這條方向是極清楚的。

筆者認為在江右學派的傳承中，情基本上都要處於與良知本體未分化的狀態，也可以說處於承良知本體以起用的始源狀態，江右學人在這點上是一致的。我們且以羅念菴為例，羅念菴在江右諸子中，工夫頗邃密，是極具代表性的學者。比起聶雙江來，羅念菴的立論更為穩當，他提出「收攝保聚」四字作為良知符訣，以「主靜無欲」為宗旨，為學偏向未發境界。「收攝保聚」之說易引人偏空滯寂之想，此詞語其實應當做更精細的規定，事實上，羅念菴自己即作了修正。他修正過後的學說更隱然達到體用一源，顯微無間之境，他對此境界的描述相當多。但再如何地圓融化境，羅念菴始終立於「體用一源」的本體方位立論，而不

31　這類語言在《王畿集》中極常見，王龍溪則認為此種語言乃王陽明所說，引文見〈與俞虛江〉，收入吳震編校整理，《王畿集》，卷一一，頁三〇二。

32　語出黃宗羲，《明儒學案．師說》，亦即當為劉宗周所說。黃宗羲，《明儒學案．師說》，收入沈善洪主編，夏瑰琦、洪波校點，《黃宗羲全集》，冊七，頁一六。

33　「無情之情」也可以說是「良知之外無情」，聶雙江與王龍溪曾就「良知之後（之外）無情，即謂之無心」之說，展開過辯論。雙方的論點參見王畿，〈致知議略〉，收入吳震編校整理，《王畿集》，卷六，頁一三三—一三四。

是就「功用」的方位立論，這是確定的。

羅念菴既然以「主靜無欲」為宗旨，且此說也常成為當時學界討論的焦點。底下，我們且看羅念菴〈主靜堂記〉中表達的內容為何，他說：

不又有至靜者乎！無極而太極，固陰陽動靜所生也。……其在於人為未發之中，所謂思之位也，存乎情發之中，而不與情俱發者也，俱發則出其位矣。常止其位而思以通之，私有萬變而位未嘗出。時止則止，時行則行，常知也；動亦定，靜亦定，常定也。常止常定，是天下之至靜而非沓也，是亦天下之至動而非賾也。[34]

羅念菴所說的「主靜」不能依「靜」字的字義解釋，他說的主靜乃是超乎動靜的至靜，其義一如周濂溪〈太極圖說〉所說「主靜立人極」之義。周濂溪的「主靜立人極」的「靜」字也不是從動靜相對的靜字立論，而是超動靜之靜。事實上，〈主靜堂記〉一文的寫作即是依周濂溪的「主靜」之說而來。在此文中，我們看到羅念菴將情收攝到與良知的發用並行的地步。良知不論已發未發，它始終與情並行，始終作主宰，良知與情此時有種非對象化的良知之自我覺照之義，良知與情可說是一與二的詭譎同一，或說是二而未分的詭譎同一。羅念菴這種思維模式與程明道的「定性」說頗為近似，引文後半段的用語應該就是源自〈定性書〉此名文。羅念菴的論點與朱子的「心統性情」說也有近似處，只是此時的情乃常在良知的主宰下運行，情萬變而知常在，羅念菴說這是思不出其位。思不出其位的良知與情的關係乃是良知在情的運作中，它的主宰性始終融於情的萬變中，一多相融，這種超越性的良知的情自然可說是超越之情。

陽明後學諸流派中，江右學派學人特多走內斂保聚一路，鄒東廓言：「戒懼謹獨」；聶雙江言：「致虛歸寂」；劉師泉言：「悟性修命」；王塘南言：「透性研幾」，這些儒者所說為學宗旨，差異極精微，但爭議也很激烈，聶雙江的論點即時常受到江右諸君子的爭辯。然而，他們之間的異同到底是立言巧拙不同，還是真有工夫路線的大分歧，頗不易言。可以確定的，相較於王龍溪與王心齋的二王之學，他們側重逆返證體一路，則是極明顯的。上述所說鄒東廓、聶雙江、羅念菴、劉師泉、王塘南諸人，可說是江右一派的代表人物，其學風頗類似。《明儒學案》所列另外江右諸子，學風也是大體相近。在江右致虛、歸寂、透性、謹獨的學風籠罩下，情只能收斂在未分化良知自體中，不能形成感性色彩濃厚的情之本性，大致可想而知。

江右諸子通常都有極深的內證體驗，此心的收攝保聚，情化為性，自是題中應有之義。但論及超越之情的論述，其體證之深及鋪陳之詳無過於劉宗周，我們不妨觀看他如何展示「喜怒哀樂」之情的：

> 至哉獨乎！隱乎，微乎，穆穆乎不已者乎！蓋曰心之所以為心也，則心一天也。獨體不息之中而一元常運，喜怒哀樂四氣周流。存此之謂中，發此之謂和，陰陽之象也，四氣一陰陽也，陰陽一獨也，「其為物不貳，則其生物也不測。」故中為天下之大本，而和為天下之達道。[35]

「喜怒哀樂」一詞在儒學是有特定脈絡的，它來自於理學的聖經《中庸》，理學興起的一大事因緣是二程提出「觀喜怒哀樂未發前氣象」此工夫論法門，後來由弟子繼承，形成道南一脈，並衍為千年儒學工夫論的一條主線索。不論在《中庸》經文或在理學使用的脈絡，劉宗周之前，「喜怒哀樂」一詞幾乎都是用在現實經

34 羅洪先，〈主靜堂記〉，收入鍾彩鈞編，《羅洪先集補編》（臺北：中央研究院中國文哲研究所，二〇〇九），卷四，頁四八—四九。

35 劉宗周，〈易衍〉，收入戴璉璋、吳光主編，《劉宗周全集》，冊二，頁一六〇。

驗意義的心理層面，是情的具體規定。它是現實生活世界的語彙，沒有規範義，更沒有先天義。規範義是由「良知」、「本心」、「誠體」、「意根」之類的語彙提供的，它們居於概念系統的上位，以「喜怒哀樂」為代表的情之概念則是有待轉化的下階單位的概念。

劉宗周的著眼點不同，他身為一位承擔各種倫理關係（大臣、明師、丈夫、慈父、學者、鄉賢等）於一身的指標性人物，自然重視「情」的價值，無情難以樹立人倫世界。但面對良知學所產生的泛濫，所謂「虛玄」之盪、「情識」之肆，法病雖然沒有，人病卻是叢生，他遂不能不作「情」的提煉工作，因而有典型的「超越之情」的概念的產生。簡言之，「喜怒哀樂」的內涵和天道的「元亨利貞」、性體的「仁義禮智」完全同化，「喜怒哀樂」指的是良知本體在自體呈現的經驗中所展示的一體流行的四種不同樣態，一四相容，齊登法界，這就是情的超越態。當情由私人性的情感提升為超越之情，其性質與本體同化時，其地位遂獲得前所未見的提升。它的存有論的地位反而有超過仁、義、禮、智四德之處，就像劉宗周時有氣的地位高於理之說。[36]

劉宗周處理「情」的方式很容易讓人聯想到朝鮮儒學史上的「四端七情之辯」，四端七情之辯先由高奇峰提出，後來的李退溪、李栗谷分別加入此一理論戰局，二李後學更紛紛跟進，儼然成為李朝五百年最重要的一次學術論辯。李朝「四七之辯」的過程相當繁複，但核心義可以說是在於理的超越性是否可以有道德情感義，也可以說孟子的「惻隱之心，仁之端也；羞惡之心，義之端也；辭讓之心，禮之端也；是非之心，智之端也」，到底可不可以視為「理的發用」的問題。一代大儒李退溪主張「四端七情」不同論，四端乃理之發，七情乃氣之發。李栗谷則主「氣發理乘」。兩派的爭論之是非得失姑且不論，李退溪也沒有給「喜怒哀樂」這種生活世界的情感更高的位置，但七情是情，四端確實也是情。如果七情也可以轉化，如果轉化後的七情也是道德情感，那麼，七情與四端的關係該如何連結，依舊是個理論問題。但我們觀看李退溪的思考方式，以及工夫的模式，方向和劉宗周是一致的，都要將情上推，以勝義看情，都是純情。情的超越性及規範性強化了，一種最具存在主義性格的主體性因素可以如此昇華，直證先天境界，這種轉化的工夫之艱鉅精粹，不能不說是人間偉業。放在王學發展的脈絡來看，劉宗周能在王龍溪、羅近溪這兩位儒門千百年來難見的具霹靂手、菩薩心的大德之後，力挽狂瀾，而且是浩浩狂瀾挽到底，更無涓滴肯朝東，劉宗周作出的這番事業甚至於超出「人間」兩字所能形容的了。

從江右學派到蕺山學派，陽明後學發展出儒家史上罕見其匹的道德嚴格主義，[37]解行並重，永為人間師。但換另一種角度想，鳳凰翱翔於九萬里長空中，瞻望渺難及，卻也可以說距離人間更遠了。他們的純情是要為世間之情立下規範的基礎，但如何讓世間兒女了解「隱乎！微乎！穆穆乎不已者乎」的超越之情，未免有些難度。陽明後學中，不論就理論內涵，或就歷史影響而論，和晚明文學思潮關係最密切者當是泰州學派。底下，我們要觀察「情」在泰州學派中是如何展現的。

四、泰州學派與晚明文風

晚近有關晚明文學思想的研究，喜歡強調晚明文學思潮的進步性，強調它們對封建倫理的破壞。關於晚明文學與封建倫理的關係，一方面，我們應當承認晚明文學很大程度地衝擊了既有的社會秩序，但它們所衝

---

36 劉宗周的真正涵義當是性情一體、理氣一體，情、氣皆當高看，可謂「純情」、「純氣」。真正顛倒性、情或理、氣關係者，也就是瓦解「性」、「理」諸概念的超越義者，乃是王廷相以降的所謂「氣學」一脈。

37 「道德嚴格主義」是王汎森的用語，指向晚明發展出的儒學型態，參見王汎森，〈明末清初的一種道德嚴格主義〉，《晚明清初思想十論》（上海：復旦大學出版社，二〇〇四），頁八九－一〇六。

擊的社會秩序主要是夫婦一倫或男女一倫，父子、兄弟、朋友之倫毋寧是不動如山，沒有受到多大的波及。君臣一倫的緊密結構開始鬆動，這樣的解體工程則是由晚明儒者承擔，與文人的關係較薄弱。論及男女關係，我們確實很少看到歷史上像晚明在這麼短的歲月內，居然有這麼大量的作品描述男女之情的題材，不論這些被描述男女之情是堅貞不二的古典愛情，或是欲望消費學下的性欲文學商品，它們難免會侵蝕穩定的家國秩序，這是可以確定的。《禮記．坊記》記載禮俗多有「男女授受不親」、「寡婦不夜哭」的規定，然而，「以此坊民，民猶淫泆而亂於族」。以〈坊記〉之說為準，晚明這些戲曲、小說確實起了破壞的作用。但作道德判斷之前，或許我們該先釐清本意與歷史影響的不同。

我們如果追溯晚明這些文人情性思想的來源，其大宗應該是來自於陽明學，尤其是泰州學派的穿衣吃飯，日用常行的良知之道。這樣的良知之道在王陽明「同於愚夫愚婦」之說已可見到，到了王心齋手中，這種思想更發揮得淋漓盡致。無疑地，泰州學派出於王陽明，泰州學派又影響了晚明的文學思潮，這樣的線索相當清楚。但從王陽明的良知學怎麼流傳到極平民化的泰州學派，泰州學派的思想怎麼影響到晚明文學思潮的流變，晚明的文學思潮與同一時期出現的大量的色情文學又是什麼樣的關係，這中間的連結顯然需要善加鋪陳，不宜過度推論。有一個前提很清楚的，此即泰州學派諸大儒的思想仍當置放在陽明學「超越性的良知」之概念下定位，這個基本的事實不會因為學派的屬性不同而有所改變。泰州學派就像浙中與江右兩學派，它們共同分享了陽明學的基本預設。但泰州學派的組成成員確實較為特殊，王心齋是鹽丁，朱恕（光信）是樵夫，韓貞（樂吾）是陶匠，夏廷美是農夫，他們的話語要讓鹽丁、樵夫、陶匠、農夫聽得懂的，但身為陽明學向社會底層滲透的傳遞者，這些出身下層階級的陽明後學原則上仍當有對良知本體的返身內證。這種返身內證雖然未必見於每一位晚明文人，但他們的思想是築基於這些前輩學者的義理上面的，此事很難否認。

這種既追求內在的良知體證，又講求學問的庶民性，希望周孔聖學可以在平民百姓的日用倫常中顯現，可謂泰州學派整體的風格。泰州學派的建立者王心齋本身就是一個典型的體證者。這位出身鹽丁世家的王門怪傑是儒家思想史極罕見的天才，他以獨特的入門方式走入王學之門，後來更儼然成為陽明後學中的大弟子，推廣良知之學不遺餘力，與王龍溪並稱二王，同為普及化陽明學的核心人物。王心齋這位出身貧寒的鹽丁投身陽明門下，可謂帶藝投師。在他年輕的歲月即經歷過類似證悟的獨特體驗，曾留下「正德六年間，居仁三月半」的詩句。如果單就特殊身心經驗的覺悟的時間而論，他與王陽明在正德三年那場有名的龍場驛之悟，相差不過三年。王心齋之所以投身陽明之門，而且投身之前曾會向陽明挑戰（他的拜師實即為挑戰），都源於他自己先前的體驗。學之所益者淺，體之所證者深，他對良知學的體證與信奉自是非同凡響。以道自任，化成天下，一向是儒者的自我承諾。但在王心齋身上，我們看到極鮮活的印記，他高調宣揚「出則為帝王師，居則為天下師」。從韓愈提倡師道以來，我們很少看到這麼磊落地以「帝王師」自居的儒者。

王心齋出身布衣，而且是極底層的布衣，但他以布衣傳道，身位足以與那些出身士族、科舉出身的同門分庭抗禮，這些同門同時也都以長者尊禮王心齋。在王心齋以及泰州學派學者身上，我們看到很徹底的「四民異業而同道」精神的發揮。泰州學派的平民性非常明顯，但所謂的平民性不專指貧民階級而言，而是他們的學風特別注重平民的生活世界的倫理性格。如就階級而論，泰州學派中除了貧下工農出身者外，其實仍多鄉紳階層的知識人，如鼓動風潮、顯赫一時的顏鈞（山農）、何心隱，其人多非常奇異可怪之行，但其出身仍是帶有一身鄉土味的鄉里士人；還有不少是出身科舉的士族，泰州學派核心人物的羅近溪、楊復所、李卓吾皆屬此道中人。但泰州學派的信奉者不少是真正的貧下工農，我們只要想到王心齋、王東崖、韓貞、朱恕講學時的聽眾階層，即可思過半矣！[38]但我們一樣可以找到不少例子，足以支持其聽眾不只是貧下中農，而是來自五湖四海，士農工商。羅近溪即是最典型的例子，他講學時，聽眾往往是不分年齡階層，全城出動傾聽。總而言之，如論學術與社會總體的呼應關係之緊密，泰州學派應當是國史上少見的案例。正是因為有這樣的呼應背景，我們才容易找出晚明學風與時代文藝思潮的連結，這也是目前探討晚明學風者大體的共識。

泰州學派的學風很平民性，但以階級意識解釋之，距離頗為遙遠。牟宗三先生以「破除光景」解釋泰州學派，尤其是羅近溪思想，足以成說。但就泰州學派的主軸以及他們發生的影響而論，恐怕「破除光景」仍是第二義的。泰州學派作為一種向下滲透的陽明學派，它的宗旨無疑地仍是正面表述的「日用倫常，萬物一體」的精神。我們觀泰州學派整體的學風，最鮮明的印象是他們涉身世間、不容自己、勇於承擔的精神。光景在他們求道的過程中確實出現過，是一大魔障，破除光景因而也是此派學者必須完成的目標。但就泰州學派整體的風格而論，以求仁為宗，這是確切的。從王心齋到羅近溪，我們可以看到「仁」的論述反覆出現。而泰州學派的求仁，特別注重人倫的感通，這種學風可稱作「人倫的情性化」。

「人倫的情性化」意味著良知是要在當下的人倫世界展開的，良知中即蘊含著人倫的情感潤澤功能於其中。作為泰州學派傑出的代表，也可以說影響晚明文藝思潮最大的陽明學者的羅近溪，講學注重當下的隨機平順，即事指點，其學特別容易親近。然而，他的當下指點特別多集中在人與人之間的感應上面。他的當下與「家庭」及「社會」的人倫關係結合得特別緊密，最後要達到「萬物一體」之境，但人倫的起點是嬰兒。人倫的起點也就是道的起點，道之為道，「不從天降，不從地出，切近易見，則赤子下胎之初啞啼一聲是也。」羅近溪如是說，他接著引申道：

聽著此一聲啞啼，何等迫切；想著此一聲啞啼，多少意味。其時，骨肉之情，依依戀戀，毫髮也似分離不開，頃刻也似安歇不過，真是繼之者善，成之者性，而直見乎天地之心，亦真是推之四海皆準，垂之萬世無朝夕。[39]

引文是羅近溪的典型語言。在羅近溪的思想世界中，良知不是高高在上的一點靈機感應之氣，也不是淵默自照的收斂之心，良知俯身入世，即流蕩於人與人之間，讓每個人以及周遭世界整體的氛圍都籠罩在仁的潤澤中，良知的第一次顯現即在嬰兒誕生的啞啼一聲。

「赤子」的意象在羅近溪的著作中不斷出現，以「赤子」作為聖人的比喻在中國並非罕見，孟子的「赤子之心」及老子的「如嬰兒之未孩」即是著名的例子。然而，到了羅近溪手中，「赤子」這個意象和「良知」、「仁」、「生」的概念結合，它具有以往從未見過的先驗的、身體性的、相偶性的連結，「赤子」乃是未受汙染、純由身體律動而又同時能與人群世界互動的意象。羅近溪的思想特別柔和，「赤子」、「兒童」的意象提供了這種柔和印象的來源。「捧茶童子是道」是則有名的故事，這則故事固然可以歸入「作用是性」的例子，但此事經羅近溪一指點，光彩盡出，仁風大扇。「大人者不失赤子之心」是他喜歡運用的論述的起點，他說孝、弟、慈是天下的三件大道理，而這三件大道理乃是「從造化中流出，從母胎中帶來，遍天遍地，亙古亙今，試看此時薄海內外，風俗氣候，萬有弗齊，而家家戶戶誰不以此三件事過日子也。」[40]

38 鄧豁渠記載他到王心齋故里安豐場參加王東崖（王心齋之子）的一場講會，其情景如下：「是會也，四眾俱集，雖衙門書手，街上賣錢、賣酒、腳子之途，皆與席聽講。鄉之耆舊，率子弟雅觀雲集。王心齋之風猶存如此。」鄧豁渠著，鄧紅校注，《《南詢錄》校注》，卷一，頁二九—三〇。

39 羅近溪，《盱壇直詮》，卷上，頁三一。

40 羅近溪，《盱壇直詮》，卷上，頁四。

這些話語也是典型的羅近溪語言，比起陽明的開宗立派之言，或王龍溪的立根先天境界之言，羅近溪的話語特別像慈父慈母般的喁喁家人之言，而且多以「赤子」的意象直指人人皆具先天的道德能力。他的赤子之喻不但影響了李卓吾有名的〈童心說〉，對晚明儒者也多有啟發。[41]

羅近溪喜引「仁者，人也」，以仁界定人性之實；喜引嬰兒意象，以示人倫之聯著性命而來。良知如果是知、情、意合一的話，羅近溪特別重視其中的情的因素，他引用「人情者，聖王之田」，以示情在工夫論上的殊勝，其言如下：

> 吾人此身與天下萬世原是一個，其料理自身處，便是料理天下萬世處。故聖賢最初用功，便須在日用常行。日用常行，只是性情喜怒，我可以通於人，人可以通於物，一家可通於天下，天下可通於萬世。故曰：「人情者，聖王之田也。」此平正田地，百千萬人所資生活，卻被孟子一口道破，說人性皆善。[42]

陽明後學中，羅近溪以語言慈煦溫潤著名，人人喜聞。他從嬰兒戀母聲界定孟子的性善義，也可說是從渾沌中立根基。他以田喻情，人人依情而活，一如人人依田而生，尤為能近取譬。至於他的著作中有些幾近情欲論述的語言，如云：「天機以發嗜欲，嗜欲莫非天機也」。這些語言乃是境界語，修道有得者之言，只能高看，不能當作現實世界的敘述。岡田武彥的「明學重情之說」如果可以成立的話，羅近溪最足以代表，仁情一致的表述語言在《盱壇直詮》中常見。

陽明學的興起是對程朱理學的一大調整，以羅近溪為代表的泰州學派的興起則是對陽明學的一種普及化的發展。何心隱、李卓吾繼王心齋、王東崖而起，又是對泰州學派方向的急轉變，這次轉變的影響極為重大。陽明學與晚明文學的連接，也可以說陽明學與晚明文學的斷裂即發生於這場轉變。這次轉變的過程首先見於他們對於「欲」的除罪化。「欲」本來是中性的意識語彙，荀子所謂：「性者，天之就也；情者，性之質也；欲者，情之應也」。[43]荀子此處是從自然主義的角度界定人性與情感與欲望，三者上下涵攝，欲望是人性的內涵。理學興起，以證悟心體為旨歸，任何不能承體起用、如如展現的隱微的意識活動都是障礙，「欲」字首當其衝，常處於被監管感化的位置。程朱理學「存天理，去人欲」之說，最為顯著，晚明《二刻拍案驚奇》卷十二〈硬勘案大儒爭閒氣，甘受刑俠女著芳名〉，作者凌濛初即借著朱子彈劾唐仲友這則有名的歷史事件，竄改其意義，並引進名妓嚴蕊的忠貞情節，以顯示朱子的天理人欲之說的荒謬。[44]

然而，對人欲的嚴防不僅限於程朱理學，陽明心學也是很在意的。王學一般比朱子學通達，然而，再怎麼通達，如果良知的「天理」義仍在的話，「欲」的轉化或排除即不可能不出現。王陽明說「七情有著，俱謂之欲，俱為良知之蔽」（《傳習錄．卷下》），「欲」還不是行為事件，也不是日常可省思到的心理驅力，王陽明是從很深層的意識之黏滯不黏滯論欲望，這是極深刻的體察。「著」是一病，「向」也是一病，

41　如東林後勁陳龍正有〈嬰兒〉詩一首：「嬰兒定目時，無啼亦不笑。胸中作何景，誰能想其妙。俄而應酬息，悠然自還照。我亦一嬰兒，與世冥象貌。茲意將可長，長茲果奚道。」《幾亭全書》，收入《四庫禁毀書叢刊》編纂委員會編，《四庫禁燬書叢刊．集部》（北京：北京出版社，一九九七），冊一二，卷五九，頁一二，總頁六四一。

42　羅近溪，《盱壇直詮》，卷上，頁一二。

43　梁啟雄，《荀子簡釋．正名》（臺北：木鐸出版社，一九八三），頁三二二。

44　參見凌濛初，《二刻拍案驚奇》，收入魏同賢、安平秋主編，《凌濛初全集》（南京：鳳凰出版社，二〇一〇），冊三，頁二一一。但即使凌濛初對朱子理學大有意見，說「這個嚴蕊乃是真正講得道學的」，語帶諷刺。他編《拍案驚奇》，仍和後世所謂的情欲解放之意圖相去甚遠，其意乃在「世有能得吾說者，以為忠臣孝子無難；而不能者，不至為宣淫而已矣！」他的小說集有嚴肅的倫理內涵，引文參見睡鄉居士，〈序〉，《二刻拍案驚奇》，頁二。

「心有所向便是欲」乃是程明道、高攀龍、王心齋一再言說的論點。[45]「心有所向便是欲」之說預設了它偏離一種本心靈光自照的本來性，也預設了現實性心靈需向之轉化的工夫論要求，心不可流向分化方向的「欲」上去。在心學極精微的發展後，陽明後學對於欲的警覺性自然也跟著靈銳，所以我們如果看到下列這樣的語言「世間薰天塞地，無非欲海，學者舉心動念，無非欲根。」[46]或許不必太驚訝，這段話竟然是王龍溪說的。

「欲」字如果是工夫論語彙，而不是生理學語彙，我們可以確定「去人欲」仍是王學的核心要義。真正對於「欲」字有較革命性提法的關鍵人物應當是李卓吾，其前驅則為何心隱。李、何之前的泰州學派的傳承雖然多出自貧下階層的人民，但這些鹽丁哲學家、陶匠哲學家、樵夫哲學家、農民哲學家講課傳道時，對禮法規範其實仍相當嚴守。何心隱起，才稍偏移；李卓吾起，才大為走樣。「欲」作為「理」的對立面，可謂理學共法，但在理學傳統中，不論程、朱、陸、王，言性者多，言欲者少，而且其多少不成比例。然而，何心隱在其文集中，竟有〈寡欲〉、〈辯無欲〉兩文，暢論「欲」的內涵。兩文顧名思義，似乎宣揚欲之寡與無，但它的主旨與其說對「欲」作批判，毋寧說是對「欲」字作肯定。「無欲」之說出自理學開山祖周敦頤，何心隱此文引孔孟之言，以證孔孟不會同意周敦頤的無欲之說。「寡欲」一詞出自《孟子》「養心莫善於寡欲」，何心隱撰文闡釋之，表面上是述其義，其實其意指向「凡欲所欲而若有所發，發以中也，自不偏乎欲於欲之多也，非寡欲乎？寡欲，以盡性也。」[47]「寡欲」是指欲望要發而中，如果發而中節（「中」實指「中節」），就沒有寡不寡之說，「寡欲」是行為的「度」的問題，無關乎生理欲望的數量問題。何心隱就此將枷鎖從「欲」字上移開，還它自在。

「欲」字如是生理學語彙，它的中性化原本是理學的共享義，朱子本身即如此認定。但在強烈的道德實踐意識籠罩下，它很容易負面化，所以後儒正面言者殊少。何心隱是少數肯定派的先鋒人物，他不只重新界定「寡欲」、「無欲」之說，還更進一步提出「育欲」的主張，最著者見於〈聚和老老文〉一文。何心隱在文中說：

欲貨色，欲也；欲聚和，欲也。族未聚和，欲皆逐逐，雖不欲貨色，奚欲哉？族既聚和，欲亦育育，雖不欲聚和，奚欲哉？聚和有教有養，伯叔欲率未列於率，惟朝夕與率，相聚以和，育欲率也；欲輔未列於輔，惟朝夕與輔，相聚以和，育欲輔也；欲維未列於維，惟朝夕與維，相聚以和，育欲維也。育欲在是，又奚欲哉？昔公劉雖欲貨，然欲與百姓同欲，以篤前烈，以育欲也。太王雖欲色，亦欲與百姓同欲，以基王績，以育欲也。育欲在是，又奚欲哉？[48]

此文對「欲」字大加肯定的，所以要「育欲」。但他說的「欲」字的內涵其實仍在理學家的傳統內，並沒有軼出軌外，仍是「天理與人欲同體而異用，同行而異情」之說，[49]但由於何心隱一再正面表述之，而且對轉

---

45 程明道的說法是「養心莫善於寡欲，不欲則不惑，所欲不必沉溺，只有所向便是欲」，參見《河南程氏遺書》，收入王孝魚點校，《二程集》，卷一五，頁一四五；高攀龍「心有所向便是欲」，參見〈會語〉，《高子遺書》，冊一二九二，卷五，頁一，總頁四一〇；王艮「只心有所向便是欲」，參見〈與俞純夫〉，《心齋王先生語錄》（上海：上海古籍出版社，一九九五，續修四庫全書），冊九三八，卷下，頁一，總頁三四五。

46 王龍溪，〈松原晤語〉，收入吳震編校整理，《王畿集》，卷二，頁四三。

47 何心隱，〈寡欲〉，收入容肇祖編，《何心隱集》（臺北：弘文館出版社，一九八六），卷二，頁四〇。

48 何心隱，〈聚和老老文〉，同前引書，卷三，頁七二。

49 「天理人欲同體而異用，同行而異情」，此說原本出自胡宏，《知言》，《胡宏集》，頁三二九。朱子對胡宏思想很有意見，撰有〈胡子知言疑義〉，收入陳俊民校編，《朱子文集》，卷七三。但他對胡宏的「天理人欲」之說頗為讚美。

化身心的工夫論主張不彰顯，世人或不免有其他聯想。上述這些話語大概是引發黃宗羲批判他「坐在利欲膠漆盆中」的理由，[50]但我們細觀何心隱一生的行事及立論，他與其說是具足利欲薰心的商賈，還不如說是具備泰州學派精神的俠客。[51]

五、李卓吾與情欲論述

泰州學派在良知學的普及化中，特別彰顯良知學的「人倫關係」之面向，也可以說特別彰顯「情性」的因素。如果說陽明後學中，王龍溪重良知之「神」義，劉宗周重良知之「意」義，羅洪先重良知之「虛」義，泰州學派則重良知之「情」義。然而，論及影響晚明文學最大者厥為後世爭議不斷的李卓吾其人，以一人之力而能即身即捲起如此大的風潮者，蓋亦鮮見。李卓吾在晚明所以能興起一股風潮，原因不在他的哲思特別深邃，他的奇里斯瑪（charisma）的人格吸引力應當是重要的因素，也和他的論點常與習見者立異，吸引了大批的跟隨者有關。李卓吾當日頗引發非議的論點，我們在他身後四百年重新反思，很難說其論點有多大的離經叛道之語。在張問達上疏的奏語，也就是引致拘捕李卓吾，促使他走上人間絕路的這份「審判書」中，張問達奏書按加他的罪名主要有四，一是顛倒歷史人物的評價（如對呂不韋、李斯、秦始皇、馮道、司馬光等人的評論）；二是批判孔子，認為其是非不足據；三是混合儒佛，不尊孔子家法；以及勾引士人妻女，混淆男女關係。

李卓吾被加予的罪名，我們可以確定，大概都事出有因，卻無一可以成立。其中對歷史人物評價多與人異，最是無稽。歷史判斷與道德判斷不同，歷史判斷本來即不易有固定的觀點，雖在大雅君子之間，亦所難免。比如三國的正統問題，魏為正統？或蜀為正統？理學家之間彼此所見即有不同。至於與孔孟齟齬，不以孔孟之言之是非作為是非，此風氣並非源自李卓吾，王陽明在著名的〈答羅整菴少宰書〉中已暢言其義。[52]王陽明也不是始作俑者，類似的話早在前賢的著作中即已出現過。當理學形成超越思想時，不論超越的源頭名為太極？為本心？為天理？或為良知？超越的本體是唯一的標準，「千聖皆過影，良知乃吾師」，這樣的語言當可視為公法。因此，孔子之言如不當理，自然不能以孔子之言為是非，此義當可為儒者所共許，李卓吾之言並非太突出。至於混淆儒佛分際，這個罪名在許多理學的批判者——不論是明清學者或當代學者——論及明儒的著作中不時被拿出來，加在許多儒者身上，包括陳白沙、王陽明都不能免此被扣帽子之刑。三教混同的情形在晚明是常態，在三教論的格局下，諸教之間的界線不能不模糊，內容不能不共享，這是難以避免的現象。至於如何觀其會通之外又能不失自家立教本旨，自然會有各種爭議，但這種學界內的爭議只當在學界內討論才有意義，沒有理由成為法律的問題。

李卓吾言行真正引發巨大反感，也是促使他走上真正不歸路的因素，當是他對男女之情的論述所引發的巨大後座力的反彈。他在後世的公開形象，至少一部分的公共形象，和他對男女之情的提倡，甚至實踐有關。「酒色財氣一切不礙菩提路」[53]的標籤長期跟著他，他在湖北麻城的落髮禿頭修行，反而近似章回小說

---

50 黃宗羲此句批判語乃借自東林黨領袖顧憲成之語，參見顧憲成，《小心齋箚記》，《顧端文公遺書》，卷一四，頁一一，總頁三四五。

51 以「俠」形容泰州學派學者，尤其是顏山農、何心隱的為人風格，最著者當是王世貞，雖然他的用語不很正面，參見王世貞，〈嘉隆江湖大俠〉，《弇州史料後集》，收入《四庫禁毀書叢刊》編纂委員會編，《四庫禁燬書叢刊．史部》，冊四九，卷三五，頁三〇一—三〇四，總頁七〇二—七〇四。

52 〈答羅整庵少宰書〉云：「學貴得之心，求之於心而非也，雖其言之出於孔子，不敢以為是也，而況其未及孔子者乎？求之於心而是也，雖其言之出於庸常，不敢以為非也，而況其出於孔子者乎？」吳光等編校，《王陽明全集》，冊上，卷二，頁八五。

53 《明儒學案》記載劉元卿問鄒穎泉：何以跟隨李卓吾的人如此多？鄒穎泉作了如下的回答：「人心誰不欲為聖賢，顧無奈聖賢礙手

中淫僧的形象。然而，袁中道說他「體素癯，澹於聲色，又潔癖，惡近婦人，故雖無子，不置妾婢。」又說他：「本屏絕聲色，視情慾如糞土人也，而愛憐光景，于花月兒女之情狀，亦極其賞玩，若借以文其寂寞。」[54]袁中道與李卓吾聲氣相投，深知其人。我們從各種資料看來，都可看出袁中道的描述相當符合事實。李卓吾的反俗震世之言行與他絕俗滌塵的人格，恰好互補。李卓吾的行為與其說汙染了世界，不如說他太過潔癖，不能容物。李卓吾與耿天臺的爭議形同水火，不能共存，即為顯例。兩造的爭議乃為耿天臺不救得罪權相張居正的顏山農而引起，[55]箇中是非，後人難得具體細目。然耿、李兩人都有共通的朋友，比如焦竑，合觀相關文獻，耿天臺似乎不必淪為李卓吾糾彈之目標。兩人論辯扞格十餘年後，終得合好，李卓吾也公開宣稱：「余敢一日而忘天臺之恩乎？」他在〈耿楚倥先生傳〉一文中對他與耿家兄弟之交往始末有極動人的敘述。李卓吾固高傲絕塵，但相當的程度，也符合他自己的自我評價的「狷隘人也」。[56]學界早年論耿、李之爭者，常一面倒地右李左耿，此判斷殊乖知人論世之義。

李卓吾與耿天臺之爭，其實提供了我們一則晚明情論的重要消息。依據李卓吾自己的說法，他所以曾對耿天臺反感，甚至反目相向，重點可能還不是耿天臺沒有對顏山農案施援手。而是當耿天臺聽到顏山農落難的消息時，他表現出的態度近乎無情。李卓吾重俠氣，重友朋患難之情，他曾說道：「凡我輩人，這一點情，古今高人，個個有之；若無此一點情，便是禽獸。」[57]他的話語很重，而且未必是一時激怒之言。人獸之辨是儒家核心的價值，從孟子以下，先賢言及此辨者不少，但從「情」字立論者極罕聽聞，「情」字在李卓吾思想中確實有獨特的位置。

李卓吾與世相忤，橫眉冷對千夫指，但對弱勢者特顯同情，他的姿態令人聯想及五四新文學大將魯迅。李卓吾的著作中不時言及對婦女的見解，縱然其言逆風違俗，縉紳側目，亦不在意。更多的考慮是出於他對人間情理特別的解釋，他確實對男女不平等的現象痛心疾首，所以蓄意放大聲量。他說：「謂人有男女則可，謂見有男女豈可乎？謂見有長短則可，謂男子之見盡長，女子之見盡短，又豈可乎？」[58]其言洵是事實，但前人殊少作此宣言狀。他歌詠卓文君之於司馬相如，乃「同明相照，同類相招」，自行抉擇婚姻佳偶的範例。他讚美武則天「專以愛養人才為心，安民為念」，為近古帝王所未有。他倡言飲食男女，「穿衣吃飯，即是人倫物理。」[59]他說的這些話語如追究，其實皆句句到位。但李卓吾以曠世巨才，行行為藝術之舉，恰值時局變化之際，他的不按常理的出世垂迹，自然地給當時及後世的文人帶來莫大的支持力道，也引來了激烈的反對之聲。

對情的重視，在儒家傳統內並不少見，甚至可說是相當主流的論述，理學範圍內亦如此。即使對男女之情的肯定，這樣的聲音也並非罕見。然而，李卓吾之前的儒者對男女之情的肯定基本上是放在夫婦的範疇下理解，對各種偏離世間人倫常態的變風變雅的男女之情殊少能正視其間的正面價值。李卓吾正視婦女地位及

耳。今渠謂酒色財氣一切不礙菩提路，有此便宜事，誰不從之？」參見黃宗羲，《明儒學案．江右王門學案一．潁泉先生》，收入沈善洪主編，夏瑰琦、洪波校點，《黃宗羲全集》，冊七，卷一六，頁三九六。

54 袁中道，〈李溫陵傳〉，《珂雪齋近集》（上海：上海古籍出版社，一九九五，續修四庫全書），冊一三七六，卷七，頁二六，總頁六三一。

55 故事參見袁中道，〈柞林紀譚〉，收入張建業編，《李贄文集》（北京：社會科學文獻出版社，二〇〇〇），卷七，頁三二九—三四二。

56 李贄，〈答鄧明府〉，《焚書》，收入《焚書 續焚書》，卷一，頁四〇。他在〈自贊〉中的語言中半真半諧，半可信半不可信，但他自言「其性褊急，其色矜高，其詞鄙俗，其心狂癡，其行率易」云云，雖有自行調侃、與世寡諧之意，但未嘗沒有觸及他幾分的性格。參見李贄，〈自贊〉，同前引書，卷三，頁一三〇。

57 語見袁中道，〈柞林紀譚〉，收入張建業編，《李贄文集》，卷七，頁三三五。

58 李贄，〈答以女人學道為見短書〉，《焚書》，收入《焚書 續焚書》，卷二，頁五九。

59 李贄，〈答鄧石陽〉，《焚書》，收入《焚書 續焚書》，卷一，頁四。

男女之情問題，其音量之大及論述之精，縱然不是空前，但至少是個極特殊的案例。就能正視婦女所受的不公平待遇而言，他可以說是羅近溪的人情論的具體落實者。羅近溪被李卓吾及其同志友視為「大慈悲父」，[60]對世間眾生特多愛護，然而，羅近溪極少談到婦女問題。這個空缺由李卓吾補足，而且他的補足不僅止於態度的同情，他更對男女之情的價值重新界定。這波由王心齋引發，由羅近溪奠定，最後才由李卓吾引爆的情性思潮，終於構成了晚明文人從事文學創作時的「意見氛圍」，人人依此氣候創作。

比起所有的陽明後學，李卓吾在後世享有的罵名最厲害也最久，因為他正是處於將王學嫁接到小說、戲曲的關鍵人物。晚明的小說、戲劇深入民間，衝擊了中國社會累世築起的禮法之牆。李卓吾有名的〈童心說〉即是為文學創作而立論的大塊文章。「童心」之語上承孟子的「赤子之心」，下繼羅近溪的「嬰兒」之喻，「童」就像「初」、「本」、「原」諸詞的語義一樣，皆指向了非時間性的原初的意義，其理論建構在人性論的基礎上。他的〈童心說〉往上可接源到陽明—泰州一脈，往下又可連接到晚明的戲劇、小說、小品文的創作，我們不妨觀看此文的論述：

> 天下之至文，未有不出于童心焉者也。苟童心常存，則道理不行，聞見不立，無時不文，無人不文，無一樣創制體格文字而非文者。詩何必古選，文何必先秦。降而為六朝，變而為近體；又變而為傳奇，變而為院本，為雜劇，為《西廂曲》，為《水滸傳》，為今之舉子業，皆古今至文，不可得而時勢先後論也。[61]

「童心」即是「初心」，即是「本心」，這個原本用於性命之學的語彙，李卓吾將它移到一向不為士大夫階級重視的院本、雜劇，或移到士大夫階級不太願意開口的舉子業的文章上去。這個挪用同時也就是價值的改造，他將院本、雜劇、《西廂記》、《水滸傳》移到與三教的經典同等的地位。李卓吾重視價值在歷史演變中的相對性，也可以說重視價值隨歷史演變而興，因此，原本作為原型地位的文學經典不能不相對化，新興的文類遂有與之抗衡的機會。

重視戲曲、小說等「俗文學」的風氣不會始於李卓吾，王陽明本人即已論過，但將戲曲、小說拉到與經典等價的地位應該就是李卓吾其人。他對《水滸傳》、《西廂記》一再讚歎，《西廂記》所言何言耶？李卓吾評之為比「奪天地之化工」還高一層的「化工」，[62]它簡直是人性的化身。李卓吾高度宣揚《西廂記》「小小風流一事，至比之張旭、張顛、羲之、獻之而又過之。」其實何止比這些偉大的書法家還偉大，在〈童心說〉一文的結尾，李卓吾甚至宣稱它超過現行文本的「《六經》、《語》、《孟》」。這種異乎常理的高調語言應當不是李卓吾真正的旨意，但李卓吾也是拗相公，為了振聾發聵，他喜歡運用，而且很可能故意運用誇飾的手法。由於後世的小說、戲曲帶來相當程度的社會解放效果，也可能有負面的影響，批評者很容易將責任冠在李卓吾頭上，要這位悲劇英雄負全責。

在李卓吾的情性論述中，有〈夫婦篇總論〉一文，特別值得留意。在當今學界，李卓吾是位非常受到重視的歷史人物，〈夫婦篇總論〉是他少數有較嚴肅意義的「論」的文章，何況所論又是「夫婦」此熱門議題，此文需要受到更大的重視。此文破題說道「夫婦，人之始也」，[63]此義是古義，不足訝異。然而，他論夫婦的地位有言：

60 李贄，〈永慶答問〉，收入張建業編，《李贄文集》，卷七，頁三一九。
61 李贄，〈童心說〉，《焚書》，收入《焚書 續焚書》，卷三，頁九九。
62 李贄，〈雜說〉，《焚書》，同前引書，卷三，頁九六—九八。
63 李贄，《初潭集．夫婦篇總論》，收入張建業編，《李贄文集》，卷五，頁一。

極而言之，天地，一夫婦也，是故有天地然後有萬物。然則天下萬物皆生於兩，不生於一，明矣。而又謂一能生二，理能生氣，太極能生兩儀，何歟？夫厥初生人，惟是陰陽二氣，男女二命，初無所謂一與理也，而何太極之有？以今觀之，所謂一者果何物？所謂理者果何在？所謂太極者果何所指也？若謂二生於一，一又安從生也？一與二為二，理與氣為二，陰陽與太極為二，太極與無極為二，反覆窮詰，無不是二，又烏睹所謂一者而遽爾妄言之哉？[64]

《易經》的特色在於並尊乾坤，並重陰陽，李卓吾的夫婦論明顯地來自於《易經》乾元、坤元並稱的傳統。《周易．繫辭下》云：「天地絪縕，萬物化醇；男女構精，萬物化生。」即是皇天后土說的最好注腳。《中庸》所說「君子之道，造端乎夫婦，及其至也，察乎天地。」也可視為《易經》並尊乾坤的回響。這種以二為首的思想模式有各種的變型，往上可追溯至「昔天之初，誕作二后」的神話；往下，它在宋明時期也有類似的哲學主張。王夫之來自《易經》的太極—兩儀、乾坤並建之說，以及方以智的「公因反因」之說最為深邃，其源頭皆來自《易經》的原始智慧，筆者認為這是詭譎的太極—兩儀同一說。很弔詭地，王夫之、方以智皆重世教，皆不以李卓吾為然，王夫之厭惡李卓吾尤甚。但論雙元詭譎的同一之說，尤其用之於男女一倫，有明一代，李卓吾的夫婦論最為突出，其言似可補方、王之學的理論空缺。可惜受限於時代條件，彼此終不能相得。

人世的文化價值、倫理價值推到最後，常不免要與宗教的終極價值勾連，方內奠基於方外。[65]李卓吾的夫婦論築基於《易經》的陰陽平等論，其說特顯深刻。但在歷代的《易經》注疏傳統中，大概受到戰國秦漢時期陽尊陰卑思想的影響，封建格局已成，乾坤並建之說殊少受到該有的正視。李卓吾此論是以堂堂正正之師，正面回應秦漢後近兩千年的男女不平等的社會現實。「天下萬物皆生於兩，不生於一」，此說賦予夫婦平等存有論的基礎，是極光輝的思想。李卓吾此文在晚明情論上具有指標性的意義，應當賦予更高的理論價值。後來馮夢龍編《情史》倡言：「六經皆以情教也。《易》尊夫婦，《詩》有關雎，《書》序嬪虞之文，《禮》謹聘奔之別，《春秋》于姬姜之際詳然言之，豈非以情始于男女。」[66]引經典之文以證「情教」乃儒家固有之義，馮夢龍的論述可說是對李卓吾夫婦論下的注腳，也是對他的夫婦論的禮讚。

六、晚明新興文學中的情論

由陽明以下，我們一路迤邐討論，為的是搭好理學與新興文學間的理論橋梁。陽明學派和史上曾經發揮過巨大影響的學派一樣，都難免有所謂「末流」的問題，但李卓吾雖然成了「末流」的標籤人物，其實他不必歸入「末流」之列。後世儒者（包含本文所說的劉宗周）所以對陽明後學時有糾彈，應當和泰州學派的巨大影響有關。我們今日返觀三百多年前的文化場景，應當可以更合理分辨出人病或法病、本懷或末流的差別。筆者認為就泰州學派學者，或就影響晚明文人甚深的李卓吾而言，他們的情論或情性作品，基本上都帶有規範性的。縱有破壞，溯其原始，也是建設性的破壞。言至乎此，我們即須進入晚明新興文學的國度，加以討論。

明中晚期後，戲劇、小說、小品文非常流行，根據莊一拂《古典戲曲存目彙考》[67]的說法，明代戲文有

64　同上注。
65　參見貝格爾（Peter L. Berger）著，高師寧譯，《神聖的帷幕：宗教社會學理論之要素》（上海：上海人民出版社，一九九一）。
66　馮夢龍，〈序〉，《情史類略》（長沙：嶽麓書社，一九八四），頁三。
67　莊一拂編著，《古典戲曲存目彙考》（上海：上海古籍出版社，一九八二）。

三十六種，雜劇有三六二種，傳奇有七四〇種，合計一一三八種。至於小說，依據朱一玄等人編《中國古代小說總目提要》目錄，[68]「文言部分」所著錄的明代的小說計七一一種，「白話部分」的小說明清合計高達一八三六種。這兩項統計的數字包含明代整體，但明中葉以後的文字應該占多數。這些數字自然不可能精準，版權意識是現代社會的產物，傳統的小說、戲曲特多改寫揣摹的情形。以後也很難講在天涯海角或中原窮鄉僻壤的哪個角落，忽然又有新的發現，統計數字只能言其大略。但不論怎麼說，晚明時期，小說、戲曲相當流行，這是可以肯定的，所以像趙南星、徐渭、湯顯祖這類著名的文人才會參與這些流行文學的創作。

晚明城市文化興起，戲曲、小說、小品文無疑帶有濃厚的市井風化氣息，一種更可以廣泛反應市民階級的藝術形式至此展開。從文學社會學的角度看，戲曲、小說這兩種不受前朝重視的文類，此際大為流行，是有強烈的社會經濟因素作支撐的。明代手工業發達，江南城鎮不少區域的經濟模式已達到了所謂的初期資本主義階段的規模；晚明的商業活動的規模不小，一種可名為儒商的商人階級興起，儼然可以與士子抗衡；[69]晚明的印刷業極為發達，印刷總是促成思想流通、形成形形色色共同體最重要的工具。[70]這些來自手工業、商業、印刷業的因素構成了晚明市民文化的社會基礎。晚明的市民文化很容易令人聯想到同一時期伊麗莎白時代英國的市井文化，也容易讓人聯想到江戶時期日本的町人文化。這些時期都有新興城市與新的商業活動興起，相應地，也有符合市民口味的文學形式、藝術形式應運而生。

小說、戲曲、小品文應當就是晚明時期很應時的文類，這三種特別的文類其實都遠有傳承，其市民性格也不是在晚明才出現的。但晚明時期出現的這些文類放在當時的社會背景下看，卻特別具有思想史的趣味。晚明時期這些新文類作品的產生地，也就是作者活動的區域；以及作品的消費地，也就是讀者或觀眾密聚的區域，密集地集中在江南地區，尤其是江浙地區，這地區也是王學流傳最廣的區域。一種解放的理學精神與新興的文類之間有著時空的呼應性，時空的呼應性似乎反映了兩者之間有內在的關聯。我們看晚明的小品文代表名家張岱、王思任等人為山陰人，山陰正是晚明思想巨擘王陽明、劉宗周的故里，張岱本人更有深厚的王學背景，曾祖張元忭為浙中學派要角。同樣的晚明代表文人徐文長也是紹興人，他不但與王陽明、劉宗周同鄉，王陽明的大弟子王龍溪更是他一生瓣香不斷的精神導師。同樣扮演精神導師之於弟子的，還有泰州學派的代表人物羅近溪之於湯顯祖，兩人同是江西人。羅近溪（加上王龍溪）之於李卓吾，李卓吾之於晚明文藝思潮，同樣是風振波湧，掀起千堆雪的。離開了張岱、湯顯祖、徐文長、三袁，我們即很難想像晚明文藝思潮。但離開了王陽明、王龍溪、泰州學派，我們也很難想像晚明這些文壇鉅子的表現會是什麼樣的風貌。

論及陽明後學、晚明文學與情性的關係，我們對文本材料或許當先作些限制。無疑地，在良知學向晚明文學擴張的下滲過程中，私人性的情的成分越來越濃，規範的成分越來越薄。但再如何稀薄，理的規範性內涵始終是在的。同一時期，[71]大量出現的色情小說中卻看不到有意義的情理衝突、義欲互轉的內容。在《思無邪匯寶》這部明清色情小說的集大成著作中，[72]叢書收錄的各篇小說的作者描述性愛之大膽，肆無忌憚，與今日社會所見者，幾無差別。如果我們要論這些作品的理學意義，當在這些書顯示了情欲的徹底彰顯，結果毀掉了「情」的意義。情欲的徹底彰顯即是生理力量的發洩以及自我否定，蓄滿則發，發完即虛。晚明的

68 朱一玄等編著，《中國古代小說總目提要》（北京：人民文學出版社，二〇〇五）。

69 參見余英時，《中國近世宗教倫理與商人精神》（新北：聯經出版事業公司，一九八七）。

70 安德森（B. Anderson）論近世民族主義的興起，很注重新聞媒體扮演的角色。參見安德森（B. Anderson）著，吳叡人譯，《想像的共同體：民族主義的起源與散布》（臺北：時報文化，二〇一〇）。

71 明代最早的色情小說《如意君傳》刊於嘉靖四十一年（一五六二），參見丁峰山，《明清小說性愛論稿》（臺北：大安出版社，二〇〇七），頁五六。嘉靖後期正是陽明後學活動極盛的時代。

72 《思無邪匯寶》此套書收有豔情小說五十種，不同版本超過百種，可想見的，被燒毀或尚未收進的，一定還有。參見陳慶浩、王秋桂編，〈總序〉，《思無邪匯寶》（臺北：臺灣大英百科，一九九六），頁一一—一六。

色情小說之結尾或不免以人生虛無之感收尾，這是套語，也是門面語，但也未嘗沒有幾分色欲力學的真實。《覺後禪》是部典型的色情小說，但結尾卻以因果昭彰，色即為空結尾，書中的主角也不得不出家了。沉湎於世間俗情的士子與方外人物的僧道的對照，乃是中國形形色色的情性文學的典型設計，從淫穢的《覺後禪》到言情小說的經典《紅樓夢》，莫不如是。晚明的色情小說是如此的明目張膽，本能衝動，數量又如許巨大，或許這些書籍的出現有社會史的意義，可以視作某種情的展現，[73]也可能和所謂的「王學末流」的影響有些牽扯，但我們不容易從中看出精神的張力。我們論陽明後學展開的精神世界時，固然不能看不見性命之學與色情文化並存的現象，但應該著眼更具有理論意義的作品。

我們容易看出理論價值高、精神張力強的著作當是那些不能以色情作品看待的戲曲、小說、小品文所顯現的內容。這些新興文類的出現和王學的流傳有相當密切的關係，但久假不歸之後，它們擁有自己的話語形式。在晚明代表性的小說集《三言》《兩拍》中，我們看到大量描寫市井小民的傳奇，不一定關心國家大事，卻與平民百姓的生活世界息息相關，悲歡離合，恩怨爾汝，這些小說的內容多牽連到男女的私情。在大量湧現的小品文中，作者關心的較少是家國大事，而是與個人的癖好有關的文人之生活美學。這是源自原始無明的情的私人性的固結，因癡成癖。張岱說：「人無癖不可與交，以其無深情也。」[74]不論是文人或是平民百姓，他們反映在戲曲、小說、小品文中的性格，大抵是個人性的情感，沒有理學家那些先天、主敬、致虛、復性的內容，也缺少屈原、杜甫詩歌那般不容自已的倫理信託。晚明這些私人性的情感文字之價值不等，有些作品或帶美學化的自然題材，因而符合北宋理學以下生生自然觀的傳統，如張岱的作品；有些作品或帶有時事的題材，因為負載了強烈的儒家的價值意識，因而，也可以有明確的教化的意義，如李玉的戲曲。但大體而言，晚明這些符合小市民品味的新興文類的作品大多表現私人的情性，喃喃兒女語，沒有微言大義，缺乏家國比興的宏大敘事。

晚明大量的小說、戲曲、小品文呈現給我們一幅活生生的晚明的生活世界的圖像，至於這些廣大的文學社會的基盤所呈現的意義為何？或許我們在晚明重要的三位文人：袁中郎、湯顯祖、馮夢龍的著作上，可以具體的看出來。這三位文人在晚明文學思潮的殿堂上之所以重要，和他們既有作品的展示，也有後設的理論說明有關。換言之，他們是立足於大量的新興文類作品的基礎上，再賦予「情」重要的理論意義的文人，他們三人可分別代表新興的小品文、戲劇、小說的作家。而且，這三人的經歷或信仰都與王學有關，袁中郎一生崇拜王陽明、李卓吾，湯顯祖則以羅近溪為師，馮夢龍編有《王陽明出身靖亂錄》，此書可視為一本宗教祖師的傳記。籠統而言，王陽明、王龍溪、羅近溪、李卓吾四人是晚明文人共通的精神導師。我們選袁中郎、湯顯祖、馮夢龍這三位有代表性的文人為樣本，可以合理地看出王學對小品文、戲曲、小說的滲透。

首先對五四新文學發揮影響者當是以袁中郎為代表的小品文，五四新文學運動的起因是文學載體的革命，胡適提倡白話文，取代運行兩千多年的文言文。他從古代的文獻中，尋找一向不為士大夫青睞的俗文學，重新安頓它們在文學史的位置。不但如此，他還賦予這場文學革命進化的意義，亦即文學的演變由文言而白話，恰似生物學的進化論一樣。胡適還注重文章的直率，反對模仿、用典，對清代流行的桐城文學殊無好感。胡適所提倡的這些新文學的特色：白話、反模仿、時代性，在《袁中郎集》都可找到呼應之處。

胡適的文學革命與公安派的關係還不是胡適提出來的，而是新文學巨匠周作人創作民國的散文時，很自覺的找到公安派作為理論與實踐的前驅。後來林語堂繼之，大力宣揚公安派文學的特色，袁中郎為民（國）

---

73 十七世紀代表性的色情小說《覺後禪》的清代刻本，其版面設計乃是「情癡反正道人編次，情死還魂社友批評」，「情癡反正」、「情死還魂」之語當是《牡丹亭》流行後的語彙，充滿了反諷的意味。此版面參見泰和嘉成二〇一八年秋季拍賣第二四三九號拍品。

74 張岱，〈祁止祥癖〉，《陶庵夢憶》（臺北：臺灣開明書局，一九五七），卷四，頁五八。

前鋒的印象遂大白於世。新文學史家阿英三〇年代在林語堂派的刊物《人間世》曾撰文討論袁中郎，文章破題即宣稱道：「世人競說袁中郎，世人競學袁中郎。」仿佛袁中郎的精爽起於九原，越界指導了民國新文學的流程，[75]阿英的說法反映了五四運動後一時的文學風氣。周作人、林語堂的現身說法是值得重視的。

公安派文學思想的特色在於反對模仿，直抒性靈，重視戲曲、民歌的價值，公安派的文學創作與文學主張確實與民國的新文學運動頗多相近之處。公安派強調性靈，但「性靈」此詞語的指涉為何，其實不像乍看之下那麼清楚，它似乎趨近於宋朝嚴羽所說的「興趣」或稍晚的王漁洋的「神韻」說，但彼此間的關係如何釐清，其實仍不容易說清。回到歷史的脈絡，我們將此派文學的特色放在它與同時代當令的前後七子的「詩必盛唐，文必秦漢」的文學主張作一對照，才看得出來。而此派的文學背後的思想基礎，則當放在它與陽明後學，尤其是李卓吾的關係，才能顯出它的意義。我們看到上述公安派重俗文學，重直抒胸臆，重歷史演變，反模擬等主張，幾乎都可在李卓吾的思想找到印證。這種平行關係同樣也是文學史的常識，但細節猶可再論，下文會觸及之。

論及袁中郎的「性靈」主張，論者多主張此說與李卓吾〈童心說〉的關係，此種連結是合理的，李卓吾確實是公安三袁的精神導師。然而，我們還可尋得此概念和性命之學的關係。袁中郎一生的學術都和性命之學的追求有關，這種向上一機的追求是包含他在內的公安三袁共同的生命傾向。他與李卓吾、晚明王學、莊子或佛教的關係，都可從此點著眼，而且其發心很早。以性靈定義文學的特性，並非袁中郎首創，與袁中郎同時而年代稍早的屠隆也曾暢發此義。然而，袁中郎提出此概念，並引發焦竑等同輩文士的支持後，此說才大為流行，「性靈」一詞遂成為重要的文學主張，這個概念成長的過程仍有值得闡發之處。性靈派以性靈描述文學的創作的心靈，其本源應當與文學特重此心的直感靈妙有關。本來以「靈」字描述心性，即為中國儒道的老傳統，不是良知學出現後才興起的，三袁兄弟都重視的《莊子》一書中，[76]即常見此詞。朱子界定

「心」字有云：「氣之靈」，[77]心帶有靈氣的屬性，此義不僅見於朱子，直可視為宋明理學共同接受的定義，王陽明也說良知「以其流行而言謂之氣」，[78]兩者同樣重視心氣之靈妙。差別在此「氣」字該屬超越義或形下義，其性質如何理解而已。

然而，朱子一方面固然強調此心之靈，但在主敬與格物窮理雙管齊下的工夫管轄下，此心之靈的「靈」字其實需要大打折扣的，因為它需要被看管，需要累積知識，需要配合天理在此世的化身的禮法之拘束。在強烈的道德意識之光的照臨下，檢點身心是朱子學者常見的行為模式。在陽明學傳統中，凡言及「世儒」、「識心」、「習見」云云，大概都指向世間的朱子學。因為正是相對於朱子小心翼翼的持敬之心，王陽明的良知更著重它不受世間禮法拘束，也不受人間知識約束的特色。王陽明喜歡以「靈」字形容良知，如言「（良知）自然靈昭明覺」（〈大學問〉）；「良知即是天植靈根」（《傳習錄．卷上》）；「良知是造化的精靈」（《傳習錄．卷下》）。他更以「靈竅」形容此心之特色，靈竅云云，意指此心之靈可以感應四方，直感力量不斷湧起。[79]王學傳到了影響李卓吾、公安派甚巨的王龍溪時，以「靈」字解釋良知的特色，更是層出不窮，如云：「一念靈明」（〈沖元會紀〉）、「自己靈根」（〈維揚晤語〉）、「知是貫徹天地萬物之靈氣」（〈三山麗澤錄〉）、「一點靈明不容自昧」（〈約會同志疏〉）。在〈白鹿洞續講義〉一文

75　阿英，〈袁中郎與政治〉，原載《人間世》，七期（一九三四）。收入吳承學、李光摩編，《晚明文學思潮研究》（武漢：湖北教育出版社，二〇〇二），頁八七—九三。

76　袁中郎著有《廣莊》，袁中道著有《導莊》，都是明代莊子學名著。

77　朱子言：「所覺者，心之理也；能覺者，氣之靈也。」「心者，氣之精爽。」「心官至靈，藏往知來。」三條資料見黎靖德編，王星賢點校，《朱子語類》，冊一，卷五，頁八五。

78　王守仁，〈答陸原靜書〉，參見陳榮捷，《王陽明傳習錄詳注集評》，卷中，頁二一六。

79　參見馮耀明，〈王陽明的良知理論：王陽明哲學新詮〉，《清華學報》，新四二卷二期（二〇一二．〇六），頁二六一—三〇〇。

中，王龍溪更直言：「良知者，性之靈也」。[80]後來的黃宗羲在《明儒學案》即批判他：「任一點虛靈知覺之氣，縱橫自在」，也是以「虛靈」描繪他的良知學的特色。我們如比較王學的良知之「虛靈知覺」與公安派的「性靈」之說，不難發現兩者之間的相似性。

公安三派雖然已注意到俗文學（山歌、小說、戲劇）的價值，但對於「情」與創作的關係，著墨不多。小品文的創作首先對衡的就是古文學家的文風與文學主張，和「情」的主張不太相干。但有一點可以肯定的，公安派都相信在價值的位階上，有比文學之情更高的價值。袁中道（小修）給他的兄長袁中郎寫的〈行狀〉中提及袁中郎晚年常說的話：「吾覺向來精神，未免潑散。近日一意收斂，樓成，每日坐三炷香，收息靜坐。」又曰：「四十以後，寘粉黛，縱情慾，便非好消息也。」[81]類似的話在袁中郎晚年的生活中，大概常出現。袁中郎的主要身分是文人，其論理多少有些名士禪之風，但他曾悟入「淨妙境界」，[82]對於禪佛義理大概都有解行兼重的能力，不能以野狐禪視之。向上一機的嚮往在袁中郎的生命中占有顯著地位，類似的傾向也見於袁小修身上，他們同樣在詩歌之外看到更高的價值。

袁中郎、袁小修在文學與性命之學之間的抉擇，我們由他們兩人與李卓吾的關係可略窺一斑。三袁兄弟在當世學者中最佩服李卓吾，可謂拳拳服膺，不能自已。李卓吾對三袁兄弟也格外青睞，異乎尋常的照顧之情。然而，袁中郎兄弟後來終覺得李卓吾之學未免於修行有所欠缺，不能填補人生的一個重要缺口。如果生死事大，嚴肅面對死亡甚至超脫死亡，被視為人生的第一大事，文學與道的關係即很難不重新調整。袁中郎處理文學與道的關係，依先秦儒家義，其實已偏離了主軸，晚明的黃宗羲、王船山都曾發展出更合理的儒家版的文道關係。袁中郎在晚明三教論的薰陶下，他的思想走向了佛教的涅槃世界。晚明的小品文的主題與情愛論述關係較遠，小品文現身於晚明的意義在於它鬆動了前後七子凝滯穩重的文風，其題材多圍繞個人性的情懷展開，其角色和民國新文學時期的小品文之於桐城派古文差堪比較。晚明小品文為後來情熾而肆的新興文學舖了道路，但它本身對男女之情的主題著墨不深，文學的情念本質的焦點聚集在小說與戲劇這兩種文類上面。

在晚明新興的戲劇中，「情」的地位被提得很高，湯顯祖的《牡丹亭》是個標記，他在此書的〈題詞〉中有云：「情不知所起，一往而深，生者可以死，死可以生。生而不可與死，死而不可復生者，皆非情之至也」。[83]湯顯祖為情爭地位，情之所至，一往不復，生死不計，甚至可起死回生，其語頗有宣言的性質。在《牡丹亭》之前，中國詩歌中不乏歌詠男女愛情之作，男女情詩在《詩經》、《楚辭》中，即頗多名篇（如〈蒹葭〉、〈山鬼〉）。漢魏樂府（如〈上邪〉）或唐詩（如〈長恨歌〉）中，亦多歌詠愛情超越生死之作。湯顯祖的《牡丹亭》描述的，可說是一組不斷在詩歌傳統迴盪的主題。但《牡丹亭》因為出現在晚明，男女愛情的敘述大量湧現，他與大儒羅近溪、名僧達觀有極深的情誼，而他又特別賦予男女愛情一個「情」這樣的性理學詞彙的內涵，此書的作用遂不止於其他同類型的書的作用，而當放在一個更大的時代思潮的脈絡下定位。在晚明這個關鍵性的時期，也是全球化開始運作的時期，《牡丹亭》一書遂享有特殊的象徵，儼然可以與同一時期的英國戲劇聖手莎士比亞比埒。[84]

80 上述王龍溪之語，分別參見吳震編校整理，《王畿集》，頁四、八、一二、五三、四六。

81 袁中道，〈吏部驗封司郎中中郎先生行狀〉，收入錢伯城箋校，《袁宏道集箋校．附錄二》（上海：上海古籍出版社，二〇〇八），冊下，頁一六五六。

82 「始悟從前入處，多是淨妙境界，一屬淨妙，便是惡知惡解」。參見袁宏道，〈答陶石簣〉，《袁中郎尺牘》，收入楊家駱編，《袁中郎全集》（臺北：世界書局，一九七八），頁五七。

83 湯顯祖，〈題詞〉，《牡丹亭》（香港：中華書局，一九七六），頁一。

84 參見趙景深，〈湯顯祖與莎士比亞〉，原刊於《文藝春秋》，一九四六年第一期。收入毛效同編，《湯顯祖研究資料彙編》，冊下，頁七二七—七三三。又見鄭培凱，《湯顯祖與晚明文化》（臺北：允晨文化，一九九五）。

《牡丹亭》中柳夢梅與杜麗娘橫跨生死之情的本事相當著名，筆者很容易聯想到他的精神導師羅近溪晚年追憶不幸罹患時疫死亡的兩位兒子，因而相信「延靈」（類似招魂）之術，而有生死之間對話的事蹟。羅近溪一代大儒竟相信觀陰召魂之術，不免招來時人「遺議」。然而，羅近溪之舉豈不正是湯顯祖所說的「生者可以死，死者可以生」之義嗎？羅近溪晚年因事入兩廣，兩位兒子伴隨而行，竟不幸先後罹患疫疾而亡，羅近溪思念不已，因而有招魂對話之舉，難道是那麼難以理解嗎？事實上，《禮記・祭義》等儒家經典中都曾提及過「恍惚與神明交」的祭祀倫理，[85]羅近溪之舉未必不合儒門義理，只因生死事大，神鬼幽邈，祀奉鬼神之道不能不更慎重而已。《牡丹亭》的跨越生死戀或與羅近溪這則慘慟的人倫悲劇有關。

湯顯祖的情論雖然具體地顯像於《牡丹亭》一劇中，而且此劇本所說的情即是男女之情，男女情愛的主題從邊緣走入核心。隨著晚明印刷業的發達，此書一紙風行，家傳戶誦，幾令《西廂》減價。[86]在湯顯祖之前，中國文學史上大概沒有一部言男女之情的著作像《牡丹亭》那般流行，而且那般理直氣壯。《牡丹亭》第一出〈標目〉有句：「白日消磨腸斷句，世間只有情難訴」，世間癡情男女不便說出心中事，此事有待於陽明學子孫代為訴衷情。就作為「情使」的湯顯祖來說，[87]他既然寫出了《牡丹亭》，即意指良知學經過泰州學派進入文人手中，它發生了急遽的轉折，男女之情要在良知學的光譜上顯現。

湯顯祖在儒家思想史上的意義在於他將「男女之情」帶到儒者不能不正視的地步，但作為泰州學派大儒羅近溪的傳人，湯顯祖並沒有將「情」字專有化，只指涉男女之情，相反地，男女之情被視為「情」概念的一環，他還是將「情」的內涵運用到其他的人際關係上面。他懷念釋達觀的詩云：「無情無盡恰情多，情到無多得盡麼？解到多情情盡處，月中無樹影無波」。[88]此七絕詩繞著「情」字翻轉，意指情之為物永劫難磨，看似情盡，其情更多。其語「情盡」、「情多」交疊而起，若繞口令，更顯示「情」之一字已成了他核心的關懷，纏綿糾結，無處割捨。此詩歌詠的釋達觀乃是湯顯祖交往極密切的詩友，此僧是晚明風雲人物，與李卓吾並稱「二大教主」。澹然出世之僧而入世情懷深切，後因涉世太深，觸犯禁忌，最終死於獄中。[89] 可見「情」之魔力無遠弗屆，連高僧都情化了。湯顯祖在晚明情論史上的地位當是他賦予男女之情獨特的位置，但男女之情是情的焦點，卻不是全部。且他的男女之情有良知學作為支柱，只是他的良知學不同於陽明後學所述，它是以情的面貌出現的，湯顯祖的創作的理論背景相當值得注意。

如果湯顯祖可視作為晚明情教立教的宗師，馮夢龍則可視作為晚明情教傳教的司令，馮夢龍一生的際遇在儒家文人與落魄文人間徘徊，他的不遇的遭遇與賣文為活的生活促使他編撰了大量的戲曲、小說，儼然成為晚明新興文學的一大宗。他是晚明的柳耆卿，三百多年前的波特萊爾。在他有關情的論述中，他編的兩本民歌集《童癡一弄：掛枝兒》與《童癡二弄：山歌》，以及小說集《情史》具有相當的指標作用。民歌在中國文學傳統中，並不是從未受到重視，《詩經．國風》中的部分作品很可能即出之於民歌，這也是後世彰揚民歌價值者——包含馮夢龍本人一再強調的重點。漢魏樂府、後世文人如劉禹錫的作品中，也頗有出色的詩作。但無可否認地，六朝以後，《詩經》與漢魏樂府的民歌已升為經部的經或文學的經典作品，麻雀變鳳凰，其性質已不同於昔日的民歌。昔日榮光俱往矣！盛事不再來。唐宋以下的詩歌的主角已換上重要文人登場，民歌已不易為士子青睞。

85　參見拙作，〈恍惚的倫理：先秦儒家工夫論之源〉，《原儒：從帝堯到孔子》，頁二三九—二八五。

86　「家傳戶誦，幾令《西廂》減價」語出沈德符，〈填詞名手〉，《萬曆野獲編》，卷二五，頁六四三。

87　「情使」一詞本來是湯顯祖用以形容白居易、蘇東坡這些人扮演的角色，湯顯祖也是此道中人。「邇來情事，達師應憐我，白太傅、蘇長公終是為情使耳。」湯顯祖，〈寄達觀〉，《玉茗堂全集．尺牘》，收入《四庫全書存目叢書》編纂委員會編，《四庫全書存目叢書．集部》，冊一八一，卷二，頁一一—一二，總頁六六三。本文將「情使」兩字作名詞用。

88　湯顯祖，〈江中見月懷達公〉，《玉茗堂全集．詩》，同前引書，卷一四，頁三六，總頁四八一。

89　參見沈德符，〈二大教主〉，《萬曆野獲編》，卷二七，頁六九一。

民歌之見棄於大雅君子，雅、俗之別應當是很重要的理由，而雅俗的形成除了和文學技巧有關外，和題材也頗有交涉。民歌一向重男女之情，而且其言不雅馴，時有直白之言，難免會受到士大夫階層的排擠。馮夢龍則直言：「桑間、濮上，國風刺之，尼父錄焉，以是為情真而不可廢也。山歌雖俚甚，獨非鄭、衛之遺歟？且今雖季世，而但有假詩文，無假山歌。則以山歌不與詩文爭名，故不屑假。苟其不屑假，而吾藉以存真，不亦可乎！」[90]「情真」、「不屑假」之說讓我們聯想到李卓吾的〈童心說〉，李卓吾論人特重真實，本色，不說空頭話，〈童心說〉即為此說的代表性論點。馮夢龍的論點可以說取之於李卓吾，但他的「真」更向紅塵男女靠近了一大步。馮夢龍不像鴻儒巨子將真（誠）視為超越的人性的屬性，而是將它與男女情欲連結在一起，男女情欲才是人的真相，順情欲而發，乃是盡心知性，山歌也有工夫的意義。馮夢龍直言，他是要「借男女之真情，發名教之偽藥」。[91]

《山歌》、《掛枝兒》的情色成分到了《情史》一書，愈發濃厚，《情史》其書可視為男女性情的感情現象學，也可視為一部男女之情的叢書集成，此書厚厚二十四卷，全書分「情貞」「情緣」「情私」「情俠」「情豪」「情愛」「情癡」「情感」「情幻」「情靈」「情化」「情媒」「情憾」「情仇」「情芽」「情報」「情穢」「情累」「情疑」「情鬼」「情妖」「情外」「情通」「情蹟」二十四類。帝王將相、才子佳人，無人不情，甚至幽明鬼神，也情語款款。作者由此有偈曰：「天地若無情，不生一切物。一切物無情，不能環相生。生生而不滅，由情不滅故。四大皆幻設，惟情不虛假。」[92]情的地位被提升到空前未有的高度，情取代了空，空即是情。以有情義故，一切法得成。

從李卓吾引發與世俗倫常的衝突，鋃鐺入獄，且以自決收場，直至馮夢龍歌詠「情不滅」，且以殉國結局，前後不過半世紀，但時代的思潮已變化若是。大約同一段時間，恰好也是江右學派後學以及東林學派特別警惕情欲橫流、世風日下的嚴肅時刻。同樣在儒家的旗幟下，同樣要給「情」正確的位置，但兩方卻無法講通，我們有必要探究箇中究竟。

七、從情論到情教

「晚明」這個階段在明末清初幾位身經國破家亡的儒者眼中是個人欲橫流的時代，劉宗周的慎獨誠意之學可以說因應陽明後學的流弊而發，黃宗羲、顧炎武、王船山這三大儒言及李卓吾，皆難免一番批判。在清代館臣的著作中，只要言及李卓吾學圈以及受他影響的晚明文人的著作，也都疾言厲色，不能有正面肯定的語言。面對晚明思潮，儒者與文士的態度呈現明顯的分化。

中國雖然向來有文學政治學的主張，認為文學的表現和國家興亡息息相關，但像晚明思潮引發那般激烈的衝突，彼此認真其事地加以較量的情況，毋寧是較稀罕的。晚明所以能引發這麼大的風潮，事出有因。晚明的新興文學不能以民國以後純文學的性質界定之，即使小品文最少國計民生的嚴肅主題，而多言及風花雪月，但他們相信「修辭立其誠」此主題不比國計民生更不重要，也就是更符合儒門的價值。小品文的作者和民國的文人活在不同的文化氛圍，從頭到尾，這些文人所接受的思想以至於他們的作品所要傳達的訊息，都和儒門尤其是陽明學息息相關，文學的政治性自始至終都是他們意圖中的一部分。

晚明這些新興文學作品雖然多言及私人情性之事，但他們恰好不認為這些私人情事，包含男女之情，只

90　馮夢龍，〈序山歌〉，收入楊君輯注，《馮夢龍詩文》（福州：海峽文藝出版社，一九八五），頁一。
91　同前注。
92　馮夢龍，〈情史序〉，《情史類略》，頁一。

有私人性的意義，他們認為他們說的是重要的倫理價值之事。他們的作品有商品經濟的內涵，但更有嚴肅的載道目的。他們既講學，也布道，只是他們傳達不一樣的道與學。湯顯祖生前掀起了巨大的旋風，他的作品的評價遂引起了極大的爭議。但湯顯祖始終以傳道自任，晚明有些文獻記載湯顯祖曾以「講情」對照理學家的「講性」，兩者皆是講學，只是所講的內容不同而已。[93]他還進一步抬高「情」的地位，我們且看底下這條材料，看湯顯祖如何給自己的「情」定位的：「離情而言性，一家之私言也；合情而言性，天下之公言也。」[94]他的話應該是有針對性的，很可能是針對業已世俗化的意識型態的朱子學而來。湯顯祖在晚明動見觀瞻，影響極大，引文所說雖然不是出自他的文集，但很可能真有其事。湯顯祖自認為自己也是講學，只是他的講學乃是「天下之公言」，他是合情性，也就是合情理而言的。他宣揚一種不同於王廷相那種氣學的非理學的理學，他不從形上學立論，而是從存在的情感當下立論。

晚明新興文體所呈現的「情」的面貌，基本上已脫離了性命之學的框架，它更明顯地指向了氣性之人所具備的私人性情感，尤其指向了男女之情，這種私人性的氣質情感被視為人性真正的內涵，如何經營這種私人性的情感，它要依照另類的工夫論模式，學者不再逆覺體證，不再格物窮理。而是就情論情，忠實於私人性情感的模態，再加以證成。晚明的情欲路線也有教化的作用，此之謂「情教」，馮夢龍所謂「六經皆以情教也」，性命之書至此一變而為情性之書。他更宣稱：「我欲立情教，教誨諸眾生」。[95]馮夢龍成了傳教士，他要宣揚新福音到來的喜訊。馮夢龍所說的「情」儼然可和朱子的「理」或王陽明的「良知」並稱，皆可稱「教」。這樣的「情教」主張在之前的中國思想界確實極陌生，反而和民國以後的新文化運動的主張遙遙有相呼應之處。

晚明「情」教的高漲是個顯著的事實，李卓吾、湯顯祖、釋達觀、馮夢龍都有情教教主的資格，而且他們所說的情的內涵已涉入男女之情這個距離三教性命之學最遠的一個領域。但這個顯著的事實如何理解，卻不能不說是個仍須處理的複雜難題。「教」字如果採用《中庸》「修道之謂教」的定義，湯顯祖、馮夢龍等人確實是有意以情釋理，進而以情為教，而且，他們可以將這套情教連結上王陽明的良知之教。不但如此，如果我們採取「教」的宗教用法，它還會牽涉到教主、教典的因素，王陽明很可能被他們視為儒家情教的教主。[96]往上逆推，晚明這些文人確實也從《詩經》、《易經》獲得經典的保障，並以孔、孟之言作為情教在儒家傳統中的正當性。湯顯祖、馮夢龍等人雖然不像程、朱、高、劉那般具有強烈的宗教人格，但他們無疑地也是儒學中人，認為自己所作的情教工作也是在彰顯人的本性，恢復久被遺忘的儒家價值，他們重新界定聖人與經典的性格。

但既然說及倫理規範的問題，我們即不能不進入規範標準的討論，我們不能不探討他們的作品的破壞性是否為純破壞，或是建設性的破壞。就晚明文人的表現而言，首先，他們賦予情極高的價值，他們也很自覺地在《六經》與他們的作品產生有意義的連結。在先秦儒家，主張情與禮樂教化之間的緊密關係的文字何其多，所謂「禮者，因人之情而為之節文」（《禮記‧坊記》）之說即是。《詩經》起於〈關雎〉歌詠愛情，《易經》起於〈乾〉〈坤〉雙元、陰陽並立，尤為晚明文人引以為證的經典依據。他們替男女之情爭地位，

93 湯顯祖曾對勸導他講學而不要搞戲劇的張洪陽說：「此正是吾講學，公所講是性，吾所講是情。」參見張岱，《快園道古》，頁四九。另，陳繼儒、周亮工、朱彝尊等人的言論中也有類似的說法，可見流傳之廣。參見毛效同編，《湯顯祖研究資料彙編》，冊下，頁八五五、八七五、八八三。

94 湯顯祖之語見程允昌〈南九宮十三調曲譜序〉，引見韓經太，《理學文化與文學思潮》（北京：中華書局，一九九七），頁二六九。

95 馮夢龍，〈情史序〉，《情史類略》，頁一。

96 馮夢龍編的《王陽明出身靖亂錄》此書是個很好的指標，此書其實是他的三教教主論述中的一種，這種「教主」義當然是較寬鬆的說法。

但反對將男女之情，下拉到只是「食色之性」的地位，「食色之性」的解釋只能解釋〈覺後禪〉這類的色情小說。[97]總而言之，我們定位晚明這些新興文類的作品，仍當將它們放在《詩經》、《楚辭》的「載道」，或原始版的抒情傳統下看待。儒家的文學觀只能是古典的文學觀，文學的關懷總和倫理的關懷連結在一起，[98]晚明這些文人仍屬於這個古典的文學傳統。

其次，即使就他們的立身處世而言，雖然不能以程、朱、高（攀龍）、劉（蕺山）的標準衡格之，文人畢竟是文人，他們的人格特質與在世使命與理學家的定位並不相同。但不相同，不見得不能相互欣賞。東林黨人在晚明最以風骨峻嶒著稱，湯顯祖與東林黨大老趙南星、顧憲成、顧允成、高攀龍都有往還，相互推挹。馮夢龍也與東林黨人友好，在天啟年間的東林、閹黨的鬥爭中，他也是受害者。晚明這些文人有真性情，都惡虛偽，在儒家所重視的大節上，他們的表現也都可觀。袁中郎、湯顯祖為官任職，都盡忠職守，甚至可說凜然立節，我們找不到太多可議之處。蔣士銓為湯顯祖立傳，甚至說他：「志意激昂，風節遒勁，平生以天下為己任。」[99]儼然有李膺、范仲淹之風。晚明這些文人是〈文苑傳〉中人物，但也是〈儒林傳〉中人物。

即使在男女之情上，尤其在男女之情上，我們更有必要仔細考量這些文人對於自己作品的評價，聆聽作者的聲音。如果我們承認良知是要在人倫之間展開的，如果我們承認《易經》所說的乾坤並建，雙元同一之說具有存有論的優先性的話，晚明文人在國史上首度大量歌詠愛情，盡量拉近兩性地位的平等，這樣的詮釋六經，重解聖人之意，毋寧是對儒家倫理極大的肯定。雖然表面看來，這樣的趨勢將聖人與經典的地位往下拉了，凡有井水處即有聖人之道。但情的人性原本即是日用倫常的人性，「極高明而道中庸」本來即是儒家的法語，社會是建構在日用倫常的人性之上的。正視情性的存在並沒有下拉的問題，問題是日用倫常的人性是否有規範性的力量。聖人原本即為世人及世間立言，李卓吾說「穿衣吃飯，即是人倫物理」，原本也是陽明的主張。[100]聖人對個人的自我期許與對世間規範的定位，兩者相通而不相同，聖人對芸芸眾生有起碼的要求，希望他們成聖，而不強制要求成聖。我們有理由相信：在晚明出現大量歌詠愛情的作品，剔除掉情欲消費學的那些色情產品外，晚明文人的選材活化了儒家倫理原本即存在的夫婦或男女之情一倫，這種選擇毋寧是儒門價值體系的擴充。中國有長久的封建傳統的歷史，在長久的社會演變過程中，社會的穩定和人性潛能的展現，比如情性的合理發展，不會沒有矛盾的，體制的暴力是社會的事實，李卓吾的最後命運即是個活生生的悲慘例子。即使晚明文人這些主張當時是破壞，很可能也起了很大的破壞作用，但這種破壞乃是建設性的破壞。

晚明戲曲、小說對倫常的破壞之所以為建設性的破壞，在於他們的破壞面落在僵固的社會規範，其建設性則在於解放人性中被壓抑的重要成分，他們是很自覺的。我們如果稍加探究影響民國新文學運動重要的晚明文人的著作，不難發現他們的意圖始終在於重新疏濬被習俗層層壓抑的人性，讓人的「真性」可以更如理

97 湯顯祖在〈秀才說〉一文中批判當年「以道性為虛，以食色之性為實」的說法者，其人並不識性，他主張「生之為性是也，非食色性也之生」。湯顯祖的「生之為性」的解釋應當不是承自告子，而是承自程明道、羅近溪的傳統，意指男女之情是生命成長的表現，也是性體圓融地表現，不能只以本能欲望視之。參見湯顯祖，〈秀才說〉，《玉茗堂全集．文》，收入《四庫全書存目叢書》編纂委員會編，《四庫全書存目叢書．集部》，卷一〇，頁六—七，總頁一二五—一二六。

98 牟宗三先生一九七六年在臺灣大學演講，曾接受中文系學生的訪問，他回答學生有關理學的文學觀時，力言：「理學家真正有文學觀的話，那一定是現在所謂的古典主義、人本主義。」演講稿先發表在一九七六年中文系系刊《新潮》三三期。後由《鵝湖》轉載，並加上了篇名。參見鵝湖月刊編輯部，〈訪牟宗三先生談宗教、道德與文化〉，《鵝湖》，二三期（一九七七．〇五），頁五。

99 蔣士銓，〈玉茗先生傳〉，收入毛效同編，《湯顯祖研究資料彙編》，冊上，頁九三。

100 王陽明〈答人問道〉云：「饑來喫飯倦來眠，只此修行玄更玄」。參見吳光等編校，《王陽明全集》，冊中，卷二〇，頁八七一。

地顯現出來。晚明文人特別重視「真」字，修辭立其誠，他們相信他們作的工作是人性的復權，而且是符合儒家義理的，或者更明快地說，他們認為他們是依儒家的義理重新安頓世界秩序的。不論就行事或就言論來說，這些影響民國新文化的晚明文人都是良知拂照下成長的文壇巨匠，恰好不是要破壞儒門價值的叛徒。以「叛徒」形容李卓吾、湯顯祖、馮夢龍或任何重要的晚明文人，[101]這是後世獻身於革命熱潮的學者的想像，其實無法成立。

還是回到當時常被詬病的男女問題上面，晚明文人的關懷是要發「男女之真情」的，而不是所謂的情欲解放。誠然，在以往的儒家文獻中，我們很少看到在這麼短的時間內，大量描述男女之情的作品。在這些大量的情性作品中，許多男女關係的型態是以往少碰到的，比如馮夢龍的《情史》將男女之情分成二十四類，這種分類有些像劉勰將文體分成八體，司空圖將詩分成二十四品，《情史》內容是完整的情性現象學的展示，是中國男女之情敘述的集大成之作。但我們閱讀這些五顏六色的情性內容——不只《情史》所述，戲曲亦然，不難發現這些情性敘述多有道德的內涵，也多有規範的意義。從晚明文人的觀點看來，他們之所以描述這麼多類型男女愛情的故事，為的是要擴展傳統文化的領域，彌補以往之缺陷。換言之，種種的愛情故事乃是儒家在「男女」或「夫婦」一倫下該有的展現模式，以往因為格於強制性的社會規範力量，這些該有的表現形式無法如理如情地表現出來。但世事變化無窮，社會階層流動難測，人際關係（包含男女關係）因戰亂分離，或人生際遇而改變，而後經過曲折過程或再度聚首，或分別展開新家庭之事，在歷史上這些變化都是可能發生的。但不論或分或合，其行為都不出人情，但人情也要符合情理。情之所至，理亦隨之安頓。聖人為眾生立教，儒者需要正視芸芸眾生的苦痛。

晚明文人的情教論基本上建立在晚明良知學的發展上，他們與其師長輩的陽明後學之間，確實有斷層，但倫理的關懷始終維繫著前後兩組不同思想方向的儒教學者與儒教文人。至此為止，我們應該有充分的理由足以劃清晚明文學的原貌以及它在民國新文化運動中的形象。如就民國以來的文學由文學革命走向革命文學的趨勢來看，我們可以說前者的衝決世間禮教為後者鋪陳了康莊大道。我們似乎也可以說晚明文學的情欲主體論走向情欲解放的色情文學，由色情文學導向了崇禎十七年的農民革命與清兵入關為中原主的絕大悲劇，這樣的連結似乎是順遂的發展，因為衝破一切倫理藩籬的色情文學是革命最大的同盟軍。明清之際，身陷亡國悲劇的儒者大體即有如此的看法，雖然他們也許不用這樣的語言。然而，如就影響民國文學極深遠的這些晚明文人的動機來看，後人對他們的描述不能不有魯迅所批判的，是否有畫像「畫歪」的問題。我們如就這些文人（包括本文所提的三位文人以及未提的鍾惺、徐文長、王思任、張岱、陳洪綬等人）來看，他們幾乎都受到良知學影響，其文學主張也都是建立在儒家古典文學的主張上。他們一生的行事從今日看來，其實都有很強的道德意識。即使作品最具市井風情的馮夢龍，他的人生結尾可以說是以殉國殉道終。[102]因此，返回當日的歷史舞臺，體察這些文人的用心，重新疏解「情教」的內涵，這樣的選擇應當是合理的。

八、結語：一場幫助教化的情欲革命

民國新文化運動諸環節中，主體範式的改變是核心的一節，情則是此核心中的核心。溯源「情」地位的升起，晚明新興文學提供的資源和新文化運動中的民國新文學的興起有關。民國新文學運動的重要現象也是

101 參見吳澤，《儒教叛徒：李卓吾》（出版地不詳：仲信出版社，一九四九）。

102 馮夢龍在天啟年間與東林黨人友好，曾受閹黨迫害。崇禎十七年（一六四四），親歷李自成攻破北京以及明清鼎革，馮夢龍悲慟莫名，乃先後撰寫《甲申紀事》以及《中興偉略》鼓吹中興，並積極參與抗清軍事活動。一六四六年春，憂憤而死，或言為清兵所殺，具體死亡情景不詳。

一大成就，在於原本倍受當時士人忽視的小說、戲曲以及較邊緣的小品文等文類被提升到主流文學的地位，而這些新文學類型出現的大宗在晚明時期即已出現，而晚明與民國新文化思潮同樣都有向主體意識的「情」傾斜之趨勢。兩股文學運動在時隔三百年後，竟得彼此呼應，這股異代同流的現象不能不引起學界的關心。學者或稱呼這樣的解釋為情欲主體的晚明文學觀，情欲主體的解釋模式可以獨立看待，也可視為資本主義萌芽期假說下的一環。然而，這股重情的思潮相當程度是自宋代以來儒學復興運動中重要的一環，明代心學繼宋代理學而起，晚明乃是此股思潮發展的高峰。陽明後學也有「情」的主張，我們稱之為超越論的情論。我們要論斷民國新文學運動的是非得失，不能不逆返情論的源頭，濬河導流，在理學發展的脈絡下尋得定位，同時正視情欲論與超越論的論述，視野才可以較為清晰。

陽明學興起於東亞世界的一大歷史意義在於轉化朱子學的「性即理」的模式，將規範者的角色由「性」轉向「心」，心的能動性特別強。但作為理學一大宗派的王學，仍堅守理學共同的承諾，亦即其良知仍具有本體義，良知仍是理，良知的發用仍帶有普遍義的規範作用。任何良知理論如果沒有包含「良知之天理」義應當就是嚴重偏離了陽明的良知學。從「心即理」的角度入手，本文所說的三派陽明後學不論外表上相去多遠，我們可以確定他們都主張任何的情之展現都有理的規範在內，情都體現了先天且規範的性質。其情皆須高看，王學的「情」原則上都必須兼具活動義與規範義。

晚明的文學家大概都受到王陽明及其後學王龍溪、羅近溪、李卓吾這三位儒者的影響，良知學之所以流傳天下如許之廣，誠如黃宗羲所說的，乃因有「龍溪與泰州」，他說的「泰州」的大宗實指羅近溪。但王龍溪與羅近溪的立論中殊少論及男女情欲的問題，兩人的學問仍然是扎根於先天層次上的良知發用之學。真正將良知學與男女情欲結合，並脫略逆覺證體工夫的人，乃是李卓吾。李卓吾賦予女性平等的地位，也賦予夫婦之情極高的價值。但在賦予價值的行動中，男女之情的規範保住了，至於此情與性命之學的關係如何，李卓吾沒有詳細的論述，只能說引而未發。這種具規範義而又缺乏性命之學加以證成的格局基本上為晚明文學家所繼承，晚明這些創作新興文學的文人雖然不是理學家，但就價值取向而言都是儒者。

從陽明的良知兼顧活動義與規範義著手，我們觀察晚明王學與戲曲、小說、小品文的關係，發現獨特而詭異地連結。就晚明文人的創作意圖來說，他們創作的小說、戲曲與小品文仍不離「文以載道」的傳統，卻更情性化、市民化，但情性化、市民化的風格無礙於規範化的要求，因為這些新穎的內容，包含男女私情的內容可以視為良知在新的歷史情境下的表現。這些影響民國新文學運動甚深的晚明文人不論在言論上或行動上都有意活化古典儒學的價值，沒有造反儒家傳統的意圖，這是確切無疑地。至於批判傳統批判得徹不徹底，這是二十世紀中國社會主義革命者的言說，馬克思主義者眼中的晚明文學是透過階級史觀的眼鏡折射出來的幻影，無干於晚明的文學現實，晚明文學家行的是一場幫助教化的情欲革命。[103]

晚明流行兩股情論的主張，超越之情原則上遍於所有的陽明後學，超越之情是後出的男女情欲之情的歷史源頭，卻不是理論的直接源頭。晚明新文學的情欲思想源自良知學，但在接收的過程中，他們很自然地脫離了良知的「天理」義，反而更多地接受了良知的「自然」義。這兩股情論在李卓吾之後，基本上是分流狀態，甚至是對反的，各走各的路。對於這種分流並存的現象，如何評價呢？站在儒家的立場，筆者認為晚明新文學特別彰顯了男女之情的作用，一方面具有極大的正面意義，它是史上首度如此大規範地以儒家的面目正式面對男女之情的議題，而且賦予它「道」的內涵。但自另一方面而言，「良知之天理」所蘊含的「直造

103　大木康曾撰數文討論馮夢龍的作品兼重情與教化，其論點洵符合馮夢龍的意圖。參見大木康，〈情欲與教化——以《古今小說》卷一為材料〉，收入王瓊玲主編，《明清文學與思想中之主體意識與社會：文學篇》（臺北：中央研究院中國文哲研究所，二〇〇四），頁一八五—二一二。大木康，〈馮夢龍《三言》的編纂意圖——特論勸善懲惡的意義〉，《東方學》，六九輯（一九八五．〇一），頁一〇五—一一八。

先天境界」的因素以及情愛該有的工夫論內涵，在晚明這些新文學運動文人中都相對貧乏。良知學預設了情生於性，情當是良知的具體化載體。但當情欲主體的情運作於市井風情的人生百態時，它基本上即失去了與向上一機的聯繫作用。男女之情很容易交引而日下，情欲熾熱至極反而燒毀了兩情相悅成全人格的目標。江右學派、蕺山學派之所以對二溪之學抱有隱憂，李卓吾之所以受到嚴厲的批判，大約都和「向上一機的失落」之憂慮有關。

不論從晚明兩股情論的發展，或者從當今學界對晚明思潮的反思來看，兩條途徑都沒有交集，甚或衝突。但我們如從整體儒家社會的視角著眼，兩者分流正可相互彌補，超越論與情欲論扮演了不同的角色。情欲論如果沒有超越論加以調解，男女之情很容易久假而不返，下焉者即有大量的色情作品伴隨而生此現象。李卓吾在晚明引發這麼大的爭議，不見得全是有心者無的放矢。清初的色情小說《梧桐影》有言：「淫風太盛，蘇松杭嘉湖一帶地方，不減當年鄭衛。你道什麼緣故，自才子李禿翁設為男女無礙教，湖廣麻城盛行，漸漸的南路都變壞了。」[104]《梧桐影》乃是清代一再被禁的老牌色情小說，確實的創作年代不詳，但距離李卓吾年代應該已有段距離，只是李卓吾（也就是文中說的才子李禿翁）的流風餘韻仍在，書中的論點可說是作者的現身說法。雖然倡議者不一定要為影響負責，但作為肩負人間秩序的儒者而言，倫理的效應似乎不該被排斥在事先的考量之外。從江右到蕺山，他們力挽情欲的流弊，不能說沒有重要的意義。[105]

反過來說，我們也有理由給有規範性的情欲路線一個恰當的位置。男女情欲要和性命之學連結，依照儒家的義理衡定之，這種連結原本即是不能逃的一個領域。五倫中的四倫皆可入道，為何男女之情，甚至變風變雅的男女之情即不可以呢？劉宗周的超越之情有防弊之作用，但途徑太孤峭，基本上已脫離了男女一倫的現實意義，上與太初而為鄰。李卓吾在〈夫婦篇總論〉所提的「天下萬物皆生於兩，不生於一」，乃是值得重視的提案。李卓吾的提案可名為「相偶論」的主張，這種主張在先秦、在漢代皆有先聲，但其徹底發展則在十八世紀的阮元、焦循、丁茶山或更早的伊藤仁齋等人。[106]十八世紀相偶論的主張常被放在反理學的脈絡下定位，但此說的價值可以提得更高，它可以放在生活世界的倫理意識立論；也可從理學的「一故神、兩故化」或「太極—陰陽的詭譎同一」之說導出；也可以依經典立論，《易經》可視為總教教門。李卓吾之論已觸及了此問題，清代文人如劉熙載等人的著作中也正式面對交感的意義，唐君毅先生後來的立論尤為恢弘，放在民國新文學運動的脈絡下思考相偶論的價值，更顯精光四射，此義猶待申論。[107]

超越之情與情欲之情兩途的主張都源出王門，在陽明後學處，這兩種情乃同體異用，沒有分化。但同源異流，到了何心隱、李卓吾時，向上一機斷了線，彼此相去日遠。但斷了向上一機之線，並沒有斷掉倫理一線。晚明的小說、戲劇多帶有道德內涵，情中有理，他們的寫作為的是反封閉的傳統以恢復儒家真正的倫理，這是他們共同信守的立場，但這樣的特色似乎是晚近論晚明文學者不甚喜聞的面向。至於左翼學者論中國現代性的問題時，進一步將晚明文學的情概念的規範性狹窄化也特殊化，比如以階級意識當作規範的具體內容，那就距離中國文學的傳統——還不只晚明文學的傳統——太過遙遠了。中國現代文學的路線之爭中，真有「別子為宗」的問題。

104 參見《梧桐影》，收入陳慶浩、王秋桂編，《思無邪匯寶》，冊一六，第三回，頁三二。

105 晚明文人有另一條自我救贖之路，他們上焉者往往在最後向空門討消息，袁中郎兄弟即是如此，即使李卓吾本人也免不了。那是另一種生命方向的選擇，可說是情的逃脫，無關於情的經營，此事自宜另論。

106 參見拙著，《異議的意義：近世東亞的反理學思潮》（臺北：國立臺灣大學出版中心，二〇一二）。

107 我們可再舉李卓吾的三教論為例，李卓吾論三教平等，即以夫婦、天地，「既已同其元矣，而謂三教聖人各別可乎？」「同其元」指的是《易經》乾元、坤元並稱，無分軒輊，三教也可以平等視之，這是一種另類的多元平等主義。引自〈答馬歷山〉，《續焚書》，收入《焚書 續焚書》，卷一，頁一。

第六章

道勢相抗——道統思維的挫折與展開[1]

一、前言：現代化源頭的良知學

中國自一八四〇年的鴉片戰爭以後，即很明顯地需要面對現代化轉型的問題。現代化轉型的提法建立在現代性內容的理解的前提上。當代中國學者面對中國現代性的問題，有兩支較有解釋力道的隊伍，一支以「經濟」思考為核心，此種思考先強調市民階級對封建社會的破壞作用，繼而強調無產階級革命的意義。另外一支解釋以「民主」理念為核心，他們強調現代化工程中民主建國的優先性。經濟模式者追溯中國當代迫切的問題，上溯至晚明時期的經濟社會狀況，此模式提出資本主義萌芽說。後者則以「良知」概念為核心，「良知」固是陽明學的核心義，但此說更重視明清之際儒者的作用。明清之際的儒者站在廣義的良知學的立場，反省中國的政治問題時，已充分地提出中國政治的專制性質，也提出了些改善的措施，但在制度上面，卻沒有提出根本的解決辦法。此說最著者當是牟宗三先生的「良知坎陷說」。筆者稱此種以「良知」理念為核心的學說為「良知學轉出說」，「資本主義萌芽說」與「良知學轉出說」代表兩組對晚明思潮不同的解釋。

這兩組理論介入歷史的視角不一樣，它們依循的路線也就不會一致，但它們都不能不正視明清之際出現的傳統政治之批判這一個核心的時代問題。民國新儒家將理學的「本體」理念化身的「良知」作為解釋的核心，乃因他們說的良知要為全體大用負責，其中的一個重點是對政權正當性的解決需要有新的解釋。民國新儒家的思考遠有所承，自有中國境內的歷史脈絡可循。但超越性主體的良知自我轉化為政治主體，這樣的解釋只是良知學政治論述的一種，其他的模式還可見到。我們如放寬眼界，可以發現他們的論述與當代日本學界的中國近世思維的論述頗有相涉之處。「中國近世思維」的議題主要由島田虔次與溝口雄三提出，自從他們的主要著作《中國における近代思惟の挫折》、《中國前近代思想の屈折と展開》分別譯成中文後，[2]他們的論點已多為國內學者所熟悉，他們的主張也可放在「良知學轉出說」的脈絡下定位。

「良知學轉出說」將中國現代性議題的源頭放在良知學出現後的歷史階段考量，但原因有近因有遠因，現代轉型的議題還可溯源。內藤湖南在上世紀初提出「唐宋變革說」，指出唐宋之際的變革是中國近世的開始，從宋代開始，貴族社會沒落，君王權力集中，但平民思想也跟著興起。[3]余英時論理學文化，也指出北宋後，理學興起，理學家的思想即有內聖外王整體論的構想，這是他們提供的世界秩序的方案，由今日往上推想，也可以說他們的整體規劃乃中國現代性的早期方案。[4]新儒家學者對內藤湖南假說不甚熟悉，但本文認為島田虔次、溝口雄三的「近代思維說」與新儒家的「良知學轉出說」應當都可接受「唐宋變革」這樣的前提，因為他們都接受陽明學是朱子學的發展。

---

1 本文名稱仿效溝口雄三的名著《中國前近代思想の屈折と展開》（東京：東京大学出版会，一九八〇），論述的形式結構也有近似之處。溝口雄三教授於一九八九年擔任清華大學歷史所的客座教授時，筆者與他有些交往，從他的著作及言行中，受益良多。溝口教授可視為當代的左翼儒者，論述與行動兼顧，他的脈搏中流動著王心齋、李卓吾、梁漱溟的血液。溝口教授對於理學與政治的關係很關心，新義時見。本文初稿〈明儒的處境——道統思維的挫折與展開〉，曾講於二〇一九年十月二十一日新亞書院七十周年校慶學術講座暨第六屆「新亞儒學講座」。

2 島田虔次著，甘萬萍譯，《中國近代思維的挫折》。溝口雄三著，龔穎譯，《中國前近代思想的曲折與展開》（北京：生活·讀書·新知三聯書店，二〇一一）。

3 參見內藤湖南，〈概括的唐宋時代觀〉，收入劉俊文主編，黃約瑟譯，《日本學者研究中國史論著選譯》，卷一，頁一〇—一八。唐宋變革說引發了許多的討論，細節參見張廣達詳盡解說的一篇文章。張廣達，〈內藤湖南的唐宋變革說及其影響〉，《唐研究》，一一期，頁五—七一。後收入張廣達，《史家、史學與現代學術》，頁五七—一三三。

4 余英時先生稱之為「儒家整體規劃」（the Confucian project）。參見《宋明理學與政治文化》（臺北：允晨文化，二〇〇四），頁四〇一。

筆者在〈當代中國的黎明——解讀當代的晚明思潮論〉一文中，[5]提出了中國現代性起源說的兩種解釋，這兩說站在不同的前提上，看出了兩種不同的源頭。筆者站在民主轉型是中國現代性的主要內涵的立場上立論，指出理學的道統說具有根源性的分權功能，它是政統此概念的對蹠概念，而良知作為民主政治下公民主體的理念也有堅實的基礎。但在該文中，筆者對「現代性起源」假說偏於理之說明，對理學史的呈顯偏少。明王朝的專制體制以及明代儒者的濟世行道的行徑同樣明顯，兩者的衝突也是明代歷史顯明的現象。這樣的歷史乃是明清之際儒者反省中國政治的性質時，牽動深層意識的血淋淋的現實，顧炎武、黃宗羲、王夫之、唐甄等人的政治理論是有時代背景的。我們今日反思傳統中國政治的特色及其不足時，對良知學引發的君權與士權的衝突以及明清之際的儒者的深刻反省，皆須面對之。本文繼續前文，補充其義。

二、朱子與道統論

明代的君權與士權的抗爭的因素固然是多元的，不同時期的抗爭常因不同的事件而起。但論起抗爭的意義，有一重要的因素在於「道」的價值理念介入的結果，「道」這個概念具有普遍性的規範原理之義。儒家從孔子起，道作為規範世間秩序的核心力量既已相當明顯，天下有道、無道的提法即意味著天下有沒有符合道的規範原理。正因為現實的世界之上，需要作為價值樞紐的道之理念，所以「守死善道」就和「殺生成仁」、「捨生取義」的論點一樣，彼此互通、互釋、交融，共同構成儒者立身行世的道德準則。兩千五百多年來，任何儒者在政治領域的表現原則上都脫離不了道的規範作用。

「道」的理念落在歷史及政治領域講，即有「道統」的概念。「道統」原來是儒者自我證成的一種系譜學的建構，它指向在複雜的歷史變遷中有一條儒者相傳的精神奮鬥之統緒。但這種精神系譜學一旦建立，它就很難不和作為總攬世間權力的君主制度產生摩擦、撞擊。明儒呂坤《呻吟語》有段話常被引用，頻頻出現於理學的政治論之類的文章，我們可再觀看乙次如下：

故天地間，惟理與勢為最尊。雖然，理又尊之尊也。廟堂之上言理，則天子不得以勢相奪，即相奪焉，而理則常伸于天下萬世。故勢者，帝王之權也；理者，聖人之權也。帝王無聖人之理，則其權有時而屈。然則理也者，又勢之所恃以為存亡者也。以莫大之權，無僭竊之禁，此儒者之所不辭而敢于任斯道之南面也。[6]

理勢關係可以說是道統與政統的關係，兩者並行於天下，但理的價值位階高，而且不論歷史的過程如何曲折，它總是歷史最終的勝利者。呂坤生活在明嘉靖、萬曆時期，他並不是積極參與社會講學活動的理學家，也沒有牽扯明顯的政治鬥爭。[7]但身處其中，他對發生於同時代的大事，很難說不了解。他這段話如果沒有明代的歷史作背景，也是難以想像的。引文中的「理」當來自北宋以下的理學傳統，它的實質意義即是「道統論」的「道」之意義。我們以呂坤的名言破題，借以進入道統論的探討。

道統的概念來自朱子，在宋代理學家所提供的整體秩序的方案中，政治是重要的一環，但政治又是作為

5 拙著，〈當代中國的黎明——解讀當代的晚明思潮論〉，《臺灣東亞文明研究學刊》，十六卷一期（二〇一九．〇六），頁一—四四。

6 呂坤，《呻吟語》（臺北：河洛圖書出版社，一九七五），頁四三—四四。

7 呂坤的傳記，參見黃宗羲，《明儒學案．諸儒學案下二》，收入沈善洪主編，夏瑰琦、洪波校點，《黃宗羲全集》，冊八，卷五四，頁六三二—六三三。

一個更普世也更基源的「道」的秩序的一環而出現的。北宋的道學一出現，它就和「聖人」的人格理念以及「聖學」的工夫論理念一同出現於歷史的舞臺。中國有很強的大一統的歷史，政治的作用當然是極大的，但在北宋理學家的方案中，「道」的理念有更重要的優位性。「道」這個古老的詞彙在宋代因為經由一種新鮮的性命之學的淬鍊，脫胎換骨，它帶有超越世間一切相對價值以及區別的普遍性內涵，具足了以往未曾有的強悍的生命力。但政治作為現實權力的核心，它不見得會接受理學家方案的規範，所以衝突勢不可免。這個問題在朱子提出「道統」的問題以後，政／道的對照更形突出。理學家的政治方案在明清之際特別突顯，乃因在有明這個朝代，君權與儒家理念的張力相當緊張，經由兩百多年的衝突，理學原先設想的世界秩序的方案之特色與不足才徹底顯現，因而有明清之際的異議思想出來。但我們如要追溯有明一代君權與士權衝突的原因，應該早已潛伏在「道統」出現於歷史的宋代。

宋代是秦漢之後國史上政治較清明寬容的年代，宋代君王對士大夫的寬容與士大夫的自尊自重，都是其他朝代難以比擬的。宋代君王的寬容與士大夫的自重形成良性的循環，范仲淹的「先天下之憂而憂，後天下之樂而樂」；程伊川的「天下治亂繫宰相」，若此之言在宋代士大夫是常態之語，而不是特殊的表現。但對明清的君王來說，宋儒這種表現毋寧是極犯忌諱的，清高宗乾隆對程伊川的「天下治亂繫宰相」之說極不以為然；[8]清世宗雍正帝對歐陽修的〈朋黨論〉所說的君子結黨之說也大加撻伐，[9]都是極著名的例子。宋代的道統論一直令明清君王不舒服，他們喜歡天子自己以天下為己任，不想臣子來分擔這個重責。

道統說是宋儒提出的理論，道統說的源流可逆推至孟子、韓愈，但真正的完成者當是朱子。在朱子學系統中，一向有理先於氣，道尊於勢的主張，這種在現實秩序上另置有一種與現實秩序不一不異的道的秩序，並思求體證此一超越的道之秩序於己身，可說是理學的共法。原則上講，理學文化中人對於道的體證會牽涉到體證宇宙性的真實，掌握到價值之源，因而引發一種超凡入聖的熱情，朱子就是重要的代表。即使學者體證不夠深，不能達到性天相通之境，但工夫歷程中總會碰觸到些邊緣的光景，「守死善道」的信念也使得他們對於世間秩序之上的「道」的層次多少會有所感，因而拉開了與世間的距離。這種在主體內部產生意識轉化也是意義轉化的宇宙性熱情，並因而引發淑世、濟世之念，乃是理學工夫論的特色。

由於朱子學對宋末以後的中國社會的影響日增，雖然他的格物窮理的工夫論、性即理的心性論主張都受過後儒的質疑，王陽明的良知學就是最大的挑戰者。他的道統論的名單內容也會受質疑，後儒的道統論名單多有調整，但道統論的意義還是普遍被接受，始終沒有受到理論上嚴重的挑戰，可視為理學共法。一旦道統論在宋明士人的價值意識的構造中居有重要的地位，理學的價值體系與世間秩序的矛盾就很難不產生。

朱子的道統論見之於他的〈中庸章句序〉，在此篇重要的文章中，朱子第一次提出有意義的道統觀，[10] 從帝堯到孔、孟，儒家有完整的傳道的系譜。當朱子在政統之外另樹起道統的系統時，它原初不是政治學的語彙，而是更高位階的概念，是「道」的具體化。但道統的概念不能不蘊含政、道的概念分離的義涵，這是

8 乾隆皇帝的回應如下：「夫用宰相者，非人君其誰為之……使為宰相者居然以天下之治亂為己任，而目無其君，此尤大不可也。」參見清高宗，〈書程頤論經筵劄子後〉，《御製文二集》（臺北：臺灣商務印書館，一九八三，景印文淵閣四庫全書），冊一三〇一，卷一九，頁七—八，總頁四〇二。

9 雍正皇帝〈御製朋黨論〉其文開頭即言：「朕惟天尊地卑而君臣之分定，為人臣者，義當惟知有君，惟知有君，則其情固結不可解而能與君同好惡。夫是之謂一德一心。」又言：「宋歐陽修〈朋黨論〉，創為邪說，曰：『君子以同道為朋。』夫罔上行私，安得為道？」見清世宗，《世宗憲皇帝御製文集》，卷五，收入《清代詩文集彙編》編纂委員會編，《清代詩文集彙編》（上海：上海古籍出版社，二〇一〇），冊二四〇，頁二二〇—二二三。

10 如論詞彙的起源，「道統」一詞其實在唐代已出現過。參見葉國良，〈唐代墓誌考釋八則〉，《臺大中文學報》，七期（一九九五．〇四），頁五一—七五。但它的內涵不夠清晰，起的歷史作用也不明朗，真正確立道統論述的哲人畢竟是朱子。

宋代版的聖／俗對照的設計。[11]但從另一面說來，儒家之道卻從來是即俗即聖，或者說聖入於俗，天在人中。道的領域落實下來講，即是人倫日用的儒家之道，人倫日用的儒家之道卻又是君王統轄範圍內的日常之道。所以凡可以承載儒家之道的人倫、講學、文化諸領域的事務都不能不是政治的，但也都不能不是超政治的，人倫領域與文化領域既是聖人的轄區，也都是帝王的轄區。一個現象兩種涵義，圓鑿方枘，摩擦必起，這是理學的政治觀無法逃避的命運。

就理學家的原初設計而言，道統論的提出乃是樹立儒門價值的重要一環，它的意義猶不僅在於抗衡而已，更重要地，它要擔任更高位階的指導功能。呂坤所以說：「理也者，又勢之所恃以為存亡者也。」黃宗羲後來所以力言宰相三公須至學校報告施政措施，學校實質上承擔了後世議會的角色，其緣故即在此。在現實上，儒家的道統和政統無法完全脫離，道統與政統的衝突遂不可免。

從政統、道統的分化著眼，我們可以理解陳亮與朱子有關漢祖、唐宗地位的爭辯的意義，這場辯論可視為圍繞道統論出現的第一場爭辯。在陳朱這場著名的爭辯中，陳亮替漢高祖、唐太宗這些明君爭地位，主張他們出現在歷史上的意義。朱子對陳亮的說法並非不理解，如就歷史的效果而言，他也承認漢祖、唐宗一出，天下安寧，他們的統治也有歷史的意義。但朱子始終堅持堯舜之道「未嘗一日得行於天地之間」，一千五百年來的歷史只是「架漏牽補，過了時日」。[12]陳亮與朱子的辯論有極高的政治學的價值，就經驗的事實而論，陳亮主張「古今異宜，聖賢之事不可盡以為法。但有救時之志，除亂之功，則其所為，雖不盡合義理，自亦不妨為一世英雄。」[13]其說固是事實，也符合目前流行的歷史觀點。

但朱子堅持道統與政統的分離，不給世間君王竊占道統的位置，而且還要他們接受道統的指導，其義更高。因為依據理學要義，「道」有獨立的意義，它是超越的真實，是價值的根源，具有普世的內涵。正因政統與道統分離，所以當世間的政治秩序大壞以後，道未嘗亡，人間仍有希望。朱子說：

> 若論道之常存，卻又初非人所能預，只是此箇自是亙古亙今常在不滅之物，雖千五百年被人做壞，終殄滅他不得耳。漢唐所謂賢君，何嘗有一分氣力，扶助得他耶！[14]

朱子劃分了「堯、舜、三王、周公、孔子所傳之道」與「漢祖、唐宗之功績」兩種政治型態，認為兩者有質的差別，陳亮則三代、漢、唐混同看待，兩人的思考代表了不同的歷史思考。陳亮的思考可說是歷史判斷，朱子的思考則是道德判斷。[15]然而，朱子的道德判斷也包含了歷史判斷，因為他的黃金治世並非向壁虛造，它存在於遙遠的堯舜時代——這當然是經學的觀點。朱子替道（理）爭地位，同時也就是替傳道的儒家傳承爭地位。道統是聖賢之統，聖賢之統依託在儒者身上以行，所以它也是儒者之統。儒者之統所繼承的道是天下之常道，不為堯存，不為桀亡，道不會因為一姓一朝的改變而有所增損，所以「儒者之統」也可視為具普世價值的「天下之道」。

由於朱子生在國家多事之秋，他自己對政治又持有不容自已的使命感，道統與政統的矛盾在他本人身上

---

11 聖／俗的劃分是宗教學的提法，奧托（R. Otto）是此說主要倡議者之一。耶律亞德（M. Eliade）的《聖與俗：宗教的本質》一書即力言此義，此書的「聖與俗」更恰當的提法當是「聖之辨證」。中譯本見楊素娥譯，《聖與俗：宗教的本質》，頁五九—六七。另參見王鏡玲〈後序〉的簡介，見同書，頁二九一—二九六。

12 上述言論，引自朱熹，〈答陳同甫六〉，收入陳俊民校編，《朱子文集》，冊四，卷三六，頁一四五八。

13 引自朱熹，〈答陳同甫八〉，同前引書，卷三六，頁一四六一。朱子這段代陳亮設想的話語符合陳亮的理念，可見他並非不理解陳亮的想法。

14 朱熹，〈答陳同甫六〉，同前引書，頁一四五八。

15 陳、朱兩人的歷史判斷與道德判斷之分，參見牟宗三，〈道德判斷與歷史判斷〉，《政道與治道》，收入《牟宗三先生全集》，冊一〇，頁二四五—二九五。

即具體地起了作用。面對中央集權日愈明確的現實，他批評秦以後君尊臣卑之說云：「秦之法，盡是尊君卑臣之事，所以後世不肯變。且如三皇稱『皇』，五帝稱『帝』，三王稱『王』，秦則兼『皇帝』之號。只此一事，後世如何肯變！」[16]他這裡說的「後世」當然包括他生活其中的南宋。慶元黨禍發生時，朱子面對「偽學」蛻變為「逆黨」的虛假罪名，面對「以匹夫竊人主之柄，鼓動天下」的血滴子時，他回絕了弟子的避禍建議，說道：「今為辟禍之說者，固出於相愛，然得某壁立萬仞，豈不益為吾道之光。」[17]「吾道之光」一語顯示了一種宗教性的尊嚴感——「道」肉身化於「吾」，「吾」具體化了「道」。道統論不是一場書生建構出來的戲論，它是旋轉歷史的阿基米德槓桿，是個人身家性命也是千秋萬世安身立命的學問。朱子立論之正大光明，立身之嚴謹剛毅，真足以和道統說的內容相互發明。

朱子提出道統論之後，「偽學」、「逆黨」的帽子就不請自來，政統通常容不下與之相抗衡的精神力量。就對後世政局發揮的效果而言，道統論的積極的政治功能是無法發揮的，在政道無法設想的專制體制下，道統論在政治體制內找不到恰當的安身之處。道統論在歷史上最大的作用應當是在儒學內部，形成了有共同價值導向的儒學群體意識；也在儒者的生命內部，產生了人格結構的意義的深化。道統成了儒者的宇宙軸，安身立命的中心軸線。一旦他日面臨不可測的政治風暴時，也是儒者抗衡政治暴力最重要的精神武器。道統論的生命和儒學團體的形成脫離不了關係，就歷史發揮的作用來說，它和儒學透過儒家的書院、祠堂等機制滲透到社會的過程成正比，這個歷程和科舉這個產生儒學團體重要的機制的擴大有關。直截地說，也就是歷史進入宋代以後，科舉造成社會階級的流動，士的規模擴大。儒家共同體隱然形成，這個共同體的成員先後分享了理學家提供的世界觀。宋代以後如果有儒紳社會的話，其理想狀態應當是道統論所型鑄的儒家社會。

當道的超越性被揭舉出來，成為宇宙性與人性的真實（所謂的「誠」）時，一種存有論意義的雙重世界就形成了，一個是人間的秩序，一個是道的秩序。人間的秩序中，天子掌握了最高的位階與最多的權力資源，他是政治的總樞紐。道的秩序自然也要在人間中顯現，但它在概念上有多出於人間秩序的內涵，體道者在人格世界中的位置也高於天子的位階，孔子即擁有這樣的資格。落實到人世間來，當儒者擁有道的意識，並在歷史的長流中找到精神系譜的道統時，他們即擁有自己的精神王國。[18]朱子奠定「道統」的概念後，這個概念即不曾歇息地流動於爾後的歷史間，它會化身為其他名目的概念，如良知，如儒者之統。它即使也被汙染過，如歷代統治者對它的收編，[19]但混於珍珠的魚目畢竟不是珍珠。一旦道統意識被喚醒，它即會介入歷史，參與人間的奮鬥。

不同於朱子學的理學學派當然是有的，但異派不妨共流。它們在某個意義上講，可以說都是從道統論的道德意識下成長起來的學派。朱子與它們在某些心性論或工夫論上的主張或許是矛盾的，但這樣的矛盾是儒學內部的矛盾，異中不妨求同。從大方向講，朱子與他的儒家反對派同樣屬於共同象徵系統的儒家精神王國的成員，它們活動的意義可以說都是為道而奮鬥，這些學派中包括王陽明興起的良知學。

16 黎靖德編，王星賢點校，《朱子語類》，冊八，卷一三四，頁三二一八。

17 黎靖德編，王星賢點校，《朱子語類》，冊七，卷一〇七，頁二六七一。

18 參見張亨，〈朱子的志業——建立道統意義之探討〉，《思文論集：儒道思想的現代詮釋》（臺北：國立臺灣大學出版中心，二〇一四），頁二二三—二七四。

19 典型的例子是清初的康熙帝的收編道統論，他的收編行動當然也是君臣合謀的結果。細節參見黃進興，〈清初政權意識型態之研究：政治化的道統觀〉，《優入聖域：權力、信仰與正當性》（臺北：允晨文化，一九九四），頁八七—一二四。

三、龍場之悟：良知學的出現

朱子提出「道統」說，原初的用意在為儒者提供一套足以安身立命的歷史哲學，也可以說是世界觀。但此理論進入南宋晚年後的歷史，很快地就帶來了與政治的衝突，這種歷史效應不難理解。因為在中國傳統的天下秩序中，「天子」一職居有無與倫比的地位，他居於此秩序的頂點，又具有一種宇宙論性質的神秘質性，「天子」實即上天之元子。對於「天子」所代表的秩序能產生制衡作用者，原則上即是來自於宗教領域的「天」或同等第的概念，比如「理」或「太極」。只有超越於現實秩序上的一種超越性理念，才可能介入對現實秩序的批判。朱子的理之於南宋末期後的政治秩序，就像漢儒的「天」之於漢代的天下體系，也像「上帝」之於歐洲的耶教國家。一旦超越的理念成為活生生的力量，儒者即可找到抗衡世俗權力的制高點。

朱子的「道統」即是「理」的化身，理生氣，一個有詮釋力道的理念即會發揮歷史的作用。世事悠悠，進入十六世紀後，「理」又肉身化於一個原來不是特別重要的孟子學概念「良知」。「良知」接受了「理」的超越義，心即理，它實質上是主體化的本體概念。它的地位遂布衣登九五，成為陽明學的核心概念。良知的內容一樣要在人間展開，所以與人間秩序的互動或衝突遂不可免。尤有甚者，「良知」既然是體現「本體」內涵的主體性的概念，超越的向度一旦主體化，也可以說生命化以後，內在與超越相乘，它帶來的動能遂超過以往宋元儒者的主體概念。「良知」概念從《孟子》一書中的一般概念被王陽明重新冶煉，成為近世東亞一個核心的概念，關鍵的時刻是一五〇八年。

公元一五〇八年為明武宗正德三年，這位以荒唐著稱於世的皇帝已登基三年，在政治上，在軍事上，這一年都沒有特別值得提的事發生。不論從明代史的觀點，或從中國史的觀點看，它都不是個重要的年分。但對王陽明來說，卻不是這樣，當年王陽明三十七歲，前兩年，他因為替一位正直的御史辯護，因此受了明朝惡名昭彰的廷杖之刑，而且被貶到貴州這個窮僻的省分的一個窮僻的地方龍場，去做「驛丞」，可能類似今日的郵政官員這類的小官。抵達貶所時，他在實踐聖人之學的途上已行走多年，長期摸索無成之後，在當年秋天的某個夜晚，他竟然經歷了一種宗教式的天啟經驗，生命徹底翻轉。正德三年秋夜那晚的私人經驗奠定了他爾後成熟思想的基礎，由此出發，良知學正式誕生。良知學的誕生不但是王陽明一生的關鍵性事件，它也是五百多年來國史上的重要事件。就此而言，正德三年因為碰上了龍場之悟這場私人性的事件，它再也不是個不重要的年分。

良知學一出世以後，它即吸引了極多的門生走上了良知實踐之途，理學的心學一脈繼陸象山首立赤幟，王陽明踵事發揮後，正式成立。但它同時也引發了當世的朱子學者的強力反彈，給當時的世風帶來極大的衝擊，這種雙向激盪的緊張情況爾後還會持續下去。儒學史上，一門學問在倡議者生前即已達到遍地開花的情況絕不多見。但在良知學的傳播過程中，因為「良知」概念的複雜面向，以及門生們的理解各有所偏，良知學在陽明身後，事實上也可以說是生前，其學即已告分化。分化出的王學各派因所重不同，它們對明末社會的影響即各有所偏，而這種良知學的分化所帶來不同的社會影響，反過來，又形構了晚明的獨特學術氛圍，因此，也造成了晚明思想界彼此齟齬、互不相讓的盛況。

私人的經驗產生重大的影響，因而變成重要的公共事件，當然不僅見於王陽明的龍場之悟。但這場類似天啟之悟的事件確實有較特殊之處，首先就是當夜的「悟」的性質為何，學界的理解即有爭議。關於箇中內容，我們還是得檢驗正德三年那場經驗的原始紀錄。《王陽明年譜》記載王陽明在求聖之途上已摸索多年，世間榮華浮譽皆已看破，只有「生死一念」仍耿耿於心，所以破斧沉舟，「乃為石墎」，終日端居澄默，也可以說是靜坐其中，以求靜一。行之多日，「忽中夜大悟格物致知之旨，寤寐中若有人語之者，不覺呼躍，從者皆驚。始知聖人之道，吾性自足。」[20]《王陽明年譜》是王陽明逝世多年後，他的門生或後學的錢德洪、羅念菴等人編出來的。這場紀錄根據什麼原始資料編成，我們不會很清楚。但作為王陽明一生關鍵時刻的記載，其文字載錄及內容的理解，今人或有疑慮，但當時的門人是有相當共識的。

龍場之悟的影響極大，它的原始紀錄卻相當精簡，如何理解的問題就發生了。簡單地說，龍場之悟的內容到底和朱子的「格物致知」論是什麼關係？是否王陽明的「悟」是個知識問題的解悟，如阿基米德之發現槓桿原理或如同數學家找到解決數學難題時的心境一般，這是知識突破時的一種意識經驗，長期緊張的疑惑在剎那間獲得了釋放。還是他的悟是場無關知識的宗教性質之悟，類似東西偉大修行者追求的頓悟那種類型。

本文認為王陽明的悟是類似宗教性質的頓悟，而且是很典型的一種，但也有知識的內涵。亦即啟發他頓悟經驗的現實因素有可能是朱子格致理論的問題，但頓悟是種特殊的心性經驗，其因與果不見得直接相干，所以參話頭、觀聖象、或聞香、或見桃花，皆可能引入悟門。高攀龍說王陽明早年曾究心佛老之學，於「格致之學，未嘗求之。而於先儒之言，亦未嘗得其言之意也」，他的龍場之悟，乃「是其舊學之益精，非於致知之有悟也」。高攀龍是此學中人，一生有多次的悟道經驗，他也不吝於表達他的經驗。王陽明是他一生的主要對話對象，高攀龍長期浸潤其學，他的判斷需要高度重視。

但論者可以提出質疑，年譜分明記載王陽明的龍場之悟和他參朱子的「格物致知」的公案有關，高攀龍之說或許將這場經驗簡化了。筆者同意龍場之悟和朱子的公案不能脫離來看，但什麼樣的關聯，卻是需要仔細商量的。因為即使我們同意這場龍場之悟和朱子的格致理論密切相關，但我們不會忘了，朱子的格致理論的終點站為「及其一旦豁然貫通焉，則眾物之表裏精粗無不到，而吾心之全體大用無不明。」這樣的境界仍是一種悟道風光，而不是知識論問題。[21]我們只有確認龍場之悟是體證了一種超越了經驗世界之上的一種本地風光的境界，才可確定這種帶著超越經驗的主體爾後介入人間事務後，會對世界產生何等重大的衝擊。

王陽明的龍場之悟是證悟本體之悟，在當時的理學圈子裡，應當有相當的共識。事實上，我們如果不接受這種解釋，他為生死發心因而也解決了生死此種人與生帶來的根本困惑；他以良知為「乾坤萬有基」的提法；他四句教的「無善無惡心之體」之說；更明顯地，他的門生多有證悟經驗，且以其悟解釋其師的良知說。王陽明也多有隨機指點，如對錢德洪的證道經驗的提示等等；王陽明的龍場之悟如果不是宗教意義上的冥契經驗之悟，上述這些現象將無法解釋。王龍溪說王陽明的良知是「乾知」，亦即一種宇宙性的意識，這個判斷是無法動搖的。

然而，有悟之經驗者不少，理學家一般較少言及，朱子尤其厭惡聽到「悟」字。原因在於理學家有盡倫盡制的此世關懷，在人間世體證人倫禮樂得以成立的深層依據，這是程朱陸王等理學家共同的追求。朱子不喜悟字，但他的格致論的終點卻是「一旦豁然貫通」，這樣的經驗依舊是種「天人合一」的悟之經驗。無其名而有其實，厭其名而通其義。只是有性天相通體驗的理學家固多，卻很少像王陽明的龍場之悟帶來那麼大的衝擊世間倫常的力道，此事仍需解釋。

問題的關鍵應當還是《王陽明年譜》所記載的此悟與格致說的關係。王陽明的龍場之悟是天人相通的心性之悟，此說當可成立，但此悟的內涵如何解釋，或者它要解決什麼問題，這樣的提問也是相干的。王陽明的龍場之悟的起因除了生死謎團的根本困惑以外，明顯地是針對朱子的格致論而來。朱子的格致論處理的是心物關係的問題，他的物泛指存在界的事事物物，但以世間倫常的「行為物」為主。「格物」是經由曲折地

20 參見年譜「正德三年，三十七歲」條，收入吳光等編校，《王陽明全集》，冊下，卷三三，頁一三五四。

21 參見拙作，〈格物與豁然貫通——朱子〈格物補傳〉的詮釋問題〉，收入鍾彩鈞編，《朱子學的開展．學術篇》（臺北：漢學研究中心，二〇〇二），頁二一九—二四六。

認識外物的曲折之理開始，步步提升，主客同時深化，終至於體證既在外也在內的天理。這種可視同「太極」的天理顯然是經驗與超越的統一，對此種類型的「天理」的體證即是朱子所說的「白的虛靜」。王陽明良知說的一大特色卻在於切斷了道德實踐中「天理既在心也在物，但需經由明瞭外物之理的『悟』之歷程才可『致』吾心隱藏之理」的模式。朱子道德實踐的向外物一格，這個過程是本質的，絕不可繞過。王陽明切斷了這條連結的線索，心即理，良知提供了行動所需的道德法則，一種徹底的直接性。而且這種直接性之良知判斷被認為是超出世間秩序且賦予世間秩序存在知識的「乾知」，一種帶有本體的內涵之宇宙性意識，良知說的成立帶來了人與世界的關係的改變。

良知既然無待於外，不須格物之理，反而是要「致吾良知於事事物物」，事事物物才可得其理，良知不能不衝撞世間原有的理，包含居於政治秩序中頂尖位置的國君的地位，原則上都可能受到衝擊。王陽明誠然沒有明確地質疑國君或君臣一倫的正當性議題，他面對危險的政治局勢，行為上常是戒慎恐懼，後來的黃宗羲、唐甄等人的論點就明快多了。但一旦王陽明將事物的宗教型的存有論意義之天理，以及人與物互動所需的應然之理，全收歸到良知的概念以後，世間倫常秩序就不可能再像以往一般地安穩了。王陽明詠良知云：「千聖皆過影，良知乃吾師。」或云「良知卻是獨知時，此知之外更無知」（〈答人問良知〉），良知作為發號施令的道德統帥的地位是極明確的，它不是世間一切知識的知，而是使得所有知識得以成立的無知之知。

良知與物（行為物，即世間倫常）的關係的改變是關鍵的因素之一，良知帶有強烈的情意因素是另一個重要因素。在中國傳統的悟道敘述中，平淡被視為本心重要的屬性，在佛、道兩教的系統下，本心平淡、無情、無意等等的述詞不時可見，理學家的體證語言其實也很常見。[22]如果人的私人性的個體性，所謂氣質之性，會干擾心體的朗現，對體道之士來說，平淡的心情就是不可少的。我們不會懷疑王陽明也需要這樣的心境，但我們也不會懷疑，王陽明的良知充滿了以往哲人很少具備的狂熱的道德情感。換言之，他的良知既有平淡之情，也有狂熱之情，兩種相反方向表現出來的情感在他的人格中形成矛盾的統一。

這種前賢少見的道德狂熱之情在他的著作中——尤其手札時常出現，比如〈答聶文蔚〉所說：

僕誠賴天之靈，偶有見於良知之學，以為必由此而後天下可得而洽。是以每念斯民之陷溺，則為之戚然痛心，忘其身之不肖，而思以此救之，亦不自知其量者。天下之人見其若是，遂相與非笑而詆斥之，以為是病狂喪心之人耳。嗚呼！是奚足恤哉？吾方疾痛之切體，而暇計人之非笑乎！人固有見其父子兄弟之墜溺於深淵者，呼號匍匐，裸跣顛頓，扳懸崖壁而下拯之。士之見者方相與揖讓談笑於其傍，以為是棄其禮貌衣冠而呼號顛頓若此，是病狂喪心者也。故夫揖讓談笑於溺人之傍而不知救，此惟行路之人，無親戚骨肉之情者能之，然已謂之無惻隱之心，非人矣。若夫在父子兄弟之愛者，則固未有不痛心疾首，狂奔盡氣，匍匐而拯之。彼將陷溺之禍有不顧，而況於病狂喪心之譏乎？而又況於蘄人信與不信乎？嗚呼！今之人雖謂僕為病狂喪心之人，亦無不可矣。天下之人心，皆吾之心也，天下之人猶有病狂者矣，吾安得而非病狂乎？猶有喪心者矣，吾安得而非喪心乎？[23]

引文頗長，其實此封手札的前後段，語調皆是如此高亢。這種語言在王陽明之前的悟道型哲人中，曷曾出現過？但這卻是王陽明論良知時的常態之語，他使用的是傳教布道式的情意語言，而不是學問論辯式的認知語

22 朱利安（François Jullien），擴大「平淡」一詞的範圍，其說有重要的參考價值。參見余蓮（François Jullien，按：即朱利安）著，卓立譯，《淡之頌：論中國思想與美學》（臺北：桂冠，二〇〇六）。

23 參見王陽明，〈答聶文蔚一〉，收入吳光等編校，《王陽明全集》，冊上，卷二，頁九〇—九一。

言。一個作為人格主宰，也作為宇宙本體，還提供了人間秩序的道德原理，更重要地，還充滿了難以掩抑的道德熱情的良知一旦出現了，他與包含君臣倫理在內的世間倫理價值就不可能沒有磨擦。在王陽明的著作中，人與君王的典範人物如堯舜平等之說很常見的，如云：「只從孝弟為堯舜」（〈示諸生三首〉）之類的文字。他論道德，也很喜歡在偉大的君王身上作文章，如有名的「舜不告而娶，武王不葬而興師」（〈答顧東橋書〉），或「堯舜猶萬鎰，文王孔子有九千鎰」（〈傳習錄〉）之說皆是。對一位以良知為師的儒者來說，千聖皆過影，何況是世間的帝王。

如果道統與政統的緊張關係要到了君王地位的正當性問題被提出來後才到了關鍵時刻，王陽明的良知說誠然沒有達到這一地步。但他不說，自有後儒跟進，因為作為乾坤主宰的良知不會容忍不合理的政治秩序持續下去的。

四、出為帝王師：泰州學派

良知學的出現是明代學術的一樁大事因緣，它的影響還不僅在於學術，而是深入社會，變成重要的事件。良知學自然是儒家傳統在明代的一大突破，十六世紀後它與程朱理學蔚然並列為新儒學的兩座高峰。但王陽明之於朱子，既有批判，也有繼承。筆者認為從程朱性理學到陽明良知學，仍有一貫的精神貫穿其間，道的意識即是此貫穿的線索。良知即道的主體化，也可以說是主體化的本體。放在政治領域考量，可以說良知學即道統論的體系化。我們要解釋明清之際的異議政治理論的源頭，由道統論轉化出來的良知學的道義承擔當是關鍵。但良知學所以能在現實上產生以往儒學學派少見的能量，和王陽明後學多俊秀之士，善於開拓有關。

王陽明的良知學崛起於十六世紀，他生前，良知學即已分化，王龍溪與錢德洪的天泉證道記之爭議即是顯例。他逝世後，良知學的分化發展更加明顯，《明儒學案》所列的陽明後學七個學派：浙中、江右、泰州、楚中、閩粵、北方、止修，分途發展，彼此交涉，儼然形成推動晚明思潮的大動脈。但從道統與政統的互動來看，陽明之後的泰州學派以及活躍於十七世紀早期的東林學派應該更具特色。底下，本文將以王陽明之後興起的這兩個學派略進此義，泰州學派與東林學派這兩個學派前後相承，學風不同，顧憲成等東林學人對泰州學派的學風還大感隱憂。但兩派學人在面對道統與政統之爭的議題上面，堅持道統的立場可以說是相當的一致，只是兩者對君位理解的差異也相當明顯。觀其異同，我們可爬梳良知學在晚明的流程。

這兩個學派對晚明政治與社會的衝擊是相當顯著的，它們都具有結社的集體性格，也都有顯著的傳道、行道的風格。在宋明時期，儒者抗衡權力極大的皇權時，除了要具備個人強烈的道德意識這個主體因素之外，他們也會借助書院、講會這些新興的活動形式，表達自己的訴求。朱子生前已充分發揮書院講學的功能，脫離書院講學的這些機制，我們即無法了解朱子生前其學何以即傳播得如此廣；我們也無法理解何以朱子受到朝廷一時嚴厲的壓制以後，即可在身後不久迅速獲得平反，而且其學反而像烈火野草一樣，傳得更猛更遠。

王陽明與陽明後學的情況有些類似，他們也是充分的掌握了書院與講會的管道，而且更專業，規模也更大。王陽明的生命即是講學的生命，他即使在戎馬倥傯之際，仍不廢講學。他的門生滿天下，頗多以講學著名者，王龍溪、王心齋皆講學，他們或以文筆啟發人，或以眉目間省發人，各擅勝場。其門生以後的傳人，所謂的陽明後學，也多四處講學，羅近溪即是著名的講者。陽明學者的講學之風外溢到其他學派，其中最著者即是東林學派。東林學派中人多調和朱、王，東林學人視為朱子學的修正學派當然講得通，但他們其實也可以視為廣義的陽明後學。東林學派的學風較特別，東林學人雖然不像二溪（王龍溪、羅近溪）一樣終年四方流動會講，他們通常只是定點集會講學，無錫的東林書院當然是「總本山」。但四方輻輳，議題相應，相同學問宗旨的書院儼然有結盟之勢，他們的組織隱然有今日從事政治運動的政黨之模式。

明代的專制之酷前所未見，就像明代的士氣之盛引發的政統與道統的緊張關係也是前所未見，這種緊張既見於東林黨人，也見於泰州學派中人。東林黨核心人物多出身明代經濟精華地區的江浙，東林書院所在地更位處吳中地區的無錫，東林黨人的平均經濟狀況應當不差。相對之下，泰州學派中人多出身貧下階層，王心齋、王東崖出身海濱鹽丁，韓貞出身陶匠，朱恕出身樵夫，夏廷美出身農夫。泰州學派後來雖然也多有家境不差的士人加入，但它的整體風格和東林黨人的菁英階層模式確實不同。但兩個學派都以道自任，都衝擊了明代的既有體制，雖然方向不全同，但其撞擊力道卻又是一致的。

泰州學派始祖王心齋以鹽丁之子，崛起海濱，布道天下。良知學翕然成風之後，他的思想很快地即與現實的秩序產生了磨擦。泰州學派整體的學風和學派始祖王心齋個人的經歷及思想脫離不了關係，就像整體王學各支派的學風雖然不同，但它們都可從王陽明的思想體系中汲取相關因素以立教一樣。論及王心齋其人其學，研究者都不能不注意到正德六年（一五一一）他二十歲時的一場奇異經驗：

一夕夢天墜壓身，萬人奔號求救，先生身托天起，見日月列宿失序，又手自整布如故，萬人歡舞拜謝。醒則汗溢如雨，頓覺心量洞明，天地萬物一體。自此行住語默，皆在覺中。[24]

整體泰州學派的精神幾乎可從此段敘述見出。這場經驗出自大夢醒後的追憶，其內容橫跨兩境，一在夢境，一在醒後的身心變形經驗。他的「天地萬物一體」之感，或「汗溢如雨、心量洞明」的感受是悟覺經驗中常見的報導，在宗教的修行團體中並非罕見。此案之特殊在於它的高峰經驗延續得特別長，王心齋說是「居仁三月半」，[25]他的「居仁」之「仁」不是泛泛而論的道德意識，而是仁體之謂，帶有「仁」的意識之本體。顏回號稱孔門弟子中修行第一，他處於「仁」的境界是「三月不違仁」，在理學家的詮釋傳統中，至少有種解釋是將此句的「仁」視為仁體，[26]「不違仁」被視為常居於此仁體的朗現中。顏回曾長期被視為僅次孔子一等的亞聖，但王心齋居於仁體的時間居然比他還多了半個月，[27]言外之意，也就是境界超過顏回。語不忌諱，也不避自誇之嫌，這種話大概只有王心齋這樣的海濱鹽丁大儒才說得出。

王心齋這場經驗應該是東方思想中並不陌生的一種頓悟經驗，頓悟經驗意指學者經由個人長期的努力，偶爾或有純粹出自偶然的例子，他的意識忽然產生變形的突破，因而產生一種和日常經驗迥不相同的心性經驗，它被視為終極層次的冥契，傳統的語言稱作先天境界。王心齋案例的特殊處在於此境界竟然是從夢境引申出來的，夢通常代表夢幻泡影，但在理學傳統中，夢不一定代表不真，相反地，夢有時可以更真實，它是意識的補充原則。[28]所以對真誠的求道者而言，他在日常的自由意識中不及者，在夢中反而有可能得到答

24　趙貞吉，〈泰州王心齋墓志銘〉，收入周汝登，《王門宗旨》，《四庫全書存目叢書》編纂委員會編，《四庫全書存目叢書．子部》，冊一三，卷八，頁七一二。

25　同前注。

26　此義成為傳統，應當始於程明道〈識仁〉篇所云：「仁者渾然與物同體」之說。

27　如果「三月半」不是指時段，而是特定的時辰，如三月十五日之意，問題自然不一樣了。但從「自此行住語默，皆在覺中」之語來看，「三月半」應當不是指三月十五日。

28　莊子說：「至人無夢」，理學家也接受這種解釋，但理學家還接受一種可名為正夢的夢，正夢具有正面消息的內涵，程伊川所謂「聖人則無這箇夢，只有朕兆，便形於夢也。人有氣清無夢者，亦有氣昏無夢者。聖人無夢，氣清也。若人困甚時更無夢，只是昏氣蔽隔，夢不得也。若孔子夢周公之事，與常人夢別，人於夢寐間亦可以卜自家所學之淺深。」即此之謂也。程頤，《河南程氏遺書》，收入王孝魚點校，《二程集》，冊一，卷一八，頁二〇二。

案，王心齋之夢透露出來的訊息量極大。蒼天倒塌，心齋身托天起，又將錯亂的日月星宿擺正，慌亂中的百姓為之歡舞拜謝。在傳統社會，日月星辰從來不是物質項目，有關日月星辰的知識從來也不是天文學的專業知識，而當是政治學的分支，我們或者可稱它作政治天文學或社會天文學，[29]這種夢境的政治內涵極濃。我們如果考量天與日月的象徵，以及王心齋的重整天地秩序，其意義即已呼之欲出。

事隔幾年後，另一場同樣具有濃厚政治象徵意義的夢境又降到頭上，只是這場奇特的夢不是發生在王心齋本人身上，而是出自一位多少帶有智慧老人原型的「老叟」身上。王心齋在拜王陽明為師之後，有意至京都傳良知之教，他乘著自創的「蒲輪」，招搖道路，行至都下時，「有老叟夢黃龍無首，行雨至崇文門，變為人立」，老叟因而在都門前等候，結果等到了王心齋。黃不是一般的顏色，龍不是一般的生物，黃龍無首而又行雨，這樣的意象又是天子的意象。《易經．乾卦．用九》曰：「見群龍無首，吉。」〈乾卦〉意指天或君，〈用九〉之詞意指天子的謙遜之德。《周易正義》曰：「六爻俱九，乃成天德，非是一爻之九，則為天德也。」[30]這場黃龍無首之夢與王心齋提倡的「四民異業而同道」、「出則為帝王之師」的理論若合一契。綜覽這兩場與王心齋相關的夢，王心齋皆以布衣而行天子之事，觸犯了封建社會的禁忌。我們觀察過王心齋的「出為帝王師」的理論後，對這兩場夢的理解可以更深刻。

王心齋正德六年的「天墜之夢」之悟是樁關鍵性的事件，但這樁事件所以會從個人私密性的性質變為公共性的重要事件，乃因它和良知學連結上了。王心齋所以師從王陽明，乃因他聽及別人道及王陽明的良知學時，覺得其說和自己的體悟所得非常接近，因而特別去拜會他。《王陽明年譜》記載其事頗詳，這場拜師之禮充滿了戲劇的元素，王心齋當時之貢高我慢，桀傲難馴，連久已不動心的王陽明都差點被他撼動了心境。這樁魯莽離奇的拜師典禮可信度相當高，其細節完全符合王心齋的個性。王心齋拜師之時，對於儒門的性命之學已有所見，他是帶藝拜師。在陽明眾多弟子中，王心齋的出身可能最卑微，他是蘇北貧困海濱的鹽戶之子，一生也沒參與科舉功名，他缺乏士大夫階層常有的文化資源，因此，人生途中，也就缺乏該有的文化資產之支援。但反過來說，他的生命元氣淋漓，野性特濃，反而更易接近原始儒家的周、孔之教。他參拜王陽明時的氣象，比起子路初見孔子的北鄙氣象，其粗曠似尤過之。他的年紀也較大，人生經驗較豐富，在王門諸弟子中，特顯異類。

史傳記載當他的生命體驗得到王陽明的印可後，即毅然以道自任，想要布道天下。王心齋出身寒門，不受禮法拘束。他想要傳良知教，即以奇特的裝扮與行為模式，「言堯之言，行堯之行，服堯之服」，還自製他自己認定的孔子時期的蒲輪之車，坐上講學，一路由南到北，招搖到京師布道。其時深陷政海風波的王陽明大為緊張，曾大力遏阻其行。但一位嚐到道之法乳的體制外儒者的傳道熱情是壓抑不住的，王心齋不參加科舉，沒有功名，本就不是世間禮法中人。他行事恣意橫行，從心所好，所以即使他尊敬的老師對他的牽制作用也只能是一時的。

王心齋自任甚重，他著有〈大成學歌〉，讚嘆「大成之聖」道：「學師法乎帝也，而出為帝者師；學師法乎天下萬世也，而處為天下萬世師……不襲時位而握主宰化育之柄，出然也，處然也，是之謂大成之聖」。[31]「大成之聖」指的當是孔子，孔子所師法的帝當是堯舜，堯舜是道統起源的帝，不是世間創業君王的帝。孔子師法神聖傳統中的天子，但又要成為人間天子的師傅。他師法乎「天下萬世」，但又要為天下萬

29 參見黃一農，《社會天文學史十講》，尤其前四講，頁一—九二。

30 王弼注，孔穎達疏，《周易正義．上經》，收入李學勤主編，《十三經注疏整理本》（臺北：臺灣古籍出版公司，二〇〇一），冊五一，頁八。

31 參見王襞編，〈上昭陽太師李石翁書〉，《新鐫東厓王先生遺集》，收入《四庫全書存目叢書》編纂委員會編，《四庫全書存目叢書．集部》，冊一四六，卷上，頁一七，總頁六五四。

世之師。「天下萬世」意指普天之下之學，韓愈〈原學〉所謂：「聖人惡乎不學」。更落實地講，當指泰州學派特別著重的百姓日用常行之道，孔子之道與庶民同在。〈大成學歌〉上承《傳習錄》中流動的道德狂熱精神，此篇文字不言文而言歌，由此可見王心齋布道的熱誠遠遠超越語言論述的框架。

王心齋這位從民間底層興起的大儒掌握孔子的精神特別準確，他相信儒學起源於民間，但又要走入民間，這是他的「見龍在田」之說。[32]但不論是在朝或是在野，儒者都要掌握教化之責，都要為「師」。觀王心齋之語，他似乎將道統和政統再度合一了，又走回了老路。事實確也如此，他的主張回應了朱子當年提出以堯舜為首的道統論的用心。他們都相信在一個理想的年代，也可以說在一個不容易再來的年代，政道合一。但朱子、王心齋賦予合一者地位的，恰好不是人間的帝王，而是作為人間帝王楷模的聖君帝堯，作為典範的帝堯其實是個象徵。道統、政統如合一，只能是道統整合政統，而不是政統整合道統。但現實上兩統是無法合一的，聖君不作而孔子出，孔子「不襲時位」，而集天下萬世之大成，他的段位反而高於堯舜。王心齋的提法其實是繼承孟子、荀子之說而來，他們都認為孔子之道才是政治該依循的規範。但在明代，此說自然有特別的政治涵義。王心齋的語言很明確地主張：任道統之任者不在君王，而在聖人。

王心齋的「好為人師」在當時引發了許多的猜疑，頗堪對照的，當時即有人持論與之相反。與之相反的最有力者即是與王心齋生前活動重疊的嘉靖皇帝，他素來不喜歡「師與君並尊」，所以蓄意壓低師權，自己「作之君，作之師」，壟斷了教化之權。明清皇帝不喜歡有跟皇權競爭的師權或道統說者，誠亦有之，但肆無忌憚如嘉靖帝者，還真少見。[33]王心齋也不喜歡「師與君並尊」，但「師」、「君」的地位恰好顛倒了過來。這位一生偪促鹽田海濱的大儒真是具有儒林人物罕見的膽識，他要大儒「出為帝者師」。放在那個時代的背景下看，王心齋與嘉靖皇帝恰好站在對立的兩端，與王心齋同代的管志道即批判他：「道統自庶人出，無乃以師道蔽臣道，而啟天下卑君之心乎？」[34]管志道的批判之語所述的效果是真的，王心齋的用意可能即是如此。管志道此語如果落於有心者之手，追究其事，直可視為一篇有殺傷力的起訴書。[35]不知道這位莽撞的海濱大儒何以能夠不出事？很可能和他不應舉、一生布衣的身分有關，天高皇帝遠，忙於制禮作樂的嘉靖皇帝沒有機會看到海東鹽丁寒儒的大膽言論。縱然如此，想起他可能冒的風險，我們還是不能不說王心齋的話語是極有意義的儒教獨立宣言。

王心齋出身社會底層，受世俗禮法的牽絆較少，泰州學派中人也多有底層的社會經驗，他們的思想含有特別濃厚的平等思想。從道大於勢的角度出發，我們可以對頗有爭議的「淮南格物」說重新解釋。王心齋在理學有名的理論泥淖的「格物」說光譜中也占有一席之地，他的格物說和保身說緊密相關，他的「物」以「身與天下國家一物」，他借《孟子》「規矩，方圓之至」以及《大學》「絜矩之道」的論點，視身為矩，天下國家是方，「矩正則方正，方正則成格矣」，這就是「格物」。「格物」的關鍵是以身為本，以家國天下為末。所以「格物」的下手處是要自己先「安身」，能安身、敬身、愛身就能敬人、愛人，能敬人、愛人也就會招來他人的敬我、愛我。擴之於一家，成效依然，能愛一家，一家也會愛我，如此即可保身。這是相偶的對待原理，一家愛我敬我則家齊，一國愛我敬我則國治，天下愛我敬我則天下平。這就是他的〈淮南格

---

32 「見龍在田」語出《易經．乾卦》次爻「九二，見龍在田，利見大人」，王心齋引用此語自任。

33 黃進興，〈道統與治統之間：從明嘉靖九年（一五三〇）孔廟改制論皇權與祭祀禮儀〉，《優入聖域：權力、信仰與正當性》，頁一二五—一六三。

34 管志道之語，引自顧憲成，〈與管東溟書〉，《證性編．質疑上》，《顧端文公遺書》，收入《續修四庫全書》編纂委員會編，《續修四庫全書》，冊九四三，卷五，頁一三，總頁三一九。

35 王陽明有一位門生薛侃，他也是王心齋的同志友，兩人頗有交誼。薛侃即曾因一件奏摺被有心人有意抄送，給自己惹了極大的麻煩，受盡苦刑。奏摺文字其實沒有多大的敏感，但其事竟成了嘉靖朝的一件政治大事，其偵訊文字居然也還可見到。參見〈廷鞫實錄〉，收入陳椰編校，《薛侃集》，頁三九四—四〇八。

物〉說。明儒言格物者甚多，但像王心齋這種提法的似乎少見。這種以己身為本的說法不但與王心齋及泰州學派整體的俠義風格大異，我們似乎也找不到與良知學的聯繫點。如果論者認為「淮南格物」說會引人自私自利、貪生怕死之念，似乎不是無的放矢。[36]

但王心齋的敬身、愛身之說不能作自私自利之想，他說的「身」更接近於「身」「心」為「仁」的思孟學派傳統，它有儒家版的「身體主體」之意。「道」不落空，「道」需要體之，體之要落於個人的身體上見真章。道是客觀原理，身體的體現功能是主觀原理，身道不離，因客觀原理有待主觀原理加以體現。既然道身為一，「愛身」之說的「身」自然可以視為人格自尊的主體之想。「人人愛我」的「我」也不必是軀體之我，而是孔孟傳統下的仁體、心體之謂。如此理解，底下的話語也就文從理順：

> 聖人以道濟天下，是至重者道也。人能宏道，是至重者身也。道重則身重，身重則道重，故學也者，所以學為師也，學為長也，學為君也。以天地萬物依於身，不以身依於天地萬物，舍此皆妾婦之道。[37]

聖人所以重身，因為「道濟天下」的理想要經由「身」的管道顯現出來，身重則道重。人人有身，即人人皆有道在身。在王心齋的體系中，「以道殉身」和「以身殉道」皆可成立，因為兩者乃是主客觀原理的差別。王心齋的道在理想性中有肉身性，道不能脫離人的具體感性，他提出了人人當欲且可欲的具體哲學。

相對於「以道殉身」的具體呈現原理，「以道殉人」則不能成立，因為「人」字是與主客觀原理不相干的其他因素。事實上，他講的「以道殉人」的「人」很可能主要指向君王，[38]所以在說完「必不以道殉乎人」之後，他接著說：「使有王者作，必來取法，致敬盡禮，學焉而後臣之。」先道後政，先師生關係後君臣關係，這是明顯的道統高於政統的主張。王心齋的「格物說」和他的「大成說」乃是同一套理論，既呼應了孔子「學者為己」的觀點，也呼應了王陽明「以天地萬物為一體」的主張，還張揚了聖人「為帝王師」的精神。學者為學，要學為師，為長，為君，師、長、君三者並行，他的「格物」論同樣是凌越於君權之上的「道尊」論。

王心齋的格物說是眾說之一，同樣承繼朱子的問題而來，性質卻作了大幅度的轉變，帶有濃厚的政治內涵。劉宗周認為「格物」之說當以王心齋的「淮南格物說」為正，黃宗羲雖對王心齋的用語有些意見，但也高度讚美其說「聖人復起，不易斯言」。[39]在朱子之後，這麼明確顯豁地主張道尊於勢，師尊於君的言論還真不多見。王心齋善講學，能於眉目間省人，理論建樹非其所長，但他不多的理論主張卻盈滿了道尊於勢的精神。理論多乎哉？不多也，也不需要多。

王心齋之後，其道一傳徐波石，再傳顏山農，三傳何心隱，這些人物都是「赤手搏龍蛇」輩，他們的行為直依本心，橫衝直撞而行，何心隱更隱然實施共產制度，顏山農則像異端味濃的良知學傳教士。李卓吾稱這些人為「俠」，[40]自從司馬遷立下〈遊俠列傳〉以後，「俠」字已久不見於儒林。泰州學派出現，「俠」

36 明儒多有此議，黃宗羲即說：「以緡蠻為安身之法，無乃開一臨難苟免之隙乎！」參見《明儒學案．泰州學案一》，收入沈善洪主編，夏瑰琦、洪波校點，《黃宗羲全集》，冊七，卷三二，頁八三一。黃宗羲之說未必符合王心齋原意，黃宗羲自己也了解。但當時有此聯想者不少，王心齋用語有以致之。

37 同前引書，頁八三一—八三二。

38 鄧志峰有此說，應該可以成立，參見鄧志峰，《王學與晚明的師道復興運動》（北京：社會科學文獻出版社，二〇〇四），頁二〇一。

39 黃宗羲，《明儒學案．泰州學案一》，收入沈善洪主編，夏瑰琦、洪波校點，《黃宗羲全集》，冊七，卷三二，頁八三二。

40 李卓吾曾讚美王心齋道：「此公是一俠客。」引見袁宗道，《白蘇齋類集》（上海：上海古籍出版社，一九九五，續修四庫全書），冊一三六三，卷二二，頁二，總頁四一二。

字緊跟而來。但如果我們願意仔細蒐羅的話，東林學派文化中，「俠」的人物亦非罕見。[41]當自作主宰的心學蔚為主流思潮，而是非分明的政治鬥爭又特別彰顯時，俠客的行徑很容易應運而生。泰州學派對於社會的衝擊，頗有些是儒門俠客帶來的影響。

泰州學派門下，論及陽明學對世間秩序的衝擊，也就是論及良知學是危險的思想此一議題時，我們還是不能不想及李卓吾。李卓吾回憶自己一生慘黯的命運時，說道只因自己「不愛屬人管」，[42]所以走到哪裡，都與長官衝突。雖然人一出生，即不能不屬人管，除非人的「社會」屬性可以剝奪，否則，階層的分化只能是人的必然命運。但論及「管人」之大之多之至高無上，莫過於皇帝。我們且看李卓吾是如何看待君權的，或者說是如何看待君臣關係的：

> 普天之下，更無一人不是本，亦無一人不當先立其本者，吾是以未能無疑。觀今之天下，為庶人者，自視太卑；……為天子者，自視太高；太高則自謂我有操縱之權。[43]

李卓吾對當時的世間倫常的破壞顯然不止於男女之防而已，他也侵入了君臣這一倫的領域。他說的「本」和王心齋所說的「身」其實語異旨同，王心齋解釋「物有本末」的「本」時，已明確說出此義。李卓吾說普天之下，人人皆為本，這樣的「本」指向了孟子性善論的政治解讀，如果解作個體性的價值，也未嘗不可。但對於君權獨大的禍害以及防治辦法，李卓吾顯然一籌莫展，王心齋也是束手無策，即使稍後反省傳統政治的困局比他們更徹底的黃宗羲、唐甄等人，也無法從制度面設計出制衡君權的辦法。但面對君尊臣卑、大權集於一身的明朝政治體制，李卓吾的不滿姿態已充分顯現出來了。「太高則自謂我有操縱之權」，這段話難道不會令人聯想到嘉靖皇帝等活生生的眼前例子嗎？

李卓吾認為「天子自視太高」，對君權獨大甚不以為然。其說固然源於他個人的性氣不平，但他的論點也不是獨門之見，自我作古，往上至少可追溯到王陽明及泰州學派「四民異業而同道」的學風。「四民異業而同道」的論述固然可以說自孟子學在宋代生根以後，即已產生了這樣的歷史效應，范仲淹即是活生生的例子，[44]但確實在泰州學派處，我們發現到顯著的平民儒者的現象。歸根究柢，李卓吾的「立本」論就像王心齋的「道尊」論，他們的理論都是「道統論」意識下的合理反應。我們且再看底下兩條更明確的注文所述：

侯王不知致一之道，與庶人同等……致一之理，庶人非小，侯王非高。在庶人可言貴，在侯王可言賤。[45]

天子、三公不足尊，所尊者，此道也；拱璧、駟馬不足寶，所寶者，此道也。[46]

李卓吾這兩段話列出了君、民與道的關係，「君」、「民」本來是階級的概念，階級的位差體現了世間秩序的格局；「貴」、「賤」則是價值的理念，人格的貴賤反應了體道者造詣的深淺。君之所以為君，民之所以為民，地位高低是一回事，關鍵在於有沒有「致一」、「尊道」。李卓吾此處的「一」與「道」當是同一指

41 如鹿善繼、孫夏峰等學者面對東林法難，搶救東林盟友及遺孤時，皆虎虎有生氣。
42 李卓吾，〈豫約〉，《焚書．雜述》，收入《焚書 續焚書》，卷四，頁一八五。
43 李贄，《道古錄．卷上》，收入張建業編，《李贄文集》，卷七，頁三五三。
44 范仲淹不但以貧民出身而位階宰甫，為素民一壯顏色。他還著有〈四民詩〉，論四民異業同道之義，參見范仲淹，《范文正公集》（臺北：臺灣商務印書館，一九七九，四部叢刊初編縮本），卷一，頁八，總頁一四。
45 李贄，《老子解．下篇》，收入張建業編，《李贄文集》，卷七，頁一六。
46 同前引書，頁二三。

涉，這個來自於《老子》的形上概念此處皆化身成為政治語言，指向了一種不能比較、不能化約的至高無上的精神價值。人人得道，即人人平等。李卓吾對朱子學不是沒有意見，但他這番話語基本上不折不扣是道統論的論述，仍是朱子學說的迴響。

泰州學派傳播甚廣，流傳亦久，內部當然頗多分化出來的思想。但以王心齋之學為準，視為一種理念，此學基本上站在道統獨立於政統之外，但又站在更高的價值位階的立場立言。這樣的結構關係固然可以說是儒門的家法，當「儒家」的概念一成立，一種規範的意識已見於各種的人際關係，君臣一倫被納入五倫之中，五倫又被視為道的具體內涵的結構，道的意義因此不可能不大於君臣一倫的意義。但這樣的結構的內涵在朱子正式提出道的超越性並形成「道統」的概念以後，道統與政統的理念的相對性更顯示了出來。至於這兩個領域的關係由相對化變成緊張化，這樣的結果要等到明代歷經勇於「作之君，作之師」的皇帝的統治過程後，才更形尖銳化起來。

良知學在這種緊張的結構中，扮演了關鍵性的抗爭者的角色。因為良知學說保留了超越於世間一切價值之上（包含天子的位置）的道之超越性性格，良知主體扎根於太極上，這種道的超越性所帶來的巨大心理動能依然保留於王學學者身上。因為「心即理」，身心的構造與規範的理之結合更形緊密，當下即體即用、即知即行的實踐性格也就更強。我們進入理學的領域，工夫論的向度是不可能迴避的，當道統論體現於儒者的生命後，體道的價值就是無可比擬的，它被視為諸價值中之「第一」。[47]「第一」的價值意識是理學各派鮮明的特徵，也是泰州學派的強烈主張。道的價值第一，君臣大義的價值就不可能盤據在價值位階的頂尖。

五、道脈如何斷得：[48]東林學派的抗爭

繼泰州學派起，對泰州學派學風頗有意見，而實質上反經合道，完成另一種型態的政治批判者，厥為東林學派。

明代君權之大是有名的，但有壓迫即有反抗，君權無限擴張，溢出儒家所設定的軌道太遠時，自然會引來反作用力，最顯著的，當是東林黨的表現。[49]東林黨自從顧憲成、高攀龍講學吳中，以澄清天下為己任後，環繞無錫東林書院四周，以講學明道、澄清天下的講會也先後興起。常州有經正堂，金壇有志矩堂，宜興有明道書院，常熟有虞山書院，桐川有崇實會，彼此聯繫，同道共鳴。萬曆年間講會之盛，可想見地，給權臣帶來極大的不便。在東林書院興起之前，張居正為相，權力一統，對書院已多方壓制，雖然他的壓制政策可說上承嘉靖皇帝，符合祖宗家法。但他無法抑制自己的權力欲，信守孔孟以下自由講學的精神，對書院

---

47 邵雍說：「欲出第一等言，須有第一等意。欲為第一等人，須作第一等事。」參見邵雍，〈一等吟〉，《伊川擊壤集》，收入郭彧、于天寶點校，《邵雍全集》（上海：上海古籍出版社，二〇一六），卷一九，頁三九六。邵雍此種話語在理學文化圈中常見，理學家的「第一」之語都是指向超越世間價值之上的聖人之學。上世紀神學家保羅．田立克（Paul Tillich）的「終極關懷」（ultimate concern）一詞，我們如譯成理學用語，可稱作「第一關懷」。

48 高攀龍之語「諸人欲斷東林脈，東林無官脈可斷，若道脈如何斷得？」參見〈與黃黃石〉，《高子遺書》，冊一二九二，卷八下，頁五九，總頁五三一。高攀龍此處的用語很像朱子與陳亮辨義利、王霸中的用語，道固是「亙古亙今常在不滅之物……終殄滅他不得耳」，參見朱熹，〈答陳同甫六〉，收入陳俊民校編，《朱子文集》，冊四，卷三六，頁一四五八。

49 「東林」一詞的指涉在晚明時期外溢得相當明顯，此詞語甚至成了書院一詞的代稱。東林學派人數多少，東林黨及東林學派的分際如何劃清，學界各有說。因無關本文主旨，筆者不加分別。

的壓迫不能不說是張居正為相的一大污點。[50]書院代表的道統力量與政統的對決在宋明時期始終存在，但兩者的撕裂要等到東林書院於萬曆三十二年（一六〇四）正式落成後，才徹底地尖銳化。

「東林」一詞在萬曆後，指涉的範圍有廣有狹，如依黃宗羲所說，東林人物只能指《明儒學案》所列的那一些人，如依《東林點將錄》等等反對者的編列，連風評甚糟的反東林人物都可列名其中，這種分法顯然是反對者的惡劣栽贓。[51]「東林」這個帶有濃密的歷史積澱內涵的概念，其指涉分散，難以聚焦，可想而知。但語言總在使用中呈現它的各種內涵，從理學史的觀點看，我們仍宜以在東林書院講學，並與之聲氣相和的學者與官員為核心，他們當然籠統地有核心關懷的思想議題及政治主張，彼此可合構成一個鬆散的文化團體。本文的關懷即以這些核心議題的主張為準。

東林學派和東林書院的成立息息相關，東林學派的源頭遠可追溯到南北宋之交的楊時，所謂「東林講學繼龜山」，近可溯源到無錫地區的前輩鄉賢邵寶，邵寶和王陽明還有過交流。[52]但就嚴格意義而言，東林學派應該屬於十七世紀的學問，它的成立當設在萬曆三十二年甲辰秋十月，顧憲成當年與一些同志友人在無錫復興了東林書院，並於是年十月九日至十二日大會東林講堂，顧憲成立下〈會約〉，同道講學。[53]這些以理學的問題意識為主而又講學東林書院者，如黃宗羲在《明儒學案》所列的儒者，顧憲成、高攀龍、顧允成、錢一本、孫慎行等人，可視為東林學人。這些東林人物關心「心與理」的關係、心與善的屬性的關聯、心的保任如何可能，當然也關心此心如何參與世間事務，展現其人倫大用。就體證心體之嚴密與生活在澹靜的深淵中的境界而言，高攀龍、孫慎行的風格更接近江右學派，他們的思想是東林學派的核心。即使就學問傳承而言，他們與陽明後學也多有交往，如顧憲成既受益於薛應旂，也受益於方學漸，他的學問可以說承良知學的議題而起。東林書院講學者對王陽明本人一般也多相當尊重，王陽明是他們的學問的偉大先行者。就此而言，他們仍籠罩在陽明學的輻射圈中。本文所說的「東林」主要即從此理學史的脈絡著眼。

真正確定東林學派規模的學者當是顧憲成。顧憲成是無錫人，無錫在明代是經濟發達地區，經濟發達地區的人民享受到的教育資源或機會也比較優渥。無錫及江浙地區的讀書人或中科舉者在人口比例上一直呈現超出其他地區的現象，中舉人數比例特高，顧憲成也是這樣的背景出身。晚近論東林黨的思想史意義者，也多有從商品經濟的角度切入討論者。[54]但東林學人雖然在他們的著作中反映了對市民的關心，也反映了對中官擾亂商業秩序的不滿云云，但這些事關經濟事務的言論在他們的整體著作中不但占的比例不高，這些新興的經濟現象也沒有構成他們反思的主要課題，他們在經濟議題上的反思不但無法與西歐啟蒙思想家如亞當斯密斯、夏爾傅立葉等人比，即使與先秦古籍的《管子》相比，也瞠乎落後。東林學人關懷市民的義理架構還是在傳統儒家的仁民愛物的原則下展開的，他們對天人之際的性命之學還特別關懷。更確切地說，東林學人的社會實踐與政治的殉道是他們性命之學整體規模的一環，也可說是性命之學之「用」。

東林黨人以慷慨勇敢著稱，我們試比較殉難的東林黨人的公共形象與《明儒學案》所列東林學人的行為，彷彿兩者處在平行線上難以相交，因為前者是如此的激烈，他們甚至成了後世烈士追求的典範。後者卻

50　晚明儒者張履祥即批評張居正為相「得罪天下後世者，毀書院為最。禁天下講學，與商鞅廢井田，李斯焚書何異。」參見張履祥，《備忘二》，收入陳祖武點校，《楊園先生全集》（北京：中華書局，二〇〇二），卷四〇，頁一一一六。熊十力寫〈與友人論張江陵〉對張居正多所維護，但也認為他毀書院，禁講學是一大錯誤。

51　參見小野和子著，李慶、張榮湄譯，《明季黨社考》（上海：上海古籍出版社，二〇一三）。

52　王陽明有佚文〈時雨賦〉，此文即為邵寶而作。文章不見於陽明文集，而見於邵燝、吳道成編，《邵文莊公年譜》。文章及考證參見束景南編，《王陽明佚文輯考編年》，冊上，頁一〇一—一〇四。

53　參見高廷珍等輯，《東林書院志》（臺北：廣文書局，一九六八），冊二，卷二，頁一。

54　參見侯外廬等主編，《宋明理學史》（北京：人民出版社，一九九七）；侯外廬等著，《中國思想通史》（北京：人民出版社，一九六二）。

是進入性天交接的玄秘地帶的哲人，他們與江右學派致虛、歸寂的學者風格一脈相承。然而，恰恰好這兩組之間的現象有非常明確的關係，天啟五、六年那十一位烈士與《明儒學案．東林學案》所列的東林學人，多有訊息相通，高攀龍本人就同具兩種身分。顧憲成在一篇信函中提起個人的氣性時，有言：「生平有二癖，一是好善癖，一是憂世癖，二者合併而發，勃不自禁。」[55]顧憲成的兩樣「癖」說成與生帶來的氣性固可，說是學養也未嘗不恰當，它們可以視為東林黨人與東林學人共同的稟賦或主張。但東林學人對於這兩項，尤其是「好善癖」更賦予深刻的理論意義。

我們觀顧憲成、高攀龍等東林核心人物的關懷議題，與商品經濟甚或城鎮生活相關者絕少，貫穿東林人物的兩項主要特色可以說：（一）對現實政治問題的強烈關懷，這種關懷出於「憂世癖」；（二）對性善論的強烈支持，這是出於「好善癖」。而且這兩項特色是有連接性的，性善論的關懷可視為體，對現實的關懷可視為用，如果體用一如，體不離用的話，東林黨的兩項特色可以說性善不離致用，致用必本乎性善，東林學人這樣的思考方式可以說是在良知學風行天下以後，他們站立在救弊匡時的立場，對陽明良知學「萬物一體」的襟懷的有力回應。

「東林」一詞兼具「政治」與「理學」兩種公共形象，這樣的公共形象反映了東林學派的特殊性。東林學派的正式成立雖然要遲至十七世紀初的萬曆三十二年，但早在東林書院復興之前，顧憲成等學人早已積極參與朝廷的政治活動。顧憲成、高攀龍等人生活在萬曆的年代，萬曆皇帝是明史上一位極不負責任的皇帝，在位時間甚久，但常年不上朝，不批奏摺，一個大明王朝在他不作為的情況下，政府幾乎任由各部門自行運作，自生自滅。後人反省明亡之因時，多將矛頭指向萬曆一朝此遠因。[56]有關萬曆一朝的三大案：移宮案、紅丸案、梃擊案，或每三年一次的京察，都引發了強烈的政治震撼。這三大案的是非，後人爭議不斷，本文的重點不在此。本文關心的是身為理學價值的實踐者，東林學人如何看待自己在萬曆、天啟這一時期的歷史意義。他們涉入時局如許之深，引發的風暴如許之大，不可能沒有經過深刻的反思。筆者認為從東林學人的眼光來看，萬曆年間的朝廷多鄉愿小人和陽明學本身的理論毛病，最有名者厥為「無善無惡」及「心即理」之說，兩者是有密切關係的。

無善無惡之說自王陽明提出，經王龍溪大加宣揚之後，到了萬曆年間，它已成了極流行的一種學說。顧憲成一生對此說抨擊甚力，他說：

管東溟曰：「凡說之不正而久流於世者，必其投小人之私心，而又可以附於君子之大道者也。」愚竊謂惟「無善無惡」四字當之，何者？見以為心之本體，原是無善無惡也，合下便成一個空；見以為無善無惡只是心之不著於有也，究竟且成一個混。空則一切解脫無復掛礙，高明者入而悅之。於是將有如所云，以仁義為桎梏，以禮法為土苴，以日用為緣塵，以操持為把捉，以隨事省察為逐境，以訟悔遷改為輪迴，以下學上達為落階級，以砥節礪行獨立不懼為意氣用事者矣。混則一切含糊，無復揀擇，圓融者便而趍之。於是將有如所云，以任情為率性，以隨俗襲非為中庸，以閹然媚世為萬物一體，以枉尋直尺為捨其身濟天下，以委曲遷就為無可無不可，以猖狂無忌為不好名，以臨難苟免為聖人無死地，以頑鈍無恥為不動心者矣。

55 顧樞，〈三十八年庚戌．刻以俟錄〉，《顧端文公年譜》，收入《續修四庫全書》編纂委員會編，《續修四庫全書》，冊五五三，卷下，頁三二，總頁四〇三。

56 萬曆朝的官員很多部門都缺員嚴重，等於朝廷的功能失靈了，但皇帝似不在意。皇帝無為而治，近於不存在，等於怠工，而且時間甚長，這種類型的皇帝在中國史上還真不易見。《明史》即認為明亡不是亡於崇禎皇帝，而是亡於萬曆皇帝。張廷玉等撰，楊家駱主編，《明史．神宗本紀》，卷二一，頁二九五。

顧憲成說「無善無惡說」導致的「空」病是「何善非惡」，此說導致的「混」病是「何惡非善」，作為人世倫理準則的善惡完全顛倒了，這種理論是「以學術殺天下萬世」。[57]

顧憲成給「無善無惡」之說下了這麼重的罪名，如果我們回到前節所說的王陽明的原義，「無善無惡」與「至善」說原不衝突。「無善無惡」或指作為本體的良知超越世間名相的分別之上，或指良知的運用不執善念與惡念，它與作為價值本源的「至善」說原本相互證成，不相矛盾。但放在當時三教交流史來看，「無善無惡」之說很容易從工夫論的語言變成存有論的語言，其義理和作為存有基礎的空性論整合在一起。在流行的佛教理論中，儒家的性善論屬於人天法的法門，它有世間倫理的價值，但不能代表緣起性空的真諦。佛教進入中國後，它在世間倫理價值之上另立一超越的理境，其說相當流行，此種理境與解脫精神相合，成為那個時代極流行的思潮。但儒家進入宋代後，超越的本體要在人倫日用中顯現，反過來講，人倫日用的價值不會僅是世間法的價值，而是道的體現，這種圓融的肯定卻是理學各派共法，不可放棄的底線。

顧憲成所說的「空病」，所說可「附於君子之大道」者，放在王學脈絡底下，原有佛教義理學的意義。但東林學人有他們特別的關懷，我們閱讀顧憲成、高攀龍的文獻，大概都可以看出他的言論是有實際指涉的。他的言詞那麼沉痛，不會只是空論道德規範，筆者相信他說及「無善無惡」之說導致的「空」病、「混」病，應當指向了他極反感的王錫爵、沈一貫這一些曾經為相的官僚。王錫爵、沈一貫為官皆屬圓熟的老官僚，於學問又多喜佛道之學，而在東林學人看來，「無善無惡」之說正是源自禪佛，與儒家原不相干。官僚吸收了性空論分身的無善無惡之說，給自己開了方便法門。

誠如顧憲成在另一篇文章裡所擔憂的：「混則一切包裹，其所開之門戶為甚寬，故巧也。世之談事功者，大率由此出耳。玄則握機自巧，巧則轉機益玄。其法：上之可以張皇幽渺，而影附於至道；下之可以傲名儌利，而曲濟其無忌憚之私，故險也。」[58]這一段話出自他的重要理論的話語，其內涵與上述他回應管東溟、抨擊明代官場習氣的文字可互文共證。顧憲成將明代官員的冗沓拖曳，視為無善無惡說在政治上的反應。「無善無惡」這麼玄妙的境界語言一落到現實界，竟成了破壞世間倫常的元凶。東林學人需要結合同道破空，破混，所以有東林書院之起。

書院、講會之事自宋代以下，已非罕見，它們構成近世儒家社會鮮明的標誌。但東林書院比起往常的書院來，介入政事更深，因為他們自認「天下之是非，自當聽之天下」，[59]不能廟堂說了算。掛於書院門聯的「家事、國事、天下事，事事關心」乃東林黨人奉守的圭臬。這種以天下為己任的精神乃是宋代士大夫顯著的人格特色，「東林講學繼龜山」，[60]嚴格說來，東林人物繼承的道統不止於龜山，而是往上紹繼天水一朝的文化精神。從東林學者的眼光看來，儒者如果只居林下講學，忘卻天下蒼生，即非儒者。東林黨人對政治事務頗關心，牽引萬曆一朝的主要政治事件爭議，包括核心的三大案——梃擊案、紅丸案、移宮案，無一沒有東林人物涉身其間。但儒者如果只關心政治，而不關心身家性命，東林黨人也不認可。東林學人對王陽明的「無善無惡」之說以及陽明後學講學引發的社會風潮頗思拯救，這種內聖層面的關懷成了他們整體規劃中不可或缺的一環。或許從東林黨人的眼中來看，萬曆一朝內聖方面的欠陷和外王方面的不振是一體的兩面，

---

57 上述引文俱見顧憲成，《小心齋劄記》，《顧端文公遺書》，收入《續修四庫全書》編纂委員會編，《續修四庫全書》，冊九四三，卷一八，頁二—三，總頁二一三。

58 顧憲成，〈朱子二大辨序〉，《涇臯藏稿》（臺北：臺灣商務印書館，一九八三，景印文淵閣四庫全書），冊一二九二，卷六，頁三—四，總頁八二—八三。

59 顧憲成語，引自顧樞，〈刻以俟錄〉，《顧端文公年譜》，收入《續修四庫全書》編纂委員會編，《續修四庫全書》，冊五五三，卷下，頁三二，總頁四〇三。

60 「東林講學繼龜山，事事關心天地間。莫謂書生空議論，頭顱擲處血斑斑。」鄧拓，〈過東林書院〉，《江南吟草．歌唱太湖》，收入常君實編，《鄧拓全集》（廣州：花城出版社，二〇〇二），卷四，頁一六三。

而性善論被誤解所帶來的問題更加嚴重，有陽明後學的「無惡無善說」才有朝廷上肆無忌憚的小人之舉。

由於東林黨人看政統已不僅將它視為政治問題看待，而是視為安身立命的問題，所以他們對待不合道德禮法的異己的態度往往更堅決，掀起的對立風波也更激烈，結果東林學派在儒學義理學傳承中的地位反而不如它在明代政治史中的形象來得清晰。東林黨受迫害事件具有極突顯的象徵內涵，原本是儒門盛事的東林講學因為與政府（皇權）衝突，最後竟然付出了極慘痛的代價。天啟五、六年（一六二五—一六二六），兩波大的閹黨整治東林黨人的事件，在各地幾乎都引發了極大的民怨，甚至造成暴動。受迫害黨人被緹騎從拘捕地拘提到北京為止，一路都受到沿途居民極大的同情，拘提之路幾乎成了另類的傳道之路。天啟年間的兩波大整肅引發的暴力衝突中，蘇州的〈五人碑〉所記的顏佩韋、周文元等五人連同萬名市民與緹騎衝突，打死旗尉之事，只是箇中著名的一個案例而已。

「頭顱擲處血斑斑」的東林講學運動對晚明社會帶來極大的衝擊，脫離了東林黨奮鬥的意義，我們即無法理解明清之際幾乎所有士子——包含復社、幾社成員和顧炎武、黃宗羲、王夫之三大儒——以及顛沛流離於西南山巒、東南海域的永曆與明鄭政權的臣民之抗爭意義。就儒學內部關懷的議題而言，即使他們不一定同意「東林黨」這個符號的所有涵義，但他們都活在東林黨引發的文化氛圍中。從社會史的角度著眼，從天啟六年（一六二六）直至明鄭滅亡（一六八三），這一甲子的時間可以說是後東林的時期，東林黨抗爭的歷史效應貫穿這個時期的重要歷史事件。

天啟年間的東林黨與閹黨的鬥爭，東林諸賢受到極殘酷的迫害，這場迫害給爾後的明代社會留下巨大的創傷，也給明清之際的儒者留下深刻的反省空間。我們閱讀晚明重要文人學者的相關著作，不時可見其字裡行間沉澱著對昔日悲慘的刀光血影的軫慟。[61]但論東林學派對後東林學者（如黃宗羲、王夫之、方以智等人）最大的意義，應當是那種超越於現實秩序上的反抗精神。天啟五年，閹黨展開對東林群賢第一波的大整肅，劉宗周的同志友楊漣、左光斗、魏大中等人下詔獄冤死。劉宗周為文為賦以追弔之，且有「旦暮從之遊」的殉友念頭。高攀龍回信答覆他道：「死是盡道而死，非立巖牆而死也。大抵道理極平常，有一毫逃死之心固害道，有一毫求死之心亦害道」。[62]高攀龍此信寫來，行所無事，死亡不能威脅道，而只能為證成道而存在。此道理高攀龍懂，劉宗周也懂。接受高攀龍的規諫後，劉宗周即一意潛修，活在性天交融的生命原點裡。但在二十年後，時機到時，他仍以堅忍卓絕的方式，以身殉道。

東林黨人的奮鬥是儒學史上極動人也是極驚心動魄的一頁，高攀龍寫信回覆劉宗周時，自己也身處暴風雨的中心。他的友人劉元珍當時即向他道：「此吾輩入火時也，無令其成色有減，斯可矣！」，[63]劉元珍使用了「真金不怕火煉」的隱喻，盼望同志友要以煉獄為修行道場。東林學派一堂師友，冷風熱血，洗滌乾坤，這些話語可想見地是他們當時彼此之間的相互砥礪之言。高攀龍是主盟東林的大儒，面對同志友一一殉難，書院被毀，蕭瑟淒其之情可想而知。我們不妨看他在惡劣時局時的自我定位：「蕞爾東林萬古心，道南祠畔白雲深。縱令伐盡林間木，一片平蕪也號林。」[64]這首詩是高攀龍面對一位同道經過被摧殘的東林廢院所寫的一組詩的和詩中的一首，其時風聲鶴唳，高攀龍平靜地等待不可測的命運的來臨。高攀龍個性溫和平

61 對於東林死難志士的緬懷，代表性的文字參見劉宗周，〈弔六君子賦〉，收入戴璉璋、吳光主編，《劉宗周全集》，冊三下，頁一二五六—一二六〇。瞿式耜，〈特表清忠疏〉，收入江蘇師範學院歷史系、蘇州地方史研究室整理，《瞿式耜集》（上海：上海古籍出版社，一九八一），卷一，頁一二—一五。

62 《劉宗周年譜．天啟五年》，收入戴璉璋、吳光主編，《劉宗周全集》，冊五，頁二〇七。

63 黃宗羲，《明儒學案．東林學案三》，收入沈善洪主編，夏瑰琦、洪波校點，《黃宗羲全集》，冊八，卷六〇，頁八六一。

64 高攀龍，〈和葉參之過東林廢院十首〉，收入高廷珍等輯，《東林書院志》，冊七，卷一八，頁一三b。高攀龍寫完這十首詩後不久即殉道，後書院重建，東林後學宋之奮、秦鏞、周茂蘭、李遜之等十九人皆有詩追和高攀龍的〈廢院十首〉，這組詩儼然成為道統不滅的象徵。上述的和詩皆收入高廷珍等輯，《東林書院志》，卷一八。

淡，此詩一樣的溫和平淡，但字裡行間卻顯現了綿裡藏針的柔勁，「一片平蕪也號林」可視為東林精神不屈服於政治暴力的宣言。果然，寫完這首詩沒多久，他為保朝廷尊嚴，乃「從屈平之遺則」，[65]投水自盡，以身證道。而他的死亡也就像屈原的死亡一樣，死亡是身軀的斷絕，卻是反抗精神的更形壯大。

如果就儒者介入世間，重整秩序的角度考量，東林學派是理學史上發展的高峰。東林學者確實都是道統論的信徒，他們都有強烈的追求有道社會的道德狂熱。他們留下來最鮮明的形象確實也是道德狂熱的殉道者，他們的殉道是如此的真摯，如此的悲壯，我們很難對他們有任何的苛責。然而「道統—政統的關係」作為重要的公共議題，我們還是不免覺得遺憾，當我們看到他們將良知的至善與性理的客觀性結合，並落實於具體的人間時，他們對於人間的禮法秩序缺少批判的反省，最明顯的，他們的道統意識碰到政統論的樞紐—天子的地位時，幾乎沒有發出任何較具體制性顛覆的言論。他們的抗爭基本上是精神象徵性的，是儒者的自我要求。但這樣的主體性抗爭的強度如何產生客觀制度的建立，這種思考似乎沒有進入他們的反應模式中。他們碰到認識論的障礙，所以就陷入一再的體制、一再的悲劇、一再的效忠的惡性循環。

六、無法突破的死結：君王專制

東林學派的特色或者說它留下來的歷史教訓，應當就在東林黨人的政治實踐與東林學人的心性實踐這兩種傾向的連結上，產生了極強烈的對照。這種對照留下了極珍貴的理論遺產，但也提供了難以迴避的、不能不嚴肅看待的血淋淋的教訓。我們且以兼具東林黨人與東林學人雙重身分的高攀龍與魏大中為例。高、魏師徒在東林事件中占有非常顯赫的地位，這對師弟中的門人魏大中是天啟五年的殉難者，其師高攀龍則於隔年緹騎要來拘捕他之前，為保大明王朝尊嚴，投水殉道。兩人的操守都如同春雪皚皚，高操自勵。仕宦居鄉，風評甚佳。正因有很好的人格特質，遭遇卻極悲慘，他們提供的省思更顯珍貴。

天啟五年、六年的東林黨禍是明史上極黑暗的一章，以魏忠賢為代表的閹黨之所以能夠横行無阻，荒唐地斬斷了大明王朝的生機，絕不能只以個人的道德良窳視之，也不能將這場衝突化作個人的道德問題處理之。但高、魏兩人面對如此荒唐可恥的鎮壓時，他們都將當時那波鎮壓行動視為命運對良知的考驗，也就是對自己人格承擔能力的考驗。天啟五年，拘押魏大中的緹騎從嘉善經過無錫時，高攀龍特地到高橋之北給魏送行，他知道魏大中此去凶多吉少，「申以誨言，醇醇亹亹」，魏大中為此撰有〈高橋別語〉以記之。在這六條贈言中，高攀龍反來覆去叮嚀的，乃是要魏大中如何將外來的侮逆，即使極不堪的肉體迫害，視為一種考驗，「雨露霜雪，總是造物玉成至意」。

高攀龍平素闢異端甚嚴，在此際，他竟然藉著佛教「空」的義理勸導學生，行刑者殺義士，如以刀刃「殺太虛」，根本無用的，本體是殺不死的。[66]至於世間的窮通得失也是惟識所現，「性中無此等境」。他也借著空的理論，以自己親身的經驗為例，勸導學生可以將肉體上的痛苦轉化，讓生理苦痛的實在化於無形。但魏大中的身體還是被刑死了，而且死得極淒涼悲壯。

隔年，當高攀龍等待多時的閹黨的黑影逐漸逼近時，他選擇從容面對。自沉當晚，高攀龍先上了小樓，告別楊時牌位，然後與門生家人小聚，最後再走入極淺的水池中，以奇異而有尊嚴的身體姿態，完成一樁悲壯的道德行為。臨終前，他寫下給皇帝的遺疏曰：「臣雖削奪，舊係大臣。大臣受辱則辱國，故北向叩頭，

65　語出高攀龍，〈遺疏〉，《高子遺書》，卷七，頁四一，總頁四六〇。

66　〈高橋別語〉在魏大中及高攀龍的文集中皆可見到，參見高攀龍，〈高橋別語〉，《高子遺書》，卷五，頁二五—二六，總頁四二二—四二三。

從屈平之遺則。君恩未報，結願來生」，[67]這是明末有兩大儒之稱之一的高攀龍的最後遺言。他為了參究理學家一生懸念的性天相通之境，縱身投入，將自己的精神提升到達人的意識所能及的至高峰；他為了證成先儒所重視的世間倫常的價值，也和東林同志為性善論竭盡了心力，重新樹立世間倫理本體論的基礎。

當高攀龍面對人間倫理最嚴肅的考驗，亦即殺身成仁的最終時刻時，我們看到他很自然地但也是不自覺地，竟將他在人世間的道德實踐銜接到道德意識幾乎無法觸及的先天領域上去了。他當時的語言是「心如太虛，本無生死，何幻質之戀乎」，或「原無生死，何得視生死為二」之類的表述也出現了。高攀龍的語言可能是某種境界下的如實理證，一種非關紅塵的先天境界之語，但空境下的人間倫理如何證成？劉宗周身為高攀龍的同志友，他在高攀龍逝世後的一件重要工作即是不斷清除高攀龍最後時刻的不妥當之語。所謂妥當不妥當，意指人世間的道德實踐當依性善法則，而不當依無善無惡的空性法則解釋之。人的道德實踐要包含最後的生死一著，劉宗周要盡他身為同志友最後的責任。[68]

但東林黨禍最重要的意義當是作為政治事件，儒者付出了這麼大的代價，他們的犧牲該如何解釋？或者他們沒完成的政治改革該如何解決？整體東林學人都碰到了體制性思考的盲點，無法突破。面對明代殘暴的政治制度以及脫序的政治行為，高攀龍卻將這些不合理、不如法的迫害事件化作道德行為的試煉事件，他以獨特的修行方式轉化了身體的生理限度，並同時超越了死亡的限制。他臨終前，甚至要與明朝政治惡瘤總源頭的天子結下「來生」，期待來生再次回報。但來生再仕時，如碰到類似的政治禍害，高攀龍當如何自處？還要再投水一次？政治的問題不在政治領域內解決，而是返身質疑自家良知能否承擔，這樣的選擇是道德的嗎？如果道德高尚如東林烈士，如王陽明，如劉宗周，他們都無助於大明王朝走向失敗，包含政治的失敗與道德的失敗，君王是否還有機會走上堯舜聖君的路途？明代政治的死結即綁在君主專政制度本身，這個制度下的「君王」的性格被性理化，也就是個人的存在理型化了。一旦具體的人成了理型的模式，不論其人（皇帝）在現實上是否能執行天子的職能，其存在很可能即無法改變，這是遭受政治迫害的明儒常見的反應。高攀龍、魏大中想到「天子聖明，臣罪當誅」，在其他的東林黨人我們也可見到類似的反應，比如楊漣、[69]繆昌期、[70]李應昇，[71]這些人都是赫赫有名的典範人物。當他們走到生命的末期，而且是在受盡人間所能想像的最大的苦難時，他們仍期待來生再報答君王的大恩。可見東林學人面對迫害的反應是體系性的，也就是共法。顯然，東林人物眼中的君王已不是肉身的個體，而是「天理」的「理」，在受限於基本的思維框架，政道沒有出路的情況下，經驗界的政治位置取得了存有論位階的保障。面對殘酷的政治迫害，東林黨人只能將君王視為超越的理型，一往情深、九死不悔的奉獻。越受迫害，越是忠貞。箇中一一人物之具體回

67 高攀龍，〈遺疏〉，《高子遺書》，卷七，頁四一，總頁四六〇。

68 參見拙作，〈死生與義理——劉宗周與高攀龍的承諾〉，收入鍾彩鈞編，《劉蕺山學術思想論集》（臺北：中央研究院中國文哲研究所，一九九八），頁五二三—五五五。

69 楊漣在〈獄中絕筆〉有言：「嗟嗟，癡心為國，妄趨死路。生有累於朝紳，死無裨於君德。虛存忠直肝腸，化作萇弘碧血。留為千日白虹，死且不瞑。但願國家強固，聖德剛明，海內長享太平之福。漣即身無完肉，屍供蛆蟻，原所甘心。不敢言求仁得仁，終不作一怨尤字也。而癡愚念頭，到死不改。還願在朝臣子，共從君父起念。於祖制國法國體，大家當共留心。」楊漣，〈獄中絕筆〉，《楊大洪先生文集》（新北：藝文印書館，一九六六），卷下，頁六九b—七〇a。

70 繆昌期臨終前的最後時日有詩云：「嘗讀膺滂傳，潸然涕不禁，而今車檻裏，始悟夙根深。一死無餘事，三朝未報心，南枝應北指，視我實園陰。」面臨來自朝廷的迫害，他卻深愧「三朝未報心」。參見繆昌期，〈入檻〉，《從野堂存稿》，收入《續修四庫全書》編纂委員會編，《續修四庫全書》，冊一三七三，卷七，頁一〇，總頁五八九。

71 李應昇：「聖德方虛已，愚忠敢瀝丹，慚無一字補，空復數行彈，臣罪應難赦，君恩本自寬，淒淒楊柳色，誰為問南冠。」參見李應昇，《受命草．赴逮至郡》，《落落齋遺集》（新北：藝文印書館，一九七一，四部分類叢書集成）。此詩仍是韓愈〈拘幽操〉所說的「臣罪當誅兮，天王聖明。」韓愈，《琴操十首．拘幽操》，收入屈守元、常思春主編，《韓愈全集校注》（成都：四川大學出版社，一九九六），頁七九八。

應，茲不再列舉。

高攀龍、魏大中師弟的受難具有價值極高的象徵意義，但他們的受難之意義如沒有得到儒家價值意識的充分證成，未免美中不足。本來三教融合、三教合一的思想在陽明之後，已蔚為潮流，至少持此說者，完全可以在世間法與出世間法之間出入自在。東林學派的特色恰好是要在世間法中證得出世間法的意義，受迫害的意義就在受迫害的行為中證成。他們反對無善無惡說，力主性善說在人間倫常中的體現，其用意在此。但我們觀東林黨禍受害者，高明如高攀龍，也不免在脫倫理視野的超越境界中，覓得生命受難的意義。

東林法難是一則深層沉痛但又無補於世道的案例，他們的反應是對政治的放棄，實質上，頗有人只能遁入佛教的空的世界。傳統的佛道兩家在此提供了一條救贖性的出路，由於佛教的宗教性格更強，解脫的途徑更加確定，以空境滌除人間的不幸，紅塵的汙穢，此種選擇毋寧也是合理的。但如就東林學派的立場來看，他們當年所以力反「無善無惡」及「心即理」的理學，而要強調性理的尊嚴，其目的即是要使人間性理化或禮樂化。沒有完成人間的轉化而進入空境，這是一種實踐的不徹底。但高攀龍不是唯一的例子，我們看到其他的臨終的東林黨人在佛菩薩的慈悲中尋得解脫者更大有人在。[72]

但受害者有意擺脫政治的追殺時，最令人側目驚心的舉動乃是對自家知識人身分的徹底否定，繆昌期在〈示兒〉此遺詩中有言：「諸兒初了了，長大竟無成。世事渾如夢，遺經累後生。覆巢寧有卵，刈草豈留萌。幸得收吾骨，還須隱姓名。」[73]楊漣在北司受酷刑後，吩咐家人道：「汝輩歸，好生服事太奶奶，分付各位相公，不要讀書。」李應昇〈大兒同行因憶五弟〉結尾道：「寄語兒曹焚筆硯，好將犁犢聽黃鸝。」[74]繆昌期、楊漣、李應昇臨死前對國君還是忠心耿耿，但想及兒孫時，卻又擔心兒孫步上自己的後塵，要他們隱姓埋名，不要讀書。正是這種剪不斷、理還亂的矛盾情緒同時顯現於一人身上，更突顯了東林學派深層的糾結。

東林學派的糾結還會在爾後的歷史中持續下去，直至蕺山學派，直至明亡。黃宗羲在《明儒學案》此部煌煌巨著中，他的恩師劉宗周被置於結束處的〈蕺山學案〉，放在最後，既是時間的意義，也是評價的意義，意指劉宗周是有明一代學術的總結者。在蕺山學派之前，黃宗羲列出的是「東林學派」，他的編排同樣是兼具時間與評價兩個層面。兩個學派最後相連而設，因為劉宗周本來也可設想為東林學人，他與東林學人，尤其是高攀龍，思想淵源極深。劉宗周本人在天啟年間閹黨所勾陳的黑名單中，也名列其中，他還被取了個外號「天異星赤髮鬼」。[75]閹黨眼中的這些東林人物是被視同江洋大盜看待的，以《水滸傳》人物比擬之，尤具有悲悽中帶著荒謬的意味。從東林學派到蕺山學派，也就是和黃宗羲關係特別密切的這脈晚明學術，它們具有良知學發展到高峰該有的特色：體道精湛、行事剛烈、析理嚴密，最後還多殺身成仁，義理化為鮮血，染紅了良知學的赤幟。

劉宗周是良知學的殿軍，也是明代理學的殿軍，同時也可視為東林學派的完成者。作為東林法難的餘生者，也是這些殉難者的同志友，他最重要的使命就是如何賦予政治實踐，包含殉難，更恰當的意義。

72　繆昌期臨終絕筆〈慰妾〉：「我是剛腸鐵石人，不為女子惜嬌春，蓮花會上來相接，共禮如來證往因。」此詩未見於《從野堂存稿》，收入黃煜，《碧血錄》（上海：神州國光社，一九四一），卷下，頁一二八。李應昇，〈絕筆〉：「十年未敢負朝廷，一片丹心許獨惺。只有親恩無可報，生生願誦法華經。」「絲絲循省業因微，假息餘魂有夢歸。燈火滿堂明月夜，佛前合掌著緇衣。」參見李應昇，《落落齋遺集》，卷三，頁四，總頁九九。

73　繆昌期，〈示兒〉，《從野堂存稿》，收入《續修四庫全書》編纂委員會編，《續修四庫全書》，冊一三七三，卷七，頁一一，總頁五八九。

74　燕客，〈天人合徵記實〉，收入黃煜，《碧血錄》，卷下，頁二三。

75　王紹徽，《東林點將錄》，收入《四庫全書存目叢書》編纂委員會編，《四庫全書存目叢書．史部》（臺南：莊嚴文化，一九九七），冊一〇七，頁五。

一六四五年，當滿清部隊席捲浙江時，他終於使用了最堅決也最動人的方式，絕食而死。而且絕食二十一天期間，始終賦予這場行動重要的倫常意義，他是為綱常而死，終極價值就在他日漸消逝的生命中日趨圓滿。他死亡的一剎那，在精神抗爭的意義上，也可以說是六合回春的堯天舜日重新蒞臨。

東林學人是可敬的，但國破家亡就是國破家亡，依良知學萬物一體、以道自任的信念，東林學人當然會認為天下興亡是自己的責任。也不只東林黨人，在整個良知學流行的時期，從晚明到明清之際，良知學、東林黨與政治良窳的關係一直是學者爭議的焦點。東林學人就道德實踐觀點著眼，自然沒有理由接受俗儒的指指點點。[76]但即使東林的抗爭具有不屈服於政治壓力的嚴肅道統理念，就責任倫理學的觀點考量，治國平天下之學當然有義務看到治國平天下的實際效果。高攀龍開導魏大中，劉宗周彌補高攀龍殉道之不足，這樣的行為是中國史上極光輝的一頁。但就道德的客觀精神面向來說，他們的實踐有沒有完成政治該有的功能？這是東林黨人留給後人的一道歷史課題。

良知之學發展到高攀龍、劉宗周，其體證之深，省察之嚴，勝過前修。其殉道之悲壯如理，真可驚天地而泣鬼神。但很明顯地，他們的努力卻同樣無補於政治的混亂，以及連帶而來的國破家亡。何以理學在政治領域無法在客觀精神的法制上著想？他們信奉的典範是否面臨到認識的障礙，無法提供相應的答案？良知學流傳到明季最後的階段，付出了極慘烈的代價，東林學派詭異地將理學內聖外王理念的潛存問題帶到歷史的議程上來。

七、明夷之待：破碎山河後的省思

明亡是明末士子難以承受的痛苦，但禍福相依，災難帶來了深刻的反思，它帶出太平歲月未曾有過的豐饒的思想這一份大禮。十七世紀中葉以後，大抵也就是李自成入京、崇禎皇帝自縊的一六四四年以後，中國發展出來的哲學在中國哲學史上具有特殊的位置，它是春秋戰國以後的另一次的高峰。現代的左派中國哲學史家或歷史學家論資本主義萌芽期的代表性學說，或者港臺新儒家以及日本當代學者論中國現代性的源頭時，大抵也都將箭頭指向此一時期的儒教哲學家，尤其是後世號稱三大儒的顧炎武、黃宗羲、王夫之，近年頗受重視的方以智之學也足以和三大儒比肩。如果我們認為政權正當性的議題是現代化工程核心的一環的話，或許我們還可加上原本不太受到注意、一九四九之後才特別被彰顯出來的唐甄其人其書，甚至包含《大義覺迷錄》書中曲折顯現出的大逆呂留良之學。這些明清之際的儒者提出的論點遙遙地牽引了兩百多年的後世子孫向前邁進。

以上六人都是儒者，我們在他們的著作如黃宗羲的《明夷待訪錄》、顧炎武的《日知錄》、王夫之的《讀通鑑論》、方以智的《東西均》、唐甄的《潛書》等書中，看到一連串新興的議題，其中包括歷史判斷與道德判斷的分際、心—理—氣概念位置的重新安排、中央與地方分權的設計、君權與相權的分工問題等等，這些重要的議題如果繼續深化，原則上，應該可以發展出更有理論意義的議題出來。其中顧炎武對理學核心議題的天道性命說不感興趣，呂留良的造詣可能也不深，他們兩人都厭惡王學，但對朱子相當尊重。唐

76　客觀來講，東林人物竭盡心力，事實上撐起晚明以後的政局，他們是延續了國脈，而非截斷。誠如黃宗羲說的：「熹宗之時，龜鼎將移，其以血肉撐拒，沒虞淵而取墜日者，東林也；毅宗之變，攀龍髯而蓐螻蟻者，東林也。」在天啟年間，在崇禎年間，國事紊亂，外敵內亂交侵，其時獻身救世者：「屬之東林乎？屬之攻東林者乎？數十年來，勇者燔妻子，弱者埋土室，忠義之盛，度越前代，猶是東林之流風餘韻也。」黃宗羲，《明儒學案．東林學案》，收入沈善洪主編，夏瑰琦、洪波校點，《黃宗羲全集》，冊八，卷五八，頁七二七。黃宗羲的斷語絲絲入理，除了他的父親外，他的師友在十七世紀的政局動亂中，不少人先後走上成仁取義之路。他說及東林一詞時，雙眼中不時晃動難以自已的前塵影事。他在明亡後所作的重要工作：編《明文海》、《明儒學案》，撰《明夷待訪錄》，可說都是在為晚明最後一段極燦爛炫目但也是迴光返照的學術作莊嚴的見證。

甄生前生後的聲名都黯淡，其坎坷不遇的情況尤甚於王夫之，但我們知道他的思想歸宗於良知學。六人當中，方以智、王夫之與黃宗羲和理學的關係特別密切。方以智是位思想極深刻的思想家，卻長期被忽略，其學術命運之坎坷也超過王夫之。他的思想中有濃厚的《易經》、莊子與華嚴宗的因素，整合朱、王，辨章華梵，蔚然自成一家。王夫之反王陽明，歸宗張載，對周敦頤和朱子也相當同情。他與理學的關係看似隱晦，其實相當清晰。他的思想的原創性極強，六經責他開生面。

與上述諸大儒相對照之下，黃宗羲與良知學的關係特別深，其父黃尊素是東林黨人，在明天啟六年那波閹黨整肅東林黨的政治活動中，黃尊素犧牲了。黃宗羲的老師劉宗周是明代心學的總結者，黃宗羲幾乎將他當成生父一樣看待。黃宗羲一生的學問似乎都有為明代學術作總結的意味，他的《明儒學案》之於明代理學，《明文海》之於明代文學皆是如此，他的《明夷待訪錄》之於明代政治，甚至於秦漢以後兩千年的政治，也有另類的總結的意味。整體而觀，明清之際儒者對儒家外王思想的省思，理學提供了重要的理論資源，而且他們的反思背後有很濃厚的有明一代的歷史背景。

明清之際，君王制度的問題終於前所未見地浮上檯面。首先，就是對於「君王」個人的批評更形公開，規模也更大。如前所述，明代君權之專制固然前此少見，但臣子對於君權的抗衡也沒有少過。但十七世紀，經過東林黨、閹黨的鬥爭；農民軍攻滅朱明，崇禎帝自殺；福王、唐王、永明王、魯王等前仆後繼的反抗運動相繼失敗；最後隨著一六八三年東寧的鄭氏王朝的覆滅，滿清異族終得穩坐中原，一統天下。身處其間易姓改代的末代明儒稱呼這種巨變為「天崩地解」的年代，「事情如何發生」的問題不能不浮現上來。即使僅以崇禎帝自殺殉國此事而論，由於皇帝殉國在國史上的統一王朝中是少見的案例，皇帝的位置在傳統中國的倫理秩序中又占有獨特的位置，崇禎之死不能不給大明臣子留下了巨大的創傷。但崇禎帝的多疑、猜忌、獨斷，也就是他的性格的缺陷那麼明顯，他的個性與明亡事件不能沒有關聯。明代遺民對這位悲劇天子的反思就不可能不起，皇帝變成了被批判的對象。

反省的最關鍵的突破口在於對君王制度本身的省思，反省制度，其前提是在什麼樣的視角下作的反省。就對君王制度本身的反思而言，宰相的性質首先被提出來，相權是中國政治制度中重要的一環，黃宗羲《明夷待訪錄．置相》說：「有明之無善治，自高皇帝罷丞相始」。皇帝罷了丞相之位，他直接統率六部。但事實上，沒有哪位皇帝有足夠的精力既管宮中，也管府中。一但權力極度膨脹，膨脹到他自己都無法掌控時，皇帝的實權很自然地就會由宦官分享。王龍溪這位將良知的先天義發揮到淋漓盡致的儒家撰有《鑑中錄》一書，這是為宦官寫的一部奇書。在明代，影響天子的管道，除了宦官外，不太有更接近的途徑了。

天子沒收宰相職務，總攬六部，現實上很難做到。長期說來，也會損害制度的有效運作，也不見得符合君王的利益。所以隨著歲月的演變，還是不能沒有承擔宰相職責的職務出現，如內閣大學士。但無宰相之名而有宰相之實與名實相符的宰相位置，運作的結果還是不會一樣。就治道而言，黃宗羲反省到宰相的功能問題，已觸及到明代政治結構的神經。但就政道而言，宰相這一環並沒有對君權的獨裁產生有效的制衡作用，後世儒者曾提出對君權制衡的學說，在漢有陰陽災害說，在宋有道統說。陰陽災害說依據陰陽家天人感應的學說而來。在天子為天之元子的思考模式下，天子是代天行事的，但天意不可測，「天聽自我民聽」又沒有形成一套制度，因而，上天的旨意被認為透過災害等非常道的方式表達出來，災難意味著對秩序的破壞。自然的秩序是上天的顯像，當自然的秩序失序時，它就不再是自然，而是自然的破裂，神意介入的結果。而神意之所以介入，乃因作為上天代理人的天子失德所致。但依據歷史的經驗，陰陽家的災難說並沒有對天子產生嚇阻作用，因為通常大臣——可能是丞相就須負起災難之責。封建王朝的天子制變成了虛假的內閣制，總理（首相）要負起政治之責，壟斷權力的天子仍然逍遙於天意之外。至於道統說的制衡力道呢？恐怕也因為缺乏制度的設計，所以也沒有發揮應有的功能。

黃宗羲從〈置相〉篇開始，更跨進一步，即針對君王制度的正當性作出孟子學式的反思。黃宗羲的《明夷待訪錄》的〈原君〉、〈原臣〉，唐甄《潛書》的〈抑尊〉等篇章，都明確地提出了君王制度如何以自己的「大私」為天下的「大公」，如何將上天給予的天下視為自己的「產業」，如何以道德仁義的空名箝制天下士子，始而慚愧，久而心安。從秦漢以下，我們第一次看到這麼密集的反思傳統的君王制度之缺陷。在黃宗羲、唐甄筆下，原來圍繞在君王身上的「天命」、「三綱」之類的光輝都不見了，回到政治的本質，君王是暴力產生的結果。唐甄一再譴責殺天下之民的「大手」不是兵，不是將，而是國君。黃、唐皆為良知學者，我們在他們的著作中看到王陽明、王心齋的影子。

如果說黃宗羲的〈置相〉篇已初步觸及到政權運作的問題，我們觀看作為三權分立概念的司法問題也有了反省，明代政治的一大問題是摧殘士大夫身體的暴戾之氣特盛，[77]政治制度的不良要負極大的責任，所以此時反對重刑（尤其是肉刑）的音量特別大。王夫之重視踐形論，強調精神與身體的互依關係，因此特別反對肉刑的設計，他說：「天之生人，道以成形；而人之有生，形以藏性。二氣內乖，則支體外痿；支體外斷，則性情內椓。……形蝕氣虧，符朕必合，則是以止惡之法增其惡也。名示天下以君子，而實成天下之姦回。」[78]類此重生之言，在王夫之著作中不時可見。即使像張巡、許遠死守睢陽此一著名的忠臣事件，只因張巡、許遠之忠牽涉到「食人肉」此悲慘事件，王夫之即甚不以為然，認為張、許之事不值得讚美，因為它付出的代價已逾越了儒家道德的界線。[79]王夫之反對肉刑，其理據來自於他重生的身體哲學的立場。

除了不徹底的行政、司法的反省外，我們還看到監察權的問題此時也提出來了，黃宗羲在《明夷待訪錄．學校》中，特別提到學校除了作為教化系統的機構外，它還要扮演很重要的監察的角色，「政有缺失，祭酒直言無諱」。他要將天下是非的標準置於學校，而不是君王；他要求祭酒於學校講學時，天子需來聽講。在孫中山的五權憲法的設計中，他特別列出中國特有的監察制度，將它從西洋的三權分立的制度中獨立出來，單獨行使。黃宗羲未必有如此明確的制度概念，但背後的思考方式確有類似之處。

上述種種的設想，顯得凌亂，不夠體系，明清之際儒者的發想仍有限制。和後世民主制度的設計相比，不能說有直接的關係。但就設計的精神來看，確有相通之處。在明清之際的儒者的分權制度的設計中，本文認為最值得注意的是道統與政統的再次劃分，也可以說是再次強調。誠如前文所示，道的超越性的提出以及道統的設計乃是宋代理學的一大成就。透過了道統—政統的二分，長期存在於中國的政權壟斷道的詮釋性格的格局終於有了實質的突破。這種突破放在權力結構來看，就是一種制衡，而且是原初的制衡，可視為聖／俗這組宗教最根源性的分化的儒家版，也是價值的終極依據在政治領域的顯現，它的制衡的優先性在三權分立的制衡之先。

在明清之際形成的政治理念中，政統—道統的釐清是儒家政治思想的一大推進。當朱子提出「道統」理念時，一個獨立於政治領域的儒家傳統，以及有「道統」支持的「政統」才是完美的政治，這樣的理念已隱然成形。但這樣的政統、道統關係要經由有明一朝的兩統的衝突以及明清之際天崩地解的巨大震撼，裡面蘊含的問題才會更清楚地突顯出來。王夫之正是其時突顯兩統關係的重要學者，他的用語是「治統」與「道統」，他說：「天下所極重而不可竊者二：天子之位也，是謂治統；聖人之教也，是謂道統」。[80]「治統」

77 參見趙園，〈易代之際士人經驗反省〉，《明清之際士大夫研究》（北京：北京大學出版社，一九九九），頁三—二三。

78 王夫之，〈舜典四〉，《尚書引義》，收入《船山全書》編輯委員會編校，《船山全書》（長沙：嶽麓書社，一九八八），冊二，頁二五七。

79 王孝魚說：「《尚書引義》的內容，首先是王夫之對明代政治的批判。……〈舜典〉第二篇指陳嚴刑峻法之非，第四篇痛斥恢復肉刑之害，〈呂刑〉篇幼祥論五刑五罰之慘，是譏刺明代過於重用刑罰，摧殘民命。」其說有據。見同前引書，冊二，頁四四一—四四二。

80 王夫之，〈石勒起明堂辟雍靈臺〉，《讀通鑑論．東晉成帝》，收入《船山全書》編輯委員會編校，《船山全書》，冊一〇，卷

與「道統」代表兩種秩序的概念，前者是政治秩序的概念，另一個是儒家式的文化概念，這兩種秩序並行於天地之間。兩種秩序相合即是治世，兩種秩序相離即非治世，少掉任何一統都是不幸的。

如果就朱子〈中庸章句序〉所言，真正的符合道統的治統只存在於從堯舜至周公這個歷史階段，從孔子以下，政治與道德分離，即不再有治世可言。後世君王通常喜歡政教合一的模式，如實而論，朱子的道統論中的前孔子階段只能是理念的，即使湯、武、文王、周公是歷史人物，他們的統治即使是史實，但這樣的史實包含的政教合一的模式只能出現在某一歷史階段，不可能重複，也不宜再重複，其性質仍是象徵的。兩統的真正關係只能從孔子以下的歷史開始論及，也就是就政治領域而言，道統與政統的分化乃是我們思考中國兩千多年政治問題的起點。

兩統並行天下，互為消長，然而，道統不可能斷，道是理世界的概念，具有嚴肅的普世性的內涵。它當然應該常存天壤間，這是理學家共同信守的道理。[81]但道統所依存的義理內容在現實上既然存於天壤之間，它自然有可能受到外力的干擾，現實上的儒者之統即可能中斷。顧炎武的「亡國」、「亡天下」之說因而興起：

易姓改號，謂之亡國。仁義充塞，而至於率獸食人，人將相食，謂之亡天下。[82]

顧炎武這裡所說的「亡國」與「亡天下」之分如果指向歷朝的興亡，「亡國」當指同一文化傳統內的改朝換代而已，「亡天下」則是元、清兩代的政權的性質，這兩個朝代取前朝而代之，其替換不只是政權的興亡而已，而是一個文化傳統的斷裂。「天下」意識是中國固有的語彙，這個詞語意指「在天之下」的秩序，「天無私覆，地無私載，日月無私照」，[83]天下的秩序因而不可能沒有普遍性的內涵。但普遍性的內涵要落實到具體的人間秩序來，其內容才可顯現。在晚明之前，「天下」秩序和夷夏秩序的關聯緊密，在顧炎武、王夫之此處，「天下」對照的不僅是夷夏，而是具有普遍意義的文化的內涵。在國／天下的對照中，「天下」的範圍比「國」大，不，應當不是數量的大小問題，而是質量的普遍不普遍的問題。如果要說兩者的關係的話，應當是「天下」為「國」的載體，「國」從「天下」升起。「國—天下」的組合是「政統—道統」組合的翻版，從張載、朱子到顧炎武、方以智、黃宗羲、王夫之，他們思考同一問題。

在明清之際漢滿鬥爭激烈的時代，天下的概念要排斥夷夏之辨的內涵是不切實際的，而論及夷夏之辨，此概念在當時如果沒有包含種族主義的因素也是不切實際的。但當時的儒者的思考其實已跨越了種族之防這條防線，即使民族主義立場最鮮明的王夫之，他們論夷夏之辨，主要仍是從文化內容看。王夫之有歷史演變的概念，他確認夷夏的概念就像領土開發所顯現的文明的演變一樣，並不是僵硬不變的。原本是蠻荒地區，可演變為文明開化之地；反過來說，原本是文明開化之地，也不無可能會淪為野蠻之域。既然文化傳統不繫

一三，頁四七九。

81 這也就是何以王夫之說：「儒者之統，與帝王之統並行於天下，而互為興替。其合也，天下以道而治，道以天子而明；及其衰，而帝王之統絕，儒者猶保其道以孤行而無所待，以人存道，而道可不亡。……是故儒者之統，孤行而無待者也；天下自無統，而儒者有統。」王夫之，〈闞駰劉昞諸人存儒者之統於北方〉，《讀通鑑論．宋文帝》，同前引書，卷一五，頁五六八—五六九。儒者之統（也可說是儒者所承載的道統）與帝王之統的分合可卜世之盛衰，王夫之繼承了朱子、呂坤的論點，很明確地指出一個良好的政治秩序需要有「道」作支持，「道」是「政治」的指導原則。政治秩序因拘於特定的時空與個人因素，所以政治秩序可能亂，帝王之統可能斷，但道統不可能斷，因為道常存天壤間。

82 顧炎武，《原抄本日知錄．正始》（臺北：明倫出版社，一九七〇），卷一七，頁三七九。

83 鄭玄注，孔穎達疏，〈孔子閒居第二十九〉，《禮記正義》，收入李學勤主編，《十三經注疏整理本》，冊七八，卷五一，頁一六三〇。

於神秘的血統，而是歷史上由規範性的行為準則所形成的傳統，所以他可以大聲呼籲道：「可禪可繼可革而不可使夷類間之。」[84]他這段話連接他所說的「儒者之統」，我們可以確定他所說的夷夏之辨乃是文化傳統的意思。明亡之前漢人政權最後的反對力量明鄭與清廷談判時，無法談攏的主要因素也是「剃髮」、「衣冠」這些象徵文化傳統的因素居間所致。

在明清之際，我們看到一種新的政治圖像已經慢慢浮現，首要者，我們發現道統與政統的二分。「道統」這個語詞固然可以將之神秘化，它指向了一個難以言說的「道之統緒」。但落實下來講，可以指向好的文化傳統之意。好的政治乃是好的政治統治加上好的文化傳統的配合，政統要接受道統的指導。道統與政統的對立是中國政治最重要的制衡原則，它遠比三權分立的制衡原則更重要。它們的關係類似於理學的體—用，或者海德格的存有—存有者的關係。中國模式的這種制衡原則意味著文化與政治是相對獨立的領域，但承繼堯舜而來的文化具有指導的地位，所以凡在歷史上發生過的文化為政治服務的主張，都是違反中國文化傳統的非常怪異之論。凡是徹底切斷政統與道統的主張，這種觀點就是不完整的。正常的理論乃是政治、文化相互獨立，但在價值意義上，文化的位階更高，壟斷一切權力的政治不可以妨礙文化的展現。萬一政治、文化不能同時兼顧，保有文化傳統是每一位人民共同的責任，保文化所以保天下，也是保人之尊嚴，這也是顧炎武所以說「天下興亡，匹夫有責」的深意。

在道統論—天下論的照耀下，或者說在道統論—天下論與政統論—君國論的對照下，文化的內涵具有理學價值體系的內涵。就文化項目所指涉的事物來看，此時儒者所指涉的事物和漢唐儒者所指的並無差異。但在理學天下觀所呈現者，道不離禮樂，離了禮樂即無道。然而，禮樂有超乎現實世界之外的禮樂理念之事，道統論系統下的禮樂是後習俗儒家倫理學的理念，它的內涵比習俗的禮樂觀多了存有論的盈餘。

在明清之際，道統—政統二分、道統具有優位性的前提下，此時期君王統治權的正當性問題被提出了，中國傳統的君王制度受到嚴厲的質疑，這些質疑的依據無疑都是前有所本，亦即他們建立在「天下為公」的基礎上立論，「天下為公」的理念恰好緊扣了君王制底下君王視天下為「私產」的「天下為私」觀。這種「天下為公」的想法固然是從六經以至先秦儒道兩家共同的主張。但在顧炎武、黃宗羲、王夫之與唐甄等人的著作中，我們首度看到如此大規模而且極深刻的批判。「古者以天下為主，君為客……今也以君為主，天下為客」（《明夷待訪錄．原君》）；「三代之法，藏天下於天下者……後世之法，藏天下於筐篋者也」（《明夷待訪錄．原法》）；「自秦以來，凡為帝王者皆賊也」（《潛書．室語》）；「位在天下之上者，必處天下之下」（《潛書．抑尊》），這些概念此時出現了。這些聲音和晚一些在西歐出現的孟德斯鳩、盧梭的言論，頗有近似之處。和二十世紀的章太炎、梁啟超、孫中山的思想，顯然也有一脈相聯之處。明末清初與清末民初隔了兩個世紀，但這兩個時期的文化卻有拓樸空間式的連結。

明清之際的儒者反省中國的政治問題，無疑已達到國史上前所未見的高度。他們對君王制度之私已有相當的共識，而合理的君王制度建立在以理為依據的「公」之基礎上，也有共識。然而，在制度上如何落實，這個問題顯然已超出他們理解的範圍。制度上之無法落實，乃因他們對「君」與「民」的性格都尚未找到相應的理解，制度自然也就無從落實。良知學發展到明末清初，逼近了得分之門的界線，但終究沒有越過如何民有、民治的大關。黃宗羲、唐甄等人提出了問題，提出了批判，但沒有提供答案。

我們稱呼明清之際儒者提出的問題為黃宗羲提問，或《明夷待訪錄》提問，這個提問在清末民初再度被立憲派及革命派提出來，但此次的提案伴隨著答案一起來。明末清初儒者的問題意識通向了清末民初的政治方案，銜接兩方道路的隧道打通了。至於答案對不對題，成不成功，這是另一個層面的問題了。

84　王夫之，《黃書．原極第一》，收入《船山全書》編輯委員會編校，《船山全書》，冊一二，頁五〇三。

第七章

反抗原型——明鄭亡後無中國[1]

一、前言：「開臺」的意義

臺灣有文字記載的歷史相對地簡短，大抵自十七世紀以後才有較豐富的文字記載島上風情。從十七世紀至當代，歷史事蹟層層疊疊，其意義往往前後勾連。由於臺灣進入有規模的文字記載的歷史時代較晚，其時已進入大航海的時期，全球化的格局於焉展開，世界各地不由自己地都捲進了現代化的行程。但也因為各地的歷史背景不同，因此，也都有各種混雜本土與全球、連續與斷層，去疆域與再疆域化，去脈絡化與再脈絡化的工程。而且這種解構與重組的過程仍在進行中，這個階段的歷史事件的意義會在不同的視座下，由原始的意義衍生出文化的意義。不論原生的與衍生的意義如何難以切分，但可以確定的，這個階段的重要事件不會過去，需要一再地重解。

明鄭這個概念與臺灣的連結源於鄭成功於一六六一年以「明招討大將軍」的名義攻伐其時盤據臺灣的荷蘭東印度公司的勢力，歷經苦鬥，終將此殖民帝國勢力逐出臺灣。爾後，鄭成功奠定的政權分別由其子鄭經、其孫鄭克塽先後經營，直至一六八三年才因清將施琅渡海征伐，鄭氏不支，其政權遂亡。在鄭成功入臺之前，漢人雖早已進入臺灣，一六二四年荷蘭東印度公司在臺招民拓墾、貿易榷稅，已有相當的組織形式。但無疑地，明鄭的格局遠非前人入臺者可比，隱然已具王國之架勢。在南明諸反清勢力中，也只有鄭家能被後人以姓氏和政權名稱結合，成了「明鄭」此一專有名詞。

明鄭政權因存在於風雲巨變的明清鼎革之際，爾後臺灣卻又恰好成為當時東亞巨變的焦點，因此，有關「明鄭」的性質的問題，遂無可避免地會成為歷史詮釋的焦點。鄭成功的形象之演變很有代表性，他從清初朝臣的「海賊」到同治年後的「明之忠臣」，從日本帝國的「大和民族雄飛寰宇」到國民政府的「民族英雄」，從民間的「開臺聖王」到另一種半官半民的「東寧王」，從目前反中氛圍下一種壓迫原住民的「臺灣哥倫布」的想像，到市場經濟大興後的商戰貿易王朝的主子之形貌。如果我們再考慮他在十七、八世紀歐洲的形象，問題就更複雜了。一位鄭成功，卻有諸多鄭成功的意象，「鄭成功」其人的意義總是緊緊連繫著論述者當下的關懷，不斷變化。[2]

筆者同意鄭成功意象的多重面貌，也同樣認為：我們要了解明鄭政權，不能脫離現代的處境，明鄭政權的意義需要後來歷史的補足。反過來說，我們要了解當下的臺灣處境，需要有歷史的縱深使之明朗化，當代臺灣的性質仍脫離不了明鄭的歷史影響。明鄭與當代臺灣的相互定位，可說是一種詮釋學的循環。[3]但本文認為在鄭成功的多重面貌中，未必沒有形象清楚的主軸，我們仍然可以找到合理而較客觀的一面。鄭成功再如何地化身千萬，明清之際的明遺民心中，卻始終有個伸大義於天下的正面形象，「明室遺人，未或非之」，[4]此種形象連康熙皇帝都是承認的。而在臺灣史的流變中，鄭成功在民間始終擁有很正面的形象，不

1 二〇一六年十二月二十五日「跨越一九四九：文學與歷史國際學術研討會」專題演講文稿。初稿〈明鄭亡後無中國〉，曾刊於《中正漢學研究》，三一期（二〇一八．〇六），頁一—三一。

2 關於鄭成功形象的多變，參見江仁傑，《解構鄭成功》（臺北：三民書局，二〇〇六）。鄭成功的形象往往依統治階層的需要而不斷被塑造，他在早期歐洲的文獻中相當負面，見上書，頁二〇—二五。但鄭成功多變的諸形象的比重其實不一樣在中日兩國，除了滿清官方史料或受官方史料影響的文人會從抗逆的觀點界定鄭成功的行為外，他的形象大體還是正面的，而且正面得非常巨大，只是「正面」的內容不太一樣而已。

3 詮釋學的循環並非意味著歷史解釋的任意性，而是意味著歷史的解釋總脫離不了詮釋者存在的處境。詮釋是人的存有論向度之展現，而不是語言技術的問題。

4 這是鄭亦鄒《鄭成功傳》對鄭成功的判斷，鄭亦鄒是康熙時期海澄人，康熙四十五年進士。其人的年代與家鄉都與鄭成功相接，此書也可算是現存最早的鄭成功傳。鄭亦鄒說鄭成功「當日落虞泉，而猶屈彊海外，佚宕中國，欲遂魯陽之志，亦迂狂而不知其無補者。然數十年之間，竊號永曆，違命假義，旌旃所指，關河響動。喋血邊竟，人民離落。」話說得很重，問題是明朝遺民沒人說他不對。鄭亦鄒當然不能脫離清朝的立場說話，但他的評論總是貶中帶褒，最後的論斷也相當合理。參見鄭亦鄒，《鄭成功傳》，收

因政權的轉移而改變。鄭成功及明鄭在晚明遺民中較一致的形象，以及在臺灣人民中較連續性的形象，至少顯示他具多樣的面貌卻又一致的精神，某種具有重要的抗爭精神的鄭成功是被接受的，本文也是建立在明鄭具抗爭精神的意義的前提上，由此踵事發揮。

本文論儒家現代性方案與現代中國的連結，明鄭一關畢竟繞不過去。雖然明鄭在臺前後不過二十三年，但由於它處在明清變局這個大變化的框架，又是臺灣第一個漢人政權，它擁有始源的特殊地位。事實上，一個有政治意義的臺灣可以說是由鄭成功開創的，鄭成功是「開臺聖王」。[5]「開創」是時間的意義，但也是本體論的意義，有了「開創」，才有「存在」。[6]「開臺」這個歷史事件和「臺灣」的本質不能沒有本體論意義上的關聯。「明鄭」不算長，但它的存在遂有不容忽視的重要性。

由於鄭成功身處其中的十七世紀是中西文明衝撞，兩股歷史潮流的匯聚點，明鄭存在的意義遂遠超出它存活的年代，其作用波衍至今。在近代東亞，任何地區面對近代西洋文明帶來的強大撞擊，大概都會出現路線之爭，在傳統與西洋兩端之間徘徊。晚清臺南進士、唐景崧重要幕僚施士洁所以感慨：「相逢亞雨歐風裡，六合茫茫不肯晴」。[7]在這種「亞雨歐風」的巨大歷史潮流的推動下，中國就像各古老文明一樣，其歷史行程大概都免不了重層交疊的西洋現代性與在地傳承的混雜性，中國的近代史相對而言更複雜。真相幾時真能夠明？明鄭的國際性格頗濃，筆者認為我們如果從儒家現代性模式下解讀明清變局的歷史作用，或許可以嘗試給明鄭一個恰當的定位。

二、明亡於何時

我們的問題要從「明亡於何時」開始談起。

明亡於何時？這個問題似乎不該是問題，但這個疑問在民國時期的學術界曾經是個問題，在十七世紀的東亞似乎也曾經是個問題。這個問題之所以值得冠上「似乎」兩個字，乃因朝代興亡並不是國史上特殊的現象，興亡自古尋常事，但尋常事碰到了特殊的歷史際遇，就需要解釋。崇禎十七年（一六四四）三月十九日，李自成攻入北京，崇禎帝煤山自縊殉國，接著滿清入關，趕走李自成。爾後十餘年，來自東北長城外的這支遊獵民族陸續平定中國大陸的農民軍力量以及南明的反抗力量。滿清在入關之前的一六二六年已建號稱帝（清太宗皇太極），明清早是對峙的敵國。所以清朝官方以一六四四年定調明亡時日，明亡清興，這樣的歷史斷代是說得通的。

如果一六四四年的歷史時間定得太早，沒有顧及到南明仍有大規模的反抗行動，退一步想，一六六二年是另一個可以被考慮的年分。因為崇禎朝覆滅之後，南京仍成立各種條件都相對齊全的南朝政權；繼福王的南京政權、唐王的福州政權先後在一六四五、一六四六年潰滅後，中國東南與西南仍有頑強的反清武裝抗爭。到了一六六二此年，永曆帝、魯王、李定國、鄭成功先後死亡，也就是明朝主要的反清領袖同年告別人世。在中國大陸本土，有組織的反清力量大抵已被平定。因此，我們如視一六四四年為明亡清興的斷代年

入臺灣銀行經濟研究室編，《鄭成功傳》（臺北：眾文圖書公司，一九七九），頁三九。

5 鄭成功攻臺，趕走荷蘭人，認為乃是光復其父鄭芝龍借予荷蘭人的故土，但這種「復臺」語言恐怕只能是政治語言，師出有名耳。關於「開臺」或「復臺」之爭，參見楊雲萍，〈鄭成功的歷史地位——開創與恢復〉，《南明研究與臺灣文化》（臺北：臺灣風物雜誌社，一九九三），頁三六七—三七四。

6 關於「開創」、「開始」與初民思維，實即與現代西方以外的人之思維的關係，參見耶律亞德（M. Eliade）著，拙譯，《宇宙與歷史：永恆回歸的神話》（新北：聯經出版事業公司，二〇〇〇）。

7 施士洁，〈再疊前韻，視臺友林陔唐〉，《後蘇龕詩鈔》，收入《後蘇龕合集》（南投：臺灣省文獻委員會，一九九三），卷一一，頁二六八。

分，退十八年想，以一六六二年告終，都是有歷史依據的。兩說之中，清代官方定調一六四四年，更符合一般的理解。在清末民初流行的「支那亡國」紀念會或「甲申三百年祭」之類的敘述中，也預設了明亡於一六四四年的前提。

但是，在民國年間的史學敘述，確實頗有學者主張明朝不是亡於一六四四年，也不是一六六二年，而是亡於一六八三年，也就是施琅攻克澎湖，鄭克塽降清，寧靖王自殺那一年。柳亞子在《南明史綱初稿》的最後一章最後一節記載永曆三十七年八月事，即說道：「壬子，清將施琅入東寧……延平王出降……寧靖王術桂殉義於東寧，……明亡」。[8]此書至此結束。柳亞子說的不只是南明亡，而是「明亡」。類似的觀點在陳去病、謝國楨的著作裡也出現過，目前最詳盡的南明史著作，錢海岳的《南明史》也是這樣定位的。[9]連橫的《臺灣通史》充滿了不可掩抑的故明之思，當然更賦予一六八三年「明朔亡」的特別意義。[10]無疑的，陳去病、謝國楨、柳亞子、連橫等人的說法主要是出之於民族主義的觀點，前人所謂的春秋大義。而且這樣的論點只能在清廷亡後或清廷勢力不及之處，才有可能出現。

但是，這些持一六八三年明亡說的學者是否只是受到一時的民族主義情感衝動所致，還是另有所本呢？筆者認為民族主義之說太狹隘，這些人的觀點確實是上有所承的，明末清初的史學大家黃宗義在他的〈賜姓始末〉即言道：

> 自緬甸蒙塵以後，中原之統絕矣。而鄭氏以一旅存故國衣冠於海島，稱其正朔。在昔有之，周厲王失國，宣王未立，召公、周公二相行政，號曰「共和」。共和十四年，上不係於厲王，下不係於宣王，後之君子，未嘗謂周之統絕也。以此為例，鄭氏不可謂徒然矣。[11]

「緬甸蒙塵」指永曆帝被吳三桂殺害之事，「鄭氏稱其正朔」指鄭經、鄭克塽於永曆被弒之後，仍然使用「永曆」年號。行正朔，表示明未亡，就像西周時期的共和十四年一樣。「不可謂徒然」，當然意指稱正朔、存故國衣冠是有重要意義的，不能以結果論。由黃宗羲的引言可以看得出來，他認為明鄭仍保留明朝正朔，這種政治措施是符合《春秋》大義的，其論點是道德判斷，但也是歷史判斷。《春秋》一經原本即有在歷史中反思道在具體事件中呈現的意義，《春秋》的歷史是理事交融的歷程，價值意識溶進時間的流逝中。依據黃宗羲所說的《春秋》之義，明鄭的存在即意味明朝尚存於天壤之間。鄭氏政權覆亡，明朝才算告終。

黃宗羲之言並非個人意見，劉獻廷在《廣陽雜記》這本奇書裡，也讚美鄭成功道：「賜姓提一旅之師，伸大義於天下，取臺灣，存有明正朔於海外者將四十年，事雖不成，近古以來未曾有也，賢於文信國遠矣！」[12]劉獻廷此書記載不少明鄭事蹟，由於其說多得之於和鄭成功總角同學的楊于兩之口，頗富史料價值。楊于兩對鄭成功評價極高，認為「諸葛忠武、郭汾陽、岳武穆後之一人」。劉獻廷給楊于兩的話下一總評，指出鄭成功的事功之大者在於延明正朔於海外將近四十年。[13]可注意者，黃宗羲、劉獻廷之說皆著於康熙年間，也就是文網甚密的年代，他們的評論多少是要冒些政治風險的。

明鄭的存在是清代大一統論述的一個障礙，至少是礙眼點，這個存在的現象是個歷史問題，但也是個現

---

8 柳亞子，《南明史綱初稿》，收入柳亞子文集編輯委員會主編，柳無忌編，《南明史綱、史料》（上海：上海人民出版社，一九九四），頁一〇三。

9 錢海岳，《南明史》（北京：中華書局，二〇〇六），冊一，頁三—四；冊二，頁二八三—二八四。

10 連橫，《臺灣通史．建國紀》（北京：商務印書館，二〇一〇），冊上，卷二，頁四七。

11 黃宗羲，〈賜姓始末〉，收入沈善洪主編，錢明等點校，《黃宗羲全集》，冊二，頁二〇〇。

12 劉獻廷，《廣陽雜記》（北京：中華書局，一九八五），頁五八。

13 劉獻廷說的「將四十年」，當從崇禎自盡，鄭成功隨父親鄭芝龍從軍開始算。

實的問題。明鄭的解釋問題之所以在三百年後的當代仍是個敏感的議題，隱側地牽動兩岸人民的神經，關鍵的連結點在於一九四九之後中華民國撤守臺灣，中華民國在一九四九年之後的處境，極像南明，更確切地說，很像永曆、魯王這個最後階段的南明政權的處境。一六四四年後，奉永曆正朔者，主要在中國的西南與東南一隅；一九四九年後的民國政府也是在滇緬邊境保有殘軍，主力則在臺澎金馬，作用同樣落在中國的西南與東南一隅。蔣家父子和鄭氏父子的處境也有可以比配之處，中華民國與南明政權的存在很難不令人連結在一起。

由於一九四九年後的中華民國與南明政權的處境頗相似，和明鄭政權的類似處尤為明顯，因此，撤退來臺的國民政府對明鄭的重視可想而知。鄭成功是臺灣教科書中的民族英雄，臺南工學院改制，其名稱即名為「成功大學」，對延平郡王的禮敬，自然成了中樞祭典的大事。禮敬鄭成功誠然不是流亡來臺的國民政府創始的，它是建立在深厚的臺灣風土的反應，但無疑的，國府的重視自有當年現實的基礎。然而，由於明鄭政權最後的命運意味著抵抗之無用，國府的紀念明鄭，多少總有些陰影在內。[14]

一六四四以後的南明政權與一九四九之後的國民政府的連結，我們還可以臺灣銀行在一九五八年以後出版的《臺灣文獻叢刊》為例加以說明。此套叢書在五〇年代的臺灣，甚至那個時代的全球任何地區，都是一套極重要的臺灣研究的叢書，「臺灣研究」的基本文獻大體呈顯了出來。即使到了今日，此套叢書仍有它不可抹滅的意義。這套叢書以「臺灣」為名，偏偏蒐集了相當多晚明人士的著作，如查繼佐、黃宗羲、黃道周、夏允彝、夏完淳、張煌言這些未曾到過臺灣的儒者之文集，基本上，叢書編者是將臺灣明鄭的歷史和南明的反抗運動緊緊扣在一起的。臺灣銀行編纂這套叢書時，並沒有很僵硬的統獨立場，當時知識界想像中的臺灣還是文化臺灣，文化臺灣比現實臺灣多出了其時行動者的生活世界。叢書的編者周憲文的眼光相當精準，一般也認為臺灣銀行能編此套叢書，是它對臺灣社會的一大貢獻。

一六四四年後的明鄭與一九四九年後的國民政府頗多相似之處，我們且再以魯王墓壙的發現，略見一斑。一九五九年，金門駐軍在施工時，發現魯王墓壙，出土〈皇明監國魯王壙誌〉，誌文由寧靖王朱術桂所寫。誌文有云：「王集餘眾南來，聞永曆皇上正位粵西，喜甚，遂疏謝監國，棲蹤浯島金門城，至丙申徙南澳，居三年，己亥夏，復至金門。計自魯而浙、而閩、而澳，首尾凡十八年。王間關澥上，力圖光復，雖未路養晦，而志未嘗一日稍懈也。」金門是鄭成功的根據地，不論在明清之際，或在一九四九之後的兩岸關係，很難找到比金門更具象徵性的地方。何況，此地出土的又是十七世紀下半葉東南沿海抗清的領袖人物皇明監國魯王的文物。魯王墓在金門，清代文獻已多有記載，蔣介石在抗戰時期還曾在此地建「民族英範」碑亭，大力表彰過其人其事。但一九五九年新墓壙發現，才知舊墓為年代更老的一座墓，魯王墓的始末才大白於世。

魯王真墓的出土是一則劇場性十足的歷史事件，對當時中華民國的軍民，無異是件大事。島內的文史工作者的熱烈探討自然可以預期，蔣介石、蔣經國也頗關心此事，魯王墓重新安置後，紀念碑的文字即是蔣經國撰寫的。胡適也為此撰文論述此事，後來又加上一段補記：「遼藩甯靖王朱術桂的詩似乎沒有流傳下來，我們現在讀這篇新出土的〈壙誌〉，還可以想像那位末葉王孫的故國哀思，還應該對他『指日中興』的夢想寄與無限的同情。」[15]朱術桂其實還有其他文字流傳於世，胡適之說並不正確。但他的同情還是意味深長，胡適的父親胡傳（字鐵花）曾任職臺灣臺東州知州，親見臺灣甲午、乙未的巨變，一八九五年因腳氣病在廈門過世，可說間接的殉臺。不意一甲子後，胡適本人又是避赤來臺，他的感慨可想而知。

---

14 筆者曾聽已故臺灣大學歷史系楊雲萍教授的醫生兒子提到：雲萍教授是當時臺灣極少教授南明史與臺灣史的學者，國府當局當時對他授這兩門課憂喜參半，喜的是臺灣大學能開出南明史的課程，但總希望他不要上到明鄭覆亡那個階段的歷史。

15 胡適，〈跋金門新發現皇明監國魯王壙誌〉，《臺灣風物》，十卷一期（一九六〇．〇一），頁三八—四一。

不只退守來臺的國民黨中人，會將臺灣島上前後相差約三百年的兩個政權聯想在一起，即使作為勝利一方的共產黨人也有此想法。《南明史》作者錢海岳的命運就是一個很有啟發性也很悲慘的例子。《南明史》之出版說明引顧頡剛的日記：「書方成而『文化大革命』運動起，以其曾表章鄭成功，被誣為宣傳蔣介石反攻大陸，拉之至明孝陵，從上推之下，遂跌死」（顧頡剛一九七九年四月一日日記）。[16]錢海岳案可視為明政權爭正朔而殉身的一個令人悲傷的案例，其人不死於清而死於社會主義革命勝利的新中國，尤令人不勝唏噓。

晚近有關施琅功過的討論，也是一個現實政治反映到古人評價的一個案例。由於明鄭有極強的漢文化的象徵意義，鄭成功的驅荷復臺又可被解釋為普世的反帝運動中的一個傑出案例，中共當局不可能不肯定它存在的意義。但明鄭卻又是代表政統的滿清王朝大一統政策下的反抗者，如果肯定此一政權，難免會令人有現實的聯想。因此，如何詮釋明鄭與康熙的鬥爭，遂不能不是個困擾人的歷史問題。這個問題因牽涉到兩岸對峙的現實，更不可能不是個政治的問題。但有一點很清楚，即臺灣社會在價值判斷上並沒有接受施琅征臺的正當性，全臺曾有的施琅生祠、廟宇，不過兩座。在鄭成功與施琅之間，臺灣社會一面倒地接受的是失敗英雄的鄭成功、鄭經父子，而不是「靖海侯」施琅。

明鄭政權的意義和明亡於何年的判斷息息相關，這個問題在臺灣島內顯然問題更複雜。由於鄭成功家族起於閩海豪傑，用清代官方的說法，也可以說起於海賊，這個世家的家風和江南反清的儒林世家的情況顯然不同。我們如比較鄭家父子和同一時代的著名父子反抗者如祈彪佳、祈班孫或夏允彝、夏完淳父子，兩者的風格頗有差異。加上鄭成功海上舉兵的特殊局勢，永曆的勢力侷促在中國西南一隅，鄭成功活動的範圍則限於中國東海沿海，南明各政權間的鬥爭又相當複雜，作為執行武裝鬥爭統帥的鄭成功的行事自然不可能溫良恭儉讓，他的反清行動是否完全符合正統儒者的判斷，自然難免也有啟人疑竇之處。明鄭氏三代與滿清政權的冗長談判即是一例，[17]清、鄭的談判到底是否符合朝廷的體制？鄭氏是否有劃地自王之義？後世疑義不斷。當臺灣反對勢力興起，而且當此波運動從對國共兩黨的否定進一步延伸到對「中國」這個意象的質疑時，明鄭的解釋問題就不能不出現。

然而，不論明鄭與清朝的談判是真心，還是虛情假意，鄭、清之間的議和的最大障礙卻也清清楚楚，那就是剃髮問題。從頭到尾，滿清始終要求剃髮；從頭到尾，鄭家也始終拒絕剃髮要求。在十七世紀的「華夷變態」中，「頭髮」的象徵意義不下於今日的憲法，至少打從滿清入關起，剃髮就是個極富象徵性的舉動。吳三桂和滿清合作，第一步就是剃髮。江南的反清活動所以特別激烈，「剃髮」始終是個關鍵的因素。一六八三年困守臺南的寧靖王自縊，絕命詩云：「流離避海外，總為數莖髮，於今事畢矣，祖宗應容納。」也是為了數莖髮。由於身體髮膚在儒家價值體系的位置，等於是孝道的再現，剃髮無異於斷絕了華夏的文化傳統，張煌言所謂：「華戎所分，莫不於髮取辨焉」，[18]髮的文化象徵意義不能等閒視之。

於情於理，明鄭的存在顯然不只意味著一個地方政權的興亡而已，它存在的意義遠超出鄭成功三代父子個人傳記的意義之外。筆者認為：從儒家思想史的角度觀察，我們可以重新確定明鄭在臺二十三年的歷史意義。這個歷史的意義不只是歷史的問題，它和一九四九年之後的兩岸政治局勢有關，也跟明清學術的理解有關。

16 〈出版說明〉附見於錢氏著作之前，參見錢海岳，《南明史》，冊一，頁一〇—一一。

17 據莊金德所述，雙方共有十五次的交涉，包含試探及正式和議，都是清廷主動提出。參見莊金德，〈鄭清和議始末〉，《臺灣文獻》，十二卷四期（一九六一．一二），頁一—四〇。

18 參見張煌言，〈送馮生歸天臺序〉，《張蒼水集》（上海：上海古籍出版社，一九八五），頁三九。

三、亡天下與清學抹殺論

朝代有興亡，政權有起伏。但明亡不只是一個朝代的滅亡而已，從明末遺民的觀點來看，明亡乃是一個長遠文化傳統的消逝。顧炎武曾有亡國、亡天下之說：「易姓改號，謂之亡國。仁義充塞，而至於率獸食人，人將相食，謂之亡天下。」[19]顧炎武這個說法反映了當時一些傑出儒者共同的觀點，同代的王夫之亦云：「漢、唐之亡，皆自亡也。宋亡，則舉黃帝、堯、舜以來道法相傳之天下而亡之也。」[20]顧炎武的「亡天下」之說沒有明指哪個時代，但觀其一生活動，很難令人懷疑除了明清的變革外，還能有什麼解釋。王夫之所說「道法相傳之天下而亡」雖然說的是「宋亡」之事，但他以宋亡影射明亡，大概也是學界可以有的共識。宋明之亡，都不只是一個朝代的滅亡，而是民族文化的斷喪，章太炎序《張蒼水集》，提到明清之際中國東南海域的反抗運動有云：「所以有禮樂，絕腥羶，非獨為明氏之宗稷而已也」。[21]所說猶是此義。

顧炎武的「亡國」、「亡天下」之分與王夫之「自亡」、「道法相傳之天下而亡」之分，這種論述有特定的歷史脈絡，「亡國」、「自亡」意指一家一姓的政統之斷絕，「亡天下」則指一種文化精神之統的斷裂。兩種統的分別是明中葉以後儒學常用的語彙，往上推，即是朱子所說的「政統」與「道統」之分。朱子在〈中庸章句序〉提到儒家自有一個堯、舜、周、孔相傳的道統，這是儒者的精神傳承，它獨立於政治的統緒之外。朱子的文章雖然是篇序，卻劃出了一個新的時代。「道統」像是個歷史敘述，但不折不扣，它完成了建構「精神王國」的功能。[22]在理學之前，在秦始皇之後，中國的皇帝制度基本上壟斷了道的解釋權，皇帝成了「聖人」。[23]這種「道之篡奪」的顛倒現象基本上要在秦代周興後一千年，大宋興起，才被扶正。理學的道統論是千年來豎起文化中國的脊柱，共三光而永光。

宋代理學的興起代表一種新的人格的想像，也意味著一種新的主體範式的來臨，孟子在沉寂千年後，此時再度站上歷史舞臺。宋學是追求成聖的學問，他的思想即不可能不介入中國歷史的行程。從北宋王安石的力行新政，宣揚《孟子》大義，陸象山因其兄梭山發揮孟子的「民貴君輕」之說，感慨此乃「曠古以來無此議論……（但）伏羲以來皆見此理」；[24]以至我們的農民皇帝朱元璋大怒孟子的革命議論，因而命臣子作乾淨本的《孟子節文》，還要將他拉下聖廟。甚至乾隆皇帝因為程頤一段發揮《孟子》大義，脫口而出「士大夫當以天下為己任」的話，也同樣大怒道：「使為宰相者，居然以天下之治亂為己任，而且無其君，此尤大不可也。」[25]乾隆皇帝的發怒實在很偏頗，因為「以天下為己任」原本是宋明儒者的共法，程頤的話語並不特殊。上述這些後續的歷史事件都不是沒來由的，都是「聖」的理念步入歷史行程的結果，都是孟子復甦後

19 顧炎武，《原抄本日知錄．正始》，卷一七，頁三七九。

20 王夫之，《宋論》，收入《船山全書》編輯委員會編校，《船山全書》，冊一一，頁三三五。

21 張煌言，《張蒼水集》，頁三三三。

22 「道統」一詞在民國來的學者如顧頡剛、陳鼓應等人的著作中，受到極激烈的抨擊。「道統」一詞在明清史上，確實被君王收編過，今人對此詞語的反彈可以理解。明清時期「道統」論落在政統之下，參見黃進興，〈清初政權意識型態之研究：政治化的道統觀〉以及〈道統與治統之間：從明嘉靖九年（一五三〇）孔廟改制論皇權與祭祀禮儀〉，收入《優入聖域：權力、信仰與正當性》，頁八七—一六三。但我們如觀察此詞語出現的歷史背景以及在宋明兩代的影響，「道統」說正是提供當時士人最重要的「精神王國」之設計，參見張亨，〈朱子的志業——建立道統意義之探討〉，《思文論集：儒道思想的現代詮釋》，頁二二三—二七四。

23 參見秦家懿，〈「聖」在中國思想史內的多重意義〉，《清華學報》，新十七卷一、二期合刊（一九八五．一二），頁一五—二七。

24 參見陸九淵著，鍾哲點校，《陸九淵集．語錄上》（北京：中華書局，二〇二〇），卷三四，頁四二四。

25 程頤之說「天下重任唯宰相與經筵，天下治亂繫宰相，君德成就責經筵。」參見程頤，〈論經筵第三箚子．貼黃〉，《河南程氏文集》，收入王孝魚點校，《二程集》（北京：中華書局，一九八一），冊二，卷六，頁五四〇。乾隆之語參見〈書程頤〈論經筵箚子〉後〉，引自錢穆，《中國近三百年學術史．自序》（臺北：臺灣商務印書館，一九八〇），頁二。

直接的歷史效應，孟子是位危險的思想家。

「聖人」是「聖」的理念的道成肉身，作為儒家最高人格概念的聖人是要在人世間實行他的理念的。「聖」與「聖人」原本是儒家人格的理念，秦漢大一統政權成立後，天子壟斷了一切的資源，包含象徵的資源，天子成了「聖人」。理學的運動的一大意義，可說是收復「聖」、「聖人」的運動，「聖」從皇帝的手中再歸還給儒家的價值系統。理學的興起即是聖學的興起，這個聖學興起的運動是唐宋文明翻轉的內在動力，是另一個文明階段的開始，也就是學者所說的中國現代性的出發點。這個重組秩序、重估價值的工程在朱子手中初步完成，朱子之後，進入明代，王陽明接棒。很明確地，政統與道統的概念即並行於天地之間。兩統相競，道統雖有時會屈服於一時之勢，但終究會伸張其義於未來。[26]朱子學的道統說既用於抗衡佛教的宗教傳統，也抗衡專制政治的威權。

顧炎武、王夫之等人的「亡國」、「亡天下」之說代表一代儒家知識人共同的關懷，這樣的說法遠有所本，乃是道統說的運用，學術問題、安身立命問題和現實政治問題在此交叉。理學的格局一旦成立，它與政統的關係就不能不緊張，「我們試想程子、朱子是曾被禁錮的，方孝孺是滅族的，王陽明是廷杖後貶逐的，高攀龍是自殺的，——就可以知道理學家在爭自由的奮鬥史上占的重要地位了。在這一方面，我們不能不頌讚理學運動的光榮。」[27]引文不是新儒家學者說的，不要訝異，引文的話語是胡適說的。明鄭抗爭的意義是接著方孝孺、王陽明、高攀龍的系列而來的，更貼近的脈絡，是接著十七世紀的東林黨、復社的運動而來的。

從儒學的意義著眼，明代的「亡天下」之說在民國新儒家眼中，即有更深一層的解讀。新儒家學者對近代學術史一個重要的判斷乃是徹底否定了清代學術的價值，恍若中國歷代的學術中，清儒的學問最慽慽無生氣。牟宗三說：「明亡以後，經過乾嘉年間，一直到民國以來的思潮，處處令人喪氣，因為中國哲學早已消失了」。[28]這是他一本論中國哲學的專書的結尾，論述至此終結，亡國之音哀以思，也就是亡學之音哀以思，因為政統的斷絕和學統的斷絕在此是重疊的。再度引用牟宗三先生的語言講，也就是「自明朝一亡，乾嘉學問形成以後，中國學統便斷絕了」。[29]徐復觀的用語也不惶多讓，他說乾嘉學派所講的漢學，根本不是真正的漢學，漢代築基於經學上的漢學仍不失先秦儒學元氣淋漓的精神。相對的，清人所謂的漢學講的乃是「兩漢學術中最沒有出息的一方面的東西……他們是完全沒有思想的學派……只是以此掩護自己生活中的瘡疤。」[30]類似的觀點在他們的著作中反覆出現，他們態度之堅決，全稱否定命題之大膽，在在令人驚訝！兩百六十年的治績，千百位鴻儒的學術業績，從牟宗三、徐復觀先生的眼光看來，竟然只是一片廢墟。

筆者也認為從學術史的觀點看，牟、徐兩先生的判斷不免偏頗，很難得到學界同行的肯定。我們還可進

26 「故天地間，惟理與勢為最尊。雖然，理又尊之尊也。廟堂之上言理，則天子不得以勢相奪，即相奪焉，而理則常伸于天下萬世。故勢者，帝王之權也；理者，聖人之權也。帝王無聖人之理，則其權有時而屈。然則理也者，又勢之所恃以為存亡者也。以莫大之權，無僭竊之禁，此儒者之所不辭而敢于任斯道之南面也。」呂坤，《呻吟語》，頁四三—四四。

27 胡適提出理學家的歷史影響時，還說：「學者提倡理性，以為人人可以體會天理，理附著於人性之中；雖貧富貴賤不同，而同為有理性的人，即是平等。這種學說深入人心之後，不知不覺地使個人的價值抬高，使個人覺得只要有理可說，富貴利祿都不足羨慕，威武刑戮都不足畏懼。理既是不生不滅的，暫時的失敗和壓制終不能永遠把天理埋沒了，天理終有大白於天下的一日。我們試看這八百年的政治史，便知道這八百年裡的知識階級對政府的奮鬥，無一次不是掮著『理』字的大旗來和政府的威權作戰。」接著就是我們在文中所見的引文。參見胡適，《戴東原的哲學》，收入季羨林主編，《胡適全集》，卷六，頁三七五—三七六。胡適對考據學的重視與對理學的批判，眾所共知，但他對理學的意義其實也能肯定，而且非常肯定。他對儒家的同情比一般理解的胡適要深許多，引文的論點已相當接近新儒家學者的觀點，胡適的判斷很值得注意。

28 牟宗三，《中國哲學十九講》，收入《牟宗三先生全集》，冊二九，頁四四七。

29 牟宗三，〈熊十力先生追念會講話〉，《時代與感受》，收入《牟宗三先生全集》，冊二三，頁二九三。

30 徐復觀，〈中國歷史運命的挫折〉，《中國思想史論集》（臺北：臺灣學生書局，一九七五），頁二六一。

一步論，清代事實上未嘗沒有義理之學，我們現在大概不能不承認嘉慶學術的鉅子戴震、阮元、焦循仍是有義理之學的。[31]依筆者淺見，批判戴震學甚力的徐復觀和戴震其實共享的學術成分還不少。徐先生地下有知，應該不會贊成筆者的解釋。但筆者相信他們兩人同樣將自己的學說建立在反無限心的情性心的基礎上，我們如比較徐先生所說的心的文化和戴震的「情理說」、「絜矩說」，不難找到兩者之間的連續點。但徐復觀還是批戴震甚力，可能正因戴震學說與他有相似之處，他擔心彌近理而大亂真，所以必須劃清界線。更可能戴震之學與他認定的以中央研究院為代表的學風相關，[32]這樣的學風被徐復觀認為與民國來的國運不振，士風萎靡有關，所以他的批判愈形嚴厲。雖然學術與現實的糾葛勢所難免，新儒家學者亦不能免。但筆者相信：徐復觀反清代學術應該有更重要的考量，擴大來說，民國新儒家的學術反清應該有更重要的考量。要不然，不至於對清儒如此厭深惡絕。

新儒家論明清學術，嚴分為二，明儒是明儒，清儒是清儒。這種明清學術的區分大抵是類型學的，說是理想類型的區分也未嘗不可。因為依此劃分，他們即認為這兩種學術之間是斷層的，明代學術代表儒家真正的知識，直從本心出發，祖述孔孟，周程嫡傳。明學是理學重要的環節，理學世界中的人物有精神修養的向度，學問有穿透存在本源與現實世界的能量。而且，從張載的〈西銘〉到王陽明的〈大學問〉，理學的關懷推進到世界存在的邊緣，「以天下為一家，以中國為一人」。理學的目標始終和世界的理性化知識連結在一起，這是一套關聯到人的存在與世界本源的知識。清儒則是知識與人品兩缺，清代兩百多年的學術乃是服事鹽商鉅宦的「清客」所作的無意義的知識。[33]由於這種明清之學的區分是理想類型的，當然不能含括歷史上發生過的一些特別案例，這些歧出的偶然現象（如筆者舉的阮元、戴震之說）自然可以擱置不論。

我們反思新儒家學者的明清知識類型之語，不難理解他們所說的晚明儒學的性質，正是今日所說的多元現代性的一種特殊類型，一種中國現代性的敘述。「中國現代性源於晚明儒學」的主張可追溯至二十世紀中葉以前中國學者如嵇文甫、島田虔次等人，他們提出的論點和內藤湖南的「唐宋變革」說一脈相承，簡言之，晚明儒學的現代化議題乃是從北宋開始的儒學人間化的自然發展，政治主體的問題、物的對待的問題、新的主體範式的問題在十七世紀下半葉都密集地出現了。民國新儒家處理中國現代性的問題時，很明顯的特點在於他們支持主流論點宣稱的中國現代化的目標，現代化的內容主要以五四運動的「民主」與「科學」為標竿，但這兩個源自西洋的譯語被他們視為乃內在於儒家思想內部的要求。雖然在歷史的發展中，這種內在於中國文化的要求受挫於現實的處境，具體地說，窒息儒家精神發展的元兇就是滿清的文字獄政策。儒家的現代性潛力因此無法充分地展現，它有待於外部的「刺激」，也就是需要來自於現代歐美提供的理念之撞擊。但筆者還是要再度強調新儒家學者的堅持：這種理念的制度面雖是外來的，其精神卻也是潛藏於儒家內部的「理性」因素。[34]

31 參見拙作，《異議的意義：近世東亞的反理學思潮》（臺北：國立臺灣大學出版中心，二〇一二）。張麗珠，《清代義理學》（臺北：里仁書局，一九九九）。

32 胡適著有《戴東原的哲學》，收入季羨林主編，《胡適全集》，卷六。戴震可能是胡適最可以接受的儒者。徐復觀反胡適和反戴震一樣地清楚，可能出自同樣的學術立場。

33 清儒之學是清客之學，「清客」一詞是徐復觀加的，但可代表新儒家一種典型的看法，參見徐復觀，〈中國歷史運命的挫折〉，《中國思想史論集》，頁二六一。

34 牟宗三因持民主、自由是內在於儒家思想的因素，因此，對於當代中國需要實行民主政治與科學政策的原因不喜歡使用外因說的「影響」兩字，而是用蘊含內因說的「刺激」這樣的語詞。但刺激仍只是引子，關鍵的因素乃是理性的綜合作用。用牟先生的語言說：「一個知識或經驗之成立，非外界之刺激所能供給。外界刺激不過是一個引子；要成為知識，還須要理性之組織作用。所以對知識論而言，思想或理性實居主宰地位。因其為主宰，故言唯心。今吾人講社會哲學，亦是如此。對社會之組織與進化而言，人類意力實居主宰地位，因其為主宰，故仍言唯心。」參見牟宗三，〈《立國之道》末章：我人思想之哲學背景〉，收入李明輝編，《牟宗三先生早期文集補編》（新北：聯經出版事業公司，二〇二三），頁三六三。

回到明清學術的問題上來，新儒家所以對清代的學術多有批判，主要的著眼點是清代學術無法回應中國現代性的要求。如要論中國學術傳統與現代中國發展方向的關係，首選不能不推明代儒學，尤其是明末儒學。有清一代，中國內部不時會發生「反清復明」的叛逆行動，直至辛亥革命前夕，發生於兩個半世紀前的「華夷變態」的歷史悲劇仍強烈地牽扯其時革命黨人的心弦。新儒家也有「反清復明」的主張，這種主張不僅基於學術的理由，也有政治的關懷，只是他們的政治關懷和民族主義者的頗有異同。新儒家學者一向主張：民主、自由、科學這類中國現代化追求的大義名分，有中國的脈絡，理學的歸趣本即在此。歷史有王夫之所說的「不測而神」的非意表且非人的意識所能理解的目的性。中國歷史從孔孟以下，以人民為主體的想法始終被堅持著，但始終找不到制度的支撐點，人民作為政治主體的主張也未必能被議題化。這個問題到了北宋時期，出現了大的轉向；到了明清之際，由於晚明殘酷政治的教訓，徑路絕而風雲通，人民作為政治主體的想法終於呼之欲出。

可惜「呼之欲出」終究沒有呼出，因為十七世紀代表華夏文明現代轉型最後的機會的明鄭失敗了，一座島嶼的淪陷也將綿綿若存的道脈拖下了黑水溝的深淵中，不得翻身，清代的政治扼殺了天下精神的學術。這個困局一直要到了辛亥革命，才算找到了初步落實的制度方案。

四、最後的「天下」：明鄭二十三年

由明代學術帶出的中國現代性的黎明，以及清代學術的歧出，我們正可反思明鄭存在的意義。重要的歷史事件需要足夠的歷史縱深才看得清楚，新儒家的主張意味著我們需要這種「後見之明」的視角。

明鄭的存在在當時確實代表明儒最後的希望，天壤正氣繫於一線。一六六二年鄭成功死亡訊息傳來，張煌言不勝悲愴，有詩追弔道：「想到赤符重耀日，九原還起聽鈞天」。[35]張煌言是鄭成功的軍事夥伴，他對鄭成功的諸多策略不是沒有意見。就像黃宗羲對鄭成功個人不是沒有意見，但他們都認為個人的事業上的意義常常超出個人的行為細節。鄭成功平生事點點滴滴的是非，無損於保存明朝文化命脈此一偉大事件的功績，他們對明鄭的存在都賦予很高的評價。他們眼中的鄭成功就像孔子眼中的管仲一樣，其人在細節上固有瑕疵，但觀其大體，則「如其仁」也。張煌言這位國姓爺重要的事業夥伴到底還是相信鄭成功仍意在光復的，他幻想哪一天大明中興，鄭成功會從九原之下再起，聆聽朝廷的鈞天廣樂，其詩瀰漫了追弔痛惜之意。此詩比起陸放翁的「王師北定中原日，家祭勿忘告乃翁」，同一悲愴。

大約同一段時間，張煌言有詩詠鄭成功（或許包括鄭經）居臺的氣象「南荒煙嶂百蠻天，別有山川紀漢年」[36]、「鼇柱斷來新氣象，蜃樓留得漢威儀」。[37]張煌言對明鄭在臺灣的存在之情感是矛盾的，一方面他不滿意鄭成功渡海攻臺，分散了反清的力量；但另一方面，明鄭代表「紀漢年」、「漢威儀」的意義是很清楚的，春秋大義的行動大於一時軍事活動的是非得失，這個新興的臺灣是需要大家讚美的。張煌言寫這些詩時，永曆帝、李定國、魯王也幾乎在同一段時間逝世，中原已是愛新覺羅天下，他自己也困處在東海上的一個小島嶼，風聲鶴唳，不遑寧居。但他仍在期待明室光復之日，漢官威儀再降人間。

我們今日如果視明鄭政權為武人政權，不是講不通的；我們如果說這個政權的行事還混合了海商或海盜的巨大經濟利益，草莽氣息頗濃，後人也是有文章可作的。但從物質基礎界定明鄭的性質，總是缺少了核心的一塊——明鄭的理念價值。明鄭政權固然不能說是文采燦然的政府，但當日參與鄭氏政權的人士頗有些科

35　張煌言，〈感懷兼悼延平王〉，《張蒼水集》，頁一五九。
36　張煌言，〈傳聞閩島近事〉，《張蒼水集》，頁一五九。
37　張煌言，〈得故人書至自臺灣．之二〉，《張蒼水集》，頁一五九。

舉出身且具備相當的古典素養的文人，他們具有極清楚的政治理念，這是不能否認的。南明的幾個政權都有不少義不帝秦的大儒參與其中，劉宗周之於福王；黃道周之於唐王；王夫之和方以智之於永曆帝；黃宗羲、朱舜水之於魯王，皆為顯例，明鄭的情況亦是如此。雖然在明鄭集團內部不一定找得出可以和上述諸大儒比肩的重量級學者，但在亡國、亡天下的雙重道德壓力下，中國東南地區的士人會隨鄭氏政權入臺，這是可以想像的事。鄭經在一首君臣雅集的詩說道：「坐中諸子悉奇男，滿腹珠璣宿潤含。倚馬賦詩成落筆，開懷酌酒樂遺簪。」[38]這種歌詠筵會的詩之內涵有時不能太質實看待，但也未必不寫實，鄭經說這些渡海士人是「奇男」，我們仍須正視。

我們不妨稍加瀏覽看看當時隨明鄭流亡臺灣的這些士人，或可略見一斑：王忠孝、徐孚遠、陳永華、黃驤陛、李茂春、盧若騰、沈光文、辜朝薦、諸葛倬等等，這些人還是一時的名士，科舉出身，文質彬彬。不少人都是魯王舊部屬，都是在東南沿海參與抗清的志士。比如身為臺灣文獻之祖的沈光文即是魯王舊部，參與明末的復社活動。他之入臺雖出自天災所賜，定居臺灣後，與鄭經的關係有可能也不佳，他的反清復明的力道也不如張煌言、鄭成功、寧靖王，但這無礙於他是拋家從亡流落海外的儒者。沈光文寫了不少歌詠臺灣的詩篇，成了臺灣詩人之祖。徐孚遠是另一著名文士，他曾和陳子龍合編《皇明經世文編》，有明一代的經世事業借此留下可靠紀錄。他是明末的儒生領袖，幾社巨擘。曾任隆武朝唐王的福建推官，監國魯王的左僉都御史，永曆朝永明王的左副都御史，幾乎任遍南明的主要反抗政權。他的後半生往返於東南海域，可能幾度進出臺灣，艤舟鯨濤，百折不饒，其志氣真足以興頑立懦。

我們更必須正視鄭成功、鄭經的重要謀士陳永華的角色，陳永華一生身兼鄭氏父子兩代的輔柱，他在明鄭史上重要的地位乃在永曆十九年（一六六五），於今日臺南設立後世號稱「全臺首學」的孔子廟。在明清之際的殘酷民族鬥爭中，孔廟扮演獨特的角色，顧炎武的「亡天下」之說具體地反映在那個時代孔廟的獨特性上。陳永華在一六六五年立孔廟於今日臺南的東寧，和朱舜水一六五九年攜孔子像至日本，後來供奉在湯島聖堂（東京孔廟），具有同等重要的意義，都是存文化於海外。在一六五一年悲壯的舟山之役中，[39]白髮蒼蒼的魯王禮部尚書、東林後勁的吳鐘巒聽到清兵大舉入侵行在，即聞難赴義，抱著夫子木主於孔廟中自焚而死，為一生所學作見證。孔廟在一六五一年的舟山群島、一六五九年的日本、一六六五年的臺灣，分別見證了明清變局的精神史意義，天下精神存於海外，這樣的訊息是極值得省思的。

海外孔廟的象徵是連著南明反抗運動中孔廟所扮演的角色而更進一步的發展，我們對鄭經、陳永華於一六六五年立東寧孔廟之事可由此更進一解。當十七世紀中葉，明鄭與清軍在東南角力，反覆爭奪名城時，泉州的儒學教諭陳鼎即是在城破之際，於孔廟自縊而死的，陳鼎是陳永華之父。其時東南抗清的義士如夏之旭（夏允彝之兄、夏完淳之伯父）、高孝纘、眭明永、鄒宗善等人，也都是在孔廟自決，給自己的一生劃下了圓滿的句點。此夏之旭絕命詞所以有「遐哉尼父，余敢對揚」，眭明永所以有「生忝祖父，死依聖賢」之說。[40]陳永華在臺設孔廟，除了保文化於海外的崇高使命外，尚有紹繼先人志業之意，可謂集國恨家仇的意義於一身的偉大業績。

論及孔廟所代表的文化意識與南明反抗運動的關係，稍微涉獵此領域的人不可能不想到一個更著名的例子，此即鄭成功至文廟焚儒服的故事。此則故事最早見之於鄭亦鄒著的《鄭成功傳》，內容記載鄭芝龍決定降清，鄭成功強諫不從，乃決意獨立成軍，告別儒生生涯，其文如下：

---

38 鄭經，〈對酒春園〉，《東壁樓集》（新北：龍文出版社，二〇一一），頁二〇六。

39 史稱舟山之役，「烈比兩都」，其實更慘烈，魯王臣民反抗意識之堅決確實驚人。

40 上述諸人事蹟及絕命詞，參見周憲文輯，《季明成仁詩詞鈔》（臺北：臺灣開明書局，一九六九），頁五四、五七、一一三—一一四、一一六—一一七。

成功雖遇主列爵，實未嘗一日與兵權，意氣狀貌猶儒生也。既力諫不從，又痛母死非命，迺悲歌慷慨，謀起師，攜所著儒巾、襴衫，赴文廟焚之。四拜先師，仰天曰：「昔為孺子，今為孤臣；向背去留，各有作用。謹謝儒服，唯先師昭鑒之。」高揖而去，禡旗糾族，聲淚俱並。[41]

此文寫得光彩耀目，年代又早，孤臣孽子的精神纖毫畢現，頗為感人。後世有關鄭成功舉兵抗清的記載，層出不窮，大體皆祖述此母本。連橫的《臺灣通史》所述鄭成功事蹟，記載亦同。楊雲萍教授雖曾撰文考訂鄭成功焚儒服之說僅是一傳說，不見得是史實。[42]但後世有關鄭成功焚儒服以從戎事的記載那麼多，其來源不見得僅出自鄭亦鄒一人的版本，很可能鄭成功生前即有此說流傳於世。至少，我們可以確定：鄭成功的「至文廟焚儒服以從戎事」之說是有當時的歷史風土作背景的，才可能傳得這麼廣。我們綜觀南明的反抗運動與文廟的關係，又考慮鄭成功曾入之國子監與文廟的必然連結，筆者毋寧認為鄭成功焚儒服之說不太容易是無因而起的，楊雲萍的質疑並沒有太多文獻的佐證。它未必不是史實，至少總是心理的史實。

我們論明鄭政權的意義，最終還是不能不面對鄭成功、鄭經父子的解釋問題。無疑的，鄭成功父子面對著天崩地裂的大變局，面對著以東南一隅，甚至以臺島一嶼，要對抗席捲天下的大清勢力，其窘迫可知。生存的壓力使得鄭氏父子不見得有多大的空間從容周旋，其行事也未必無可議之處。但問題是當時的其他反清部隊領袖真的表現得更理想嗎？鄭成功父子固然都有武功，但也都有文人的修養。我們不宜忘了：他們與明末東南海域知識圈中人物多有交往。鄭成功曾師事的錢謙益於明清鼎革之際，首鼠兩端，頗受後人譏彈。但錢謙益身為東南一代文宗，其文才之高、知識之豐，自然不在話下。錢謙益所以後來會在降清之後再參與鄭成功的反攻京口、南京之役，[43]應該與他們昔日的師生之緣有關。鄭成功反攻南京之役失敗後，江南名士在隔年紛紛中箭落馬，魏畊、錢纘曾不屈被戮，一代名儒祈彪佳之子祈班孫遠戍極邊，其罪名和他們參與鄭成功的軍事行動有關。此「通海案」規模甚大，與祈家有關的「寓山名士」多牽連其中。[44]一代大儒方以智所以在海防緊迫之際，幾番出入閩浙，行蹤詭秘，很可能也和鄭經等反清復明的軍事行動有關。[45]鄭成功、鄭經父子與同時的明末儒者的交往雖不免彼此意見有所出入，但鄭成功父子想要延明朝文化一脈於天下，卻是一條極明晰的行動綱領。前文提及，當鄭成功面臨國破家亡，決定舉兵抗清時，即先至文廟焚儒服，誓告夫子木主，以表九死不悔之決心。鄭成功的行動放在明末的孔廟象徵中考察，絕非孤例，我們不難理解這種行動背後的理念。

鄭成功赴孔廟焚儒服的記載應當不是空穴來風，我們不妨再舉世傳鄭成功墨跡為證。鄭成功由於身處兵荒馬亂，身後，其家族又經歷了極曲折的遷移，他傳遺下來的墨跡中可靠者極少。[46]但相傳為鄭成功的墨跡

---

41 「猶儒生也」的「生」原作「書」，其義不通，逕改為「生」字。見鄭亦鄒撰，《鄭成功傳》，收入臺灣銀行經濟研究室編，《鄭成功傳》，頁五。

42 楊雲萍，〈鄭成功焚儒服考〉，《南明研究與臺灣文化》，頁三七五—三九一。

43 參見陳寅恪，《柳如是別傳》，收入陳美延編，《陳寅恪集》（北京：生活．讀書．新知三聯書店，二〇〇一），頁一一七五—一一七六。陳寅恪還提出參與密謀者，尚有方以智與錢澄之。

44 寓山為祈彪佳住所寓園所在，祈彪佳投水自盡後，祈彪佳之子祈班孫、祈理孫經營此園，多為江南名士往來之所。細節參見曹淑娟，〈清初寓山的家族聯吟與志士結盟〉，《在勞績中安居：晚明園林文學與文化》（臺北：臺灣大學高等人文社會研究院，二〇一九），頁三四三—三七五。據曹文引余德余的研究，參與寓山反抗運動的紹興文人即多達四十餘人。

45 參見余英時，〈方以智自沉惶恐灘考〉，《方以智晚節考》（臺北：允晨文化，二〇一一），頁二〇九—二五〇，尤其是二四一—二五〇。

46 流傳的鄭成功作品中，筆跡比較沒有爭議的，當是上世紀下半葉日本黃檗宗大本山萬福寺公布的鄭成功致隱元和尚的信札。但此件信函很可能出自鄭成功的記室所寫，不見得是親筆函。參見陳智超等編，《旅日高僧隱元中土來往書信集》（北京：新華書店，一九九五），頁六七—七〇。

中即頗有和儒門義理相關者，其中草書周敦頤〈太極圖說〉即值得留意，字作草書，筆意流暢，這是我們所知鄭成功與理學關係最密切的一件文物。另一件墨跡是藏於延平郡王祠的草書大中堂，長一九六公分，寬七十八公分，即使在明末這個流行大中堂的年代，這件作品都是尺幅很大的，此作品只寫了五絕一首二十字。內容如下：「禮樂衣冠第，文章孔孟家。南山開壽域，東海釀流霞」字跡、鈐印皆具明人風格，文句莊嚴流麗，堂廡甚大。依據最近的重新鑑定研究，此件大中堂有可能是鄭成功存世作品中唯一可靠的親筆墨跡。[47]

親筆墨跡的儒家價值傾向太濃烈了，〈太極圖說〉軸的意義更無庸再論，事實上，鄭成功一生以道養身、以身殉道的行事是非常清楚的。在明末豪傑並起的年代，諸多抗清義軍領袖中，與鄭成功關係最深者當是張煌言，張煌言即認為「延平藩為千古第一流人，欲為千古第一等事」。[48]張煌言這句話不是應酬話、門面話，他是在致一位朋友的信中說的，可視為他對鄭成功的真正評斷，這種判斷是符合史事背後的精神意義的。「第一等」是理學名詞，邵雍所謂：「欲出第一等言，須有第一等意。欲為第一等人，須作第一等事」。[49]從理學興起後，他們即確立了一種超越世俗功利甚或一般道德之上的精神價值，這是種完善自己本性的學問，這種以成聖為目標而加以體現的人即是「第一等人」。第一等人能擴充此心，淑世濟民，即可稱之「第一等事」。張煌言生於江南文物之鄉，嫻熟儒門文獻，他不會不了解「第一等人」這樣的語言背後的價值定位。他使用這種話語讚美鄭成功，自然是賦予鄭成功在事功之外的儒門價值的內涵。

鄭成功由於一生戎馬倥傯，不，兵艦倥傯，又由於政治的因素，他流傳下來的可靠作品相對有限。但我們從楊英《先王實錄》所載的鄭成功答覆清廷、李定國、父親、兄弟的手札或公函中，他一身的英雄氣，以及以反清復明自任的責任感，可以說躍然紙上。[50]如果說他與滿清談判是真心或是假意？容有爭議的話，他以明清對等的立場談判，而且平素以春秋大義自任這樣的尊嚴感卻是清清楚楚的。言為心聲，鄭成功要傳達的就是這種訊息，他的同志與部下所接收到的訊息也是如此。在明清之際天翻地覆的年代，反抗英雄輩出，但像鄭成功這般赤手斬長鯨，雖九死猶未悔的烈士兼名將，還真不易睹。即使他的對手滿清，包括康熙皇帝，所理解的也是這種有偉大理念的反逆者的形象。

相較於鄭成功，鄭經受到的注意稀薄多了。有關鄭成功、鄭經父子的政治意圖問題，晚近由於鄭經的《東壁樓集》的重新面世，[51]我們終於有機會見到當事者的自我解釋。在這本湮沒已久的著作中，我們看到鄭經不但平日不忘武事，也未忘寫詩，他的古典修養得以之於陳士京、王忠孝、徐孚遠等一時從亡的儒者，詩作量大而質不差。其詩作存世數量超過沈光文，整體的文學成就恐亦不遜色。如果不是他有延平王的身分，他在臺灣文學史上的地位，或許可以和沈光文比肩。

更重要地，鄭經這位在私生活上無法得到鄭成功諒解的「逆子」，在春秋大義上卻沒有偏差。鄭經尊明驅胡之念始終未滅，乃是極清楚的事。我們僅以底下一首詩為例，即可見其一斑：

47 臺南市文化局最近委託臺南藝術大學盧泰康教授對流傳鄭成功書畫作一鑑定，並出版《文化資產中的古物研究與鑑定：臺南瑰寶大揭密》（臺北：五南，二〇一七）。此件草書中堂據盧泰康教授的判斷：種種資料證實接近真品。此訊息見修瑞瑩，〈仿品變真跡！鄭成功書法正名〉，《聯合報》（二〇一七．〇七．一一），B1版全臺焦點。

48 張煌言，〈答曹雲霖監軍書〉，《張蒼水集》，頁二三。

49 邵雍，〈一等吟〉，《伊川擊壤集》，收入郭彧、于天寶點校，《邵雍全集》，卷一九，頁三九六。

50 鄭成功的文字散落各處文獻，甄別不易，比較密集匯聚而又可見其性情者，仍當是楊英所編纂的《先王實錄》一書所錄的布告、公函、手札、講話。參見楊英撰，陳碧笙校注，《先王實錄校注》（福州：福建人民出版社，一九八一）。此書作者是鄭成功、鄭經部屬，史料得自檔案，甚或作者親身參與其事，其中所錄鄭成功的手札、往返公函之史料價值極高。尤其與父親、兄弟等手札，直抒胸臆，尤見真情。如永曆七年八月與父書、永曆八年九月與渡弟書及與父書、永曆十一年正月與父書等手札，皆可見鄭成功的想法。參見頁六二—六四、頁八八—九五、頁一四四—一四五。

51 參見朱鴻林，〈鄭經的詩集和詩歌〉，《明人著作與生平發微》（桂林：廣西師範大學出版社，二〇〇五），頁一七〇—二一三。

腥羶滿中原，林木巢胡燕。天子蒙塵出，皆繇諸臣譴。壯士懷激烈，忠心在一片。義旗照天地，驛絡蔽日晛。徒苦諸群黎，作計良不善。胡騎一朝至，人人自為變。我今興王師，討罪民是唁。組練熊羆卒，遵養在東洵。企望青鸞至，年年獨不見。[52]

此詩頗見建安風骨，隱然有曹操、王燦雜詩的神韻。鄭經其時應當居於東寧，枕戈待旦，聞雞起舞之思，皎然可見。鄭經後來參與吳三桂發起的反清行動，曾渡海北伐，但兩人的關懷卻是南轅北轍。鄭經期待吳三桂能推立故主後裔，一返朱明江山，吳三桂卻是早有異圖，想自立門戶。[53]鄭經北伐失敗返臺後，生活頗頹廢。但由他的詩文及一生行事看來，鄭經嚴守朱明的立場，恐不惶多讓其父。

歷史很難完全地透明，歷史人物的行動常受限於歷史的行動，晚明東寧政權的王公貴族未必深切了解明代學術蘊含的現代性理念，但他們要保明朝文化的決心是清清楚楚的。[54]歷史是殘酷的，但歷史也是公平的。一六八三年明鄭覆亡之後，明鄭一朝的文物不免煙消雲散，從此海外的儒林人物的用心亦多湮沒於鯨濤蜃樓之中。但道在史中，歷史會承載道留下來的痕跡。如果正史不寫，歷史的正義會自尋生路。當滿清王朝以雷霆之力盡量消除明末歷史在正史上的軌跡時，民間自然會尋得更有效的保存方案，民間自有民間的歷史法庭。歷史不接受威脅，它會以新的途徑討回公道。

一六八三年後的臺灣，能為明鄭發聲，再度扮演歷史正義使者角色者主要是民間的集體記憶。民間的集體記憶如何形成的，乃一大秘密。不易追蹤，卻又清清楚楚。我們可以舉兩個顯赫的事例，以證民間對明鄭的回應，首先是太陽神君的祭祀。在臺灣民間的寺廟或齋堂中，可見到祭祀滿身赤紅的太陽神君，背景也是殷紅一片，偶爾還可看到與太陰神君合祀的例子，太陽（日）太陰（月）合而為「明」。神君的祭祀日是三月十九日，這個日子不可能是偶然的，因為此日正是崇禎帝煤山自縊殉國的日子。在明清之際的遺民中，

「三月十九日」是個創傷至深、難以撫平的巨大創口。筆者有幸，曾因偶然的機緣在任教的校園南門對面的齋堂，赫然見到太陽神君的祭祀。[55]後來又因另一機緣，在埔里的地母廟知道太陽神君之祭典。兩處與太陽神君的相會，都是不期而遇。可想見地，全臺各地區的太陽神君之祭祀一定不會少，臺南重要的民間祭品「九豬十六羊」，應當也是反映了民間對故明的追思。[56]雖然太陽神君的祭祀也見於江南地區，不是臺灣才有，但至少顯示明鄭所在的臺灣和中國東南地區的反抗運動分享了同一個歷史事件的文化價值。

太陽神君的祭祀是一個例子，天地會的傳布又是個例子。臺灣自歸清屬後，時有叛逆，叛逆多打「反清復明」的口號，自朱一貴舉事即是如此。雖然起義者常借助民間宗教的力量以凝聚人氣，這是中國史的常

52 鄭經，〈獨不見〉，《東壁樓集》，頁五—六。

53 我們且看兩人的檄文的差異，即可略知一二。鄭經說：「惟二祖列宗，豐功偉業，澤潤民生，踐土食毛，世承君德，即有亡國之禍，非有失道之主，而煤山龍馭，死守社稷，尤忠臣義士所椎心而感泣者也。……願與同志之士敦念故主之恩，上雪國家之恥，下救民生之禍。……同建匡復之勳，永快昇平之樂。」吳三桂則絕無此意。鄭經檄文參見川口長孺，《臺灣鄭氏紀事》（臺北：臺灣大通書局，一九八七），頁五九—六〇。

54 翻閱《全臺詩》，明鄭文人的詩作不多。觀渡海居臺的王忠孝於春天時遙祝永曆帝有詩曰：「暇方布淑氣，海外猶朝宗。」「朝宗」一詞也見於沈光文詩：「念此朝宗義，孤衷每鬱寥」（〈山間〉）。流落東南蠻荒島嶼上的遺民遠隔雲天，遙望流離於西南山區的大明天子，這是幅令人傷感也感動的畫面。東寧朝臣延明朔、爭正統的決心清楚可見。「衣冠」一詞在此時的詩歌裡也常見，鄭經說：「王氣中原盡，衣冠海外留」。〈滿酋使來，有不登岸不易服之說，憤而賦之〉。此絕句後兩句為「雄圖終未已，日日整干戈」，其雄心可見。他在另一首詩裡說道：「曾聞先聖為難語，漢國衣冠萬古同。」〈題東寧勝境〉也表達出類似的情懷。筆者相信鄭經詩所說的「先聖」當指鄭成功，縱使未必然，鄭成功自始至終堅持明朝衣冠的文化傳統之象徵價值，是毫無可疑的。

55 此齋堂位於新竹市寶山路，名為「紫霞堂」。

56 「九豬十六羊」是傳統宗教在農曆三月十九日臺灣「太陽公生」時，以糕餅作成的「九豬十六羊」供品來祭拜太陽星君，目前已漸式微。「豬」隱喻「朱」，「九」音同「久」，「十六」指明朝十六代君王，「羊」指「陽」，明朝帝祚之代稱。關於臺南市的民俗類文化資產的「太陽公生及九豬十六羊祭品」的祭典，參見文化部國家文化資產網。

態。但臺灣清領時期的反叛行動，「明」的象徵意義介乎其間，則是不爭的事實。清代民間的反叛活動中，時見「天地會」的影子。但「天地會」這個名稱首先出現於官方記載，即見於臺灣反清運動中規模最大的林爽文事件。有關「天地會」之起源與性質如何，學界討論甚多，我們幾乎可以確定：前近代的反叛運動很難是理念非常清澈一致的，總不免夾雜。歷史也不可能清楚，因為它總是在嚴酷打壓下運作的。天地會這樣的組織要在高壓的政權底下生存，它不可能不透過各種曲折的管道以存活。[57]但天地會與東南的反抗運動有關，有可能臺灣是起源區或是主要活動區，這種可能性是存在的。而天地會的成立相傳與陳永華相關，這樣的傳說或許也不是空穴來風，[58]這個現象是值得注意的。

臺灣民間對朱明文化被清廷抹滅的反撲行動最徹底的展現見於對鄭成功的崇拜。在清代文獻中，鄭成功當然被視為海賊，或是逆臣，但臺灣民間始終不這樣看。最明顯的，乃是奉鄭成功為主神的廟宇遍布臺灣，「開臺國聖王」、「開臺國聖爺」、「開臺聖王」、「延平郡王」、「開山尊王」、「開山聖王」、「國姓爺」、「國聖公」等等諸類的寺廟在二〇一二年已達一百六十五座。[59]至於混合或副神（如新竹的東寧宮）的廟寺尚不計算在內。臺灣怎麼會是鄭成功「開臺」的呢？荷蘭人已早他一步在臺徵稅開墾，荷蘭人之前當然還有不少的漢人移居此地，臺灣不可能是未經人事的處女地，但臺灣百姓就是堅持「開臺」、「開山」者乃國姓爺。[60]全臺以「成功」為鎮名、里名、村名、校名者不少，以「成功」命名的路名更是幾乎遍布每一鄉鎮。臺灣民間懷念鄭成功，也就是對明鄭另有一種異於清廷的判斷標準，這是民間社會對當權者曲折的反抗。連橫說鄭成功為鎮臺之「大神」，[61]其說洵為無誤。同樣是渡海開創事業，相對之下，祭祀靖海侯施琅的廟寺卻只有兩座，在民間宗教體系中的地位可有可無。一九一七年，年輕的臺灣醫生兼詩人賴和西渡福建時，曾參觀施琅墓，有詩慨然吟道：「靖海功勳終泡影，世間爭說鄭延平。」[62]賴和此詩可作為三百五十年來，臺灣社會對鄭施公案始終一貫的歷史審判書。施琅在臺灣民間的地位之低，可視為一種具有社會意義的文化現象。[63]

如果傳統可分大傳統與小傳統，或用日治時期曾任教臺北帝大的京都學派學者務臺理作的話講，可分文化載體意義的傳統與庶民的傳統，筆者認為明鄭在臺灣，它是大小傳統都有的，小傳統保存的內涵可能更密集，明鄭已成為臺民心中難以抹殺的集體意識的符號。清同治以後，鄭成功獲清廷的正面肯定，由海賊變為明之忠臣。現存於臺南延平郡王祠的詩文聯句，多為其時涉臺之官吏所作，幾乎首首情見乎辭，[64]壓抑臺島百多年的冤氣為之一吐而光。一九四九年之後，國府敗退來臺，對鄭成功仍是禮敬有加。這兩波的尊鄭行動當然是政治的，但卻不能不說有相當的民意基礎。風土的親和性確立了明鄭在臺灣的作用，其浸潤之深不是荷蘭東印度公司在臺、滿清入臺與日本帝國在臺這前後幾個階段的統治者所能比擬的。

---

57 參見莊吉發，《清代台灣會黨史研究》（臺北：南天書局，一九九九）。

58 金庸的《鹿鼎記》出現的天地會總舵主為陳近南，乃據陳永華的形象改寫，雖是小說家之言，卻非他所杜撰，也是有所本的。

59 參見張伯宇，〈臺灣鄭成功廟祠群集之地域特色與建立源起類型歸納〉，《海洋文化學刊》，十三期（二〇一二．一二），頁四七—七四。

60 即使日本在統治臺灣末期，改各地廟宇為神社時，延平郡王祠被改名為「開山神社」，鄭成功仍占據了開發臺灣的「始祖」的地位。

61 連橫，《臺灣通史．建國紀》，冊上，卷二，頁四八。

62 賴和，〈施琅墓道碑〉，收入林瑞明編，《賴和全集．漢詩卷下》（臺北：前衛出版社，二〇〇〇），冊五，頁三九二。

63 施琅平臺，於清廷有功，清廷詔其人入祀名宦祠，祠近臺南孔廟。連橫曾記一臺人諷刺詩曰：「施琅入聖廟，夫子莞爾笑。顏淵喟然歎，吾道何不肖。子路慍見曰：此人來更妙，夫子行三軍，可使割馬料。」連橫說此詩「謔而虐矣！」引見連橫，《雅言》，《連雅堂先生全集》（南投：臺灣省文獻委員會，一九九二），冊五，頁二五。笑話是最嚴苛的批判，不只戲謔而已。

64 沈葆楨題的聯語：「開萬古得未曾有之奇，洪荒留此山川，作遺民世界。極一生無可如何之遇，缺憾還諸天地，是創格完人。」悲愴蒼莽，詞義俱美，可視為群作之白眉。但祠堂內其他的對聯文句亦美，粲然可觀，此現象很值得玩味。

筆者所以重新再提明鄭政權的價值判斷問題，乃因我們論中國的現代化問題時，不能不正視其塑造的力量應該是西方現代性匯合中國的現代性所致。明鄭處在早期全球化高峰時期的十七世紀，明鄭當時參與海外交通之頻繁，遠遠超過同一時期的幾個南明政權，也超過了滅亡它的大清王朝。鄭家從鄭芝龍以下四代，其船艦縱橫中國東北與東南海域，貿易深入到中南半島與南洋群島諸國。如果沒有大量的貿易利潤所得資金，[65]充作軍事行動的後盾，我們很難相信鄭成功、鄭經父子能以區區閩南、臺灣一隅，頑抗泰山壓頂的滿清武力。抗爭是要有實力的，持久的軍事鬥爭不可能沒有堅實的經濟基礎。一個地方政權能夠在海上與荷蘭帝國、西班牙帝國、日本帝國這些海上強權爭霸，縱橫東方海域數十年。即使我們從歷史唯物論的角度看明鄭，這個政權的現代性氣息仍是相當濃厚的。

但明鄭這個政權的存在，最大的意義乃在它保留了明文化在天壤間繼續傳播與生長的可能性。我們不會忘掉：明鄭的影響超越了漢人政權的範圍，影響江戶文明甚巨的黃檗文化的開創者隱元禪師，他東渡日本，即是由鄭成功的水師護送的。黃檗宗後來在日本生根繁衍，今日已有末寺達四百多所，[66]隱然成為日本佛教之一大宗派。由於鄭芝龍、鄭成功家族與日本特殊的關係，也由於明鄭政權的海洋文化的特性，明文化透過鄭家的影響管道，即不可能不散播到中國東方與東南海域。我們單單設想明鄭時期，菲律賓的西班牙殖民政權對鄭成功、鄭經的高度防衛態度與對其時馬尼拉的漢人之高度鎮壓，即可略窺背後深層的結構因素。

無疑的，在臺二十三年的明鄭政權受限於歷史條件，沒有留下文化種子大幅成長的空間，但它卻是抵抗滅亡它的文化母體的異族政權最倔強的反抗者。[67]南明政權的逐次南移，最終移至洪荒山川之島嶼，所謂「式闢東寧，剗除戎醜，取殘山剩水為宗社」，[68]這種抵抗到底的決心不會是無意義的。明鄭二十三年也就是明文化二十三年，也就是天下意識仍殘留於天壤間的二十三年。在一六八三年施琅入臺此不幸事件後，明文化孕育的天下意識被澆熄了，但冷灰餘燼仍滲透在臺灣此島嶼上。明鄭保護住的這塊島嶼，或許正等待久蓄於近代儒學傳統的中國現代性種子的發芽成長。空間的移動，文化的再畛域化，正是要留給歷史一個新的崛起的機會。

五、近世第一波的花果飄零與靈根自植

二戰結束，冷戰開始，全世界產生大規模的「離散」現象，不少人民離鄉背井，轉移到完全陌生的土壤，一切重來。中國也是產生離散現象的國度，尤其一九四九年兩岸的大分裂，更造成大規模的人民遠離故國，流亡海外，終老異鄉，唐君毅先生因而有「花果飄零」之說。花果離開了母株，四處飄零，這是幅悲愴的畫面。但在花果飄零之後，唐君毅先生又有「靈根自植」之喻。飄泊海外的失根花果，落土生根後，透過道德的自覺，未嘗不可於異域獲得新生的力量。

筆者在此提到一九四九的花果飄零現象，乃因這個離散現象極顯著，是當代重要的文化議題，但在臺島

65 明鄭是十七世紀東海海域的霸主，據推測，鄭成功每年往日本的商船約四十艘，每年的貿易總額約二百一十六萬兩白銀，利潤約一百四十一萬兩白銀，其他地區的貿易額姑且不計，參見楊彥杰，〈一六五〇至一六六二年鄭成功海外貿易的貿易額和利潤額估算〉，引自南炳文，《南明史》（天津：南開大學出版社，一九九二），頁三六六。

66 參見黃檗宗大本山萬福寺官方網站，「黃檗宗末寺一覽」。

67 明鄭末代王孫鄭克塽於鄭經亡後拜表請謚為「武」，其表文云：「自甲申板蕩以來，虜氛肆播。不共之仇，惟臣家罹禍最慘；匡復之業，亦惟臣門匪躬不懈。」甲申以來，受戰亂荼毒，家破人亡者比比皆是，未必鄭家最慘。但「匡復之業，亦惟臣門匪躬不懈」，鄭克塽的話是可以成立的。鄭克塽文字出自《閩海記要》，引見張菼，《鄭成功紀事編年》（臺北：中華書局，一九六五），頁一五二。

68 鄭克塽的告廟文，引見張菼，《鄭成功紀事編年》，頁一五三。

上並不是第一次發生。事實上，一六六一年的鄭成功入臺，其性質與一九四九年的國府入臺，性質頗有近似之處。兩者都是從大陸政權轉入海島，兩者都抱有「亡天下」的悲愴之懷，因而思求延續禮樂文化於海外，兩者也都帶有一批軍民「義不帝秦」，輾轉入臺。在花果飄零的歷史命運的嘲弄下，兩波的遺民與移民也都或主動或被動地，先後在島嶼上扎根、建設，靈根自植，轉化了歷史定命的魔咒。前後兩階段的規模當然差很多，明鄭時期的物質條件遠不能和國民政府比，其牽連的因素也相對單純，但可參照處還是不少。

鄭成功入臺，是椿牽動集體移民的歷史事件，連橫說「士大夫之東渡者蓋八百餘人」，其說不知何據。我們僅就前面業已提過的明鄭時期幾位核心人物，觀察他們一生的經歷，或許可看出十七世紀末這波臺灣史上的大移民潮的特色。

（一）鄭成功（一六二四—一六六二），生於日本平戶，七歲返回福建。年十五，補博士弟子員。聞錢謙益名，執贄求學。隆武元年，唐王賜成功朱姓，封御營中軍都督，儀同駙馬。年二十三，父鄭芝龍降北，鄭成功與之決裂，開始招兵買馬，以招討大將軍名，從事復明行動。此後即率師進出於浙、閩、粵海域，永曆十三年，曾大舉北伐，攻至南京，此役為南明復國第一大仗。永曆十五年征臺，隔年逝世。

（二）朱以海（一六一八—一六六二），字巨川，號恆山，別號常石子。明太祖第十子魯荒王朱檀的九世孫，魯肅王朱壽鏞第五子，魯王朱以派之弟，藩封在兗州府。一六四四年二月被明思宗封為魯王，但四天後，即因戰亂，朱以海南奔。一六四五年南京、杭州都被清軍攻下後，朱以海於紹興宣布監國，以一六四六年為監國魯元年。浙江與福建相繼為清兵攻破，朱以海逃亡舟山，並且與張名振、張煌言、鄭成功合力抗清，一度尋求日本的援助。一六五一年，舟山陷落，朱以海移居金門，爾後即流離東南海域諸島嶼，是東南人士抗清運動的領袖。一六六二年病逝於金門。

（三）寧靖王朱術桂（一六一七—一六八三），字天球，別號一元子，遼王朱植之後，明太祖九世孫。

崇禎十五年，流寇陷荊州，避亂南下，先守寧海，後依魯王監國，輾轉石浦、舟山，後同至廈門。永曆即位，朱術桂入揭陽參見，先後被令監督鄭鴻逵及鄭成功師，常居金門、廈門間。永曆十八年，隨鄭經入臺。在臺安居近二十年，永曆三十七年（一六八三），施琅入臺，寧靖王自以天潢貴冑，義不受辱，乃自縊殉國。

（四）沈光文（一六一二—一六八八），浙江鄞人。福王元年，參預畫江之師。隔年浮海至長垣，再參與琅江諸軍事。明永明王立粵中，乃走肇慶依之，累遷太僕寺卿。永曆五年，由潮陽航海至金門，遂留閩。後挈家浮舟，過圍頭洋口，忽遭颶風，飄至臺灣，遂定居於臺。鄭成功克臺，驚見島上有故人，特加禮遇。鄭經時期，沈光文與之漸有嫌隙，乃北移隱居，後卒於諸羅，其時已在施琅入臺之後。流離海東諸老中，沈光文居臺時間最久，著述流傳後世較多，世人稱海東文獻之祖。

（五）徐孚遠（一五九九—一六六五），江蘇華亭人，南都亡，授福州推官。閩亡，浮海入浙入蛟關，結寨定海之柴樓。比監國入舟山，往賀，舟山破，監國入閩，徐孚遠航海從之。永曆十二年冬，隨周金湯入覲永曆帝，失途，播遷越南。鄭成功克臺，徐孚遠曾渡海入東都，後往來閩、粵海涯之間，久之，卒於粵潮之饒平。[69]

在一六六一年鄭成功復臺之舉中，跟隨鄭成功入臺者，無疑地以閩南籍人士為大宗，粵籍人士次之，其

69 全祖望〈徐都御史傳〉說徐孚遠卒於臺灣，且曰：「公以江左社盟祭酒為之領袖，臺人爭從之遊……至今臺人語及公，則加額曰：偉人也。」然全祖望所記實誤，徐孚遠雖曾入臺，而實卒於饒平。徐孚遠有〈東寧詠〉：「自從飄泊臻茲島，歷數飛蓬十八年。函谷誰占藏史氣，漢家空歎子卿賢。土民衣服真如古，荒嶼星河又一天。荷鋤帶笠安愚分，草木餘生任所便。」此詩當是詠自家經歷，唯不知徐孚遠何時來臺，也不知他居臺多久。參見徐孚遠，《釣璜堂存稿》，收入《清代詩文集彙編》編纂委員會編，《清代詩文集彙編》（上海：上海古籍出版社，二〇一〇），冊一四，卷一五，頁二七。

他外省人口又次之，其人口結構與今日臺島的組成人物相似。沈光文、徐孚遠、朱以海、朱術桂或為浙人，或為魯人，或為江蘇人，籍貫皆不相同。當時寄居臺島之明代諸王：瀘溪王朱慈曠、巴東王朱江、樂安王朱俊、舒城王朱著、奉南王朱熺、益王朱鎬等。其人皆不知封於何地，後皆渡海入臺依鄭成功。這樣的人口組成因素，又恍若一九四九之後的臺灣。張煌言與徐孚遠文集，皆有送友人至臺灣之詩，這兩位友人分別遠從唐山至臺灣，[70]所為何來？所經何途？是否安然抵達？是否由臺折返？細節皆不得而知。這些具體的個人之喜怒哀樂、悲歡離合，皆被吞噬於大歷史潮流的洪濤巨浪中，唯留淡漠微跡於故人的數行文字。在天崩地解的十七世紀六〇年代後，茫茫乾坤尚抱故國之思甚或中興之念者，當有其人，則連橫所說「八百人」之數，或許不為無據。

我們讀這些明鄭人士的傳記，最難以抹滅的印象是不堪的流離經驗，他們的生命隨著時局的轉移，飄泊於天地間。明鄭最重要的兩位領袖鄭成功與魯王朱以海就是離散經驗最典型的代表。鄭成功從日本到泉州，從泉州到南京，後半生都在東南地區度過。魯王更遠從山東南下紹興，後來更在東南島嶼的舟山、金門、廈門，往復流離，以至老死。筆者見過一件民間收藏的諸葛倬書法作品，諸葛倬落款有語云：「海上十六年」。在金門魯王題字「漢影雲根」的石碑後，諸葛倬曾作過跋語，其人蓋為魯王舊臣，後又依鄭經以終老臺灣。其「海上十六年」之語，當是從魯王於紹興聚義舉兵、接著流亡舟山群島以後開始算，觀其墨跡，可想見其時從亡臣民流離於東南海域的窘狀。這批流離的士大夫所為何來？所求何事？他們的奮鬥又給原來的山川帶來何等的影響？

「離散」是二十世紀下半葉中國文學的重要主題，但我們也許該正視在抗戰、國共內戰前的三百年，一種現代意義的離散的現象已在中國發生了。一六四四年崇禎朝覆亡之後，南明政權——包含明鄭在內引致的離散現象，由於缺少具體的統計數字，我們對流民、遺民的數量難以掌握，上述所說的案例不免是個別的案子，但透過長距離的反觀省思，這些個別的案例揭露出來的實相應當更廣更遠，國破家亡，流離失所帶來的文化新興之意義逐漸透出曙光。

十七世紀下半葉的離散現象的焦點雖聚集於今日中國的西南邊區與東南沿海一帶，臺灣尤為此波離散現象的焦點。但由於中國在東亞洲所占的體積之大與文化中心的地位，因此，一旦天網解紐，外族入侵之後，其所產生的離散格局之大，遂超乎一般亡國滅家的規模。朱明之亡不但牽動了中國的政局，中國四周也無一不受到影響。原為「四夷」的國家遂不能不走進當時從亡諸臣的視野中，作為他者的蠻荒不能不成為「少康」中興的龍興之地，至少，不再是不相干的他者。圍繞中國周邊的國家如越南、朝鮮、日本從此即與「中國」產生了複雜的連結。

朝鮮緊鄰明清國界，在十七世紀的華夷衝突中，首當其衝。加上十六世紀的兩次倭亂，明朝大力支援朝鮮抗倭，保存朝鮮一國命脈，朝鮮與明朝遂有特殊的情感臍帶。隨著明清的變革，流離到朝鮮的流民、遺民也就特別顯著。這些流亡到箕子之鄉的明朝遺民中，有原來幫助朝鮮平倭亂的明朝將士的後代；有隨著朝鮮王子鳳林大君歸返母國的九義士及其後代；還有隨風漂流到朝鮮的流民。他們於朝宗岩建大統廟，傳播尊周思想，延明祀於海外，其後代子孫瓜瓞綿延，形成獨特的朝鮮文化面貌。朝鮮一向自稱小中華，明遺民托身此邦，無疑地強化了朝鮮與滿清的緊張關係。在十七世紀以後的朝鮮，官方文書雖然不能不承認朝貢體制下清廷的天朝地位，但民間的文書通常還是保留「後崇禎」的紀年方式，朝鮮與中國的關係停格於崇禎十七年三月十九日的明思宗殉國之日。春秋大義的情緒凍結了歷史的變遷，朝鮮官方對明朝的祭祀活動，也始終未

70　參見張煌言，〈送羅子木往臺灣〉，《張蒼水集》，頁一四九。徐孚遠，〈送雪嵩安置臺灣〉，《釣璜堂存稿》，收入《清代詩文集彙編》編纂委員會編，《清代詩文集彙編》，冊一四，卷七，頁三。

曾斷絕。「明遺民在朝鮮」是個重要的文化現象，其深層內涵仍有待更進一步的探索。[71]

在十七世紀明清變局中，離散現象帶來的文化意義最顯著者，應當是江戶日本。由於日本與江南一衣帶水，兩地的海上交通早已有之。據統計，十七世紀上半葉，寓居日本長崎一帶及附近島嶼的中國居民高達二、三萬人，[72]二、三萬人是個不小的數字。下半葉後，流亡至日本的明人一定更多，其中有學者，有僧侶，有工匠，有書畫家。著名人物如朱舜水、隱元、心越、獨立等人，影響尤大。他們帶來了故里的思想、宗教、藝術，在日本匯入了江戶文化，也形塑了新的江戶文化，他們開闢出原先在中國未曾夢想過的格局。

比較日、朝兩國，甚至包含越南，臺灣這塊島嶼與第一波的花果飄零之關係尤為密切。鄭成功入臺，其規模較諸日、朝兩地之遺民，其規模尤大。到底他是以中原文化的捍衛者以及朱明王朝的復興者自許，名號既正，歷史的後續效果自然遠超出個別遺民的生命抉擇。鄭成功王朝使得臺灣成為漢文化主導的地區，而且形塑了一種強悍的抗議精神，也奠定了一種新時代風貌的海洋文化的基礎。這些飄零在域外的離根花果，終究還是在異域生根發芽，歷史的發展超出個人的意圖，悲劇也可暗合歷史理性的。

六、結語：臺灣的明鄭文化原型

一六六一年鄭成功入臺，明鄭政權成立，這個事件不是獨立的，而是明清鼎革、華夷變態過程中的一個重要環節。從華夷秩序重組後的結局反思，尤其從原先中華秩序周遭的日韓等國看來，清人入主中原的一個重大的歷史後果乃是天下再也不是天下，中國再也不是中國，用乾隆朝一位朝鮮儒者的話說，即是：「明朝後無中國」。一個代表禮樂文明、人間理想秩序模式的明文化隨著南明政權一個一個地覆滅，銅駝荊棘，正道滄桑，天朝再也回不來。清代文化或清儒之所以該受指責，用前面那位朝鮮儒者的話語說即是：「非責彼之不思明朝，而責其不思中國耳」。[73]此位給燕行使者洪大容上書的朝鮮儒者名為金鐘厚，他此處所說的「明朝—中國」之對照，其實即是顧炎武「亡國—亡天下」的對照，明朝之亡本是亡國，但因為此亡國乃連著文化傳統一併滅亡，所以明亡也是中國亡，亡國也是亡天下。朝鮮儒者責備清代漢人對明亡沒有悲悽之思，他的責備的理由不是為了「明朝」，而是為了「中國」。這樣的「中國」顯然是顧炎武所說的「天下」之「中國」，一個文化意識而不是王朝意識的「中國」。

十七世紀中葉明清的變局對東亞的政治秩序帶來極大的衝擊，日人當時的著作稱之為「華夷變態」。日本由於未納入中國的朝貢體系，一向即有以「天下」、「神州」自居的傳統，面對滿清入主中原，其分庭抗禮之心愈加明切。在面對明末諸多的「乞師」活動，或諸多的遺民東來的情況中，扶桑大名與臣子的反應，在在可看出他們對滿族入主中原之不屑。也可以看出後世國學者本居宣長等人之以扶桑自重，明清變局導致中土文化的變質是重要的背景因素。

華夷變態的結果意味著一個儒家的文化傳統自此已消逝於天壤間，中國周邊國家的日、朝在十七世紀下半葉後，不能不將象徵意義的「中華」納入自己的國境與傳統內。一六四四年以後的朝鮮可以視為是活在「後崇禎」的歲月中，時間凍結了。崇禎之後再也沒有具正當性的政治年號，朝鮮君臣在正式文書上不能不使用滿清年號，只是虛與委蛇，不得不然。滿清已不是中國，反而朝鮮本身才是個可以與夷狄對照的「小中

71 參見孫衛國，《大明旗號與小中華意識》（北京：商務印書館，二〇〇七），頁一八五—二二五。

72 朱國禎，〈倭官倭島〉，《湧幢小品》（北京：中華書局，一九五九），卷三〇，頁七一五。此資料承蒙廖肇亨教授告知，謹致謝意！

73 洪大容，〈與金直齋鍾厚書〉，《湛軒書》，內集，卷三。韓國學綜合DB資料庫：http://db.mkstudy.com/zh-tw/mksdb/e/korean-literary-collection/book/reader/8756/?sideTab=toc&contentTab=text&articleId=1231620。

華」。日本從文化象徵的角度著眼，更加確定自己作為東亞主人的一種自尊意識。日、朝兩國從十七世紀下半葉後，不論在正式的官方體制上，是否能夠不納入朝貢體制——朝鮮顯然沒有逃脫的機會。但就精神的表現而言，他們有理由認定文化的中心位置已移到了九夷，明亡後無中國。[74]

十七世紀日本、朝鮮士人對明清的情感反應，意義深遠。因為明鄭是現代之前華夏文化最後的堡壘，一六八三年鄭克塽出降後，歷史即翻到新而闇然的一頁。明鄭時期渡臺人士最主要的精神動力應當是夷夏之辨的價值理念，用現代的語言講，也可以說是文化民族主義的情感使然。但他們之不剃頭，不換服飾，不改制度，奉明正朔，雖說是夷夏之辨的民族主義的情感之表現，傳統的史家也是這樣定位的。但同一種文化現象可以有重層的意義，筆者毋寧認為不剃頭、奉明正朔云云，更是一種具有普世意義的天下精神之表現。朝鮮儒者說：「明亡之後無中國」，如果我們同意一六八三年施琅入臺，明朔乃絕，那麼，「明亡之後無中國」的說法實即「明鄭亡後無中國」。

「明鄭亡後無中國」的提法自然是將「明鄭」與「華夏文教傳統」連結下的一種表達方式，此語的原始依據固然出自朝鮮使臣之語，但我們有理由相信明清之際的明遺民如黃宗羲、徐孚遠，甚至明鄭的君臣上下也會這樣自我定位。但「明鄭」在今日最重要的意義是和臺灣的關係，如果「明鄭亡後無中國」，而「明鄭亡後有臺灣」呢？[75]「明鄭亡後有臺灣」這個命題的成立，當指鄭成功入臺後，掌權者如果能以臺灣為主體，不尋求「反攻大陸」，所以縱使後來明鄭政權被取代了，明鄭的精神仍能寄託於臺灣，如果如此，明鄭的意義是否會更正面呢？[76]這種一九四九之後的新提問方式帶給我們許多新的想像。有沒有這種機會呢？也許有，鄭成功父子反清當年，他們曾與滿清多次談判，提到比照朝鮮、琉球模式，不剃髮，不易服，奉滿清正朔而自立。但這種提案是否顯現為臺灣的主體性呢？「正朔」與今日的「主權」概念又如何對比呢？

歷史無法重來，但「明鄭亡後有臺灣」這個命題的成立也許不必追溯到需要校正歷史時鐘，強要鄭成功父子重作決定。也許它就是個歷史的敘述，也是個現實的敘述，它指出明鄭亡後，臺灣社會仍保存具有文化底蘊的抗爭精神。明鄭的反清復明是十七世紀下半葉中國境內最動人心弦的一幕偉大的歷史劇，鄭成功以焚儒服、斷絕父子之情的悲劇人物成為歷史理性的載體，讓臺灣走上歷史的舞臺。雖然他一生的傳記瓜葛於中日之間，衝突於草原與海洋之間，穿插於東、西洋文明的交會之間，「鄭成功」的意義遂不可能不多方折射。但就深層的結構分析，我們有理由認定明鄭政權悲劇性的反抗運動，其目的即是要延續具有「天下」意義的中華文化於天壤之間。明鄭之後，中國即進入一個禁止士大夫談論「以天下為己任」的封閉時代，即是一個君子道消，「避席畏聞文字獄，著書都為稻粱謀」[77]的年代。就精神的表現而言，明清鼎革的後遺症就是一種可以抗禮政統、道濟天下的人格型態之消失。

明鄭之亡不只是政治事件，更是文化事件，明鄭在政治上終究是失敗的，但明鄭文化在臺灣卻不能說已隨政權的轉移而消逝了。對於明鄭的追憶是臺灣人三百多年來一往癡情的夢，是窒迫的現實環境下的變形的哀吟，「鄭成功」一詞在臺灣民間社會一直享有居高不降的地位。明文化的內涵為何，二十三年的明鄭政府確實沒有太多的創造性空間加以醞釀，無法開花結果。但明朝所代表的華夏文化本身不可被抹除，這樣的信

---

74 關於「中國」意象變遷，參見葛兆光，《宅茲中國：重建有關「中國」的歷史論述》（新北：聯經出版事業公司，二〇一一）。

75 這是一位我尊敬的臺灣文學研究的學者在一次對談中提出的話語，雖未詳論，也許可能是謔語。但這個提法將明鄭的意義聚焦於臺灣思考，焦點的轉移可能帶來新的視角。西方有嚴重衝突時，不是戰就是和，和當談判，而談判總有取有失，而何者可捨，何者不可捨，這種存在性的判斷大概是任何談判都不可缺的。

76 以上的說法是對史明論述的引申，將明鄭集團視為「外來統治集團」，它的統治算在「殖民地統治」的範圍內。參見史明，《台灣人四百年史（漢文版）》（San Jose, Calif.：蓬島文化公司，一九八〇），頁一〇六—一一三。

77 龔自珍，〈咏史〉，《古今體詩上卷破戒草》，《定盦文集補》（臺北：臺灣商務印書館，一九六五，四部叢刊初編縮本），頁一一〇。

念是深深扎根於其時臺灣居民的意識中的，所以明鄭最終雖亡於清廷之手，但臺灣民間仍透過種種曲折的管道，再延此明鄭的抗爭精神於民情習尚之中。從入清以後，「三年一小亂，五年一大亂」的民亂，到臺民被迫進入日本殖民時期以後，前輩反對運動人物不斷追求超越日本殖民體制以及清朝民族歧視政策這雙重歷史歧途的文化回歸運動，在在都可看出島嶼上有一種頑強難滅的文化原型精神。[78]

78　茲舉一例，原臺灣大學哲學系教授二二八受難者林茂生在江山樓舉行的「臺灣光復慶祝大會」致書面祝詞，說臺灣光復的意義在於發現自然人、發現真社會、發現真國家，光復是要「復到我父祖五千年來之國家，復到存明抗清之鄭成功之國家，與四萬萬同胞同心同德，同一歷史，同一法制，同一語言，同一傳統之真國家。」這些現在看來有些陌生的語彙卻是過來人內心最真實的證詞，透過重新詮釋，這些話語的內涵或許仍有值得仔細思索之處。林茂生語見〈祝詞〉，轉引自曾建民，《一九四五．破曉時刻的台灣》（新北：聯經出版事業公司，二〇〇五），頁二九九。原始出處見台灣留學國內學友會，《前鋒》（臺北：傳文文化，一九四五），頁一二。此雜誌收入吳三連台灣史料基金會覆刻，《台灣舊雜誌覆刻系列四之二》（臺北：財團法人吳三連台灣史料基金會，一九八八）。

第八章

明清之際儒學的現代性曙光

一、前言：明末清初與清末民初

一六四四年三月十九日，李自成攻入北京，崇禎帝朱由儉自盡於煤山，大一統的朱明王朝覆滅。但南方臣民隨之擁護福王繼位南京，歷史進入南明時代。一六六二年，南明主要的反清領袖永曆帝、李定國、魯王、鄭成功同在這一年死亡，中國西南與東南的反清勢力基本上被肅清。反抗力量除了一些零星的殘存武力外，正規部隊大概只有東南海上的島嶼臺灣仍保有明鄭的部隊，東亞大陸已是滿清天下。一六八三年，施琅征臺，入東寧，鄭克塽投降，寧靖王自盡，最後的朱明力量隨之滅亡。從崇禎帝朱由檢自盡到寧靖王朱術桂自盡，前後四十年，這段時間大抵是現代學者所說的南明時期。

南明時期的提法預設了朱明政權在南中國的延續與抗爭，任何歷史時段的劃分都是人為的，都難免有前後時間的差異，「南明」之說亦然。一六六二年時，漢人主要的抗清領袖幾乎同時逝世，大明在中華大地氣數已盡之時，順治帝也於同年崩逝。南明下限斷於此年，可以成說。但由於明鄭政權在臺灣仍沿用永曆年號，從明鄭這股反抗力量的人物的自我定位，以及從當時大明遺臣的黃宗羲、張煌言等人對明鄭這股有生力量的春秋之義的肯定著眼，一六八三年（永曆三十七年）的南明下限說也是個有說服力的主張。以一六六二年或一六八三年作為明、清政治權力交替的標誌年代，著眼點不同，都有其合理處。

本文說的「明清之際」的時間與「南明」的時段重疊，但著眼點不同，時間也就不可能完全重疊。學者的生命時段、學術的展現期間與政治史的流變，原本就不當期待能夠一致。在明清政權交遞期間，學術思想相當活躍，其型態也頗為特殊，這些時代精神的弄潮兒大體活在十七世紀，也就是他們的思想成熟期見於南明時段，甚至往後延到清朝完全統治期間。為方便思考起見，十七世紀的下半段，或從一六四四到一七〇〇可獨立成為一個時段，我們稱呼此段時期為明清之際時期。

「之際」這個詞語指向兩個朝代的交接時間，它的內涵卻不只指向政權的遞換而已。在當代學者的使用中，「之際」的歷史過渡期更重要的內涵是指向了文明階段的另一次轉型，它往往帶有深刻的精神史的內涵。上世紀早期的王國維提出的〈殷周制度論〉是篇名文，此文意指殷周之際的變革不只是政權轉換的作用，而是帶有深刻影響的道德與倫理的突破，為爾後的中華文明奠了基。差不多同一個時期的內藤湖南提出的唐宋變革說，又是個影響深遠的史觀。內藤湖南指出從唐到宋的轉變，這段時期的歷史演變不只是從貴族社會到中央集權的奠定，唐宋之際更可視為中國「近世」的開端。明清之際或清末民初也是「之際」時期，但這兩個「之際」卻又有精神構造的呼應處，它們也有深刻的文明轉化以致突破的內涵。

明清之際是段混亂的過程，就政治而言，混亂意味著帝國體系的崩潰與新政治秩序尚未建立，這是段戰爭、死亡、流離交雜的歷史。但明清之際的混亂如從精神的表現而言，它卻代表舊典範失去統合的力量，新典範隱然成形。一種對政治、物甚至人的主體模式之新知識正處在孵化成形的曖昧階段，這是段獨特的思想時間。身處「之際」的儒者面對儒學一路曲折走到明清交會之際，精蘊與流弊同出，時代不能不變，他們提出了一些不同於以往的新的思考。這些思考在清王朝盛時，沒發揮多大作用，因為草原民族的征服王朝不需要與他們的政治利益衝突的知識。但到了清末民初，時局一變，舊體制搖搖欲墜。此際，歷史走入了現代，現代迎接了一段早到而隱晦的明清之際的歷史。歷史跳躍地匯流，兩百年前的這些儒者終於等到他們期待的時刻，一個新的中國的圖像隱然呈現。中國現代化的議程正式的攏上了議事桌，中國現代化轉型的文化工程在歷史的過程中急遽地展開。

清末民初的思潮上接了明末清初的思潮，這是筆者承接前輩學者著作的選擇，有清一代兩百多年的學術業績因此跳過去了不論，這是跳島戰術的銜接，特意剪貼的歷史。筆者的敘述自然是種史觀的選擇，這個史觀強調宋明理學與現代中國學術思潮的銜接。清代學術繼理學而起，兩者不能沒有關聯，但大體而言，作為清代學術主流的漢學和理學的性格迥異，少數具有玄思能力的漢學家如戴震、阮元，他們的思想誠然有既反抗且繼承理學之內函，可視為「反理學的理學」。[1]阮元在清末民初的思想地圖上，角色模糊，影響不大。戴震的情況不一樣，他的思想和民國時期的思潮確實有關。但清末民初的戴震是以反理學家的面貌出現，為求線索清晰，筆者跳過了清儒的支線，[2]直接面對明末清初的傳統中國與清末民初的現代中國的連結。

從「明末清初」跳到「清末民初」，這條思想線索的斷裂與銜接可說是「挫折」說的另一種表達方式。上個世紀，島田虔次與溝口雄三兩人分別寫出以「挫折」及「屈折」兩詞為名的兩本著作，其意都指向了中國現代性的議題在中國思想內部發展的脈絡。島田虔次的《中國における近代思惟の挫折》[3]一書以王學的發展為主軸，以李卓吾之死作為近代思維挫折象徵性事件。溝口雄三的《中國前近代思想の屈折と展開》[4]一書明顯地是對島田巨著的反思，溝口的反思中有一個重要的論點，此即他提出「中國近代思維」並沒有完全挫折，此種思維在清代仍持續下去，我們可以在顧炎武、阮元、戴震等人的著作中，看到「近代思維」的模式仍在持續進行，所以「挫折」當視為「屈折」。島田也同意清代思潮仍有繼承明代思潮的成分，並非完全挫折。但如果沒有完全挫折，島田為何仍選擇李卓吾之死作為一個歷史時刻的象徵性事件？他顯然仍有堅持。

島田與溝口兩位教授與同代的丸山真男、竹內好等人同樣具有現代性的焦慮，[5]他們對於現代之所以為現代的現代精神極為關懷。島田與溝口兩人有更豐富的儒學史的資源，他們理解的中國現代性可收到「近代思維」此概念下定位。兩人的爭辯具有重要的思想史意義，如果就公平的學術判斷著眼，我們很難不給清代的思想一個應有的位置。然而，如果宋明理學或以良知學為代表的明代儒學沒有鮮明的時代風格，並有解釋「現代性」議題的話，它與清代學術的對照也不會那麼強烈，本文的著眼點在此。

本文以「明末清初」的學術對照「清末民初」的學術，其構想較接近於竹內好的「作為方法」的設計。

此竹內好風格的「方法」大約指向一個重要的時代概念出現於某歷史時刻，它的出現有其成立的依據，它與現實上出現的實體內涵總有差距，「亞細亞」的概念和現實的亞細亞、「中國」的概念和現實的中國、「江戶」的概念和現實的江戶，[6]彼此相關而又有差異。我們可以以此差異作為歷史反思的正當性基礎，並以之作為批判現實的依據。「明末清初」作為理學（尤其是良知學）轉型的一個時代，它具有獨特的時代精神的內涵。這個銜接明代良知學思潮與清末民初新興思潮的時代精神在回應理學（尤其是良知學）方面，提供了什麼新的因素？而這個時期出現的新思想對於兩個世紀以後的「清末民初」思潮究竟又呈現了什麼樣的關

1　胡適形容有哲學解釋能力的清儒即使用了這樣的詞彙，參見胡適，《戴東原的哲學》，收入季羨林主編，《胡適全集》，卷六，頁三七二、四五八。

2　戴震、阮元在新儒家學者的中國哲學史的圖像中，地位不高，沒有太重要的理論價值。筆者認為我們如果不要將「天道性命相貫通」視為哲學判準的無上命令，戴震的血氣心知的情性哲學與阮元的相偶論哲學，其論述多有超越前賢之處，理論價值亦高，其論點也可以和當代重多元、民主、容忍的精神相呼應。但本書重點在理學與中國現代性的關係，清儒模式的義理學姑且不論。上述論點參見拙著，《異議的意義：近世東亞的反理學思潮》，第柒章〈伊藤仁齋與戴震——道的復權〉與第玖章〈丁若鏞與阮元——相偶性倫理學〉，頁二六一—二八九、頁三二七—三六二。

3　島田虔次，《中国における近代思惟の挫折》（東京：平凡社，二〇〇三）。中譯本，甘萬萍譯，《中國近代思維的挫折》（南京：江蘇人民出版社，二〇〇八）。

4　溝口雄三，《中国前近代思想の屈折と展開》（東京：東京大学出版会，一九八〇）。中譯本，龔穎譯，《中國前近代思想的屈折與展開》。

5　關於丸山真男、竹內好等人的現代化國家的焦慮，參見子安宣邦著，朱秋而譯，〈作為事件的徂徠學——思想史方法的再思考〉，《臺大歷史學報》，二九期，頁一八一—一八七。子安宣邦著，趙京華譯，〈日本的近代與近代化論——戰爭與近代日本知識人〉，《近世知識考古學：國家、戰爭與知識人》（北京：生活‧讀書‧新知三聯書店，二〇二二），頁八六—一一四。

6　溝口雄三著有《方法としての中国》（東京：東京大学出版会，一九八九）。子安宣邦著有《方法としての江戸：日本思想史と批判的視座》（東京：ぺりかん社，二〇〇〇）。

係？本文提出了這樣的問題。

本文踵武前賢，著墨在「明末清初」這個特殊的歷史時段所顯現的「現代化轉型」的型態，主張明末清初的思潮與清末民初的思想有密切的關係。筆者在其他的場合，已碰觸過「中國現代性」這個複雜的議題，[7]本文的議題也可以說預設了一種連接當代的早期現代性的思維。但悠悠萬事，現代化轉型的議題獨大，轉型的動力從何而至？銜接不同歷史階段的內在因素為何？顯然仍需闡釋。本文將以理學的格致之學的思維模式，實質上也可以說從「主體的轉化」的觀點入手，著眼於「民主」、「科學」的今世前生，探討十七世紀儒學與二十世紀之後的現代性議題當代的關連。

二、知識與良知的斷續關係：再參「格物致知」公案

明清之際是段政治混亂、學術思想多元的歷史，如何進入這段歷史，顯然可以有各種的進路。侯外廬從社會經濟學的角度切入，嵇文甫從左派王學的解放角度進入，牟宗三從良知的坎陷之說進入，這些論點在學界都是有名的敘述，都足以成說。本文主張中國現代化的工程有中國傳統的源流，理學在這樁工程上，關聯的比重尤大，因此，當從理學的脈絡進入。儒學從北宋傳到明清之際，它已經歷了朱子學與陽明學兩道主流論述的衝突，並逐漸形成另支獨立的體系，筆者稱之為第三系理學。[8]在從北宋理學到朱子學、從朱子學到陽明學、再從陽明學到明清之際儒學的流變過程中，《大學》一書扮演了獨特的角色，此書不僅提供了許多重要的概念，它的「格物致知」說更提供了儒者統之有宗的思考模式。明清之際思想的秘密可以說即在《大學》一書的格致章，「格物致知」是進入此際此學不能不參的公案。

《大學》這一本書自從程朱兩人分別在北宋、南宋特別表彰，尤其是朱子將它列為《四書》之一後，它

所呈現出的知識格局即大體為爾後的理學各學派所共循，殊少受到挑戰。[9]由於「天道性命」說在理學知識體系中的奠基地位，《大學》一書也不能不設想涵有此義。形式上看來，它的知識格局雖然可以以「身」為中分點，籠統分成心、意、知的「內在」層面與家、國、天下的「外在」層面。就六朝以後三教常見的工夫論模式而言，道德實踐的模式往往指向深層的心性本質之朗現或回歸，「復性」說可視為代表，「復性」的「性」是與天道有神秘管道相通的性體。因此，《大學》書中這些「內在」層面的心性語彙心、意、知往往被視為整體道德實踐的基礎，甚至還被提升到具有奠基世界的作用。如果我們放在理學史的流變來看，《大學》這些概念確實都曾輪流接班，成為個別哲人的核心義理概念，如陸象山之於心（本心），劉宗周之於意（意根），王陽明之於知（良知）。[10]「心」、「意」、「知」分別成為他們的學說的宗旨，也為世界的存在奠基，但「物」呢？

在《大學》一系列的實踐德目中，「物」的性格頗為特殊，《大學》是將它放在「致知在格物」的框架下呈現的。就語言的形式而言，「物」具有最基礎的奠基者的位置，《大學》的道德實踐程序是如此安排的：物—知—意—心—身—家—國—天下，但物的實質內涵應當是「致知在格物」，亦即在「知—物」的關係。《大學》一書對於「心」、「意」、「知」、「物」的內涵其實著墨不多，但「心」、「意」、「知」

7　拙著，《思考中華民國》（新北：聯經出版事業公司，二〇二三），此書的內容可說繞著中國現代性的議題而展開。

8　拙作，〈重審理學第三系〉，收入林月惠編，《中國哲學的當代議題：氣與身體》（臺北：中央研究院中國文哲研究所，二〇一九），頁九三—一三二。

9　質疑《大學》的儒者大約除了楊簡、陳確較重要外，它的聖經地位普遍地為宋元後各家各派的儒者所接受。

10　關於《大學》一書八目中的重要詞彙輪流成為重要的思想議題，參見唐君毅的解說，〈原格物致知：大學章句辨證及格物致知思想之發展〉，《中國哲學原論．導論篇》（臺北：臺灣學生書局，一九八六），頁二九八—三六七。

三者明顯地是意識的詞彙，眾所共知，意識的極致處即是世界的根基處，這是東方哲學常見的一種敘述，但《大學》不這樣設定。「物」不論是解作自然物，或是理學家喜歡的「事」之解釋，「物」都不會是意識語彙，它卻被置於基礎的位置。我們觀看《大學》設定的實踐的程序，「知—物」的奠基構造很明顯地和三教主流的心性主體之說有頗大的差異，它很異類。或者說它自成一類。

但很異類的格致說在朱子學逐漸取得時代思潮的主導權後，基本上成了理學工夫論的範式，就像體用論成了理學家整體思維的範式一樣。宋儒真德秀有《大學衍義》一書，明儒邱濬有《大學衍義補》一書，兩書互補，構成了完整的工夫論圖景。《大學》的工夫論指向了儒者該關懷的道德領域是從心、意、知以至家、國、天下的區域，這些都是「物」。讓「物」能如理地實踐出來，這就是「格物」。由於「致知」和「格物」之間的關係牽涉到主體與現象、本體與創生、自我與世界等複雜的哲學議題，如何解釋格物，此事遂成了理學史著名的公案，晚明因而有格物七十二家之說。[11]作為理學正式分流的程朱與陸王兩派，其分岔點可以說在於「格物致知」說的理解不同所致。當朱子作了〈格致補傳〉，並將《大學》列為《四書》之一，他的「主敬窮理」雙管齊下的工夫論模式遂成為理學正宗的標誌。之後，王陽明的「致吾心良知之天理於事事物物，則事事物物皆得其理矣」，[12]則代表格致說另一個完全不同的解釋。

格致說是什麼內容，它為什麼會帶來這麼大的衝擊，朱子與陽明正反雙方為什麼會有那麼大的分歧呢？回到格致論的本身，這個議題原來出自《禮記．大學》裡的一個名目，它之所以成為後來理學整個體系的範式，關鍵性的一步源於程朱的重新解釋。程朱兩人將《大學》的格物致知論帶到儒學工夫論的關鍵位置，最精簡而帶來重大影響的文獻當是朱子的〈格致補傳〉。眾所共知，《大學》的格致論原本甚為簡短，只有「致知在格物」數字而已。〈格致補傳〉的內容是朱子補上的，因為他認為《大學》原文缺了，所以他增補了缺損的部分。朱子的〈格致補傳〉是中國經典詮釋史上的奇葩，他以自己的語言代替前賢往聖立論，而且認為己意即聖意，增損一字不得。朱子是位個性穩重的哲人，也是注重經典文獻的客觀意義的經典詮釋者，但在生命的某一時刻，他卻作了國史上少見的偉大的精神冒險。

王陽明也作了偉大的精神冒險，但手段卻極為簡易，他的格致說在《大學》詮釋史也有重要的地位，他提出了有名的《大學》古本說。「大學古本說」意指《大學》原本無欠缺，不須增字解經。王陽明的作法似乎是經生的手法，他在尋找最古老的經典所顯現的聖人原意。就經學的文獻學意義著想，話是可以這麼說。實質上，他的不作為卻是很徹底的無為而無不為，「古本」說否認了朱子的〈格致補傳〉的權威，因為朱子在〈格致補傳〉所增添進去的內容，恰好是王陽明想要否定的。王陽明年輕時，曾在〈格致補傳〉的架構下思考自己最關心的天道性命的問題，甚至執著成病。後來才發現問題其實很「簡易」，只要拋開了朱子的《大學》版本，回到「致知在格物」一句的原典，就可走上康莊的大學之道。

朱子之後直至明清之際的儒學思想史的發展，尤其是良知學成立的明中葉以後的歷史，可以說是繞著《大學》格致論所展開的詮釋權的爭奪史。關於朱子的〈格致補傳〉如何理解，相關的研究可說是汗牛充棟，它已成了勞力密集的知識產業。[13]但放在工夫論的視野看，它的架構還是極清楚的。朱子就像東方一些偉大的哲人一樣，他的思想之主體構造乃是一個充滿無盡藏的宇宙心性質的心靈，此心以心—氣同流的方式

11　這是劉宗周的歸納，他的說法是泛論，沒有詳細的舉證。參見劉宗周，〈大學雜言〉，《劉宗周全集》（臺北：中央研究院中國文哲研究所，一九九七），冊一，頁七七一。後儒言及格致論的研究史，亦多沿襲七十二家之說，茲不贅舉。

12　王陽明，《傳習錄》，卷中，收入吳光等編，《王陽明全集》，冊上，卷二，頁五一。

13　上世紀學界有關《大學》研究的論文即達七十一篇，其中多與「格致」論有關。參見吳展良主編，《朱子研究書目新編（一九〇〇—二〇〇二）》（臺北：國立臺灣大學出版中心，二〇〇五），頁三〇〇—三〇六。

與世界有隱微的合一互滲的構造。[14]但學者要了解這無盡藏心靈的內容卻又要透過不斷與外物感通、了解其理、並回應其物的過程，之後，學者的心靈與之相應的內涵才可由隱而顯。也就是如果沒有經由向外窮理的過程，主體內部與之相應的「理」即無法顯現。

朱子學進一步規定：窮理不可一步到位，它需要知識的累積。因為物的「理」一定是一理多相，因時、因地、因人不同，而遂有不同的面貌。所以學者窮理，需要與物作重層的、多面向的窮理活動，因時、因地、因人而做各種具體的格物。「格物」是個複雜的實踐概念，「物」的內涵要在實踐中複雜地顯現出來。實踐還需最後一著，朱子說：經由長期的致知、格物的反覆辯證之過程，到了一個臨界點，學者可以經驗到類似頓悟的「豁然貫通」的心理震撼，以及吾心的「全體大用」和眾物「表裡精粗」剎時俱顯的圓滿心性經驗。

為什麼從細碎的經驗性之求知，目的地可以是「豁然貫通」的頓悟一關？這是朱子格致說易起的疑竇。但我們如果再稍加思索朱子格致學的架構，這個問題其實不難回答。因為朱子的工夫論一向是「格致」與「主敬」雙管齊下，交相前進，「豁然貫通」的關鍵在「主敬」。「主敬」是心靈保持純一的工夫，頓悟的前提是心靈純一之至所引致的主體之頓時突破，超越轉向。三教工夫論史上，靜坐、養氣、觀想、持志等等，乃是這套工夫常見的心靈操練模式，通於一，萬事畢。朱子的「格致論」嚴格上講，包含了主敬論，「豁然貫通」的到來並不特殊。特殊者，在於朱子主張「格致」的過程活動不可少，任何的道德判斷，都是建立在間接的、累積的知識基礎上的當下判斷。朱子學的知識的地位不像東方哲學中常見的與道相反，而是徹底翻轉過來，朱子主張任何經驗知識都通向了終極真實的太極。每一種道德判斷都要有極多的背景知識的支持，即使終極的「豁然貫通」沒有知識的涵義，但這種終極一著的經驗如果有意義，它仍是建立在無窮累積基礎上的直接性全幅朗現。直接性與間接性相融，背景知識與當下判斷相融，這是朱子格致論的特色。

朱子主張知識與道的相容性，用性理學的語彙講，也就是任何事物的理都可不斷深化，最後突然一躍，化入了一種特殊的總體性之理，進入認知心無法進入的玄秘之理，也就是太極。但如果沒有經過主客對立的認知管道，終極一著的豁然貫通也不會來到。知識與道（太極）的相容性在理學之前並非沒有人提過，荀子論學，莊子論由技進道，都肯定了知識的體道價值。但自從佛教東來，三教之說大興以後，知識與道的關係遂少人提，「為學日益，為道日損」之說反而成了主流。朱子的格致說放在三教流行後的思想場域來看，不能不說是樁重要的思想史事件。他主張任何物都可通向天理流行之境，但都要經由對「物」之理的實踐過程，認識之—轉化之—質的突破之，這是條曲折而緩慢的漸教之途。朱子學降到人間，最大的意義是搭建了事事物物通向太極的道路，而且這條路是不可迴避的唯一的大道。

朱子逝世後，影響日大，他的格致說的經典位置也就日益強化，直至王陽明異軍突起，另立旗幟為止。王陽明主張《大學》古本，即是廢除〈格致補傳〉的正當性，他認為「格致說」的內涵即在「致知在格物」一語而已。王陽明的新格致說一出現，它帶出了一條儒學的新路線。由於這條新路線的解釋力道甚強，加上王陽明本人的人格魅力，他吸引了一大批的後學、後學的後學走上了良知學之途，對他身後的明代文化產生了極大的衝擊。[15]而晚明的思想、文學、藝術對清末民初的文化又帶來很大的影響，當代學者論及現代化的

14　「宇宙心」一詞取自陸象山「宇宙便是吾心，吾心即是宇宙」，參見鍾哲點校，《陸九淵集》，卷三六，頁四八三。這種宇宙心模式未見於前代的儒學典籍，在大乘佛教的真常唯心系裡卻表現得極突出。陸王言心，近乎真常唯心系的如來藏心此義。朱子的心性不能同一，不能接受「宇宙即吾心」之義。但朱子「心」可彰顯「性」之全體大用，心性之別乃在質的差異此一線之隔，其心亦有彰顯宇宙之義。如果我們不取「心性同一或天人同一」論，而取「心性合一或天人合一」論，朱子的「心」也可稱作另類的宇宙心。

15　我們在他著名的學生如錢德洪、王龍溪、王心齋的傳記中，都可看到他們狂熱追求良知真理的紀錄。這種宗教式的求道熱情還會往後傳下好幾代，成了良知學顯明的風格。

問題時，如果不涉及傳統與現代的關聯則已，如論及兩者的關係，王陽明其人其學不可能躍過。而論及王陽明其人其學，他的格致說也不可能躍過不論。問題還要回到有名的龍場之悟，王陽明到底悟了什麼？

王陽明正德三年（一五〇八）的龍場之悟是樁儒學史上著名的玄秘的事件，它是私密性的，在一個窮鄉僻壤的地區、一個深夜的時刻、發生於一個人的生命深奧地區的經驗，誰能了解它的內涵？但因這樁私密性的事件是在明中葉這個特定的歷史時空發生的，龍場之悟的內容衝擊了那個時代居主流地位的朱子學的價值體系，所以它的私密性遂變得公共性的意義極濃。這場悟之經驗如何理解？〈年譜〉說他當時正為生死之謎的人生根本問題而苦惱。東林學派巨子高攀龍認為龍場之悟是一樁心體朗現的悟覺經驗，[16]無關乎知識問題，高攀龍的解釋與〈年譜〉的解生死之謎的記載合拍。一種可稱作冥契經驗的身心突破事件在佛道傳統並不陌生；而作為人生核心關懷的生死議題經過冥契經驗的過濾後，通常會消逝不見，這也是冥契論述中常見的敘述。王陽明在龍場一悟，這樁徹悟心體的經驗會解消困擾他多年的生死關之困擾，我們觀看佛、道兩教豐富的悟覺事例，以及細看王陽明為了解決生死問題已作了多少先前的準備工作，我們可以合理地猜測王陽明應該可以獲得令他滿意的答案。

然而王陽明不是佛教徒，也不是道教徒，他當時是朱子學虔誠的信奉者，朱子是他的精神上的父親。朱子學格致論的問題變成王陽明的問題，他是在朱子學議題的引導下，經由各種可能的精神修行管道，佛老常用的靜坐法是其中主要的一種，最後才達到他自己認可的格物致知的目標。他既然說他的龍場之悟所悟者乃是「格物致知」的內涵，我們沒有理由懷疑王陽明本人的真誠以及判斷的能力。他悟的「格物致知」的內容就只在「致知在格物」一句，而沒有朱子〈格致補傳〉那些複雜的工夫過程，這種話也是他說的。

王陽明的龍場之悟的內容既可解作宗教經驗的頓悟，也可解作新的格致論，這兩種解釋都有文本的依據。兩說是否互斥？或是相容？甚至是否為相融的？我們如通觀王學的發展過程，尤其王陽明與王龍溪師徒兩人的解釋，不難理解這兩種解釋是相融的，關鍵在他們的「致知在格物」的解釋完全脫離了朱子的用法，它是從果位的層級而以現量的方式所作的敘述。果位下的「致知」是一種宇宙性的知之發用，這種知即是良知，就其宇宙性內涵而言，也可謂乾知。[17]果位下的「格物」乃是物的本初性的朗現，這種物可謂「物之初」之物，[18]這種原始位階的「物」不對認知心開放。

王陽明龍場之悟的格致論是「乾知與物之初的一體而發」的關係，這是果位之事，也就是建立在本體朗現基礎上的敘述，它的生起土壤恰恰好就是悟道經驗，更恰當地說：儒家式的悟道經驗。它與冥契論常見的萬物同一、不可言說、絕對的沉默之敘述不會相同，也就是它不宜歸入史泰斯（W. T. Stace）所說的內向型的冥契論。[19]王陽明的心學敘述確實帶有「同一」說的本地風光的影像，但他的敘述總與內向型的冥契論或佛教真常唯心系的表現不同，他的此世的道德負擔極重。此種負擔放在《大學》的敘述架構來看，也就是儒家冥契論的大宗有「物」的位置，它不能被解消，「致知在格物」一詞即預設了「知」與「物」的共在性。此際的知、物關係是種非認知式的、先天的物我一體而起的關係，其內容包含解除死生謎團的精神自由之內容。

本文將王陽明的龍場之悟的內容視作儒家式的悟道經驗，更恰當地說，它只是儒家悟道經驗的一種類

16　參見高攀龍，〈高子遺書〉，收入《景印文淵閣四庫全書》（臺北：臺灣商務印書館，一九八三），冊一二九二，頁三六—三七。

17　「良知」被詮釋為「乾知」，這是陽明後學的用法，王畿應當是主要的奠定者。此語彙借自《易經》「乾知大始」之說，《易經》「乾知」的「知」作動詞用，陽明後學將之挪用為名詞，指向一種宇宙性意義之知。

18　「物之初」一語借用《莊子．田子方》所謂：「吾遊心於物之初」。「物之初」的「初」就像朱子的「性之初」之「初」，也像「本心」、「原道」之類的「本」或「原」的概念一樣，都是玄學的用法，無關於時間的意識。

19　關於內向型的冥契論之特色，參見史泰司（W. T. Stace）著，拙譯，《冥契主義與哲學》（臺北：正中書局，一九九八），頁九九—一四八。

型；朱子的「豁然貫通」代表另一種類型，兩者都指向了悟道經驗中有知與物的先天關聯之架構，而不見得是「物」被解消了。[20]朱子說此際的物是「表裡精粗無不到」之物，「豁然貫通」的經驗中包含了「表」與「粗」的內容，也就是包含了過程中的知識內涵。王陽明則說物的本來面目是良知感應（而非認知）之物，和「表」、「粗」的知識不相干。但王陽明所說的非認知性質的感應之物不表示物性即空，而是物在良知的感應中失掉被認知的性質，它以本來面目呈現。

王陽明的新格致論既是宗教性的根本關懷之體證，又是對作為此世主流義理的朱子格致說之修正。從陽明學者的眼光來看，良知之學一藥治兩病，而且實行起來，更為簡潔方便。良知的一大特色在於當下的直接性，良知的判斷直接從生命深淵湧現，沒有知識累積的過程，沒有深層潛意識中的前塵影事，良知的作用轉化了世界的意義的構造。良知瀰漫了無比的生命能量，它使得當事者全身充滿了難以名之的意義感。所以此說一出，迅速地團結了一群同道。

良知學的「此件事」[21]建立在一種轉化過的，也是先天層級的知—物的構造上，這是一種「非主觀意識所及的先天之知—非認知心所及的本初之物」的一體共生構造，這種玄秘的格致學是良知學的秘密。這種先天之知—本初之物構造的良知帶有極大的能量，它為道德、也為存在奠基，在此格局下，從存在的無底深淵躍起是良知的特性，萬物一體則是良知的另一特色。因為良知也是草木鳥獸的良知，遍天地萬物皆因良知而成立，王學的本體是以良知的面目出現。

然而，「萬物一體」是良知的屬性，這是「良知=乾知=宇宙心」的分析命題，「萬物一體」論也可視為工夫的終點，聖人境界才可見到。在以往的儒學傳統中，「萬物一體」之說不會是工夫下手所在，也不是當下的心性主體的內涵。即使以程明道之圓融，喜言「仁者渾然與物同體」之說，此說作為工夫論語言，仍是籠統。但王陽明的立足點不同，他恰好從果位的層次界定良知卻行之於主體的當下運作。王陽明的良知從不離物，他思想中的物都是在良知感應下所呈現者。良知不是認識主體，它所感應之物是自在之物，不是認識的對象之物。王陽明哲學反認知型知識的傾向極強，良知感應萬物，但物不以認知的對象之身分出現。物既不可知，自然其物無相，所以嚴格說來，王陽明良知所感者乃是無物之物。[22]

王陽明的格致學如果純從知—物的在其自體立論，它的衝擊不會那麼大，但良知學是人間學。落實下來看，王陽明的良知教呈現的是在人間實踐的頓教的思維模式，學者的行動注重當下的直接性，情、意、知的一體而發。良知學與世間法的糾結集中於良知的直接性，更恰當地說，乃是直接的行動性。如面對眼前的花，「見好色屬知，好好色屬行。只見那好色時，已自好了，不是見了後，又立箇心去好」。[23]見之即知之即好之，這就是他所謂的「知行合一」。「知行合一」的核心依據其實是主體的情、意、知的當下為一，心靈能量的完全集中。良知的能動性極強，它要直接表現。王陽明的「良知」直徹心源，一切的判斷都是由存在依據的乾知當下而發。至於見之於行事上的知行合一，雖是衍生義，它針對朱子的知與行交相並進的主張而發，卻也是良知學者的一大特色。

簡言之，良知無分於動靜，良知的展現卻不能不顯現於動靜。當統合情、意、知的良知主體內斂至極，

20 陸王學派主張「心即理」，這種主張如果徹底了，可以解作「心」具有本體宇宙論的內涵，它類似泛神論的神，也近乎佛教真常唯心系的如來藏心，「物」被解消了。但陸王本人對此究竟之談鮮少作更詳細的規定，反而在楊簡、王畿等後學的著作中，可以看到更明確的主張。

21 「此件事」或者類似的詞語如「此大事」、「這件事」，這種詞彙在陽明後學的著作中常見。如吳震編校整理，《王畿集》即頻頻出現，其語皆指良知之體證之意。文集中的書信如〈與呂沃洲〉，頁二一八；〈與潘水簾〉，頁二一九；〈與陸平泉〉，頁二二一；〈與王南岷〉，頁二二二，皆出現過。使用可謂頻繁，其他的陽明後學也常用這些詞語，不及備引。

22 「無物之物」是王畿「四無」說中的「物」之本來面目，王陽明雖不談四無，但也承認對天資高者，可有此一義。

23 王陽明，《傳習錄》，卷上，「愛因未會先生『知行合一』之訓」條，收入吳光等編，《王陽明全集》，冊上，卷一，頁四。

安於未明顯分化的自體時，如生命型態接近於高僧、高道的江右學派學者即注重活在深層的當下，羅洪先、王塘南等人的生活就展現了這樣的模式，這種良知學與社會的衝突不會那麼大。但當良知學注重當下朗現，見之行事時，如泰州學派的陽明後學即普遍地在人世瞠目吆喝，衝決禮法，手握乾坤殺活之機，不在綱常網中盤旋。良知學給當時的世界帶來的衝擊之大，不想可知。

王陽明的良知始終從「高高山頂立」的視角出發，看待良知與世界的關係。良知的展現不重視學習、認知的過程，也不接受任何主體以外事物或人物的權威，包括經典、聖人、王法，良知學與既存的政治秩序的衝突遂無可避免。良知學是建立於存在依據的宇宙心上的頓教體系，良知的每一次判斷都是承體起用，都是宇宙性的事件。雖然超越性（所謂的先天學）是唐宋後三教的基本性格，但與良知學的涉世精神相對照之下，佛老的關懷始終指向方外的解脫或逍遙層面。朱子學雖然也是涉世極深，淑世之念是它對世界的承諾。但它的道德實踐之主體始終預設和身外的事事物物的互動之辯證過程，漸教的性格約束了主體的直接性。良知學不然，它是徹底的扎根於本體的主體哲學，規範與動力皆在良知本身。陽明學的良知之判斷總是直接的，當下的，知識累積的因素沒有地位。它脫離了世間的倫常規範與事物之理的牽絆，破壞遂不免伴隨解放而至。

王陽明的龍場之悟的儒學史意義，應當說是他以「乾知的直接性」的進路取代朱子的曲折性的知識之進路，良知學帶來的主體解放效果與對社會規範的解體效果，都來自於良知學的基本性格。知識在良知學的體系中沒有地位，良知跳過了知識，直接會晤了太極。雖然良知學原則上不排斥知識，但良知學沒有給知識留下席位，良知學流行所帶來的效應即是知識與大道兩相妨，這種效應也是極明顯的。明清之際的儒者生於當時的世界，他們首要的工作不能不在朱子模式與陽明模式當中，仔細辨析，作出選擇。要頓教或漸教？要直接判斷或要間接性知識？知識通往太極的路途是死巷或是曲徑暗通？或者是否有整合朱子與王陽明的另一條路？這些問題意識困擾了那一代的知識人。

三、物的反思：質測與通幾

明清之際是段思想轉型的時代，從良知學成立之後，朱子學與陽明學一百多年來的知識纏鬥自此進入新的階段。人所處的世界的知識內涵與成德之教究竟有什麼關係？這是關鍵性的問題，學者面對新局顯然需要新的思考。任何思想轉型時代的圖像總是曖昧的，明清之際的情況亦然，但經由歷史的沉澱以及學界多年的探索，兩種格致之學的轉換的思想史圖像已顯現了輪廓。論其犖犖大者，此時有種新穎的對於物的想像。物的想像這個議題是由一連串的相關議題組合而成，如論經典的依據，它是《大學》「格物致知」說在此時代的發展；如論知識的類型，它可以說是由良知的直接性轉向一種新的直接性與間接性知識融合的模式之轉換；更重要地，我們看到此際的學者有對於「物」的獨立的思考，「物學」的領域應當可以成立。物學是物的理解的一大轉折點，它由「物與主體的關聯」轉向「物與道體的關聯」。

儒家傳統一向有「正德、利用、厚生」的承諾，物的地位不可能被抹殺。宋明時期的一條思想主流落在人的復性的要求，道德的關鍵在於對於人性的先天內涵的體證，主體哲學的方向非常明確。但主體哲學的流向中仍有對於客觀精神的自然（物）之反思，北宋理學家的時代課題乃是同時針對五代以來的道德秩序的崩潰以及世界的存有論意義的虛無化而發。朱子誕生於南宋，他仍保留了對於自然（物）的思考，但由於工夫論的傾向甚強，他思想中的「物」大幅地向「事」的領域轉進，[24]作為自然世界中的「物」之意義相形減

24　《大學》：「致知在格物」，朱子注：「物，猶事也。窮至事物之理，欲其極處無不到也。」《四書章句集注．大學章句》，頁

弱。直到良知學興起，一種淡化「物」的意義的主體哲學的面貌才徹底顯現。良知學的格物說可以說是物的本質義的證成，但也是物的現實義的遺忘。良知學流傳到了明清之際，我們才看到一種足以抗衡「良知為世界奠基」的物學的興起。

物學的興起和新的知識類型分不開，新的知識類型又和明末清初的特定局勢有關。明末清初興起的知識大約都帶有修正良知學的因素，良知學在晚明時期掀起的風浪之大，很難不令人想到如何繼承或修正的問題。只是其修正的因素或是向內作更深的修正，以期修正王學「虛玄而盪、情識而肆」之風。[25]或是向經典回歸，以期在聖人光輝的照耀下，重新回到前良知學的美好歲月。[26]前者可以以孫奇逢、李顒的義理學為代表，後者以閻若璩、顧炎武的經學為代表。這兩種調整的方向都是明清之際之學的內容，但這兩種知識內容改變傳統的儒學義理文化的作用較小。

當時另一個新的知識的來源來自於當時傳教士帶來的知識，從科技史的角度看，明末清初是個關鍵的年代，當時來華的傳教士將歐洲的各種知識，其中的一種主要知識是名為格致學的科學知識被帶到中國來。傳教士帶來的各種知識中，天文學、地理學、數學、工程學、物理學、火炮學、醫學、語文學等實用科學無疑地擴張了此時期的知識版圖，豐富了華夏士子原有的知識想像。[27]我們看到的這一部分的知識和兩百年後的清末民初時期風行一時的科學之說，類型頗為相似。

在明清之際的物學之思潮中，論及理學思想模式的轉變者，當是在「以朱補王」的架構中，能賦予「物」不同的地位者。明清之際西方科學的引進誠然對物的世界帶來新的想像，然而，論及這些知識的生產模式，大約仍是在經驗科學架構下，對知識對象作表象的思維。即使傳教士傳進這些科學技術時，多少都有榮耀上帝之意，知識背後有被造者與創造主的宗教知識之連結。但就這些引進的知識帶來的效果而言，仍是在實用的科技層面發揮了作用。明末清初傳教士帶來的知識在當代的科技史或中西交流史的論述中，普受重視。這套知識在本文所重視的方以智、王夫之等人的著作中也可看到影響，但他們的思想的特色不在此處，本文重點也不在分殊性的科學知識上面，所以擱置不論。

明清之際的物學內涵仍當放在朱子的漸教模式與王陽明的頓教模式的複雜結構下思考它的特殊點，也就是放在實踐知識的「直接性判斷」與「直接性判斷—間接知識混合模式」下重新理解其義。筆者認為明清之際的物學特色在於直接性判斷與間接性知識的重新和解，就此而言，它的模式和朱子學模式較為接近。但此際的物學思潮超越了朱子學框架，朱子學的物之思考仍是放在主體論的思考下，「物」在工夫論的架構中居於邊緣的位置，它逐漸和「事」同化。但明清之際新知識的思考乃是對心學徹底的反動，它將存在的根基由真常唯心說轉向理氣一如的道體論。「物」的內涵也明顯地由「事」轉向「物」，所以和今日所說的自然科學有更深的連結，也可以說是更徹底的批判。物學在工夫論上的表現，借用方以智的語言，乃是由主體轉化的復性說轉向「藏悟於學」[28]的質測、通幾連續說。相較於唯物論的去形上學化，明清之際的物學卻緊握

四。

25 「虛玄而盪、情識而肆」之語出自劉宗周，「今天下爭言良知矣，及其弊也，猖狂者參之以情識，而一是皆良；超潔者蕩之以玄虛，而夷良於賊，亦用知者之過也。」劉宗周，《證學雜解》，收入吳光主編，何俊點校，吳光、鍾彩鈞審校，《劉宗周全集》（杭州：浙江古籍出版社，二〇一二），冊三，頁二四八。類似的意思在明清之際的儒者的著作中常見，比如黃宗羲的《明儒學案．泰州學案》、陸隴其的《三魚堂文集．卷二．學術辨上》、顧炎武的《日知錄．夫子之言性與天道條》，也表達了類似的意思。

26 關於明清之際經學的回歸原典的特色，參見林慶彰，〈中國經學史上的回歸原典運動〉，《中國經學研究的新視野》（臺北：萬卷樓，二〇一二），頁八三—一〇二。

27 詳細的內容，參見方豪，《中西交通史》（臺北：中國文化大學出版部，一九八三），冊下，頁六九一—一〇四五。方豪此書所說的「明清之際」，時間很長，含十七、十八兩世紀，與本文的用法不同。

28 「藏悟於學」為方以智用語，見《東西均．疑信》，收入龐樸注釋，《東西均注釋》（北京：中華書局，二〇〇一），頁二六一。

「物」之向上一機，兩者的定位相去懸絕。在這時期的學者中，方以智的物之思考在此給我們帶來相當大的啟示。

方以智在明清之際的學者群中，具有獨特的會通各方知識的特色。他是明清之際具代表性的文人，也是具代表性的整合中西科學知識的士人，而晚近的研究更指向了他有作為一位時代思想家的資格。而且，他還很自覺地在中西的知識交流、儒佛的義理整編、朱子與王陽明的兩種知識類型的交涉中，作會通的工作。方以智的偉大知識當然有其成立的個人傳統背景，桐城方家本來就是那個時代重要的士家，他的家庭內的人際網脈也有助於形成廣闊知識的網脈。但這些外緣的因素還是要整合到方以智的知識心靈中，它們才發揮了應有的作用。

方以智的學問光譜極大，可說是位百科全書式的學人，他曾說及自己學問的光譜：「承諸聖之表章，經群英之辨難，我得以坐集千古之智，折中其間。豈不幸乎！」[29]這種大學問的自許與自喜或許不是他一個人的特色，在同代的黃宗羲、王夫之等人身上，我們也看到同樣的傾向。但他們的集大成都不只意味著知識的廣博而已，更指向廣博的知識有貫通的「道」將之連結為有深度及體系的知識，方以智表現的特別明顯。這種集大成的意識在他的著作中不時顯露，更重要地，他這套大學問有明確的克服心學之蔽的問題意識。方以智家族有很深的良知學的傳統，[30]他本人對王陽明也始終尊重。方以智的佛學造詣極深，是禪宗曹洞宗的傳人。換言之，方以智身上兼具了儒佛兩教的心學傳統，但他一生所作的重要思想工作，主要卻是如何克服心學的缺陷，良知學與曹洞宗都是儒、佛兩教中典型的心學學派。在那個時代的「心學」概念中，心（不論是如來藏心或是良知）的特色在於它是主體的深層依據，往往也被視為是世界存在的依據，它是心性學的概念，也是存有論的概念。心學另一個特色是：它是頓教，判斷的直接性是它很突顯的思維模式。心的概念無限化後，往往付出了吞噬世界的代價。

心學有兩種特色：（一）「心」是存有論的概念，既為主體，亦為本體。（二）此心的判斷，重當下的直接性，反知識的介入，具備一種頓教的性格。這兩點是良知學留給那個時代的課題，明清之際最富思考力的哲人都要面對這個課題，比如二十世紀學界所說的明清之際三大儒，對此都提出了激烈的批判。顧炎武的反叛雖然已脫離了王學的框架，但和理學的思維模式在若即若離之間，其學姑且不論。黃宗羲、王夫之和另一位大儒方以智一樣，都面臨了同樣的問題，他們三人對良知學的評價不一，但都同樣重新復活了朱子學的思考方式，亦即他們都同樣重視見聞之知與德性之知的銜接，直接性知識和間接性知識的整合在他們的著作中徹底地顯現。但他們也可以說都超越了朱子學的框架，因為他們都將「物」放在道體論的敘述下重新定位。他們的知識也都極為淵博，但他們的百科全書式的性格和同樣以知識淵博著稱的楊慎、顧炎武的類型不一樣，他們的著作統之有宗，會之有元，他們的知識中有理學的靈魂居焉。只是理學的靈魂也是多源的，他們三人的源頭不一定一致，卻都深入物的秘區。

明清之際對於「物」的新思考都重視見聞之知的價值，道與知識重新連上線。都重視直接性知識與間接性知識的連結，方以智使用的一套相近的語言即是「質測」與「通幾」的相互證成。質測之語不是理學傳統的用語，此語最早的出處或有淵源，但它成為重要的學術概念之源頭當是始於方以智家族，王夫之繼之。方以智界定其語曰：「物有其故，實考究之，大而元會，小而草木螽蠕，類其性情，徵其好惡，推其常變，是

此語可視為方以智之學的一大特色。

29 方以智，〈考古通論〉，《浮山文集前編．卷五．曼寓草中》，收入張永義校注，《浮山文集》（北京：華夏出版社，二〇一七），頁一二九。

30 方以智曾祖方學漸是明代中晚期桐城學術的領頭人，也可算得上東林黨魁。《明儒學案．泰州學案》有傳。

曰質測。」[31]我們可以合理地推測這個詞語和晚明及明清之際蓬勃發展的經驗知識有關，[32]但經由方以智父子之手，此詞語才變為重要的學術用語。如果「物」沒有從倫理學的關懷中脫穎而出，成了思考的對象，質測之學的特色即不易顯現出來。方以智的「質測」一語出自《物理小識》，此書即可視為他對質測之學的實踐。

雖然方以智的質測之學如果沒有從倫理學與存有論的關懷暫時脫身，其學即不能成立。但此際的脫身只是暫時的，方以智的質測之學恰好不是道術已為天下裂氣候下的經驗科學，他的質測之學仍是一個完整的通貫形上形下的知識類型的一環，他稱向上一機之學為「通幾」。我們看到「通」、「幾」兩字，不難想到這個詞彙的祖型即是《易經》的知識，《易．繫辭上》：「惟深也，故能通天下之志；惟幾也，故能成天下之務」。《易經》論事物的存在性質，特別重視事物之相通，整部《易經》可以說是宇宙事物交相作用的興起的系統。「天地定位，山澤通氣，雷風相薄，火水相射。」[33]這種宇宙全體交相涉入的結構是種本質性的思考，這種興發交涉的本質見於任何物之萌，此即所謂的「幾」，《易經》說：「極深而研幾」。北宋理學興起，固然提出了一套偉大的性命之學，此學為學者的形上或宗教需求安頓了身心。但北宋理學同時也提出了一套安頓世界的通幾之學，此學建構了一套全面交涉的世界圖像，理學之祖周敦頤建立在《易經》基礎上的著作即名曰《通書》。

由「質測」之學與「通幾」之學的連繫性來看，明清之際的物學無疑地和朱子的格致學較為接近。但由「通幾」之學與《易經》相關的性質來看，我們可以看到此學對於「物」的規定是放在道體論的架構下朗現的，這種道體論的思考卻不是朱子學的特色——或許我們不能說兩者有矛盾，但朱子學的思考方式是《大學》式的，而不是《易經》式的；是工夫論導向的，不是本體宇宙論導向的，卻也是清清楚楚。方以智的學問傳承中固然有無法泯除的良知學與禪宗的成分，但方氏家學是《易經》之學，而且是繼承北宋理學而起的新《易經》之學，這支家傳之學乃是方以智一生一再向世人宣示的「決宇宙之大疑」的主要內容。這種新《易經》學的思潮在黃道周、倪元璐、王夫之處，我們都可看到類似的思考。

這種新《易經》學的道體論的思考的一大特色，在於它突破了一種常見的宇宙生成論的思考方式。宇宙生成論的思考總帶著何所來、何所去的因果式思考，具天文物理學的格式。道體論的思考則是融本體於當下，顯相的當下即是幽微的本體之朗現，這種帶著整體論的性格的本體論思考即是道體論的思考。它的典型的表述方式見於太極與萬物的共在互滲：「夫太極者，在天地之先而不為先，在天地之後而不為後，終天地而未嘗終，始天地而未嘗始，與天地萬物圓融和會，而未嘗有先後始終者也」。[34]此語出自邵雍之子邵伯溫，邵雍之學為方氏家族所宗，它也是道體論的模式。

太極與天地萬物互滲共在，此義再具體地講，即是太極與陰陽，或是一與二的共滲共在。張載說：「一故神，兩故化，兩不立則一不可見，一不可見則兩之用息。」[35]在道體論的思考下，「一」與「二」的關係

---

31 方以智，〈《物理小識》自序〉，「質測」之語在此書中常見，已是重要的學術語言。方以智錄，《物理小識》（上海：商務印書館，一九三七），冊上，頁一。

32 如《物理小識》解釋「雷」的起因時，說道：「質測家曰：火挾土氣而上」云云，此處的「質測家」如今日的天文物理學家。同前引書，卷二，頁三六。王夫之，《張子正蒙注．參兩》：「不及專家之學，以渾天質測及潮汐南北異候驗之之為實也。」王敔按：「質測之說出近日，曆家謂據法象以質實測之。」王夫之，《張子正蒙注．參兩》，收入《船山全書》編輯委員會編校，《船山全書》（長沙：嶽麓書社，二〇一一），冊一二，卷一，頁五二。此處的「質測」也和天文物理有關。

33 《周易．說卦》在現行本《易經》中作「水火不相射」，馬王堆出土帛書《周易》作「火水相射」，帛書文字較合理。湖南省博物館編，《馬王堆漢墓帛書》（長沙：嶽麓書社，二〇一三），頁六九。

34 參見邵伯溫《語錄》，引自黃宗羲等編，《宋元學案．百源學案下》，收入沈善洪主編，吳光點校，《黃宗羲全集》（杭州：浙江古籍出版社，一九九二），冊三，頁五七七。

35 張載，《正蒙．太和篇第一》，收入章錫琛點校，《張載集》（北京：中華書局，一九七八），頁九。

當下即是，用與體、二與一、微與顯、明與幽的地位是平等的，共構的。如果說二元對立是近代文明賴以建立的思維模式，人與物在表象思維的架構下以主－客體的面目出現，這種思維有根源性的形上學之基礎。[36]我們也可以說：如何完成體與用的完整性，既不立體以滅（或減）用，也不因用而滅（或減）體，不立一以損二，也不因二而損一，這種工夫論兼存有論的焦慮也一直存於理學史的脈絡中，明清之際儒者的工作即是要克服此一障礙。

在「質測」與「通幾」貫通的格局下，「物」的性質不能沒有兩層性，一層是知識的性格，一層為非知識的性格。知識性格的物是以認知對象的身分出現的。作為認知對象的物的性質被界定為「理」，這是莊子、朱子以下對物的性質的說明。對於物的認知性之「理」的理解，隨著知識的累積，可以預期會日趨精微複雜。但任何科學的認知大概都難以契近方以智所說的「通幾」，或者朱子所說的「表裡精粗無不到」的面向，因為這個面向不是認知的面向，這個面向的學問因此不屬於知識的範疇，它屬於境界論或形上學的知識，嚴格說來，它不宜劃入今日所說的「知識」的範圍。

然而，如果「通幾」之學被視為物的本質的話，這種非認知成分的通幾之學即不可能只是主觀的意義，它也有另類的客觀的意義。認知型的知識不能壟斷真理，也不能壟斷經驗。明清之際儒學承接張載「一故神，兩故化」的形上肯定論，通幾之學確實不在認知的範圍內，但「物」作為一種本來面目的存在，它如果也是種呈現，即不可能是永遠不可知的X，它總有被敘述的機會。它也是理，一種非認知義的理，而且這種具本來面目性質的理是物的本質。

作為通幾之學範圍內的物之內涵，方以智很明確地說出它具有公因－反因共構的構造：「極則必反，始知反因。反而相因，始知公因。公不獨公，始知公因之在反因中」。[37]這項被他的同道、門生及家人視為「決宇宙之大疑」[38]的命題，是方家三代的思想的結晶。這個表達方式確實是方家的，但其內涵卻不能說沒有承自《易經》的傳統。「公因—反因」說是種簡潔的表達方式，其說反而接近頓教式的語句。如果要作更具體的規定，當是物性由陰陽兩儀構成，陰陽之義則互相涵蓋而成。而物性是太極的落實，沒有「物性」之具體化即無太極可言。簡言之，「公因—反因」說即是「太極—互為其根的陰陽」之說。凡物皆上通太極，且凡物皆因其對立而成立，這是物論成立的三極構造。

形上學多詭辭，「物」的形上學的思考也難逃詭辭的結構。然而，晚明的物學之思考是納悟於學，納形上學的敘述於現實的質測之學中，物學有形上學的信託，也有對形上的道體之承諾，物學仍舊可視為一種形上學的亞型，因為它依形上學的設定而成立。但這種形上學卻不只是境界的形上學，也不是思辨的形上學，而是物學。物學承諾了「物」在經驗科學中被認知的身分，也承諾了它是道體的承載者的身分。物與道是伙伴關係，物學是道與物相互規定的詭譎的形上學。

方以智如是思考，王夫之也如是思考，王夫之論道與物的關係，說道：兩者為「是生」的結構，而不是生物學的雙親—兒女的生成關係，道與物永遠同在，卻又永遠有差異。「是生」的構造破除了宇宙生成論的思維，它是「有」的思維，是顯相的思維，幽明同構。明由幽顯，卻非幽所生成。「幽」有本體論位階的始源位置，但「明」在顯像的宇宙論位階上具有優先性。王夫之論「形而上謂之道，形而下謂之器」此組著名的命題時，說道「天下惟器而已矣。道者器之道，器者不可謂之道之器也」。[39]若此之言，不能當成唯物論

---

36 關於「表象的思維」，參見海德格爾（Martin Heidegger），〈世界圖像的時代〉，收入孫周興選編，《海德格爾選集》（上海：生活．讀書．新知三聯書店，一九九六），冊下，頁八八五—九二三。

37 方以智著，張昭煒整理，〈一貫問答〉，《象環寤記 易餘 充類》（北京：九州出版社，二〇一五），頁四八五。

38 此語見方中通的《周易時論．跋》，但類似的語言，如常被方以智的門生及家人使用的「破天荒」之語也表現了類似的意思。

39 王夫之，《周易外傳》，收入《船山全書》編輯委員會編校，《船山全書》（長沙：嶽麓書社，一九八八），冊一，卷五，頁一〇

者的物質優先性看待。物、器皆為「明」，為「形」，它的出現在時間意義上有其優先性，但無損於其顯像要依「體」而成。這些語言都當放在明清之際的新物學模式下看待，由「形」通「形而上」，實即由「質測」通向「通幾」。然而，「形而上」或「通幾」的內涵不是「形」或「質」的迻詞，而是詭譎同一，藏天下於天下。若此之言，當另文細論。

明清之際的物學思想的成立由各種思想編織而成，《易經》、《莊子》的重新詮釋、對心學的反動、對朱子格物論的再肯定、晚明西洋新學的引進，若此種種，都是相干的。「物」由泛泛而論的「正德、利用、厚生」之物，或由「良知之感應為物」，返歸自身。物的身分是雙重的，它在氣化之道體流行中，取得存有論上與心平等的地位，也可以說與人平等的地位。在現實世界，物自己彰顯為認知之理，提供了質測之學的基礎，質測之學則是通往通幾領域的必經途徑。明清之際的物學連結了形上與形下、道與物、道與器、體與用，王夫之所謂的「兩端而一致」。在中國現代化運動萌芽的黎明期，我們看到一種介於「理學」（含朱子學與陽明學）與清末民初「科學」敘述間的獨特知識。它為後世的「科學」活動導了先路，但由於思維模式不同，也伏下了互相批判的因素。從當代科學的眼光看，明清之際的科學留下了一條長長的形上學的尾巴；從明清之際物學的眼光看，當代科學的物理學徹底異化了物的內涵。

四、政道的呼籲：從吏治到政治

明清之際的思想轉型除了對於物的新理解外，政治的新思考也出現了。晚近學者論及明清思想史或政治思想史的學者，不論是持唯物論立場的資本主義萌芽說，或是持唯心論的良知坎陷說，或持中土也具有現代價值內涵的「近代思維」說者，都很難不注意到明末清初這段時期的表現。而且這時期的政治主張的內涵特別豐富，不論論及中央與地方的分權，或是生產模式與政治主張的關聯，都有新義。但這段時期的政治主張中，最受今人注意者，當是對於君王專制的批判，一種要求新的政治形式的呼聲已昭然若揭。三代以下，中國政治一直只有吏治，缺乏政治，也就是只有治道，而沒有政道，這種問題在此際被揭舉出來。[40]而在此揭舉專制政體禍害的思潮中，我們看到政統與道統地位的重新安置。

在此時期的各種政治思考中，黃宗羲寫於一六六二—一六六三年的《明夷待訪錄》可作為新舊時代以及新舊政治文化轉型的象徵。一六六二年是個極具象徵意義的年分，南明主要的反清領袖永曆帝、李定國、魯王、鄭成功同在這一年死亡，中國西南與東南的反清勢力基本上被肅清，除了東南海上的島嶼臺灣仍保有明鄭部隊外，東亞大陸上已是滿清天下。就在這一年，黃宗羲開始撰寫《明夷待訪錄》，一六六三年成書。寫完這部書後，黃宗羲還會繼續反省明代的思想、文學、歷史，還會持續撰寫重要典籍。他還會見到明鄭的覆滅，大清王朝穩健地成立，黃宗羲的一生見證了明清之際這個歷史階段的重要文化意義。

《明夷待訪錄》動筆於一六六二年，一六六二年這個數字和一六四四年這個數字對於明清之際的儒者具有非比尋常的意義，如果說一六四四年的崇禎自盡是椿天崩地解的事件，一六六二年無疑又是同等規模的天地崩解的事件。明亡所以特別，在於它的意義是重層的，它既是朝代之亡，也是顧炎武說的「亡天下」。「亡天下」意指明亡不只是一姓一朝之亡，更重要的意義乃是它連作為世界存在意義基礎的文化傳統都覆滅了，也就是「道統」實際依託的文化之表現也都沒有了。而道統之斷、天下之亡的關鍵因素反過來看，確實又在於明亡。當普遍性意義的道統寄託在封閉性的政統上時，政統垮了，道統也被拖累了。顯然，明之所以

40　只有吏治，而沒有政治之說，出自張君勱之言。參見牟宗三，〈中國數十年來的政治意識——壽張君勱先生七十大慶〉，《生命的學問》（臺北：三民書局，一九九一），頁四五。

亡不只是個別皇帝的操守與能力的問題，它有更深的體制性因素，黃宗羲的《明夷待訪錄》就是這樣反省的。

黃宗羲的《明夷待訪錄》因為用到〈明夷〉卦的意象，〈明夷〉卦中有武王訪箕子問治國洪範之意，所以不免會被誤會黃宗羲有期待明君見訪、鴻鵠將至之意。然而《明夷待訪錄》一書有期待後世能發揮政治作用之意，這是一回事；黃宗羲是否對新朝明君有所期待，這是另一回事。〈明夷〉一卦很清楚的顯現為「明入地中」的意象，上〈坤〉下〈離〉的〈明夷〉卦指出一絲光明被夾殺於重陰之中，這個衰颯窮絕的意象極明顯，明清之際的時局不正是如此嗎！何況，「明入地中」一語的「明」怎麼可能不會讓人想到大明的命運！我們找不到黃宗羲寫此書與時代關係的明確口供，包含甚無謂的期待明君見訪之說，我們也不當期待有這樣的口供傳世，那是個什麼樣的年代！但從此書的書名以及內容來看，黃宗羲的企圖顯然大多了，他反省華夏政治死結的用心昭然若揭。

《明夷待訪錄》這部書在黃宗羲個人的著作中，或在宋明理學的著作中，都是較特別的。理學一向有下學上達、本末、體用兼顧的關懷，理學家也有豐富的從政經驗，但對於政治的根本問題：政治主權的歸屬問題、政權和平轉移的交接問題、政治權力的權限問題，這些關鍵點殊少被碰及。我們如援用前引張君勱的話講，也就是傳統中國只有吏治沒有政治，也就是只有治道沒有政道的問題。在此背景下，《明夷待訪錄》的出現頗顯特殊，此書以道統規範政統，具備了理想精神的視野。它雖然仍沒有有效地提出解決傳統政治制度的辦法，至少不夠具體，但問題意識清楚，他指出了政治核心問題的癥結。

當作為皇帝象徵的太陽已入重陰之中，世界不再光明。或者用理學的語言，當皇帝不再有「綱紐」、「本」的作用時，世界該怎麼辦？面對天崩地解的局面，黃宗羲首先質疑的就是皇帝制的本身。他明確地指出從三代以下，皇帝竊取天下為公的果實，並竊取了綱常的名號，以天下之至私為天下之至公。若此之言，雖然可以說是繼承孟子而來，不能算是新義。但在孟子後，這麼雄辯軒昂的聲音可以說久絕於人世。黃宗羲的反省不只止於批判，他更提出了制度的改革，他的〈置相〉篇可以說蘊含了「君臣」共治天下之義。但更重要地，他提出了一種制衡性的客觀精神，這種客觀精神見於〈原法〉篇。〈原法〉說的「法」當然不只法律之義，它意指客觀的制度，從禮儀規範到法條的規定都可納入法的範圍。黃宗羲的政治制度設計中，未必有明確的權力制衡的構造，但制衡的設計卻也是明顯的。宰相制與法制的構想都有這種制衡的因素，雖然於今視彼，或許也可指出其制衡制之不夠成熟。

但成不成熟的問題，也要看從哪種角度看，後出者未必更完整，黃宗羲生於十七世紀，其思考總有他的限制，但也未必沒有超越今人思考政治問題時，易於失陷之陷阱。事實上，我們觀看黃宗羲對政治的思考時，有一條主要的指導線索，此即道統高於政統，這條線索需要高度重視。這條線索換另一種語言表達，也就是政治體制所依託的社會—歷史的文化傳統的價值位階高於政治，這是條鐵錚錚的指導原則。黃宗羲的〈學校〉篇，所述固然可以從制衡的觀點看，學校所代表的學術傳統具有至高的地位，不能屈居皇權之下，這還是道統—政統並行天下之說。

但黃宗羲的野心更大，視野更廣。他提出「治天下之具皆出於學校」，每月朔日，天子臨幸太學，「祭酒南面講學，天子亦就弟子之列」。朝廷政事有是非，天子的意見不能為準，而當「公其非是於學校」。[41]這些設計難道只是僅於制衡層次嗎？這個設計的潛台詞是道統高於政統，道統是政統得以運作的基礎。我們如果觀明代的政治史，不難理解黃宗羲的設計不能沒有反映時代的需求，它批判了從明太祖朱元璋以下直至

41 上述引言皆出自黃宗羲，《明夷待訪錄．學校》，收入沈善洪主編，吳光等點校，《黃宗羲全集》（杭州：浙江古籍出版社，一九八五），冊一，頁一〇—一四。

崇禎帝朱由檢為止的明代政治傳統，明代的政治實在不堪聞問。但它涉及的程度更深，它涉入了政統與道統的複雜構造，它反映了深刻的理性思維。

《明夷待訪錄》放在十七世紀下半葉以後的時代來看，這部書是極傑出的，即使我們將此書放在整體宋明理學的傳統中看待，它也仍是椿事件。但此書不當被視為偏離儒學傳統的異質之作，而當視為「調適而上遂」的發展。所以同樣在明清之際，我們才會發現和黃宗羲抱著同樣關懷的儒者仍有其人。有關黃宗羲與《明夷待訪錄》此書，學界的研究已是汗牛充棟，筆者在此書前面的章節中也有較詳細的鋪陳，茲不贅述。

黃宗羲敻矣！迥矣！但論及專制政權性質的問題，我們不能不注意兩位稍後於黃宗羲的儒者，他們也異調同聲地發出了呼應，音量其實並不小，但因長期掩沒，他們在清末民初時期的作用相形失色。然而，論述才是重點，首先即是唐甄（一六三〇—一七〇四）。黃宗羲與陽明學的關係甚深，唐甄也是位陽明學者，[42]我們沒有找到小黃宗羲二十歲的唐甄和黃宗羲有私人交往的蛛絲馬跡，也沒有證據說唐甄思想受黃宗羲影響。他們兩人思想的相似，最大的可能是他們繼承的儒學資源使得他們處在共同的時代處境時，想到了類似的問題與答案。唐甄也見證了明代的政治不良導致的一六四四年甲申巨變及一六六二年的壬寅巨變，他的良知學的承諾使得他發出君民平等的呼聲。但如何能完成君民平等的理想，他和黃宗羲一樣碰到了體制結構的難題，提問畢竟不是答案。

唐甄提出了作為舊有的政權正當性的基礎之天命等已崩潰無遺，不再有解釋的功效。合理的政治當是爾後如何在以「民」為本、以「公」為本的基礎上，建構新的政治秩序。黃宗羲《明夷待訪錄》〈原君〉、〈原臣〉諸篇所提到的君民關係的問題，不約而同地，在唐甄的《潛書》中得到了熱烈的呼應。唐甄生於崇禎三年（一六三〇），小黃宗羲二十歲，他著的《潛書》，發揮了民權、平等之義，尤其書中的〈抑尊〉、〈室語〉兩篇，[43]其論點與《明夷待訪錄》頗可相互發揮。其言「位在天下之上者，必處天下之下也」

（《潛書．抑尊》）；「自秦以來，凡為帝王者皆賊也。」或「殺人者眾手，實天子為之大手。」（《潛書．室語》）這些語言與黃宗羲所說「為天下大害者，君而已矣」（〈原君〉）、「臣之與君，名異而實同」（〈原臣〉）其義相通。事實上，自從一九四九年後，《潛書》重新獲得學界的重視，《潛書》與《明夷待訪錄》的議題相關性幾乎是每位研究唐甄的學者都會注意到的現象。

在《潛書》一書中，有〈抑尊〉一篇，此篇主旨固然在抑制帝王之尊。但唐甄作為追求一種新的平等價值的鼓吹者，他所抑者，還不僅是帝王之尊而已，他連男女性別的男性之尊也在抑制之列。他在〈內倫〉、〈夫婦〉、〈居室〉諸篇中，一再指出男女雖有位序之差，但夫當有謙下於妻之德，他的論點讓我們想到早他一百年的李卓吾的論點。李卓吾與唐甄都是良知學者，良知學主張人人皆具良知的平等義，此義無疑是從成德的可能性立論的，它的焦點在於心性主體的重新定位。但由於儒家的良知與良政之說總難切斷，從孟子以至王陽明，莫不如此主張。只是良政的平等義在政治史上並沒有發展得太順利，性別平等之說在歷史傳承中，更沒有得到太正面的看待。唐甄繼承了孟子—王陽明這條成德路線，當他面對一切世間價值皆已斷了線，不再有太強的支配力道時，他信奉的良知學原來該有的內涵乃得逐漸透露出光明來。而在男女平等此議題上，他也跨出了一大步伐，雖然聲音仍不夠響亮。

面對政治領域同樣的問題意識與同樣的在政策上束手無策，但更具戲劇性的內容者，則見於呂留良、曾靜的思想。呂留良所以在儒家思想史上居有一席地位，而且還是重要席位，其功勞應該歸於與他素不相識的一位鄉曲儒生曾靜。這位鄉曲儒生因受他影響，竟派遣一位學生去遊說號稱岳飛後裔的將領岳鍾祺反清。岳

42　唐甄的《潛書》有〈法王〉、〈虛受〉、〈知行〉諸篇，皆暢論歸宗良知學之意。

43　唐甄，《潛書》（北京：中華書局，一九八四），頁六七—六八、頁一九六—一九七。

鍾祺見到此上天掉下來的大禮，蓄意掛上誘餌，百般誘拐，等布局成熟後，一舉舉發，案子才爆發開來。曾靜案，或說曾靜—呂留良案可能是發生於十八世紀清朝最奇特的一宗文字獄案。這宗文字獄之所以特別，在於案子的情節從發生至結果，都出乎人意料之外，[44]而其案的內容又具有極高的思想史意義。曾靜著有《知新錄》一書，此書未曾刊行，其書完整內容今已不存。我們所以對此書尚有些了解，不能不感謝雍正皇帝無意之中，幫我們留下了一點種子。

雍正皇帝在《大義覺迷錄》這部奇書中，針對建立在呂留良思想基礎上的曾靜之書，提出了多項質疑，當今天子「問曾靜」的條目在此書中竟出現了三十七次，也就是質疑了曾靜三十七個問題。[45]皇上當然是極高貴的，怎能和階下囚對質，所以只能透過頻繁的文書往返了。此書乾隆年間被禁，而且是乾隆登基不久即作的大事，而且他還一舉撕毀雍正皇帝承諾後世子孫永不向曾靜秋後算帳的承諾。曾靜家族的受酷之慘，以及呂留良家族的連帶受累，不問可知。兒子禁毀父親著作，歷代王朝中少見。乾隆皇帝的「十全老人」在父子這一倫上，做得似乎不夠完美，他讓父親雍正皇帝居然不能擁有出版及講學的自由，著作被兒皇帝禁了。時序進入二十世紀後，此書被重新挖掘，才再流行。

《大義覺迷錄》一書多言及夷夏之辨的內容，又多涉及雍正皇帝繼承帝位種種不堪的傳聞，而且使得這些傳聞越播越熱者，主要的發動者還不是曾靜，而是雍正皇帝本人。事實上，如果沒有雍正皇帝出於帝王的權勢，詳細地反駁曾靜《知新錄》等書中的內容，又如果他沒有強要天下各省廣置此書，大肆宣揚書中內容，藉以「澄清」傳聞，後人還不太容易了解雍正的繼承帝位有如是曲折的過程。

《大義覺迷錄》的「夷夏之辨」的內容很值得研究，此書有關雍正即位的傳聞也頗有些歷史趣味。但本文重點不在此，而在此書揭露的《知新錄》所說的「帝王的資格」此議題上，曾靜、呂留良為儒家傳統留下了極輝煌的紀錄。雍正皇帝問曾靜：「你所著逆書《知新錄》內云：『皇帝合該是吾學中儒者做，不該把世路上英雄做。周末局變，在位多不知學，盡是世路中英雄。甚者老奸巨猾，即諺所謂『光棍』也。若論正位，春秋時皇帝該孔子做，戰國時皇帝該孟子做，秦以後皇帝該程朱做，明末皇帝該呂子做，今都被豪強占據去了。吾儒最會做皇帝，世路上英雄他那曉得做甚皇帝』等語……開闢至今，無此狂怪喪心之論，可問曾靜是如何說？」[46]這個問題真是為難曾靜了，皇帝都已下定論了，被拘押在獄的曾靜能否依自由意志回答，答案可想而知。

《知新錄》「吾儒最會做皇帝」之說，或歷代皇帝都是「光棍」做之說，真是三代以下，直至雍正時期，未曾有之論。但他的論點是否真的「狂怪喪心」，恐怕未必。可惜《知新錄》此書今已不存在，否則，或許後人還可以從中挖出更「狂怪」、更「喪心」的深刻論點。依據曾靜的供詞，曾靜這些論點來自呂留良，呂留良生於崇禎二年（一六二九），小黃宗羲十九歲。呂留良與黃宗羲關係曾經很密切，但先密後疏，其中重要的一個原因是尊朱、尊王的爭議，呂留良是位朱子學堅定的信仰者，反良知學甚力。他的「皇帝合該是吾學中儒者做」的命題自然不會來自王學，我們幾乎可以確定，它是朱子道統論在明末清初最燦爛的一次發揮。但如實而論，道統與政統並行於天壤間，道統的價值地位相比之下更高，這樣的論點良知學學者也

44　《大義覺迷錄》一書的是非曲折，尤其此書在雍正朝君臣間引發的反應，參見史景遷著，溫洽義、吳家恆譯，《雍正王朝之大義覺迷》一書。

45　《大義覺迷錄》共四卷，第一卷收錄雍正問曾靜的條目十三條，第二卷收錄二十四條。第三卷收錄了刑部侍郎杭奕祿的問訊及雍正的諭旨以及臣子的奏摺，第四卷收錄了雍正的諭旨，這些諭旨專門批鬥呂留良及其門生嚴鴻逵。此書最後殿之以曾靜寫的一篇〈歸仁說〉，這位大膽卻又嚇破膽的政治犯大大地讚美了皇清的仁政。中國歷史上，皇帝與平民對質（雖然是書面對質）的資料極少見，《大義覺迷錄》提供了一扇獨特的窗口。

46　雍正，《大義覺迷錄》，收入沈雲龍編，《近代中國史料叢刊》（臺北：文海出版社，一九七三），輯三六，卷二，頁五—七，總頁一六一—一六五。

是接受的，泰州學派的王心齋在這點上發揮得尤為淋漓盡致。王心齋主張「出為天下師，處為萬世師」，[47] 大儒不作皇帝，但要作皇帝之師，要作萬世之師，他的思考和呂留良、曾靜同路。

道統論的成立是宋明理學系統中的一樁大事，這樁理論的出現有儒學史範圍內的孰為正統的爭議，[48] 也有儒學史範圍外與政統的離合關係，而且這種既政治也學術的混合性格乃自朱子正式提出「道統」一說之後即已出現。正是在朱子的道統敘述中，我們看到朱子將道統的冠冕冠在堯、舜、禹、湯、文王這些上古的聖王頭上。但從孔子以下，道統又落到儒者頭上，他們代表一種和政治權力平行的系統。「道統」一詞無疑地已指向了作為儒學最高價值的「道」在人間的展現，但由「天子」一詞的來源，由道統的早期源頭都和「聖王」一分不開，我們也可見到道統與政治糾纏難解的複雜性格。這種複雜的、矛盾的結構到了明清之際終於崩解開，原本長期被政統壓抑的道統翻過身來，政治從道的結構中游離出來，它落到世間法的位階，需要接受道的規範。明清之際的道統論撕開了政教相合的結構，也可以說突破了原來的「天子」、「聖王」概念隱含的神話思維之限制，它的理論價值應當嚴肅地看待。

明清之際，作為大明政治秩序象徵的天子先後自盡或被殺。天子沒了，政教體制散開了，此事原本是作為歷史事實的經驗性敘述。但這段政治領域的失序、蒼白、空缺，卻弔詭地給當時的儒者留下了深刻反思的空間。作為上天元子的「天子」原本是上古神話的概念，作為人間秩序巔峰的天子與上天之神意是相通的。一旦皇帝的正當性受到挑戰，「天子」性格與「道統」的關係分離了，此事件即意指原來帶有濃厚的普世王權的神話思維已到了非轉型不可的階段。作為政治制度頂尖的天子不再是壟斷天意的上帝之子，上帝與天子的連線已斷，天子只是政治領域的統領。他需要被制衡，甚至需要被規範，規範的力量來自於神聖源頭的天之化身的道。

道在人世間的展現即是傳說中歷代聖賢所創立、傳衍、詮釋的統緒，所謂道統。「道統」一詞無疑帶有明清之際的道體論特有的氣化形上學的內涵，但落在歷史或政治領域，它的內涵也不一定要如此凌虛，道統是被視為有普遍義而傳布於世間的文化體系，它的內涵常被視為「禮」。「禮」、「道統」這些概念總帶有既聖且俗的內涵，但相對於皇帝體制的政統，道統指向了廣大的、既存的社會秩序，不，更恰當的說法是一種帶有「天下」價值的社會秩序的展現。當明清之際的儒者要求皇帝到學校來聽大學祭酒的講道時，這個行為的意義即是要求政治放手。政治不但不能違背文化傳統的方向，而且還要很謙卑地傾聽。[49]

明清之際的政治確實是悲慘的，但政治的思維在這個階段卻很詭譎地達到了前所未見的突破口。原來的聖俗連線，或是政教連線的普遍王權的線形思維斷了線，[50]取而代之的，乃是「道」與「政」的關係重新調整。兩者既有制衡的構造，更有優位的問題。《明夷待訪錄》帶來的訊息是無比重要的，難以超越。但此書不是孤例，本文以《大義覺迷錄》的呂留良—曾靜之學作為明清之際政治論的殿軍，乃因其學的精神仍是繼承理學的大本大宗而來，而又映照了一個新時代到來的模糊圖像。

47　王艮著，陳祝生主編，《王心齋全集》，頁七五。

48　參見荒木見悟著，吳震譯，〈道統論的衰退與新儒林傳的開展〉，收入吳震、吾妻重二主編，《思想與文獻：日本學者宋明儒學研究》，頁一一—四三。

49　關於道統論與抗爭意識的關係，論述最清楚而有力的文章，參見張亨，〈朱子的志業——建立道統意義之探討〉，《思文論集——儒道思想的現代詮釋》（臺北：臺大出版中心，二〇一四），頁二一三—二七四。

50　關於中國傳統政治體制中的天子與天意的連結，亦即普遍王權的來源問題，參見林毓生著，楊貞德譯，《中國意識的危機：五四時期激烈的反傳統主義》（新北：聯經出版事業公司，二〇二〇），頁二七—三八。

五、「明清之際」作為「清民之際」的詮釋學大地

江流石不轉，時序百年心。回顧千年來儒學的發展史，一種追求合理的世間秩序的意志和理學的興起是纏繞在一起的，這條線索貫穿了朱子學與陽明學的流程。在明清之際，達到了新的突破口。又兩個世紀過後，歷史來到了清末民初，時局大變。西學再度東來，但此次傳來的西學已由科技層次提升到制度層次，西學已成為顯學。當時一流的知識人所用的語言，所提的問題，皆與甲午戰爭前的風氣大不相同，嚴格意義的現代中國由此展開。

清末民初是西學大量引進的時代，但我們不宜忘掉同等重要的事實，此期也是晚明及明清之際思想絕後復甦的時代。晚明及明末清初的文化影響晚清民國文化，此事昭昭然。《明夷待訪錄》的性善民貴的道德意識和西歐近世的民主思潮一起呈現，影響了民國政治的建構。湯顯祖、李卓吾、三袁、馮夢龍的情教文學和浪漫主義同時出現在民初文壇，影響了民國新文學的表現。陽明後學的良知精神在清末民初和來自近代歐洲的「公德」、「新民」之說，同時出現在民國的思想舞臺，形成「國民性」等等新的主體的建構。農村、農業、農民的三農問題是現代中國的重要議題，在梁漱溟等人的鄉治派的敘述裡，我們還會看到他們的社會實踐與王學泰州學派的連結。晚明的氣機仍在晚清振動，明清之際的思想也沒有過去，它在清民之際找到適合成長的土壤。

在清末民初這個關鍵性的現代化工程的建構期，盧梭、孟德斯鳩和黃宗羲、王夫之的著作幾乎是同一個時期共同成為流行的政治論述的。晚明的情教文學的個性主張幾乎也在同一時期進入文化市場，成為重要的文學主體論。筆者認為中國現代化方案是中西兩種現代性的整合，歷史將原本平行發展的兩條軸線推擠在一起，傳統與現代性不是片面而斷裂的關係，而是相互調適的歷史過程，甚至是彼此的相互施受的關係。良知

學固然引發了清末民初的思潮，清末民初的新興思潮也使得我們可以重估良知學的價值。由於中國現代化的工程發生於具有深厚傳統的國土上，在反傳統的思潮尚未蔚為風氣的年代，我們有理由宣稱泰山不如平地大。儒家孕育於其中的文化大地不是被動的吸收者，也不是扮演只被改造的角色，它事實上提供了更早也更基礎的現代化工程的資源。

本文不是否定中國的現代化文化工程的外來影響，文明有它的特色也必然地就有它的限制，儒學的命運也是如此，認識論的障礙內在於文明的體質，這是所有建制不可能迴避的命運。任何文明如果能夠面對現實，坦然接受外來文化影響，這是極健康的態度。本文只是要指出在當代中國流行的解釋有所偏差，它遺忘了一個明顯的發言者的立足點的視角。近現代人物論及中國的現代化方案的一種重要敘述是向西方取經的模式，誠如毛澤東說的那段話語：「自從一八四〇年鴉片戰爭失敗那時起，先進的中國人，經過千辛萬苦，向西方國家尋找真理。」[51]毛說是「西天取經」說的典型，馬恩列史也被毛視為應當亦步亦趨的教師。相信西天取經的「經」的權威者，不免認為自由主義與共產主義才可救贖中國，也才可解救中國，好像傳統中國是有待啟蒙的盲者，甚至是病入膏肓的絕望病患。這種論述曾經一度流行，但它是政治論述，不是合理的學術論述，相當片面。它既忘掉中國現代化工程的源頭，也遺忘了論者本人腳踏的大地。

一切還是要回到詮釋的基礎上來，詮釋的基礎即是詮釋者腳踏的大地。正如海德格在德國戰敗、歐戰結束那晚所作的沉思，那是個苦難的時刻，他想到莊子〈徐无鬼〉篇所說的無用之用的智慧。[52]相對於每一步

51 毛澤東，〈論人民民主專政——紀念中國共產黨二十八周年〉，《毛澤東選集》，卷四，頁一三五八。

52 海德格在納粹德國戰敗之前，被歸類為「無用」的哲學家，發配到前線挖戰壕。他對莊子「無用之用」的激賞有個人傳記的因素。參見鍾振宇，〈無用與機心的當代意涵——海德格對莊子思想的闡發〉，《中國文哲研究集刊》，五一期（二〇一七．〇九），頁六五—九四。

有用的步伐，步伐之外的大地是無用的。但行者的每一步都是踏在大地上，由大地托起的。[53]當代的詮釋學有個重要的洞見，此即詮釋是有成見的。所謂成見不是心靈的偏正問題，而是詮釋這個活動的本質問題，它是可類比為知識論的範疇的人之存在論的構造，而不是心理學的詞語。成見意指詮釋是建立在更廣大而未焦點化的先行構造（Forestructure）上，「解釋奠基於一種先行掌握（Vorgriff）之中。把某某東西作為某某東西加以解釋，這在本質上是通過先行具有、先行見到與先行掌握來起作用的。解釋從來不是對先行給定的東西所作的無前提的把握。」[54]「先行具有」（Vorhabe）、「先行見到」（Vorsicht）、「先行掌握」（Vorgriff）的「先行」云云，意指詮釋總是立足於業已存在的基礎上，這是本體論的因素，脫離文化風土的人文活動之詮釋是相當可疑的。

清末民初那一代引導思潮的儒者並不是精神赤裸裸地迎接西潮衝擊的，他們是以帶有「前見」的既有結構的體質挺立在歐風美雨俄潮的大風浪前沿上的。他們面對浩浩蕩蕩的西潮時，是有立足點的，明清之際儒者的思考當時連著良知學的議題已出現在清末民初儒者的議論中，這些傳統的因素正是他們腳踩的大地。這些再度復活的明清之際的思想誠然沒有提供足夠有效的答案，也誠然不能等同於現代政治體制下的設計：憲政、主權在民、三權分立、公私領域劃分等等。筆者也同意如果沒有清末民初的思想環境作為藥引，明末清初的相關思想可能始終沉酣於醉眠中，不起作用。但反過來說清末民初那些抽象的設計之所以能引進來，正因有了明末清初的先行結構作了有意無意的「格義」工作所致。

佛教文化在六朝大量進入中國，並形著於中華大地前，道家思想作了溝通中印思想的工作，如道家的「無」與佛教的「空」之接榫，此之謂「格義」。[55]中西現代化的融合也需要接榫，儒家可說是扮演了此項「格義」的工作，我們可藉今日所說的明清之際三大儒所扮演的角色，再簡單略進一解。黃宗羲在清末民初的角色，不是理學殿軍劉宗周的弟子，也不是抗清的遺民，而是中國的盧梭。顧炎武在清末所扮演的角色也和《漢學師承記》設定的地位不一樣，他不是以考據學始祖的學者之身分出現，而是以《日知錄》裡所顯現的禮教社會的重振者以及「天下」意識的倡議者之面目出現的。至於王夫之此畸儒在晚清之際，思想大放光芒，此事就是個重要而獨立的歷史事件。這時期的王夫之是以重新置定氣化思想、民族大義的大儒的身分出現的，而不是以一位繼承張載理學思想的關學學者的身分現於世。若此種種，不一而足。

本文所以將中國現代化問題的思考點由「向外尋求」的模式轉到「文化傳統的基礎」上面，更恰當的說法是中西混合現代性的模式，乃基於哲學詮釋學的理由。主流的論述遺忘存在的基礎久矣！但或許可再重複一次，筆者所以調整詮釋的焦點，並非表示中華文明本身即提供了完整而且正確的答案，事情如果真是如此的話，中國的現代化真是儒家「開出」來的，事實當然不是如此。「開出」之說如果有意義，它不會是歷史的敘述，而是性理學的敘述，理性由潛而顯的「必然性」之外現。儒家論政治，從來不是從權力的角度進入，而是從規範的角度進入，而且規範之高，可以達到理性在內的自我要求的程度，程朱學在這點上作了嚴格的規定。從程朱學的眼光來看，世間的倫理（包含政治的規範）都有來自理的必然性，理也有要求世間的倫理活動能夠如理的表現之能動性。

但理的能動的必然性如何在世間展現，這個過程常是曲折而複雜的，不會一步到位。中國傳統的君王專制與儒家的政治理想總有差距，如何克服差距需要機緣，歷史時刻總會到來。儒家之所以和現代化工程有

53　《莊子．徐无鬼》：「足之於地也踐，雖踐，恃其所不蹍而後善博也；人之於知也少，雖少，恃其所不知而後知天之所謂也。」〈外物〉篇也有類似的表達方式。
54　海德格爾著，陳嘉映、王慶節合譯，熊偉校，陳嘉映修訂，《存在與時間》，頁一九三。
55　參見湯用彤，〈釋道安時代之般若學〉，《漢魏兩晉南北朝佛教史》，收入《湯用彤全集》（石家莊：河北人民出版社，二〇〇〇），卷一，頁一七四—二〇七。

關，在於依儒家的價值體系的要求，它即有理與氣或道與器如何相合的議題。歷史一進入現代，具儒家情懷的有識者面臨到西洋文明帶進來的新的思想格局，中西思潮在他們的生命構造中潛默相撞，他們即意識到中國政治需要大幅轉化，十九世紀下半葉的歷史的暴力無情卻詭譎地提供了華夏世界長期摸索中的具體方案。但反過來說，問題有沒有答案，也得看探索者有沒有問題意識，他們如果沒有先帶有尋求答案的問題意識，合理的現代化的意識也不會起來。理性的行程不一定只有一條，也不一定會只有一種模式，歐美的現代化模式沒有理由被視為壟斷性的規範的原理。每個文明都有自己的歷史行程，也可能都有自己的「現代性」，如果理性有普遍性的內涵，類似的理性要求可以是千面英雄。過程會很曲折，也都難免碰到認識論的障礙，但歷史會有詭譎而無名的智慧——王夫之所說的「天」。不同來源的現代性方案最後未必不會異地異曲，卻共鳴共唱。

六、結語：明夷、曙光與等待

明末清初儒者思想胎動主要是對流行一時的心學的反動，當時學者理解的心學的大宗當是良知學，儒學發展到正德年間，王陽明於龍場一悟，良知學憑空出世，儒家的心學一系正式成立。而其時佛教的真常唯心系已極為流行，晚明的高僧如藕益、憨山、道盛、雪浪等人與陽明學者的交往切磋，已是生活世界的日常。同樣地，內丹道教在晚明也成了氣候，陽明學者從王陽明以下，與道士的交往頗為頻繁。在三教一心的風潮下，「三教合一」論不能不成為當時的重要思潮。

晚明心學的光譜甚廣，絕不止於良知學，但由於儒家入世精神的基本定位，良知學對時局的衝擊應該更為重大。但日中則昃，月滿則虧，當良知學如赫日當空時，我們同時看到反動的學術聲音同時興起，一個動盪到社會體制甚深的思潮不可能沒有引起反作用的力量。當一個思潮能帶來相對抗的議題時，這足以顯示它是有生命力的思想。事實上，晚明思潮之所以和中國現代化的議題有關，正在於它的豐饒的曖昧性。明末清初，有一群儒家哲人或繼承了良知學，或批判了良知學，但他們的問題多在良知學的刺激下引發的，他們發展出新型態的儒學。這個新型態的儒學不論是在政治領域、自然領域、文化領域，都有不一樣的提法，他們可以說是提供了新的知識典範，這個新的知識典範和以往的宋明理學頗有聯繫，但斷裂處也很明顯。筆者稱呼這一種繼良知學而興的新型態的儒學為第三系理學，此系的理學的特色在於它從道體論的視角出發，平等對待人與物、體與用、精神與自然。此系理學主要的爭辯對象是陸王心學，與程朱理學的關係則相對友好，最忠實的盟友則是北宋理學家當中繼承《易經》、《中庸》而起的周敦頤、邵雍、張載等人的思想，筆者稱作道體論儒者。

這個明清之際的新知識典範和清民之際（清末民初）以後的新文化運動頗有相續之處，但斷裂處一樣明顯。明清之際的新儒學提供了我們一種頗具現代面目的訊息，由今日返觀，我們可稱它為中國現代性的訊息，也可以說是內部現代性的訊息。這些儒者多出生於明末，青少年時期則見證了朱明大一統時代的瓦解，臨終時，包含明鄭在內的反清勢力都已覆滅，天下大勢之局已成，大清王朝穩定建立了。就在明清交接的動盪時期，一種新的知識典範隱然成形，蔚為潮流。這些人大概都活在十七世紀，也死在十七世紀。換言之，明清之際的儒學可說是十七世紀的儒學，黃宗羲、方以智、顧炎武、王夫之、呂留良、唐甄等人都隸屬這個時代。他們帶來新的知識的訊息，但「如何」（how）的方案不夠清晰，他們在焦慮中。

焦慮在清末民初時期獲得了初步的釋放，因為其時的新興思潮提供了具體的方案，但具體的方案既是落實，也未必沒有失落核心價值的錯位。行文至此，論者很容易質疑：如果明清之際的儒者對原有的儒學傳統已作了進一步的批判與轉化，並深刻地影響了清末民初的文化，十七世紀的儒學議題居然有二十世紀新文化的因素。為什麼後來歷史的發展不是更順遂地發展？而且晚明以至明清之際儒學帶有的那種承體起用，直接在價值源頭為文化奠基的設計，也就是保障了「物」與「政治」的本質性價值，為什麼在民國文化中居然日漸隱沒？甚至連「形上學」一詞都成了負面的語彙，倫理的承諾也日漸薄弱，二十世紀的中國政治發展成了最反傳統，也最反精神文化的國家機器，這股交引日下的趨勢相當明顯。

「並不是『世界如何存在著』是神祕的，但只『世界存在著』這才是神祕的。」[56]維根斯坦如此說道。歷史如何發生？它的難解往往就在歷史事實本身的玄秘，一百多年來中國歷史的發展誠然令人傷感如此。但窮元究極，我們對理性與文明還是要有更大的信心。如果說合理的現代化既有內在的因素，也有外在的因素，我們可以說兩者的關係「具有先驗和辯證的意義。因為內部的現代化可被理解為外部現代化的可能條件；但反過來說，在外部現代化的斷裂所造成的可能條件之下，才能重構內部現代化的文化歷史連續性。」[57]目前的局勢仍在反覆牽扯中，還未到位。畢竟現當代史只是廣大歷史的一小段，歷史還沒有終結。我們需要正視作為人類時間意識的歷史之獨特性，時間未到，諸緣未全，作為獨特的歷史時刻的意義不會顯現。我們唯一可以確定的事，乃是現代化工程如果沒有更好的問題意識，如果沒有正視傳統與現代轉化之間的辯證性關聯，工程的阻力會很大，也有可能帶來大災難。殷鑑不遠，這是個活生生的議題。

56 維根斯坦著，牟宗三譯，《名理論》（臺北：臺灣學生書局，一九八七），頁一五七。

57 何乏筆，〈混雜現代化、跨文化轉向與漢語思想的批判性重構〉，收入方維規編，《思想與方法：全球化時代中西對話的可能》（北京：北京大學出版社，二〇一四），頁八四—一三五。

結論

現代化工程仍在進行中

本書探討中國現代性的起源，不從刺激反應說，也不從西方取經說，這些類型的詮釋無視於文化傳統是構成文化轉型的無用之大用。本書轉換視角，也可以說是轉換詮釋的典範，轉從「中外混合現代性」的觀點出發。至於作為中國現代性的本土淵源，本書追溯到良知學的源頭。良知學的成立是王陽明於正德三年（一五〇八），在貴州龍場（今屬修文縣），經歷一場獨特的心性轉化事件的產物。龍場之悟原本是樁個人性的事件，但涓流積至滄溟水，十六、十七世紀的浩浩蕩蕩之良知學思潮竟由此展開。

晚明與明清之際思潮和中國現代性的議題有關，這樣的現象不難觀察到，在學界也不能說沒有被注意到。但面對這麼重大的現代轉型的議題，不同的觀察與不同的學術處理都是必要的。本書從良知學的立場出發，但不是將良知學成立後的歷史視作此學的分析命題，而是有轉折，也有新典範的競爭。著眼點是主體觀的轉變，由此探討良知學的理論內涵與它的歷史效應的關係。由於從良知學的立場出發，所以本書雖然襲用了「晚明」這個特定的詞彙，但時間指的是良知學成立的龍場之悟之後的歷史。龍場之悟發生時，大明王朝的國運差不多才走了一半，這樣的「晚」確實有點長了。

至於本書和「晚明」連著用的「明末清初」的清初之下限指的是明代徹底覆滅的明鄭滅亡之一六八三年，或者更往下延到那一代大儒顧炎武、黃宗羲、方以智、王船山等人都已死亡的時間，最後辭世的一位大儒就是黃宗羲，他逝世於一六九五年。這些大儒都可視為明遺民，他們的學問都當歸為明代學術的範圍。但他們的學問也影響了後世清學的發展，本書探討的一兩位儒者如唐甄更進入清廷穩定統治時期，所以本書用「明清之際」之語概指此時期。本書說的「黎明」期涵蓋的時間大約就是十六、十七兩個世紀。晚明和明末清初這兩個世紀的知識和越過兩個世紀之後的清末民初的知識有種獨特的連結，可謂隔代傳承。

從本書所說的晚明到明末清初這個階段，儒家思想經歷了王學（良知學）與另類儒學，筆者稱之為第三系儒學的階段。十六、十七世紀這個階段的儒學的一大特色是它與社會的互動甚深，思想深刻地切進了社會的血脈。既然與社會的互動甚深，我們當然不能忽略當時的社會性質與歷史階段。「明末清初」這個歷史階段所以受到當今學界的重視，相當的程度和十六、十七世紀是大航海時代的世紀有關，中西交流的因素已介入這個時期的歷史的發展。本書的定位不在明清社會的性質或大航海時代的明清文化所受的衝擊。雖然十七世紀耶穌會教士帶來的文化訊息，我們在鄒元標、李卓吾、方以智等人身上都可看到一些蹤跡，本書論明鄭的意義，更不可能不連結到鄭荷交戰、收取臺灣此具有深刻的歷史意義的事件。但本書的定位是儒學史視角下的中國現代性議題的考察，王陽明的良知學是考察的起點，也是引發中國現代化工程的秘密。那個中國現代性的發軔點是正德三年，一個沒有太大重要意義的歷史事件發生的平常年分。

王陽明的龍場之悟是引發他的生命激烈變動的一場經驗，這場經驗的私密性或屬己性的成分永遠屬於王陽明，其內容我們不得而知。但這場悟覺經驗恰好不會只是私人的意義，它是重要的公共事件。它是連著朱子格致論的議題、儒家與佛老關係的議題、良知與世界（尤其是儒家核心價值所在的人文世界）的議題一起展開的。這些議題在龍場之悟後的王陽明身上已顯現出來，王陽明動盪的一生即是良知學展開的內容。王陽明於嘉靖七年辭世後，他的眾多門生對良知學的解釋各有偏重，上述的議題更分支發展，越展越密，也越演越烈。良知與三教、良知與政治、良知與鄉村共同體倫理、良知與情感主體等議題一一攤展開來。在明中葉以後的政治混亂時期，這些議題自然帶來許多的衝擊，直至明亡。更在明亡後，經由一段的潛伏期，它又在清末民初重新升起。

良知學透過陽明後學，它在晚明引發了激烈的社會震盪，這樣的現象在中國史上頗為少見。乍看之下，思想與宗教、思想與政治、思想與社會倫理等等，都不能算是新的議題，但良知學的例子是這些現象來得火力既猛，拓展極廣，而且續航力十足。顯然，良知學本身有其獨特性，動能特別強。筆者認為關鍵當在王陽明的良知既扎根於先天的隱密，又切入文化的向度，但又擺脫了主體之外的權威的束縛，一切由主體總括所有的責任有關。由於良知的源頭來自和佛老的涅槃、重玄之有無的向度同層，它帶來強烈的宗教情感之動力。那是不折不扣的聖（numinous）的意識推動的無以名之的熱情。王陽明本人的教導語言即常帶有前賢罕見的道德狂熱，王陽明的門生的求道經驗也不像是書院式的正規授受，而更像佛教僧侶的參學。

良知學的熱情來自神聖感的激發，但良知的神聖感不是只有道德的狂熱，它是有特定的道德內容的，所謂「心即理」，良知自己提供道德的準則，它不受任何經驗性的因素之制約。在「心即理」的格局下，良知要在經驗性的文化世界展開它的本質，萬物一體是良知學的核心內涵。當主體提供了巨大的動能，外在的權威又失去了規範的力量，良知學與現實秩序的衝突遂難以避免。

在十六世紀初的正德三年之前，流行於大明王朝土地上的思想是朱子的理學。所謂「此亦一述朱，彼亦一述朱」。[1]朱子學是個龐大的思想體系，朱子是位百科全書型的哲人，但有一股思想貫穿他的任何的知識部門，那就是「格物致知」的思維模式。就朱子學與明代社會的連結而言，筆者認為「格物致知」的特色在於主體與物永恆的辯證的發展。雖然朱子就像當時主流的三教人士一樣，修養工夫最後總預設了一種跳躍經驗性格局的「撒手懸崖」地一躍，朱子稱作「豁然貫通」。但由於朱子的「豁然貫通」不重在宗教型的當下

1 黃宗羲，《明儒學案．姚江學案》，收入沈善洪主編，夏瑰琦、洪波校點，《黃宗羲全集》，冊七，卷一〇，頁一九七。

即是的頓悟，而是放在廣義的主客之間永恆的辯證過程。朱子說人心原本與世界是合一的，但學者需要先格外物，明其理，同時也即刻明瞭主體內的相應之理。雖說理無內外，但實踐的過程要預設對「物」的先行肯定，「物理」的呈現是道德實踐的基礎。

朱子的道德世界因此呈現了主體與世界彼此深化的辯證過程，而這種辯證的結構中，主體始終要維持對萬物的開放，也可以說對萬物的承認。朱子的「物」包含了經典、禮儀、倫常，也包含了自然世界的物的條理。換言之，一個非個人性的他者（物）既是朱子主體內的他者，但也是在其自體的他者（物），朱子的完成自己（盡己性）不能不喚醒內在的他者，重新整合。但其前提卻是要經由與個體之外的「物」之互動，明其理，才能同時返身自證自家性命的內涵。一己之外的事事物物都有存有論上的獨立性以及工夫論上的優先性，或者說主客辯證發展的相互性，但「物」始終維持一隙不能被辯證發展所消納的他者性，它以物之「性」的名分出現於朱子的知識體系中。物之性即物之理，它提供了在物也在人的規範性的源頭，對物的規範性（理）之尊重是朱子學的特色。經典、禮儀、傳統、物理等等這些「物」始終有獨立的價值，性命之學的構造是在尊重異己的物的先行條件上，經由彼此互相深化的辯證過程，才知道異己之物之理其實也是自己性命的內在之理。

理學格致說的「物」都兼指事物，朱子學中的物之大者，如經典、如聖人、如倫理規範，都有實踐上的優先性。就知識而言，朱子學特別穩健，說是保守亦可。在良知學的架構中，這些「外部」的權威全失掉了它的權威，也失掉了它的優越性，因為這些權威原則上都是良知的外在化而已。道德實踐的模式不在知、物或主、客的辯證發展，而在良知自己提供了道德的法則。因為良知是本體在主體上的體現，它是天、上帝、太極、一、乾元等在人的作用上之化身，良知學是徹底的道德意識的主體哲學，其道德意識皆是本體的具體化，規範與動力皆在良知本身。陽明學的良知脫離了經典傳統、世間倫常、事物之理的牽絆，它又帶有很強的道德情感與意志的動力，時常孑孑獨立於天壤間，良知即是獨照獨耀的玄秘的情意主體。所以良知學一出，即攪動了其他學說或文化因素的生態。

當良知以本體化身的資格君臨世界，它收編了心靈的一切屬性，而且為世界奠基時，可想像地，良知學帶來的衝撞效應相當巨大。它既提供了對世界正面的解放效果，它也同時帶來與世界原來秩序相對抗的破壞力量，嚴重地干擾了晚明的世界秩序。明亡，這個天崩地解的事件提供了新興思潮對良知學重要的突破口。從那個時代第一流的思想家眼中看來，如果不是陽明心學那種徹底主體化、拆除任何客觀事物的規範之思想到處瀰漫的話，中華的文教傳統不會連著朱明王朝同時覆沒。明清之際的大儒如黃宗羲、王夫之、顧炎武、方以智等人，其思想雖有所出入，但都與以往理學體系，尤其是針對良知學，作了大幅度的調整。其調整的方向大抵在重新復活具有本體宇宙論意義的道體論思想，但更重視體用論的用、道氣論的氣、道器論的器，「用」、「氣」、「器」這些概念的地位都翻越上來，取得和本體論上層語言如「體」、「道」平等的地位。明清之際的儒學沿承良知學而來，卻仍保留價值根源的形上學以及工夫論成分，而又很務實地連結了新的知識形式。

明清之際最後幾位大儒先後辭世兩個世紀後的清末民初，西學挾著現代性的強烈訊息再度東來。盧梭、孟德斯鳩的思想廣被宣傳，著作也譯為漢文流傳，他們的思想提供了新的民國政權運作的理論基礎。也是在這段期間，十八世紀末先後發生法國大革命以及美國獨立這兩樁世界史意義的事件，現代的民主運作模式日益成熟。西潮東來，這是事實，但或許我們該到關心他們的論點及事件的範例是如何被吸收者的土壤吸收的時候了。我們不該忘了吸收新養分總有水土服不服的問題，也不該忘了一個沒有承載好的問題意識的吸收者是不可能吸收恰當的思想養分的。晚明文化與明清之際的儒學影響晚清民國文化是個顯著的事實，晚明不死，它的精神附身於晚清。明末清初仍在，它和清末民初的思潮相呼應。

可以確定地，在新興的民主、公意、憲法、分權這些概念逐漸變成近現代政治活動的主要議題前，君王制度之惡、君相共治天下、道統與政統並行天下、政治的公私分野等等這些明清之際儒者的論點經由清民之際儒者的引介，再度活化。它們已在華夏大地上流行，並尋求可以落實於現實的結盟者，晚清民初的有識之士對這些前代儒林的議題並不陌生。黃宗羲在晚清民初的作用，主要的功能不是辯論「心即理」、「性即理」的理學家，而是被視為孤明先發、導出民權議題的哲人。公安三袁與馮夢龍、張岱在晚清，就是與浪漫思潮相應的性靈派文人，他們的文學心靈融進新文學的創作中。如果說清代的漢學並沒有提供民國新文化運動太多的理論資源，晚明以及明清之際的文化的情況卻大不相同，明末清初與清末民初有種內在的親密性。中國文明有合理的發展軌道，即使在十九世紀末期那個艱困的時代，它處於黃宗羲喜歡用的「明夷」的意象——光明深陷在陰沉的大地中，但它並不是毫無準備地被拖進了現代化的歷史行程。

雖然歷史時刻的來臨不同時，一個時代常會面臨時代的限制，認識論的障礙翻不過去。新的時代才會提出新的課題，找出新模式的答案，「新」是歷史的特性。也只有新時代帶來的新的思想方式，新舊對撞與之相應的傳統因素才會被激活，重新點燃它沒有的潛能。理念在歷史的朗現不可能出現在歷史的原點，它需要行程，需要外緣，它總是與時俱進，在諸緣成熟的時間點中出現的。無疑地，現代中國的現代化工程自然不可能和十七世紀下半葉儒者的要求一致，兩者各有增損。現代的民主制度興起於歐洲，它的興起和歐洲特殊的歷史環境有關，如階級制度、政教制度等等，中國社會缺少這些外援。

但接受方的歷史條件同樣重要，我們有理由轉換中國現代化工程的主從因素的結構，儒家的基礎有理由被認為是更根源的，至少同等重要的，它具有重構傳進來的西歐現代性模式的作用。儒家的傳統發出了問題，或許也提出了答案，它提出的答案或許解釋力弱，或許解釋力過強，[2]它有待於西洋現代性提供的視野加以調節。或許太理想了，帶有梁漱溟所說的「早熟」的印記，它過早地介入對西洋現代性的批判。但不論過或不及，我們可以確定現代化不可能是單源的。中國現代化工程是混合的，而且其基礎及啟程都是從華夏文明的土壤出發，而且儒家很可能還可以提供補足西洋現代性方案的因素。

不論從發生過的史實立論或是從理論該有的型態立論，混合的現代性應該是個合理的方案，這個方案也符合晚近一再被引用的「周雖舊邦，其命維新」的精神。一個合理的文化傳統對新興的現實議題可以提供許多無形的支援意識的作用，它可以滿足動盪時代的子民的心靈之穩定，它可以提供許多火熱的現實知識未曾注意到的隱性知識的連結，宋儒說的泰山不如平地大，道家所謂無用之用，自由主義者所說的自發的秩序。這些說法都有詮釋學的依據，現實的結構瞻前顧後，前結構（fore structure）是爾後再結構的前提。

如果良知學與第三系理學已開啟了中國現代化的閘門，它有晚明一百多年的實踐經驗，也有明清之際的儒者作了更進一步的推動，儒學的議題隱然有二十世紀新文化的風貌。為什麼接著第三系理學而來的知識階段是和現代性議題不太連得上的清代漢學？用島田虔次的話講，也就是「挫折」。至於民國成立後的歷史發展是不是走中西混和性的路？而更後來也更革命的發展是不是更合理？或者是更嚴重的挫折？這些問題都很惱人，殘酷的史實敲擊清明的理性，我們必須面對現實。應然與實然的背反是值得再三深思的，歷史的行程不因個人天真的期盼而改道。

但或許我們仍該對歷史有更大的信心，巴士仍未到站。我們如果信任從朱子、王陽明到王夫之、黃宗羲的判斷：人的歷史總是道在世間曲折發展的歷史，縱然歷史有「火入地中」的黯淡期，但「道」總會在重陰中展現光明的力量。難道民國的成立不是對王夫之、黃宗羲思想的呼應嗎？難道民主體制預設的公民政治權平等的理念不是對良知學人人皆具足道德性平等的理念之發展嗎？中國現代性的工程仍在持續進行中，我們

2　梁漱溟的《東西文化及哲學》一再說及的中國文化「早熟說」，可以從這個角度得到理解的線索。

在戒慎恐懼之餘，為什麼不同時抱著貞下起元的期待？

參考書目

傳統文獻

曹魏・王弼注，唐・孔穎達疏，《周易正義》，收入李學勤主編，《十三經注疏整理本》，臺北：臺灣古籍出版公司，二〇〇一，冊一。

東漢・鄭玄注，唐・孔穎達疏，《禮記正義》，收入李學勤主編，《十三經注疏整理本》，臺北：臺灣古籍出版公司，二〇〇一，冊五一。

唐・惠能著，釋法海箋註，《六祖壇經箋註》，臺北：臺灣佛學書局，出版年不詳。

唐・韓愈著，屈守元、常思春主編，《韓愈全集校注》，成都：四川大學出版社，一九九六。

北宋・邵雍著，郭彧、于天寶點校，《邵雍全集》，上海：上海古籍出版社，二〇一六，冊四。

北宋・范仲淹，《范文正公集》，臺北：臺灣商務印書館，一九七九，四部叢刊初編縮本。

北宋・張載著，章錫琛點校，《張載集》，北京：中華書局，一九七八。

北宋・程顥、程頤著，王孝魚點校，《二程集》，北京：中華書局，一九八一。

南宋・白玉蟾，《宋白真人玉蟾全集》，臺北：宋白真人玉蟾全集輯印委員會，一九七六。

南宋・朱熹，《四書或問》，臺北：臺灣商務印書館，一九八三，景印文淵閣四庫全書，冊一九七。

南宋・朱熹，《四書章句集注》，北京：中華書局，一九八三。

南宋・朱熹著，陳俊民校編，《朱子文集》，臺北：德富文教基金會，二〇〇〇，冊四—七

南宋・胡宏，《胡宏集》，北京：中華書局，一九八七。

南宋・陳淳，《北溪字義》，北京：中華書局，二〇〇九。

南宋・陸九淵著，鍾哲點校，《陸九淵集》，北京：中華書局，二〇二〇。

南宋・楊簡撰，孔子文化大全編輯部編輯，《慈湖先生遺書》，濟南：山東友誼出版社，一九九一。

南宋・趙順孫編纂，《四書纂疏》，臺北：新興書局，一九七二。

南宋・黎靖德編，王星賢點校，《朱子語類》，北京：中華書局，一九八六，冊一、二、三、四、七、八。

明．方以智著，張永義校注，《浮山文集》，北京：華夏出版社，二〇一七。
明．方以智著，張昭煒整理，《象環寤記 易餘 充類》，北京：九州出版社，二〇一五。
明．方以智著，龐樸注釋，《東西均注釋》，北京：中華書局，二〇〇一。
明．方以智錄，《物理小識》，上海：商務印書館，一九三七，冊上。
明．王夫之著，《船山全書》編輯委員會編校，《船山全書》，長沙：嶽麓書社，一九八八，冊一、二。
明．王夫之著，《船山全書》編輯委員會編校，《船山全書》，長沙：嶽麓書社，一九九六，冊一〇、一一、一二。
明．王世貞，《弇州史料後集》，收入《四庫禁毀書叢刊》編纂委員會編，《四庫禁燬書叢刊．史部》，北京：北京出版社，一九九七，冊四九。
明．王守仁撰，吳光等編校，《王陽明全集》，上海：上海古籍出版社，二〇一一，冊上、中、下。
明．王艮，《心齋王先生語錄》，收入《續修四庫全書》編纂委員會編，《續修四庫全書》，上海：上海古籍出版社，一九九五，冊九三八。
明．王艮著，陳祝生主編，《王心齋全集》，南京：江蘇教育出版社，二〇〇一。
明．王紹徽，《東林點將錄》，收入《四庫全書存目叢書》編纂委員會編，《四庫全書存目叢書．史部》（臺南：莊嚴文化，一九九七），冊一〇七。
明．王畿著，《王龍溪語錄》，臺北：廣文書局，一九七七。
明．王畿著，吳震編校整理，《王畿集》，南京：鳳凰出版社，二〇〇七。
明．王襞編，《新鐫東厓王先生遺集》，收入《四庫全書存目叢書》編纂委員會編，《四庫全書存目叢書．集部》，臺南：莊嚴文化，一九九七，冊一四六。
明．朱國禎，《湧幢小品》，北京：中華書局，一九五九。
明．何心隱著，容肇祖編，《何心隱集》，臺北：弘文館出版社，一九八六。
明．呂坤，《呻吟語》，臺北：河洛圖書出版社，一九七五。
明．呂柟，《涇野先生文集》，收入《四庫全書存目叢書》編纂委員會編，《四庫全書存目叢書．集部》，臺南：莊嚴文化，一九九七，冊六〇。
明．李卓吾，《焚書 續焚書》，北京：中華書局，二〇〇九。
明．李應昇，《落落齋遺集》，新北：藝文印書館，一九七一，四部分類叢書集成。

明·李贄，《李溫陵集》，臺北：文史哲出版社，一九七一。
明·李贄著，張建業編，《李贄文集》，北京：社會科學文獻出版社，二〇〇〇，卷五、七。
明·沈德符，《萬曆野獲編》，北京：中華書局，一九五九。
明·周汝登，《王門宗旨》，收入《四庫全書存目叢書》編纂委員會編，《四庫全書存目叢書·子部》，臺南：莊嚴文化，一九九七，冊一三。
明·明代歷朝官修，黃彰健校勘，《明實錄》，京都：中文出版社，一九八四，冊一二。
明·胡直著，張昭煒編校，《胡直集》，上海：上海古籍出版社，二〇一五，冊下。
明·凌濛初，《二刻拍案驚奇》，收入魏同賢、安平秋主編，《凌濛初全集》，南京：鳳凰出版社，二〇一〇，冊三。
明·唐甄，《潛書》，北京：中華書局，一九八四。
明·徐孚遠，《釣璜堂存稿》，收入《清代詩文集彙編》編纂委員會編，《清代詩文集彙編》，上海：上海古籍出版社，二〇一〇，冊一四。
明·耿定向著，傅秋濤點校，《耿定向集》，上海：華東師範大學出版社，二〇一五，冊上。
明·袁中道，《珂雪齋近集》，上海：上海古籍出版社，一九九五，續修四庫全書，冊一三七六。
明·袁中道，《遊居柿錄》，臺北：臺北書局，一九五六。
明·袁中道，錢伯城箋校，《袁宏道集箋校》，上海：上海古籍出版社，二〇〇八，冊下。
明·袁中道編著，錢伯城點校，《珂雪齋集》，上海：上海古籍出版社，一九八九，冊中、下。
明·袁宏道，《袁中郎尺牘》，收入楊家駱編，《袁中郎全集》，臺北：世界書局，一九七八。
明·袁宏道著，錢伯城箋校，《袁宏道集箋注》，上海：上海古籍出版社，二〇〇八，冊中。
明·袁宗道，《白蘇齋類集》，上海：上海古籍出版社，一九九五，續修四庫全書，冊一三六三。
明·高攀龍，《高子遺書》，臺北：臺灣商務印書館，一九八三，景印文淵閣四庫全書，冊一二九二。
明·張岱，《快園道古》，杭州：浙江古籍出版社，一九八六。
明·張岱，《陶庵夢憶》，臺北：臺灣開明書局，一九五七。
明·張怡撰，魏連科點校，《玉光劍氣集》，北京：中華書局，二〇〇六，冊下。
明·張斐，《莽蒼園稿》，南京：鳳凰出版社，二〇一〇。
明·張煌言，《張蒼水集》，上海：上海古籍出版社，一九八五。
明·張履祥著，陳祖武點校，《楊園先生全集》，北京：中華書局，二〇〇二。

明．陳龍正，《幾亭全書》，收入《四庫禁毀書叢刊》編纂委員會編，《四庫禁燬書叢刊．集部》，北京：北京出版社，一九九七，冊一二。

明．陳獻章著，孫通海點校，《陳獻章集》，北京：中華書局，一九八七，冊上、下。

明．陶望齡著，李會富編校，《陶望齡全集》，上海：上海古籍出版社，二〇一九，冊上、中。

明．湯顯祖，《玉茗堂全集．尺牘》，收入《四庫全書存目叢書》編纂委員會編，《四庫全書存目叢書．集部》，臺南：莊嚴文化，一九九七，冊一八一。

明．湯顯祖，《牡丹亭》，香港：中華書局，一九七六。

明．馮夢龍（墨憨齋）編，《王陽明出身靖亂錄》，臺北：廣文書局，一九六八。

明．馮夢龍，《情史類略》，長沙：嶽麓書社，一九八四。

明．馮夢龍著，楊君輯注，《馮夢龍詩文》，福州：海峽文藝出版社，一九八五。

明．黃宗羲著，沈善洪主編，方祖猷等點校，《黃宗羲全集》，杭州：浙江古籍出版社，一九九二，冊五。

明．黃宗羲著，沈善洪主編，吳光等點校，《黃宗羲全集》，杭州：浙江古籍出版社，一九八五，冊一。

明．黃宗羲著，沈善洪主編，吳光點校，《黃宗羲全集》，杭州：浙江古籍出版社，一九九二，冊三。

明．黃宗羲著，沈善洪主編，夏瑰琦、洪波校點，《黃宗羲全集》，杭州：浙江古籍出版社，一九九二，冊七、八。

明．黃宗羲著，沈善洪主編，錢明等點校，《黃宗羲全集》，杭州：浙江古籍出版社，一九八六，冊二。

明．楊漣，《楊大洪先生文集》，新北：藝文印書館，一九六六。

明．董穀，《碧里雜存》，新北：藝文印書館，一九六六，百部叢書集成本。

明．鄒守益著，董平編校，《鄒守益集》，南京：鳳凰出版社，二〇〇七，冊上。

明．劉宗周著，吳光主編，何俊點校，吳光、鍾彩鈞審校，《劉宗周全集》，杭州：浙江古籍出版社，二〇一二，冊三。

明．劉宗周著，戴璉璋、吳光主編，《劉宗周全集》，臺北：中央研究院中國文哲研究所籌備處，一九九七，冊一、二、三下、四、五。

明．蔣一葵，《堯山堂外紀》，收入《續修四庫全書》編纂委員會編，《續修四庫全書．子部》，上海：上海古籍出版社，一九九六，冊一一九五。

明．鄧豁渠著，鄧紅校注，《《南詢錄》校注》，武漢：武漢理工大學出版社，二〇〇八。

明．鄭經，《東壁樓集》，新北：龍文出版社，二〇一一。

明·錢德洪著，錢明編校整理，《徐愛 錢德洪 董澐集》，南京：鳳凰出版社，二〇〇七。

明·繆昌期，《從野堂存稿》，收入《續修四庫全書》編纂委員會編，《續修四庫全書》，上海：上海古籍出版社，一九九五，冊一三七三。

明·薛侃著，陳椰編校，《薛侃集》，上海：上海古籍出版社，二〇一四。

明·韓貞著，黃宣民重訂，《韓貞集》，北京：中國社會科學院出版社，一九九六。

明·瞿式耜著，江蘇師範學院歷史系、蘇州地方史研究室整理，《瞿式耜集》，上海：上海古籍出版社，一九八一。

明·聶豹著，吳可為編校整理，《聶豹集》，南京：鳳凰出版社，二〇〇七。

明·顏鈞著，黃宣民點校，《顏鈞集》，北京：中國社會科學出版社，一九九六。

明·羅汝芳，《盱壇直詮》，臺北：廣文書局，一九七七。

明·羅汝芳著，方祖猷等編校整理，《羅汝芳集》，南京：鳳凰出版社，二〇〇七，冊上、下。

明·羅洪先著，徐儒宗編校整理，《羅洪先集》，南京：鳳凰出版社，二〇〇七，冊上、下。

明·羅洪先著，鍾彩鈞編，《羅洪先集補編》，臺北：中央研究院中國文哲研究所，二〇〇九。

明·羅欽順，《困知記》，北京：中華書局，一九九〇。

明·顧炎武，《原抄本日知錄》，臺北：明倫出版社，一九七〇。

明·顧樞，《顧端文公年譜》，收入《續修四庫全書》編纂委員會編，《續修四庫全書》，上海：上海古籍出版社，一九九五，冊五五三。

明·顧憲成，《涇皐藏稿》，臺北：臺灣商務印書館，一九八三，景印文淵閣四庫全書，冊一二九二。

明·顧憲成，《顧端文公遺書》，收入《續修四庫全書》編纂委員會編，《續修四庫全書》，上海：上海古籍出版社，一九九五，冊九四三。

明·顧憲成，《顧端文公遺書》，臺北：廣文書局，一九七五。

清·世宗，《世宗憲皇帝御製文集》，收入《清代詩文集彙編》編纂委員會編，《清代詩文集彙編》，上海：上海古籍出版社，二〇一〇，冊二四〇。

清·李鴻章著，顧廷龍、戴逸主編，《李鴻章全集》，合肥：安徽教育出版社，二〇〇八，冊六。

清·施士洁，《後蘇龕合集》，南投：臺灣省文獻委員會，一九九三，卷一一。

清·胤禛，《大義覺迷錄》，收入《四庫禁毀書叢刊》編纂委員會編，《四庫禁燬書叢刊·史部》，北京：北京出版社，一九九七，冊二二。

清．高廷珍等輯，《東林書院志》，臺北：廣文書局，一九六八，冊二、七。
清．高宗，《御製文二集》，臺北：臺灣商務印書館，一九八三，景印文淵閣四庫全書，冊一三〇一。
清．張廷玉等撰，楊家駱主編，《明史》，臺北：鼎文書局，一九八〇。
清．梁啟超著，張品興編，《梁啟超全集》，北京：北京出版社，一九九九，冊一。
清．章炳麟著，上海人民出版社編，《章太炎全集》，上海：上海人民出版社，一九八五，冊四。
清．連橫，《連雅堂先生全集》，南投：臺灣省文獻委員會，一九九二，冊五。
清．連橫，《臺灣通史》，北京：商務印書館，二〇一〇，冊上。
清．郭慶藩，《莊子集釋》，臺北：河洛圖書公司，一九七四。
清．黃煜，《碧血錄》，上海：神州國光社，一九四一。
清．楊英撰，陳碧笙校注，《先王實錄校注》，福州：福建人民出版社，一九八一。
清．雍正，《大義覺迷錄》，收入沈雲龍編，《近代中國史料叢刊》，臺北：文海出版社，一九七三，輯三六。
清．劉獻廷，《廣陽雜記》，北京：中華書局，一九八五。
清．錢泳著，孟裴校點，《履園叢話》，上海：上海古籍出版社，二〇一二，冊上。
清．龔自珍，《定盦文集補》，臺北：臺灣商務印書館，一九六五，四部叢刊初編縮本。
朝鮮．許篈，《朝天記》，收入林基中編，《燕行錄全集》，漢城：東國大學校出版部，二〇〇一，冊六。

近人論著

Bucke, R. M., *Cosmic Consciousness: A Study in the Evolution of the Human Mind*, New York: E.P. Dutton & Company, 1931.
Eliade, M., *Shamanism,* Princeton: Princeton University Press, 1972.
Jung, C. G., “Paracelsus the Physician.” *Collected Works of C.G. Jung, Volume 15: Spirit in Man, Art, And Literature*, edited by Gerhard Adler and R. F. C. Hull. Princeton: Princeton University Press, pp. 25-46.
Jung, C. G., “Paracelsus.” *Collected Works of C.G. Jung, Volume 15: Spirit in Man, Art, And Literature*, edited by Gerhard Adler and R. F. C. Hull. Princeton: Princeton University Press, 1966, pp. 3-12.
Jung, C. G., “Progoff.” *Synchronicity and Human Destiny.* New York: Dell Publishing Co., Inc., 1973, pp.77-92。
Jung, C. G., “The Phenomenology of the Spirit in Fairytales.” *Collected Works of C.G. Jung, Volume 9/1*, edited by R. F. C. Hull. Princeton: Princeton University Press, 2014, pp. 207-254.

Jung, C. G., “A Study in the Process of Individuation.” in *The Archetypes and the Collective Unconscious*, Collected Works of C. G. Jung, Volume 9（Part 1）. Princeton: Princeton Un iversity Press, 1990, pp. 290-354.

Jung, C. G., *Man and Time* Princeton, N.J.: Princeton University Press, 1983.

Taiwanese Journal for Philosophy and History of Science, vol. 5, no. 1（1996-1997）.「趙友欽專號」。

丁峰山，《明清小說性愛論稿》，臺北：大安出版社，二〇〇七。

大木康，〈情欲與教化——以《古今小說》卷一為材料〉，收入王瓊玲主編，《明清文學與思想中之主體意識與社會：文學篇》，臺北：中央研究院中國文哲研究所，二〇〇四，頁一八五—二一二。

大木康，〈馮夢龍《三言》的編纂意圖——特論勸善懲惡的意義〉，《東方學》，六九輯（一九八五・〇一），頁一〇五—一一八。

子安宣邦，《方法としての江戸：日本思想史と批判的視座》，東京：ぺりかん社，二〇〇〇。

子安宣邦著，朱秋而譯，〈作為事件的徂徠學——思想史方法的再思考〉，《臺大歷史學報》，二九期（二〇〇二・〇六），頁一八一—一八七。

子安宣邦著，趙京華譯，〈日本的近代與近代化論——戰爭與近代日本知識人〉，《近世知識考古學：國家、戰爭與知識人》（北京：生活・讀書・新知三聯書店，二〇〇二），頁八六—一一四。

小島毅，《近代日本の陽明学》，東京：講談社，二〇〇六。

小野和子著，李慶、張榮湄譯，《明季黨社考》，上海：上海古籍出版社，二〇一三。

川口長孺，《臺灣鄭氏紀事》，臺北：臺灣大通書局，一九八七。

中田勝，〈少年王陽明の實像を王陽明出身靖亂錄に探る〉，《二松學舍大學論集》，一九八四，頁五一—七〇。

內藤湖南，〈概括的唐宋時代觀〉，收入劉俊文主編，黃約瑟譯，《日本學者研究中國史論著選譯》，北京：中華書局，一九九二，卷一，頁一〇—一八。

方豪，《中西交通史》，臺北：中國文化大學出版部，一九八三，冊下。

毛效同編，《湯顯祖研究資料彙編》，上海：上海古籍出版社，一九八六，冊上、下。

毛澤東，〈論人民民主專政——紀念中國共產黨二十八周年〉，《毛澤東選集》，北京：人民出版社，一九六九，卷四，頁一三五七—一三七一。

毛澤東，《中國革命和中國共產黨》，《毛澤東選集》，北京：人民出版社，一九六九，卷二，頁六二一—六五六。

王汎森，〈明末清初的一種道德嚴格主義〉，《晚明清初思想十論》，上海：復旦大學出版社，二〇〇四，頁八九—一〇六。

出石誠彥，〈上代支那史籍に見ゆる夢の說話について〉，《支那神話傳說の研究》，東京：中央公論社，一九四三，頁六四五—

六六八。
加地伸行著，于時化譯，《論儒教》，濟南：齊魯書社，一九九三。
古清美，《明代理學論文集》，臺北：大安出版社，一九九〇。
史明，《台灣人四百年史（漢文版）》，San Jose, Calif.：蓬島文化公司，一九八〇。
史泰司（W. T. Stace）著，楊儒賓譯，《冥契主義與哲學》，臺北：正中書局，一九九八。
史景遷（Jonathan Dermot Spence）著，溫洽溢、吳家恆譯，《雍正王朝之大義覺迷》，桂林：廣西師範大學出版社，二〇一一。
任訪秋，《中國新文學淵源》，鄭州：河南人民出版社，一九八六。
任博克（Brook A. Ziporyn），《空與遍：天臺精要導讀》，臺北：五南圖書公司，二〇二三。
吉田松陰，《已未存稿》，收入廈門大學歷史系編，《李贄研究參考資料》，福州：福建人民出版社，一九七五，輯二，頁二三〇—二三一。
安德森（B. Anderson）著，吳叡人譯，《想像的共同體：民族主義的起源與散布》，臺北：時報文化，二〇一〇。
朱一玄等編著，《中國古代小說總目提要》，北京：人民文學出版社，二〇〇五。
朱鴻林，〈鄭經的詩集和詩歌〉，《明人著作與生平發微》，桂林：廣西師範大學出版社，二〇〇五，頁一七〇—二一三。
江仁傑，《解構鄭成功》，臺北：三民書局，二〇〇六。
牟宗三，《生命的學問》，臺北：三民書局，一九九一。
牟宗三，《牟宗三先生全集》，新北：聯經出版事業公司，二〇〇三，冊六、八、九、一〇、二三、二九。
牟宗三著，李明輝編，《牟宗三先生早期文集補編》，新北：聯經出版事業公司，二〇二三。
西順藏，《中國思想論集》，東京：筑摩書房，一九六九。
佐野公治，〈王心齋論〉，《日本中國學會報》，第二三集（一九七一．一〇），頁一四〇—一五三。
余英時，〈方以智自沉惶恐灘考〉，《方以智晚節考》，臺北：允晨文化，二〇一一，頁二〇九—二五〇。
余英時，《中國近世宗教倫理與商人精神》，新北：聯經出版事業公司，一九八七。
余英時，《宋明理學與政治文化》，臺北：允晨文化，二〇〇四。
余蓓荷（Monika Übelhör）著，邱黃海、李明輝譯，《王艮及其學說》，臺北：中央研究院中國文哲研究所，二〇一八。
余蓮（François Jullien，按：即朱利安）著，卓立譯，《淡之頌：論中國思想與美學》（臺北：桂冠，二〇〇六）。
吳存存，《明清社會性愛風氣》，北京：人民文學出版社，二〇〇〇。

吳展良主編，《朱子研究書目新編（一九〇〇—二〇〇二）》，臺北：國立臺灣大學出版中心，二〇〇五。

吳震，〈十六世紀中國儒學思想的近代意涵：以日本學者島田虔次、溝口雄三的相關討論為中心〉，《臺灣東亞文明研究學刊》，一卷二期（二〇〇四．一二），頁一九九—二二八。

吳震，《泰州學派研究》，北京：中國人民大學出版社，二〇〇九。

吳震，《羅汝芳評傳》，南京：南京大學出版社，二〇〇五。

吳澤，《儒教叛徒：李卓吾》，出版地不詳：仲信出版社，一九四九。

呂妙芬，《陽明學士人社群》，臺北：中央研究院近代史研究所，二〇〇三。

呂政倚，《人性、物性同異之辨：中韓儒學與當代「內在超越」說之爭議》，臺北：新文豐出版公司，二〇二〇。

李明輝，〈性善說與民主政治〉，《儒家視野下的政治思想》（臺北：國立臺灣大學出版中心，二〇〇五），頁三三—六九。

李明輝，《四端與七情：關於道德情感的比較哲學探討》，臺北：國立臺灣大學出版中心，二〇〇五。

李紀祥，《兩宋以來大學改本之研究》，臺北：臺灣學生書局，一九八八。

束景南，《王陽明年譜長編》，上海：上海古籍出版社，二〇一七，冊一—四。

束景南，《王陽明佚文輯考編年》，上海：上海古籍出版社，二〇一五增訂版，冊上、下。

貝格爾（Peter L. Berger）著，高師寧譯，《神聖的帷幕：宗教社會學理論之要素》，上海：上海人民出版社，一九九一。

何乏筆，〈混雜現代化、跨文化轉向與漢語思想的批判性重構〉，收入方維規編，《思想與方法：全球化時代中西對話的可能》，北京：北京大學出版社，二〇一四，頁八四—一三五。

周作人著，鍾叔河編訂，《周作人散文全集》，桂林：廣西師範大學出版社，二〇〇九，卷二、六。

周憲文輯，《季明成仁詩詞鈔》，臺北：臺灣開明書局，一九六九。

岡田武彥著，吳光等譯，《王陽明與明末儒學》，上海：上海古籍出版社，二〇〇〇。

林月惠，《良知學的轉折：聶雙江與羅念菴思想之研究》，臺北：國立臺灣大學出版中心，二〇〇五。

林茂生，〈祝詞〉，收入曾建民，《一九四五．破曉時刻的台灣》，新北：聯經出版事業公司，二〇〇五，頁二九七—二九九。

林毓生著，楊貞德譯，《中國意識的危機：五四時期激烈的反傳統主義》，新北：聯經出版事業公司，二〇二〇。

林瑞明編，《賴和全集》，臺北：前衛出版社，二〇〇〇，冊五。

林慶彰，〈中國經學史上的回歸原典運動〉，《中國經學研究的新視野》，臺北：萬卷樓，二〇一二，頁八三—一〇二。

阿英，〈袁中郎與政治〉，收入吳承學、李光摩編，《晚明文學思潮研究》，武漢：湖北教育出版社，二〇〇二，頁八七—九三。

侯外廬，〈湯顯祖牡丹亭還魂記外傳〉，收入毛效同編，《湯顯祖研究資料彙編》，上海：上海古籍出版社，一九八六，冊下，頁一〇六〇—一九七八。

侯外廬，〈論明清之際的社會階級關係與啟蒙思潮的特點〉，收入中國社會科學院歷史研究所中國思想史研究室編，《侯外廬史學論文選集》，北京：人民出版社，一九八七，冊下，頁六五一—九一。

侯外廬主編，《宋明理學史》，北京：人民出版社，一九九七。

侯外廬等著，《中國思想通史》，北京：人民出版社，一九六二。

南炳文，《南明史》，天津：南開大學出版社，一九九二。

柳亞子，《南明史綱初稿》，收入柳亞子文集編輯委員會主編，柳無忌編，《南明史綱、史料》，上海：上海人民出版社，一九九四。

洪大容，〈與金直齋鍾厚書〉，《湛軒書》，內集，卷三。韓國學綜合DB資料庫：http://db.mkstudy.com/zh-tw/mksdb/e/korean-literary-collection/book/reader/8756/?sideTab=toc&contentTa b=text&articleId=1231620。

美國哈佛大學哈佛燕京圖書館編，《美國哈佛大學哈佛燕京圖書館藏中文善本彙刊》，北京：商務印書館；桂林：廣西師範大學出版社，二〇〇三，冊一七。

耶律亞德（M. Eliade）著，楊儒賓譯，《宇宙與歷史：永恆回歸的神話》，新北：聯經出版事業公司，二〇〇〇。

耶律亞德（M. Eliade）著，楊素娥譯，《聖與俗：宗教的本質》，臺北：桂冠圖書，二〇〇一。

胡適，〈跋金門新發現皇明監國魯王壙誌〉，《臺灣風物》，十卷一期（一九六〇．〇一），頁三八—四一。

胡適，《戴東原的哲學》，收入季羨林主編，《胡適全集》，合肥：安徽教育出版社，二〇〇三，卷六。

郁達夫，《中國新文學大系散文二集》，上海：良友圖書公司，一九三六。

韋伯（Max Weber）著，康樂、簡惠美譯，《宗教社會學》，桂林：廣西師範大學出版社，二〇〇五。

修瑞瑩，〈仿品變真跡！鄭成功書法正名〉，《聯合報》，二〇一七．〇七．一一，B1版全臺焦點。

唐君毅，〈原格物致知：大學章句辨證及格物致知思想之發展〉，《中國哲學原論．導論篇》，臺北：臺灣學生書局，一九八六，頁二九八—三六七。

唐君毅，《人文精神之重建》，臺北：臺灣學生書局，一九八八。

唐君毅，《中國哲學原論．原教篇》，臺北：臺灣學生書局，一九八四。

孫衛國，《大明旗號與小中華意識》，北京：商務印書館，二〇〇七。

島田虔次，〈体用の歴史に寄せて〉，收入塚本博士頌寿記念会編，《仏教史學論集：塚本博士頌寿記念》，京都：塚本博士頌寿記念会，一九六一，頁四一六—四三〇。

島田虔次，《中国における近代思惟の挫折》，東京：平凡社，二〇〇三。

島田虔次，《新儒家哲学について：熊十力の哲學》，收入《五四運動の研究》，京都：同朋舍，一九八七，第四函第十二分冊。

島田虔次著，甘萬萍譯，《中國近代思維的挫折》，南京：江蘇人民出版社，二〇〇八。

島田虔次著，徐水生譯，《熊十力與新儒家哲學》，臺北：明文書局，一九九二。

徐朔方，〈湯顯祖和他的傳奇〉，收入毛效同編，《湯顯祖研究資料彙編》，上海：上海古籍出版社，一九八六，冊下，頁七三四—七六一

徐復觀，〈中國歷史運命的挫折〉，《中國思想史論集》，臺北：臺灣學生書局，一九五九，頁二五七—二六一。

徐復觀，〈為生民立命〉，《（新版）學術與政治之間》，臺北：臺灣學生書局，一九八〇，頁二七九—二八二。

徐復觀，《徐復觀雜文三．記所思》，臺北：時報文化，一九八〇。

泰和嘉成二〇一八年秋季拍賣第二四三九號拍品。

海德格爾（Martin Heidegger）著，〈世界圖像的時代〉，收入孫周興選編，《海德格爾選集》，上海：生活．讀書．新知三聯書店，一九九六，冊下，頁八八五—九二三。

海德格爾（Martin Heidegger）著，陳嘉映、王慶節合譯，熊偉校，陳嘉映修訂，《存在與時間》，北京：商務印書館，二〇一八。

秦家懿，〈「聖」在中國思想史內的多重意義〉，《清華學報》，新十七卷第一、二期合刊（一九八五．一二），頁一五—二七。

秦燕春，《清末民初的晚明想像》，北京：北京大學出版社，二〇〇八。

荒木見悟著，吳震譯，〈道統論的衰退與新儒林傳的展開〉，收入吳震、吾妻重二主編，《思想與文獻：日本學者宋明儒學研究》，上海：華東師範大學出版社，二〇一〇，頁一—四三。

荒木見悟著，廖肇亨譯，〈鄧豁渠的出現及其背景〉，《明末清初的思想與佛教》，上海：上海古籍出版社，二〇一〇，頁一二四—一四一。

荒木見悟著，廖肇亨譯注，《佛教與儒教》，新北：聯經出版事業公司，二〇〇八。

財團法人何創時書法藝術文教基金會編，《明代名賢尺牘集》，臺北：財團法人何創時書法藝術基金會，二〇一三，冊一、三。

崔在穆，〈韓國陽明學研究序論的考察——傳來時期を手掛かりとした研究視角の再考〉，《倫理學》，五號（一九八七），頁一三九—一四八。

康韻梅，〈唐人小說中「智慧老人」之探析〉，《中外文學》，二三卷四期（一九九四．〇九），頁一三六—一七一。

張亨，〈朱子的志業——建立道統意義之探討〉，《思文論集：儒道思想的現代詮釋》，臺北：國立臺灣大學出版中心，二〇一四，

頁二二三—二七四。
張伯宇，〈臺灣鄭成功廟祠群集之地域特色與建立源起類型歸納〉，《海洋文化學刊》，十三期（二〇一二．一二），頁四七—七四。
張菼，《鄭成功紀事編年》，臺北：中華書局，一九六五。
張漢良，〈「楊林」故事系列的原型結構〉，《中外文學》，三卷十一期（一九七五．〇四），頁一六六—一七九。
張廣達，〈內藤湖南的唐宋變革說及其影響〉，《史家、史學與現代學術》，桂林：廣西師範大學出版社，二〇〇八，頁五七—一三三。
張衛紅，〈王門後學唐順之、羅洪先晚年被舉出山事件考辨〉，收入馮達文主編，《兩漢思想與信仰》，成都：巴蜀書社，二〇一三，頁三五三—三八五。
張衛紅，《羅念菴的生命歷程與思想世界》，北京：生活．讀書．新知三聯書店，二〇〇九。
張藝曦，《陽明學的鄉里實踐：以明中晚期江西吉水、安福兩縣為例》，北京：北京師範大學出版社，二〇一三。
張麗珠，《清代義理學》，臺北：里仁書局，一九九九。
曹淑娟，〈清初寓山的家族聯吟與志士結盟〉，《在勞績中安居：晚明園林文學與文化》，臺北：臺灣大學高等人文社會研究院，二〇一九，頁三四三—三七五。
梁啟雄，《荀子簡釋》，臺北：木鐸出版社，一九八三。
梁漱溟，《東西文化及其哲學》，臺北：里仁書局，一九八三。
梅溪，〈牡丹亭中的幾個人物形象〉，收入毛效同編，《湯顯祖研究資料彙編》，上海：上海古籍出版社，一九八六，冊下，頁一〇一六—一〇三二。
深津胤房，〈古代中国人の思想と生活—「夢」について〉，收入宇野哲人先生白壽祝賀記念會編，《宇野哲人先生白壽祝賀記念東洋學論叢》，東京：宇野哲人先生白壽祝賀紀念會，一九七四，頁九三九—九六一。
荻生茂博著，陳俐君譯，〈幕末、明治陽明學與明清思想史〉，《中國文哲研究通訊》，二八卷二期（二〇一八．〇六），頁一七三—二二〇。
莊一拂編著，《古典戲曲存目彙考》，上海：上海古籍出版社，一九八二。
莊吉發，《清代台灣會黨史研究》，臺北：南天書局，一九九九。
莊金德，〈鄭清和議始末〉，《臺灣文獻》，十二卷四期（一九六一．一二），頁一—四〇。

郭想隆、丁步上輯，《逍遙山萬壽宮通志》，收入《道教文獻》，臺北：丹青圖書公司，一九八三，冊七。

陳永革，《陽明學派與晚明佛教》，北京：中國人民大學出版社，二〇〇九。

陳志憲，〈牡丹亭的浪漫主義色彩和現實主義精神〉，收入毛效同編，《湯顯祖研究資料彙編》，上海：上海古籍出版社，一九八六，冊下，頁一〇四一—一〇五七。

陳寅恪，《柳如是別傳》，收入陳美延編，《陳寅恪集》，北京：生活・讀書・新知三聯書店，二〇〇一。

陳智超等編，《旅日高僧隱元中土來往書信集》，北京：新華書店，一九九五。

陳榮捷，《王陽明傳習錄詳注集評》，臺北：臺灣學生書局，一九八三。

陳榮捷，《朱子門人》，臺北：臺灣學生書局，一九八二。

陳慶浩、王秋桂編，《思無邪匯寶》，臺北：臺灣大英百科，一九九六，冊一六。

傅衣凌，〈明末南方的「佃變」、「奴變」〉，《明清社會經濟史論文集》，北京：中華書局，二〇〇八，頁三九九。

嵇文甫，《左派王學》，上海：生活・讀書・新知三聯書店，二〇一四。

彭國翔，〈王畿與道教——陽明學者對道教內丹學的融攝〉，《中國文哲研究集刊》，二一期（二〇〇二・〇九），頁二五五—二九〇。

彭國翔，〈周海門的學派歸屬與《明儒學案》相關問題之檢討〉，《清華學報》，新三一卷三期（二〇〇一・〇九），頁三三九—三七四。

彭國翔，《良知學的展開：王龍溪與中晚明的陽明學》，臺北：臺灣學生書局，二〇〇三。

湖南省博物館編，《馬王堆漢墓帛書》，長沙：嶽麓書社，二〇一三。

湯用彤，《漢魏兩晉南北朝佛教史》，《湯用彤全集》，石家莊：河北人民出版社，二〇〇〇，卷一。

粟子菁，〈洛陽伽藍記中智慧老人：趙逸〉，《中正嶺學術研究集刊》，十六卷（一九九七・一二），頁三五—四六。

馮耀明，〈王陽明的良知理論：王陽明哲學新詮〉，《清華學報》，新四二卷二期（二〇一二・〇六），頁二六一—三〇〇。

黃一農，《社會天文學史十講》，上海：復旦大學出版社，二〇〇四。

黃進興，《優入聖域：權力、信仰與正當性》，臺北：允晨文化，一九九四。

黃繼立，〈「身體」與「工夫」：明代儒學身體觀類型研究〉，臺北：臺灣大學中國文學系博士論文，二〇一〇。

楊雲萍，〈鄭成功的歷史地位——開創與恢復〉，《南明研究與臺灣文化》，臺北：臺灣風物雜誌社，一九九三，頁三六七—三七四。

楊雲萍，〈鄭成功焚儒服考〉，《南明研究與臺灣文化》，臺北：臺灣風物雜誌社，一九九三，頁三七五—三九一。

楊儒賓，〈地火明夷：黃宗羲的盼望〉，《文與哲》，四十期（二〇二二．〇六），頁五五—九八。
楊儒賓，〈朱子的格物補傳所衍生的問題〉，《史學評論》，五期（一九八三．〇一），頁一三三—一七二。
楊儒賓，〈死生與義理——劉宗周與高攀龍的承諾〉，收入鍾彩鈞編，《劉蕺山學術思想論集》，臺北：中央研究院中國文哲研究所，一九九八，頁五二三—五五五。
楊儒賓，〈李士実と宸濠反乱の故事〉，收入馬淵昌也編，《東アジアの陽明学：接触・流通・変容》，東京：東方書店，二〇一一，頁二四七—二八〇。
楊儒賓，〈重審理學第三系〉，收入林月惠編，《中國哲學的當代議題：氣與身體》（臺北：中央研究院中國文哲研究所，二〇一九），頁九三—一三二。
楊儒賓，〈恍惚的倫理：先秦儒家工夫論之源〉，《原儒：從帝堯到孔子》，新竹：國立清華大學出版社，二〇二一，頁二三九—二八五。
楊儒賓，〈格物與豁然貫通——朱子〈格物補傳〉的詮釋問題〉，收入鍾彩鈞編，《朱子學的開展・學術篇》，臺北：漢學研究中心，二〇〇二，頁二一九—二四六。
楊儒賓，〈情歸何處——晚明情思想的解讀〉，《中國哲學與文化》，十八輯（二〇二〇．一二），頁一〇〇—一五二。
楊儒賓，〈當代中國的黎明——解讀當代的晚明思潮論〉，《臺灣東亞文明研究學刊》，十六卷一期（二〇一九．〇六），頁一—四四。
楊儒賓，《思考中華民國》，新北：聯經出版事業公司，二〇二三。
楊儒賓，《異議的意義：近世東亞的反理學思潮》，臺北：國立臺灣大學出版中心，二〇一二。
楊儒賓，《儒家身體觀》，臺北：中央研究院中國文哲研究所，一九九六。
楊儒賓、馬淵昌也編，《中日陽明學者墨跡：紀念王陽明龍場之悟五百年暨中江藤樹誕生四百年》，臺北：國立臺灣大學出版中心，二〇〇八。
溝口雄三，〈二つの陽明学〉，《李卓吾：正道を歩む異端》，收入《中国の人と思想》（東京：集英社，一九八五），冊一〇，頁二二一—二三九。
溝口雄三，《中国前近世思想の屈折と展開》，東京：東京大学出版会，一九八〇。
溝口雄三，《方法としての中国》，東京：東京大学出版会，一九八九。
溝口雄三著，孫軍悅、李曉東譯，《李卓吾・兩種陽明學》，北京：生活・讀書・新知三聯書店，二〇一四。

溝口雄三著，龔穎譯，《中國前近代思想的曲折與展開》，北京：生活·讀書·新知三聯書店，二〇一一。

溫森特·布羅姆（Vincent Brome）著，文楚安譯，《榮格：人和神話》，鄭州：黃河文藝出版社，一九八九。

葉國良，〈唐代墓誌考釋八則〉，《臺大中文學報》，七期（一九九五·〇四），頁五一—七五。

葛兆光，《宅茲中國：重建有關「中國」的歷史論述》，新北：聯經出版事業公司，二〇一一。

裘錫圭，〈稷下道家精氣說的研究〉，《文史叢稿：上古思想、民俗與古文字學史》，上海：上海遠東出版社，一九九六，頁一六—五〇。

維根斯坦著，牟宗三譯，《名理論》，臺北：臺灣學生書局，一九八七。

榮格（C. G. Jung）著，楊儒賓譯，《東洋冥想的心理學：從易經到禪》，臺北：商鼎文化，一九九三。

榮格（C. G. Jung）著，趙翔譯，《自我與自性》，北京：世界圖書北京出版公司，二〇一四。

榮格（C. G. Jung）著，劉國彬、楊德友譯，《榮格自傳：回憶·夢·省思》，臺北：張老師文化出版社，一九九七。

熊秉真、余安邦合編，《情欲明清：遂欲篇》，臺北：麥田，二〇〇四。

熊秉真、張壽安合編，《情欲明清：達情篇》，臺北：麥田，二〇〇四。

趙景深，〈湯顯祖與莎士比亞〉，收入毛效同編，《湯顯祖研究資料彙編》，上海：上海古籍出版社，一九八六，冊下，頁七二七—七三三。

趙園，〈易代之際士人經驗反省〉，《明清之際士大夫研究》，北京：北京大學出版社，一九九九，頁三—二三。

劉大杰編，《明人小品選》，上海：上海古籍出版社翻印，一九九五。

劉陽，《劉三吾集》，臺北：花木蘭出版社，二〇一六。

鄧志峰，《王學與晚明的師道復興運動》，北京：社會科學文獻出版社，二〇〇四。

鄧拓著，常君實編，《鄧拓全集》，廣州：花城出版社，二〇〇二，卷四。

鄭亦鄒，《鄭成功傳》，收入臺灣銀行經濟研究室編，《鄭成功傳》，臺北：眾文圖書公司，一九七九。

鄭培凱，《湯顯祖與晚明文化》，臺北：允晨文化，一九九五。

魯道夫·奧托（R. Otto）著，成窮、周邦憲等譯，《論神聖》，成都：四川人民出版社，一九九五。

盧泰康，《文化資產中的古物研究與鑑定：臺南瑰寶大揭密》，臺北：五南，二〇一七。

錢海岳，《南明史》，北京：中華書局，二〇〇六。

錢穆，《中國近三百年學術史》，臺北：臺灣商務印書館，一九八〇，冊上。

錢穆，《朱子新學案》，臺北：三民書局，一九八二，冊二。

錢穆，《國史大綱》，臺北：臺灣商務印書館，一九九五修訂三版，冊下。
戴維・羅森（David H. Rosen）著，申荷永等譯，《榮格之道：整合之路》，北京：中國社會科學出版社，二〇〇三。
謝國楨，〈關於「削鼻班」和「烏龍會」〉，《明清史談叢》，瀋陽：遼寧教育出版社，二〇〇〇，頁一一—一六。
鍾振宇，〈無用與機心的當代意涵——海德格對莊子思想的闡發〉，《中國文哲研究集刊》，五一期（二〇一七・〇九），頁六五—九四。
鍾彩鈞、楊晉龍主編，《明清文學與思想中之主體意識與社會：學術思想篇》，臺北：中央研究院中國文哲研究所，二〇〇四。
韓經太，《理學文化與文學思潮》，北京：中華書局，一九九七。
鵝湖月刊編輯部，〈訪牟宗三先生談宗教、道德與文化〉，《鵝湖》，二三期（一九七七・〇五），頁二—七。
蘇秋旭，〈「三言」中「智慧老人」的探討〉，《東方人文學誌》，三卷一期（二〇〇四・〇三），頁一三七—一四八。
釋德清，《觀老莊影響論》（臺北：廣文書局，一九七四）。

人名索引

二畫

三畫

四畫

五畫

六畫

七畫

八畫

九畫

十畫

十一畫

十二畫

十三畫

十四畫

十五畫

十六畫

十七畫

十八畫

十九畫

二十畫

二十一畫

二十二畫

楊儒賓作品集

中國現代性的黎明

2025年1月初版
定價：新臺幣560元

著者	楊儒賓
叢書主編	沙淑芬
校對	王中奇
內文排版	菩薩蠻
封面設計	兒日

出版者	聯經出版事業股份有限公司
地址	新北市汐止區大同路一段369號1樓
叢書主編電話	(02)86925588轉5310
台北聯經書房	台北市新生南路三段94號
電話	(02)23620308
郵政劃撥	帳戶第0100559-3號
郵撥電話	(02)23620308
印刷者	世和印製企業有限公司
總經銷	聯合發行股份有限公司
發行所	新北市新店區寶橋路235巷6弄6號2樓
電話	(02)29178022

編務總監	陳逸華
總編輯	涂豐恩
副總經理	王聰威
總經理	陳芝宇
社長	羅國俊
發行人	林載爵

行政院新聞局出版事業登記證局版臺業字第0130號

本書如有缺頁，破損，倒裝請寄回台北聯經書房更換。 ISBN 978-957-08-7557-7 (平裝)
聯經網址：www.linkingbooks.com.tw
電子信箱：linking@udngroup.com

國家圖書館出版品預行編目資料

中國現代性的黎明/楊儒賓著．初版．新北市．聯經．
2025年1月．468面．17×23公分
ISBN 978-957-08-7557-7（平裝）

1.CST：學術思想 2.CST：中國哲學 3.CST：文集

112.07 113017764